¡BOGOTÁ!

A BILINGUAL GUIDE TO THE ENCHANTED CITY
UNA GUÍA BILINGÜE DE LA CIUDAD ENCANTADA

TOBY DE LYS & TIGRE HALLER

PRESS
TRAVEL
GUIDE

C . A. Press | Penguin Group (USA)

C. A. PRESS
Published by the Penguin Group
Penguin Group (USA) LLC
375 Hudson Street
New York, New York 10014

USA | Canada | UK | Ireland | Australia | New Zealand | India | South Africa | China

penguin.com

A Penguin Random House Company

First published in the United States of America by C. A. Press, a member of Penguin Group (USA) LLC, 2014

Maps designed by Andrew Ütt of Galeria MÜ

All photos courtesy of Toby de Lys and Tigre Haller, except where noted.

Photos on pages 308, 325, and 333 © Santiago Sepúlveda; Fashion: Ronner; Styling: Andrés Fiesco; and Model: Grace David.

ISBN 978-0-14-751023-5

Manufactured in China

10 9 8 7 6 5 4 3 2 1

Designer: Guido Caroti
Editor and Project Manager: Cecilia Molinari
Copyeditor: Hercilia Mendizabal
Proofreader: Shelley Dickerson
Indexer: Wendy Allex

Partial Skyline of midtown / Vista panorámica parcial del centro

We dedicate this book to Colombians passed, as well as all living Colombians who now inspire us, but especially to all future generations of Colombians whose light is sure to make this a better world.

Dedicamos este libro a los colombianos pasados, así como a todos los colombianos vivientes quienes hoy nos inspiran, pero especialmente a todas las futuras generaciones de colombianos, cuya luz seguramente creará un mundo mejor.

Contents
Contenido

Acknowledgments vi
Agradecimientos vii
Foreword viii
Prólogo viii
Introduction xii
Introducción xiii

BOGOTA BASICS 2
**LO FUNDAMENTAL
DE BOGOTÁ** 3
General Overview 4
Visión general 4
Bogotá Bohème 26
Essential Bohemian Spots 30
Espacios bohemios esenciales 30
Business Capital 32
Capital de negocios 32
Business Resources 42
Recursos comerciales 42
Festivals and Events 46
Festivales y eventos 46
Bogota Historical Timeline 58
Cronología histórica de
Bogotá 58
Moving to Colombia 62
Mudarse a Colombia 62
Schools and Universities 68
Escuelas y universidades 68
Must Do 74
Qué hacer 74
Must Eat 78
Dónde comer 78
Neighborhoods 80
Vecindarios 80
Public Holidays 98
Días festivos 99
Recommended Walks
and Tours 100
Caminatas y visitas guiadas
recomendadas 100
Spiritual and
Philosophical Bogota 108
Bogotá espiritual y filosófica 108
Transportation 112
Transporte 112
Quality of Life 126
Calidad de vida 126

CULTURE 132
CULTURA 133
Cultural Centers 142
Centros Culturales 142
Architecture 144
Arquitectura 144
Film 156
Cine 156
Cinematic Venues 162
Locales cinematográficos 162
Literature 166
Literatura 166
Bookstores 172
Librerías 172
Public Libraries 178
Bibliotecas públicas 178
Museums and Galleries 180
Museos y galerías 180
Museums 182
Museos 182
Art Galleries 194
Galerías de arte 194
Music Capital 198
Capital de música 198
Classical Music and Opera 202
Música clásica y ópera 202
Dance 210
Baile 210
Theater 212
Teatro 212
Theater Companies
and Venues 218
Compañías de teatro y
espacios de representación 218

GASTRONOMY 220
GASTRONOMÍA 221
Markets 254
Mercados 254
General Groceries 254
Víveres en general 254
Produce 256
Frutas y vegetales 256
Specialty Food & Wine Shops 257
Comidas especiales y
bodegas de vino 257
Restaurants 262

Restaurantes	**262**
General Gastronomy	262
Gastronomía en general	262
Restaurants –All Nations	280
Restaurantes – De todas las nacionalidades	280
SHOPPING AND FASHION	**308**
COMPRAS Y MODA	**309**
Artisan Shops and Markets/	316
Comercios y mercados artesanales	316
Flea Markets	320
Mercados de pulgas	320
Florists	322
Floristas	322
General Home Decor and Electronics	323
Decoración para el hogar y artículos electrónicos	323
Jewelry	326
Joyería	326
Kids Clothing and Supplies	327
Ropa de niños y suministros	327
Men's Shops	328
Tiendas para hombres	328
Women's Shops	330
Tiendas para damas	330
Shopping Centers	334
Centros comerciales	334
Speciality Shopping Districts	336
Distritos de compras especiales	336
ACCOMMODATIONS	**338**
ALOJAMIENTO	**339**
Hotels	340
Hoteles	340
Hostels	349
Hostales	349
NIGHTLIFE	**352**
VIDA NOCTURNA	**353**
Nightclubs and Lounges	356
Clubes nocturnos y bares	356
Pubs and Breweries	362
Pubs y cervecerías	362
Casinos	363
LGBT: THE RAINBOW OVER BOGOTA	**364**
LGBT: EL ARCOÍRIS SOBRE BOGOTÁ	**365**
LGBT Resources	371
Recursos para la comunidad LGBT	371
HEALTH, BEAUTY, AND FITNESS	**374**
SALUD, BELLEZA Y ESTAR EN FORMA	**375**
Resources	384
Recursos	384
KIDS	**392**
NIÑOS	**393**
Kid's Activities	394
Actividades para niños	394
Parks and Zoos	400
Parques y zoológicos	400
PARKS	**404**
PARQUES	**405**
SPORTS	**418**
DEPORTES	**419**
Sports Facilites and Venues	424
Instalaciones deportivas y estadios	424
THE BOGOTA REGION	**430**
LA REGIÓN DE BOGOTÁ	**431**
The Bogota Region	434
La región de Bogotá	434
National Parks and Other Natural Spots Near Bogota	442
Parques nacionales y otros puntos naturales cerca de Bogotá	442
Humedales	446
General Resources	447
Recursos generales	447
COLOMBIA AT A GLANCE	**448**
COLOMBIA DE UN VISTAZO	**449**
Essential Colombian Facts	452
Datos esenciales sobre Colombia	453
Awards and Recognition	458
Premios y reconocimientos	458
APPENDIX	**459**
APÉNDICE	**459**
Embassies and Consulates	459
Embajadas y consulados	459
Universities	461
Universidades	461
INDEX	**464**
ÍNDICE	**464**

Acknowledgments
Agradecimientos

We wish to express our deep gratitude to Erik Riesenberg and Carlos Azula at Penguin USA who had faith in our vision and understood the unique value and urgency of this book.

We must also thank our many friends in Colombia and around the globe who have understood the great challenge that writing this book represented, but how necessary it was to do. We thank our dear friend Sylvia Ospina for her worldly vision and inspiration, the lovely and courageous Tiffany Kohl for having pioneered the new wave of expat immigration toward Bogota over eight years ago, as well as our treasured and truly supportive friends Michelle Saxer, Jane Link, Robert Ricciardelli, and Steven Bieber.

We must also thank Ana Lucía Ricaurte and Josian Chevalier, Mickaël Couturier, Carolina Montejo and Andrew Ütt, Karen Lynn Dixon, Jenn and Roger Pressman, along with Yolanda Mesa and Nicholas Sperakis, all of who have used their great talents to help and support us, while sharing their invaluable and loyal friendship. And we dare not forget Barry Max Wills and Adriano Zamudio for their belief in Colombia, humor, encouragement, and valued friendship.

Our list of new Colombian friends might never end, as we have been the recipients of untold kindness, gifts, and assistance by so many with this vital project. Our deep gratitude to some of our first and most treasured friends in Colombia, María Cristina Ciceri de Vega, Tatiana Orjuela and Roberto Rodríguez, Valentina Builes, Gloria Luz Gutierrez, Liliana Abaunza, Augusto López, Luis Henao, and the illustrious president of the Colombian Press Society, Dr. Gustavo Casasbuenas, for his miraculous friendship and international acknowledgement of our work.

Finally, a heartfelt thank you to our amazing editor, Cecilia Molinari, easily the best English/Spanish-language editor in the world; to our invaluable designer, Guido Caroti; and to our knight in shining translation-armour, Jake Breedlove.

Deseamos expresar nuestro profundo agradecimiento a Erik Riesenberg y Carlos Azula de Penguin USA, quienes tuvieron fe en nuestra visión y comprendieron el valor especial y urgencia de este libro.

Debemos agradecer también a nuestros numerosos amigos en Colombia y alrededor del mundo, quienes han comprendido el gran desafío que ha sido escribir este libro, pero también lo necesario que era hacerlo. Agradecemos a nuestra querida amiga Sylvia Ospina por su inspiración y visión global, a la valiente y encantadora Tiffany Kohl por haber sido la pionera de la nueva ola de inmigrantes hacia Bogotá hace más de ocho años, así como a nuestros apreciados amigos que nos han brindado verdaderamente tanto apoyo como Michelle Saxer, Jane Link, Robert Ricciardelli y Steven Bieber.

Igualmente necesitamos agradecerle a Ana Lucía Ricaurte y Josian Chevalier, Mickaël Couturier, Carolina Montejo y Andrew Utt, Karen Lynn Dixon, Jenn y Roger Pressman, junto con Yolanda Mesa y Nicholas Sperakis, quienes usaron sus grandes talentos para ayudarnos y apoyarnos lealmente, mientras que compartían su invaluable amistad. Y no podemos olvidarnos de Barry Max Wills y Adriano Zamudio por su convicción en Colombia, sentido del humor, aliento y valorada amistad.

Nuestra lista de nuevos amigos colombianos podría no tener fin, ya que hemos recibido indescriptible amabilidad, regalos y ayuda de tantos para este vital proyecto. Nuestro profundo agradecimiento a algunos de nuestros primeros y más preciados amigos en Colombia, María Cristina Ciceri de Vega, Tatiana Orjuela y Roberto Rodríguez, Valentina Builes, Gloria Luz Gutierrez, Liliana Abaunza, Augusto López, Luis Henao y el ilustre presidente de la Sociedad Colombiana de Prensa, el Dr. Gustavo Casasbuenas, por su milagrosa amistad y el reconocimiento de nuestro trabajo a nivel internacional.

Finalmente, un agradecimiento de todo corazón a nuestra maravillosa editora Cecilia Molinari, fácilmente la mejor editora de inglés/español del mundo así como a nuestro invaluable diseñador Guido Caroti y a nuestro querido paladín-traductor, Jake Breedlove.

Foreword
Prólogo

More than 475 years in the making, we present a work of love for a great city, an overdue vista to a formidable megalopolis. More than a guidebook *¡Bogotá! A Bilingual Guide to the Enchanted City* is a witness to the spirit of enlightenment, progress, courage, endurance, and, above all, creativity. We have come to know a city so full of life, spirit, and talent for creativity, that it inspired us to act and show the world once and for all the joyous reality that is Bogota!

How could an ancient city, now one of the largest in the world, a city of light, one that is actually thousands of years old, be so unfairly shrouded by misinformation and obscurity from most of the world over recent decades?

Two ex-New Yorkers invite you to discover an alternative universe of unexpected grandeur: the city of Bogota and its environs. The extraordinary warmth, care, and generosity that we have received from many Bogotanos over the past five years have inspired us to live through bold, impassioned, and compassionate creativity.

Like a well-aged cognac, Bogota reveals herself gently, possessing her full body of life—a cauldron of culture, beauty, defiance, and the intoxicating spirit of love.

—Toby de Lys

Bogota, a city obscured by mystery and misinformation for decades, is finally emerging from the ether to take her rightful place on the world stage. We have created *¡Bogotá! A Bilingual Guide to the Enchanted City* to help visitors, expats, and Colombians navigate the city and to shed light on this magnificent megalopolis.

We invite you to discover a city of contrasts, one of unexpected and unusual beauty where nature thrives in the midst of concrete, brick, glass, and steel; where the people are truly welcoming and ready to extend a helping hand; where art and culture are embedded in their DNA as in the stones; where the hustle and bustle is carried along on an undercurrent of tranquility; where ingenuity and resourcefulness propel the population.

Bogota is a city with a consciousness, and if you allow yourself to step into the flow of her energy you will experience the most amazing things. That has been our experience and the experience of many people we have met.

Open your eyes, mind, heart, and spirit and come prepared to discover why Bogota is the capital of the Happiest Country on Earth.

—Tigre Haller

En desarrollo por más de 475 años, les presentamos una obra de amor para una gran ciudad, una demorada vista a una impresionante megalópolis. Más que una guía turística, ¡Bogotá! Una guía bilingüe de la ciudad encantada sirve como testigo del espíritu de iluminación, progreso, coraje, resiliencia y, sobro todo, creatividad. Nos hemos encontrado con una ciudad tan llena de vida, brío y talento para la creatividad, que nos inspiró a poner manos a la obra, para demostrarle al mundo de una vez y para siempre ¡la exuberante realidad que es Bogotá!

¿Cómo puede ser que una ciudad tan antigua, hoy una de las más grandes del mundo, una ciudad de luz, que lleva varios miles de años, se haya visto tan injustamente envuelta en tanta desinformación y obscuridad por la mayor parte del mundo a través de las recientes décadas?

Dos ex neoyorquinos lo invitan a descubrir un universo alternativo de inesperada grandeza: la ciudad de Bogotá y sus alrededores. El extraordinario cariño, la atención y la generosidad que hemos recibido de muchos bogotanos en los últimos cinco años, nos han inspirado a vivir en medio de una creatividad audaz, apasionada y compasiva.

Como un coñac añejado, Bogotá se revela a sí misma suavemente, poseyendo la plenitud de su vida —una caldera de cultura, belleza, desafío y el embriagante espíritu del amor.

—Toby de Lys

Bogotá, una ciudad obscurecida por el misterio y la desinformación a lo largo de décadas, por fin emerge del éter para tomar su merecida posición sobre el escenario mundial. Hemos creado ¡Bogotá! Una guía bilingüe de la ciudad encantada para ayudar a visitantes, expatriados y colombianos a mejor navegar la ciudad y para iluminar y dar a conocer esta magnífica megalópolis.

Los invitamos a descubrir una ciudad de contrastes, una ciudad de belleza inusual donde la naturaleza florece en medio del cemento, el ladrillo, el vidrio y el acero; donde la gente es verdaderamente acogedora y siempre dispuesta a extender una mano de ayuda; donde el arte y la cultura están enclavados dentro de su ADN, como en las piedras; donde el ajetreo es acarreado a través de una corriente subyacente de tranquilidad; donde la ingeniosidad y el emprendimiento propulsan a la población.

Bogotá es una ciudad con una conciencia, y si usted se permite ingresar al flujo de su energía, experimentará las cosas más asombrosas. Esa ha sido nuestra experiencia y la de mucha gente que hemos conocido.

Abra sus ojos, su mente, su corazón y su espíritu, y venga preparado para descubrir por qué Bogotá es la capital del país más feliz del mundo.

—Tigre Haller

Introduction
Introducción

"Colombians are passionate and vibrant, but even better, have a genuine interest in, and enjoyment of, foreigners. I have never felt so welcome in a big city. It is a delight to live here."
—Barry Max Wills, Australian expat and author of *Letters from Colombia*

"For me, Bogota is the tourism capital of all of Latin America."
—Valentino Ji Zen Tang, representative from the Commercial Office of Taipei

"I love visiting Bogota and consider it a second home. The city has a wonderful combination of urban sophistication and vibrant local culture. I have enjoyed witnessing and experiencing firsthand the spectacular growth of the city over the past six years and the city's emergence as a sexy global destination."
—Karen Lynn Dixon, professional globe-trotter and luxury travel expert, @karenlynndixon

While our world has entered its twenty-first century with tectonic geopolitical and economic changes, the most exciting urban surprise is at last revealing herself: a megacity so full of life, culture, creativity, beauty, grit, passion, economic prowess, progressive thinking, and so much hope that she now claims her spotlight on the world stage. No longer wrapped in the dark clouds of undeserved obscurity, Bogota invites you to discover her unexpected splendor.

Welcome to the first international guidebook about one of the most important cities in the world, a beautiful city that is now thriving economically and culturally, and is quickly becoming one of the fastest growing tourism destinations in the world.

The Golden Age of El Dorado has begun!

In this ancient nation of the Muiscas, where Europeans came to discover the existence of the fabled land of El Dorado, the capital Bacata was the epicenter of the most advanced pre-Columbian civilization on the American continent in 1492. Unlike their neighboring Incas to the south, with their cannibalistic traditions, the Muiscas, part of the larger Chibchan empire, were the keepers of the most advanced political and economic system in the Americas.

While much remained in the hemisphere from other great civilizations such as the Mayans, the Spaniards managed to burn and destroy most of the Muiscas' history, structures, and heritage. Nevertheless, out of Bacata arose Bogota, a truly modern and sophisticated city sitting high on its Andean plateau, a verdant throne surrounded

"Los colombianos son apasionados y dinámicos pero, aun mejor, tienen un genuino interés en, y disfrutan de, los extranjeros. Yo nunca me he sentido tan bien acogido en una gran ciudad. Es un deleite vivir aquí".

—Barry Max Wills, expatriado australiano y autor de *Letters from Colombia*

"Para mí, Bogotá es la capital del turismo de toda Latinoamérica".

—Valentino Ji Zen Tang, representante de la Oficina Comercial de Taipéi

"Yo adoro visitar Bogotá y la considero mi segundo hogar. La ciudad tiene una gran combinación de sofisticación urbana y dinámica cultura local. He disfrutado ser testigo y experimentar de cerca el crecimiento espectacular de la ciudad en los últimos seis años y su emergencia como una destinación sexy de talla mundial".

—Karen Lynn Dixon, trotamundos profesional y experta en destinaciones de lujo, @karenlynndixon

Mientras que nuestro mundo ha entrado en su siglo XXI con cambios geopolíticos y económicos tectónicos, finalmente se revela la sorpresa urbana más emocionante: una megaciudad tan llena de vida, cultura, creatividad, belleza, determinación, pasión, proeza económica, pensamiento progresivo y tanta esperanza, que ahora exige ser centro de atención sobre el escenario mundial. Ya no más envuelta en las oscuras nubes de obscuridad inmerecida, Bogotá lo invita a descubrir su inesperado esplendor.

Bienvenidos al primer libro internacional sobre una de las más importantes ciudades del mundo, una bella ciudad que ahora está floreciendo económica y culturalmente, y que se está convirtiendo en uno de los destinos turísticos de más alto crecimiento del mundo.

¡La época dorada de El Dorado ya comenzó!

En esta antigua nación del pueblo Muisca, donde los europeos descubrieron la existencia de la leyendaria tierra de El Dorado, la capital Bacatá fue el epicentro del pueblo precolombino más avanzado en el continente americano en 1942. A diferencia de sus vecinos al sur, los Incas, con sus tradiciones caníbales, los Muiscas, parte del gran imperio Chibcha, eran los guardianes del sistema político y económico más avanzado de las Américas.

Mientras que ciertos aspectos de otras grandes civilizaciones, como los Mayas, han perdurado dentro del hemisferio, los españoles lograron quemar y destruir la mayor parte de la historia, las estructuras y la herencia de los Muiscas. Sin embargo, de Bacatá surgió Bogotá, una ciudad verdaderamente moderna y sofisticada ubicada bien alto en su meseta andina, un trono verde rodeado por exuberantes humedales, picos montañosos de verde oscuro, lagos, embellecida con bosques de pinos, y todo esto más cerca de los cielos que cualquier otra megaciudad del mundo.

by lush moors, dark green mountain peaks, lakes, pine-forest beauty, and all of it closer to the heavens than any other megacity on Earth.

An important cradle of higher learning and democracy, Bogota became the capital of the Gran Colombia, the nation that emerged from the independence from Spain, and the Viceroyalty of La Nueva Granada seated in Santa Fe de Bogota. In this manner, Bogota became the capital of most of the northern part of South America and the Central American isthmus—Colombia, Venezuela, Ecuador, Costa Rica, and parts of Nicaragua, Guyana, Brazil and Peru. Today, as capital of the modern republic of Colombia, it remains at the heart of the second oldest non-interrupted constitutional democracy in the world, after the United States, and it is the urban fulcrum to the most biodiverse nation on the planet, per square mile.

In fact Bogota and its region offer an idyllic town and country life, with world-class gastronomy, opera, cycling, theater, golf, art galleries, and much more. Just the region surrounding Bogota will surprise visitors, as it offers more ecotourism options than the whole of Costa Rica. But if that is not enough, Bogota is also at the center of the larger paradisiacal nation of Colombia, where travelers can discover even greater beauty, diversity, and adventure.

Ever locked in cool, autumnal-like weather, Bogota warms visitors with her understated grandeur, festive spirit, flowers, and the ever-present warmth of the Colombian people.

In these times of unexpected changes, Bogota—with her historic elegance, cultural ontology, pluralism, remarkable entrepreneurial spirit, business acumen, progressive thinking, embrace of freedom, but especially with her tenacity to thrive under any circumstance—can be expected to become the only Western megacity capable of evolving into the successful large-urban model of the twenty-first century.

How to Use this Bilingual Guide

Here are a few tips to keep in mind while reading this guide:

• English text will be on the left page of a spread (such as this page xiv) and the Spanish translation will be on the right (such as on page xv).

• When both English and Spanish are integrated on the same page, such as with business listings, you will find all Spanish text is in blue.

• A red star ★ next to a business or location indicates it is one of our recommendations.

Una importante cuna de la educación superior y de la democracia, Bogotá se convirtió en capital de la Gran Colombia, la nación que nació tras su independencia de España, y del Virreinato de La Nueva Granada con sede en Santa Fe de Bogotá. De esta manera, Bogotá se convirtió en la capital de la mayor parte del norte de Sudamérica y del istmo centroamericano —Colombia, Venezuela, Ecuador, Costa Rica y partes de Nicaragua, Guyana, Brasil y Perú. Hoy día, como capital de la moderna república de Colombia, permanece en el corazón de la segunda democracia constitucional sin interrupción más antigua del mundo, después de Estados Unidos, y es el fulcro urbano de la nación más biodiversa del planeta por metro cuadrado.

De hecho, Bogotá y su región ofrecen una vida ideal de ciudad y campo, con una gastronomía de clase mundial, ópera, ciclismo, teatro, golf, galerías de arte y mucho más. La sola región que rodea a Bogotá sorprenderá a los visitantes, ya que ofrece más opciones de ecoturismo que toda la nación de Costa Rica. Pero si eso no es suficiente, Bogotá también queda en el centro de una nación paradisíaca llamada Colombia, donde los viajeros podrán descubrir aun mayor belleza, diversidad y aventura.

Eternamente instalada en un clima otoñal, Bogotá le imparte calidez a los visitantes con su discreta grandeza, su espíritu festivo, sus flores y la calidez siempre presente del pueblo colombiano.

Durante estos tiempos de inesperados cambios, puede esperarse que Bogotá —con su histórica elegancia, ontología cultural, pluralismo, remarcable espíritu emprendedor, agudeza de negocios, pensamiento progresivo, protección a la libertad pero, especialmente, con su tenacidad para florecer bajo cualquier circunstancia— se convierta en la única megaciudad occidental capaz de surgir como el modelo megaurbano más exitoso del siglo XXI.

Cómo usar esta guía bilingüe

Aquí le damos algunos consejos para tener en cuenta mientras lee esta guía:

- El texto en inglés se encuentra en la página a la izquierda (como en la página xiv) y la traducción al español está a la derecha (como en esta página xv).

- Cuando integramos el inglés y el español en la misma página, como en el caso de los listados de negocios, encontrará el texto en español de color azul.

- Una estrella roja ★ al lado de una empresa o locación indica que es una de nuestras recomendaciones.

Bogota Basics

"Bogota is a vibrant and thriving city that moves to its own beat and inspires at every turn."

—**Tiffany Kohl**, U.S. expat and co-owner of the hot nightclub La Villa, host of Gringo Tuesdays, the popular free Language Exchange

La Candelaria

Lo fundamental
de Bogotá

"Bogotá es una ciudad dinámica
y próspera, posee su propio ritmo
que nos inspira en cada esquina".

—**Tiffany Kohl**, expatriada estadounidense y copropietaria de
La Villa, un apetecido bar que organiza los Gringo Tuesdays en
los que se realiza el muy reconocido intercambio de idiomas

General Overview
Visión general

Bogota skyline from Monserrate / Horizonte de Bogotá desde Monserrate

"Bogota surprised me, but it shouldn't because we should all know better by now: Colombia is full of wonderful surprises, and Bogota is the country's shining example of progressive culture and cosmopolitan splendors! But there's even more to Bogota than you will find in other world-renowned cities..."
—Gavin Culbertson, U.S. visitor and director of the film *A Paper Tiger Burns*, partly shot in Bogota

Welcome to Bogota! A cradle of democracy, Bogota is one of the fastest growing megacities in the world, a mesmerizing Western city that has become one of the most exciting places to visit.

This section provides basic elements for visiting or relocating to Bogota and to help make your journey as easy as possible. Bogota's exceptionally vibrant spirit awaits you!

Altitude and Altitude Sickness
Bogota sits at 8,612 feet, or 2,625 meters closer to heaven. Given this high altitude, some visitors may experience altitude sickness, which should be taken seriously. Symptoms include shortness of breath, sluggishness, headache, nausea, dizziness, and blurred vision. We recommend you limit your activity for at least the first full day after your arrival, especially if you are coming from a signifi-

"Bogotá me sorprendió, pero no debió ser así, porque ya todos sabemos que Colombia está llena de maravillosas sorpresas y ¡Bogotá es el más reluciente ejemplo de cultura progresista y de esplendor cosmopolita! Sin embargo, encontrará más en esta ciudad que en otras metrópolis reconocidas alrededor del mundo...".

—Gavin Culbertson, visitante estadounidense y director de la película *A Paper Tiger Burns*, parcialmente filmada en Bogotá

Architectural treasure in La Candelaria
Tesoro arquitectónico en La Candelaria

¡**B**ienvenido a Bogotá! Cuna de la democracia, Bogotá es una de las megaciudades de más rápido crecimiento en el mundo, una ciudad occidental cautivadora que se ha convertido en uno de los lugares para visitar más fascinantes.

Esta sección provee elementos básicos para visitar o mudarse a Bogotá y para ayudar a hacer su viaje lo más fácil posible. ¡El espíritu excepcionalmente vibrante de Bogotá lo espera!

Altitud y mal de altura

Bogotá se asienta a 8.612 pies equivalentes a 2.625 metros más cerca del cielo. Dada esta elevada altitud, algunos visitantes experimentan mal de altura, el cual debe tomarse muy en serio. Los síntomas son: falta de aire, aletargamiento, dolor de cabeza, náuseas, mareo y visión borrosa. Recomendamos que limite su actividad por lo menos durante el primer día después de su llegada, especialmente si viene de un lugar de baja altitud, como la costa. Evite el alcohol y la cafeína y asegúrese de tomar mucha agua. Si los síntomas persisten, por favor consulte a su médico.

Moneda, banca y métodos de pago

A diferencia de la mayoría de las monedas de Latinoamérica, el peso colombiano (COP, informalmente también conocido como COL) es actualmente una de las monedas más estables del Nuevo Mundo. De hecho, durante los dos últimos años, el peso colombiano ha sido la moneda más apreciada en comparación con el dólar estadounidense.

IMPORTANT
IMPORTANTE

When traveling to Bogota for the first time it's important to note that this is the only megacity in Latin America that is nearly always cool in temperature. Therefore, Bogotanos do not ever wear flip-flops or shorts (unless they are going to the gym or cycling on Sundays). It is considered bad form to wear shorts in Bogota!

Cuando viaje a Colombia por primera vez, es esencial que tenga en cuenta que es la única megaciudad de Latinoamérica que goza casi siempre de un clima frío. Por lo tanto, los bogotanos nunca usan sandalias ni chancletas o *shorts* (a menos que vayan al gimnasio o a la Ciclovía los domingos). ¡El usar *shorts* en Bogotá, es considerado de mal gusto!

cantly lower altitude, such as a coast. Avoid alcohol and caffeine and be sure to drink a lot of water. If symptoms persist, please consult a doctor.

Currency, Banks, and Payment Methods

Unlike most currencies in Latin America, the Colombian Peso (COP, also known informally as COL) is actually one of the oldest and most stable currencies in the New World. In fact, over the past two years the Colombian Peso has been the most appreciating currency against the U.S. dollar.

There are many national and international banks in Bogota, and ATMs (cajeros automáticos) are easily available. Major banks include:

Existen muchos otros bancos internacionales en Bogotá, y cajeros automáticos de fácil acceso. Los principales bancos son:

Davivienda	Banco de Bogota	Helm
Bancolombia	Banco AV Villas	BBVA

Opening a personal or business account in Colombia can be a bit challenging because banks may require documentation of proof of funds' origin. Check with a bank officer to make sure that you understand the requirements beforehand.

Abrir una cuenta bancaria personal o empresarial puede ser algo desafiante, ya que algunos bancos solicitan documentación o pruebas del origen de sus fondos. Consulte previamente con un asesor del banco para estar al tanto de los requisitos.

While it is advisable to purchase Colombian Pesos from your local bank so that you can at least arrive with some national currency, upon arrival at Bogota's El Dorado International Airport (BOG), you will find many money exchange outlets. However, rather than arriving with a large amount of pesos or making a large currency exchange at one of these airport outlets, it may be easier to withdraw money from Colombian ATMs as needed throughout your trip.

Money Exchange

While we cannot advise you on the currency exchange rates, as they can vary from day to day and from agency to agency, be assured there are many money exchange agencies and banks that are available to assist you with your currency needs. It is advisable to shop around and compare exchange rates, fees, and required documents before settling on a service—but *please* don't conduct such business with street vendors. Be advised that some exchange agencies will ask for your passport (which they may photocopy) while others will not.

ATMs

When using an ATM, use common sense and be sure to choose one in a well-lit and secure location, put your money away as soon as you collect it, and be aware of your surroundings. You should also try to carry smaller bills and coins with you at all times.

Starting at the end of 2012, Colombia's central bank, Banco de la República, began issuing scaled-down coins that are about half the size of the formerly issued coins. Although convenient, they are both easy to lose and to confuse with other denominations.

Finalizando el año 2012, el banco central de Colombia, el Banco de la República, inició la emisión de monedas de aproximadamente la mitad del tamaño de las anteriores. Aunque prácticas, pueden ser fácilmente confundidas y extraviadas.

The Colombian peso is distributed in the following denominations:
El peso colombiano está distribuido en las siguientes denominaciones:

Bills Billetes	Denomination Denominación	Coins Monedas	Denomination Denominación
$50,000	Cincuenta mil	$1,000	Mil
$20,000	Veinte mil	$500	Quinientos
$10,000	Diez mil	$200	Doscientos
$5,000	Cinco mil	$100	Cien
$2,000	Dos mil	$50	Cincuenta
$1,000	Mil		

Aunque es recomendable adquirir pesos colombianos en su banco para llegar con al menos algo de efectivo en sus bolsillos, al llegar al Aeropuerto Internacional El Dorado (en Bogotá), encontrará variedad de casas de cambio. Sin embargo, en vez de llegar con una gran cantidad de pesos, o realizar un cambio de divisa de gran cantidad en uno de estos lugares, puede resultar más fácil retirar efectivo de un cajero automático a lo largo de su viaje.

Cambio de divisas

Aunque no podemos aconsejarlo en lo relacionado a tasas de cambio, debido a su variabilidad con respecto al día y al lugar, sepa que cuenta con la existencia de varias casas de cambio y bancos disponibles para ayudarlo con sus necesidades de divisa. Es recomendable comparar precios, tarifas y documentos necesarios en diferentes lugares antes de decidirse por un servicio, pero por favor, no realice estas transacciones con negociadores en la calle. Recuerde que algunas casas de cambio le pedirán su pasaporte (el cual fotocopian) mientras que otras no.

Cajeros automáticos

Cuando utilice un cajero automático, use el sentido común y asegúrese de escoger uno en un lugar seguro y de buena iluminación. Guarde su dinero tan pronto lo reciba, y esté pendiente de sus alrededores. Trate de cargar consigo billetes de baja denominación y monedas en todo momento.

La mayoría de los cajeros automáticos limitan la suma a retirar entre COP$300.000 y COP$400.000. No obstante, puede realizar retiros separados diariamente de acuerdo con las normas de su banco.

Most ATMs will limit each withdrawal to between COP$300,000 and COP$400,000. But you can process separate withdrawals daily according to your own bank limits.

Be sure to let your home bank know that you will be traveling to Colombia and withdrawing funds from Colombian ATMs. The Colombian ATM will ask that you accept the transaction fee (an average of COP$6,000 per transaction) but ask your bank what their transaction fee is for using foreign banks.

Try to travel with at least a few smaller denominations and coins for your small cash purchases, as some grocery stores, taxis, etc., may not always have change for the larger COP$50,000 bills.

When making purchases, sometimes a total may come to an amount for which there is no denomination with which to return your change, and the final figure will be rounded up or down. For example, if your purchase totals COP$5,042 (cinco mil cuarenta y dos), it will be rounded to $5,050 (cinco mil cincuenta; an insignificant adjustment in relation to euros or U.S. dollars).

You can also receive money through transfer services such as Western Union.

Credit Cards

Major credit cards are accepted at most restaurants and shops, but there are some that operate on a cash-only basis. Be sure to ask before it is time to pay so that you are prepared. Identification such as a driver's license or passport is usually requested when paying with a credit card.

ESSENTIAL TIPS: You may be asked "¿Cuántas cuotas?" when paying with a debit or credit card. They are basically asking in how many installments you want to pay for what you are purchasing. With your foreign debit or credit card, just answer "una," for one.

Tipping

Restaurants will ask you if you would like the tip—called *propina* or *servicio voluntario*—included in the bill. The pre-set tip included in the bill is equal to 10 percent of the total before IVA (tax). If you opt for it not to be included, and still want to leave a tip, be sure to leave at least 10 percent. It is not uncommon to leave a bit extra, especially if the service was very good.

Servers in smaller restaurants generally do not expect to be tipped, but it is a courtesy to give them at least COP$1,000 or at least 10 percent if you are in a large group.

It is recommended that taxi drivers be tipped around 10 percent of the fare.

Asegúrese de comunicarle a su banco que está viajando por Colombia y realizando retiros desde cajeros automáticos colombianos. El cajero automático le preguntará si acepta el costo de la transacción (en promedio COP$6.000 por cada transacción). Consulte con su banco acerca de las tarifas de transacción por uso de establecimientos bancarios extranjeros.

Trate de viajar con algunos billetes y monedas de baja denominación para sus compras en efectivo, tiendas de abarrotes, taxis, etc., ya que no siempre tendrán cambio para los billetes de COP$50.000 de mayor valor. Cuando realice sus compras, en ocasiones el total alcanzará una suma para la cual no hay una denominación exacta para dar el vuelto, por lo cual la cifra final será redondeada tanto para arriba como para abajo. Por ejemplo, si su compra alcanza un total de COP$5.042 (cinco mil cuarenta y dos), será redondeada a COP$5.050 (cinco mil cincuenta); un ajuste insignificante en relación a euros o dólares.

También puede recibir dinero a través de servicios de transferencia como Western Union.

Tarjetas de crédito

Las tarjetas de crédito más importantes son aceptadas en la mayoría de los restaurantes y tiendas, pero hay algunos lugares que reciben únicamente efectivo. Asegúrese de preguntar antes del momento del pago para estar preparado. Por lo general, cuando se paga con tarjeta de crédito, se le pedirá algún tipo de identificación como la licencia de conducir o el pasaporte.

CONSEJOS ESENCIALES: En el momento de pagar con tarjeta de crédito, le preguntarán: "¿cuantas cuotas?". Ellos básicamente le están preguntando por el número de cuotas en que usted desea pagar lo que está comprando. Con su tarjeta de débito o crédito extranjera, simplemente responda "una", para una cuota.

Propinas

En los restaurantes le preguntarán si desea pagar propina, conocida también como "servicio voluntario", que va incluida en la cuenta. La propina preestablecida en la cuenta es igual al 10% del total antes del IVA (impuesto). Si usted opta por no incluirla, e igualmente desea dejar propina, asegúrese de dejar por lo menos el 10%. No es raro dejar algo más, especialmente si el servicio fue muy bueno.

Generalmente, los meseros en restaurantes pequeños no esperan recibir propina, pero es un acto de cortesía el entregarles por lo menos COP$1.000, o al menos el 10% si se trata de un grupo grande.

Emergency Phone Numbers

Emergencies: 123

Citizen Attention: 195

Metropolitan Police: 112

Information: 114

Immediate Attention Center: 156

Dijin – Judicial Police: 157

Transit Police: 127

Domestic Violence, Child Abandonment, and Police Abuse: 143

Civil Defense: 144

Tourist Police: 337.4413 / 243.1175

Highway Police: 767

Medical Emergencies: 125

Red Cross: 132

Fire Department: 119

Bogota Prevention Center and Emergencies: 429.7414

Teléfonos de emergencia

Emergencias: 123

Atención al ciudadano: 195

Policía metropolitana: 112

Información: 114

Centro de atención inmediata: 156

Dijín, Policía judicial: 157

Policía de tránsito: 127

Violencia doméstica, abuso al menor y abuso de autoridad: 143

Defensa civil: 144

Policía turística: 337.4413/243.1175

Policía de carreteras: 767

Emergencias médicas: 125

Cruz Roja: 132

Bomberos: 119

Centro de prevención de emergencias de Bogotá: 429.7414

Hotel doormen and porters should also be tipped between COP$5,000 and COP$20,000 depending on the amount of luggage and the hotel's rating. Housekeeping staff should receive a minimum of COP$2,000 per night and more depending on the hotel's caliber and level of service.

Drinking and Smoking

The legal drinking and smoking age in Colombia is eighteen and IDs are usually requested in liquor stores, supermarkets, bars, clubs, and restaurants. Laws against drinking in public are lax at best, and it is not uncommon to see a group of people, usually college students, sharing beer or *aguardiente* (an anise-flavored liquor) on the street and in public squares.

Smoking is forbidden in public indoor spaces; therefore, many restaurants and bars have a designated smoking patio or rooftop deck. Most hotels and hostels also prohibit smoking indoors—be sure to check the policy when booking your room.

Illicit Drugs

If you want to come to Colombia for illicit drugs—DO NOT! Colombians are *not* a major drug-consuming society and the government has strict laws against selling and consumption. Make no mistake; Colombia is *not* a candy store!

Internet

Most hotels and hostels have at least one computer that you can use, and WiFi is widely available throughout Bogota, which has been called the most wired city in Latin America. However, if you are not traveling with wireless capable devices, Internet cafés can also be found in most areas of Bogota and are easily identified by exterior signs that say "Internet." The charge is usually COP$500 per 15 minutes of time. You will usually encounter a small desk at the front of the shop, where you will tell the attendant, "Internet, por favor," and they will direct you to an open computer.

Midtown Bogota from Teusaquillo / Centro de Bogotá desde Teusaquillo

Es recomendable entregarles a los taxistas una propina de alrededor de 10% de la tarifa total. Los porteros de hoteles y celadores pueden recibir propinas de entre COP$5.000 y COP$20.000, dependiendo de la cantidad de maletas y de la categoría del hotel. El personal de limpieza puede recibir propinas de un mínimo de COP$2.000 por noche, dependiendo del tipo de hotel y nivel de servicio.

Tomar y fumar

En Colombia, la edad legal para tomar y fumar es dieciocho años. Con frecuencia se solicitan documentos de identidad en licoreras, supermercados, bares, discotecas y restaurantes. Las leyes que prohíben el consumo de licor en exteriores no son muy estrictas, así que no es raro ver grupos de personas, por lo general de estudiantes universitarios, compartiendo cerveza o aguardiente (licor mezclado con anís) en las calles o en plazas públicas.

Fumar está prohibido en espacios cerrados; por lo tanto, muchos restaurantes y bares tienen provisto un patio o terraza para tal efecto. La mayoría de los hoteles y hostales prohíben también fumar en espacios cerrados, por eso asegúrese de consultar las normas del establecimiento al realizar una reserva.

ESSENTIAL TIPS: The keyboards are programmed in Spanish, and commands might be different than what you are used to. For example, the command for the @ sign is ALT64. Ask for assistance from the attendant if needed.

Mail

The national Colombian mail service is called 4-72 and offices can be found throughout Bogota (see www.4-72.com.co for locations). Private mail services are also widely used. For daily mail within the country, use Servientrega (www.servientrega.com) or Deprisa (www.deprisa.com).

DHL, UPS, and Federal Express are most commonly used for international shipping.

Media Outlets and Publications

The variety of media outlets and publications is a reflection of Colombia's pluralistic society. See page 13 for a list of some of the main outlets and publications.

The Press in Colombia

The Colombian Constitution guarantees the right to information, to diffuse it, to freely create the means of communication.

The press that was born in this country during the final years of the eighteenth century at the start of the new nation engendered its emancipation from the Spanish yoke, with Antonio Nariño spearheading the effort, the most notable journalist and hero in the struggle for freedom.

Colombia leads the region in maintaining freedom of the press—but responsibly, based on ethic, self-regulation, while never allowing for censure.

"Objectivity, veracity and responsibility, without complicity or fears is our compromise."

So reads the motto of the Sociedad Colombiana de Prensa y Medios de Comunicación (Colombian Society for Press and Mediums of Communication) expressed by our founder, Colombian ex-president Alfonso López Michelsen.

—Gustavo Casasbuenas Vivas, president of the Sociedad de Prensa Colombiana

Mobile Devices

Bogota is the most wired city in Colombia, and the latest technology is widely used. Relatively inexpensive cell phones can be purchased for temporary use if you need one while in Colombia. Otherwise, you can activate your international calling plan with your carrier before leaving your country of residence.

Media Outlets and Publications
Medios de comunicación y publicaciones

Television News Stations
Canales de noticias

Cable Noticias
24-hour news and related programming broadcast worldwide.
Veinticuatro horas de noticias y programación relacionada, emitida mundialmente.

Caracol
Major media outlet.
Principal medio de comunicación.

City TV
Bogota's main local TV station.
Principal canal local de Bogotá.

CM&
General news broadcast.
Transmisión de noticias de interés general.

ET
El Tiempo Channel.
Canal El Tiempo.

Noticias Uno
Independent international news network.
Red internacional de noticias independientes.

NTN-24
24-hour news and related programming broadcast worldwide.
Noticias y programación relacionada las veinticuatro horas; emisión internacional.

RCN
Major media outlet.
Principal medio de comunicación.

Señal Colombia
General entertainment and some news.
Entretenimiento de interés general y noticias.

National Daily Newspapers
Diarios nacionales

ADN
Morning periodical distributed for free.
Diario matutino distribuido gratuitamente.

Diario Mio
Low cost, popular tabloid news.
Bajo costo, noticias sensacionalistas.

Diario Nacional
Daily political news.
Noticias políticas.

El Periódico
General daily news.
Noticias de interés general.

El Periódico Deportivo
General daily sports news.
Noticias deportivas de interés general.

El Tiempo
One of Colombia's two major newspapers.
Uno de los dos diarios más importantes de Colombia.

El Espectador
One of Colombia's two main major newspapers.
Uno de los dos diarios más importantes de Colombia.

El Espacio
Daily sensationalist tabloid.
Diario sensacionalista y amarillista.

El Nuevo Siglo
Conservative daily with political focus.
Diario conservador con enfoque político.

Extra
Low cost, popular tabloid news.
Bajo costo, noticias sensacionalistas.

La República
Daily financial news.
Diario de noticias financieras.

Portafolio
Daily financial news.
Diario de noticias financieras.

Publimetro
Morning periodical distributed for free.
Periódico matutino distribuido gratuitamente.

Q'hubo
A very popular daily tabloid.
Diario sensacionalista muy popular.

Voz Proletaria
The Communist Party newspaper.
El diario del Partido Comunista.

Magazines
Revistas

News and Economy:
Noticias y economía:

Cambio
Credencial
Cromos
Dinero
Diners
Gatopardo
Número
Portafolio
Semana

Arts, Architecture, and Culture:
Arte, arquitectura y cultura

Arcadia
Arteria
Art Nexus
Axxis
Biblos
El Libro
Malpensante

Celebrity and Gossip
Celebridades y chismes

Hola Colombia
Jet-Set
SoHo
TV y Novelas

Financial District / Distrito Financiero

Packing

Shorts and flip-flops are not worn here—think Paris in the fall. Bogota is a sophisticated city where proper business attire is expected for professional engagements and people dress nicely for restaurants and clubs. Layering of clothing is common and we suggest sweaters, scarves, jeans, nice boots, comfortable but "dressy" walking shoes, and a light jacket. This means nice jeans / pants, dark shoes, a long-sleeved shirt for men / nice blouse for women, and blazers. Women also wear fun cocktail dresses, patterned stockings, and high-heeled shoes or boots. Creativity is always welcome. It usually cools down to around 45°F (7°C) at night, so don't forget your coat and scarf. An umbrella is also a must.

Checklist for a day and night out in Bogota
Lista de chequeo para salir día y noche en Bogotá

☐ Camera / cámara fotográfica

☐ Hat / sombrero

☐ Scarf / bufanda

☐ Small Bills and Change / billetes de baja denominación y monedas

☐ Sunblock / protector solar

☐ Sunglasses / gafas de sol

☐ Sweater and/or Jacket / saco y/o chaqueta

☐ Tissues and/or Toilet Paper / pañuelos y/o papel higiénico

☐ Water / agua

☐ Umbrella / sombrilla

Sustancias ilícitas

Si desea venir a Colombia en búsqueda de sustancias ilícitas, ¡NO LO HAGA! Los colombianos *no son* una sociedad consumidora de drogas y el gobierno tiene leyes estrictas en contra de su consumo y comercialización. No se equivoque, ¡Colombia *no es* una tienda de dulces!

Internet

La mayoría de los hoteles tienen al menos una computadora que usted puede usar y el servicio de WiFi es ampliamente accesible por toda Bogotá, ciudad que ha sido denominada como la ciudad más conectada de Latinoamérica. Sin embargo, si no se encuentra viajando con dispositivos inalámbricos, en la gran mayoría de las áreas de Bogotá puede encontrar "cafés internet". El costo es generalmente de COP$500 por cada quince minutos de uso. Encontrará un escritorio en la parte delantera de la tienda, donde puede decirle al empleado, "Internet, por favor", quien le indicará la computadora disponible.

CONSEJOS ESENCIALES: Los teclados están programados en español, y los comandos pueden ser diferentes a lo que usted está acostumbrado. Por ejemplo, el comando para el símbolo @ es ALT64. Si lo necesita, pídale ayuda al empleado del café internet.

Correo

El servicio postal de Colombia se denomina 4-72 y sus oficinas se pueden encontrar por toda Bogotá (véase www.4-72.com.co para encontrar locales). Frecuentemente se utilizan servicios privados de correo. Para correos dentro del país, utilice Servientrega (www .servientrega.com) o Deprisa (www.deprisa.com).

DHL, UPS y Federal Express son comúnmente utilizados para envíos internacionales.

Medios de comunicación y publicaciones

La gran variedad de medios de comunicación y publicaciones es un reflejo de la pluralidad en la sociedad colombiana. En la página 13 encontrará una lista de los medios y las publicaciones más importantes de Colombia.

La prensa en Colombia

La constitución colombiana garantiza el derecho a la información, a difundirla, a crear con libertad medios de comunicación.

La prensa que nace en este país en las postrimerías del siglo XVIII en los inicios de la nueva patria, es generadora de la emancipación del yugo español con Antonio Nariño a la cabeza, el más insigne periodista y héroe de la gesta libertadora.

Phones

Phone cabins can be found throughout Bogota, and are quite often in Internet cafés. They usually have exterior signs announcing "llamadas," (or calls). If calling a local cell phone, you will need to know the carrier (Claro, Comcel, Movistar, Tigo, or Virgin). If you don't know, give the number to the attendant and they will instruct you.

If calling a local landline, tell the attendant "linea fija." If calling another Colombian city, you will need to know the city code.

If calling another country, tell the attendant which country and they will either tell you what codes to use, or there will be a chart in the phone cabin.

Cell phones are also available for use at many Internet cafés, papelerías (stores providing stationery, copy services, basic office supplies, and communication services), and from street vendors selling "minutos" who let people use carrier-specific cell phones for a charge of between COP$150 to COP$200 per minute.

If you have a Colombian cell phone, you can add minutes at most supermarkets or in other shops that advertise "recargas." You just need to tell the attendant your cell's carrier, your phone number, and the amount that you want to add.

Pay phones can also be found throughout Bogota and operate either by coins or a pre-paid phone card.

Public Bathrooms

Clean bathrooms can generally be found in transportation hubs, shopping centers, some supermarkets, restaurants, bars, clubs, and cafés. But be aware that not all establishments have public bathrooms. Some will charge a small fee, usually COP$500, while others can be used for free if you are a customer. The bathrooms in most shopping centers are impeccably clean—don't be surprised if the cleaning lady is maintaining the bathroom while you are using it. Toilet paper isn't always available, however, and we strongly recommend that you carry a supply with you at all times. Some bathrooms will sell small packs of toilet paper through a vending machine for about COP$200. This is another good reason to always carry small bills and coins.

ESSENTIAL TIPS: Gender-specific bathrooms can be identified in a number of ways, including: H = *Hombres* (men); M = *Mujeres* (women); *Ellos* (His); *Ellas* (Hers); *Caballeros* (Gentlemen); *Damas* (Ladies).

Some bathrooms can be cramped and not all of them have toilet seats, but the vast majority will be clean.

Colombia es líder en la región por mantener una prensa libre pero responsable, basada en la ética, en la autorregulación pero sin admitir censura.

"La objetividad, veracidad y responsabilidad, sin complicidad ni temores son nuestro compromiso". Tal y como reza el lema de la Sociedad Colombiana de Prensa y Medios de Comunicación expresado por nuestro fundador el ex presidente de la República doctor Alfonso López Michelsen.

–Gustavo Casasbuenas Vivas, presidente de la Sociedad de Prensa Colombiana

Dispositivos móviles

Bogotá es una de las ciudades más conectadas de Colombia y el uso de la última tecnología es muy común. Durante su estadía en Colombia, puede adquirir celulares relativamente económicos. De lo contrario, puede activar su plan de llamadas internacionales con su operador antes de salir de su país de residencia.

Empacar maletas

El uso de *shorts* y chancletas no es muy común —piense en un otoño parisino. Bogotá es una ciudad sofisticada donde se hace uso de vestimenta de negocios para compromisos profesionales y la gente se viste muy bien para ir a restaurantes y discotecas. Utilizar capas de ropa es común; recomendamos sacos, bufandas, *jeans*, unas buenas botas, zapatos cómodos pero arreglados y una chaqueta ligera. Esto significa unos buenos *jeans* o pantalones, zapatos oscuros, camisas de manga larga para hombres, blusas bonitas para mujeres y *blazers*. Las mujeres también usan vestidos juveniles de coctel, medias largas con diseños y tacones altos o botas. La creatividad siempre es bienvenida. Por lo general, la temperatura en la ciudad baja a alrededor de 7°C (45°F) en la noche, así que no olvide su abrigo y bufanda. Las sombrillas son también muy necesarias.

Teléfonos

Las cabinas telefónicas pueden encontrarse a lo largo y ancho de Bogotá, normalmente se encuentran en cafés internet. Siempre tienen avisos en el exterior que leen LLAMADAS. Si está llamando a celular, necesitará conocer el operador (Claro, Comcel, Movistar, Tigo o Virgin). Si no lo conoce, entréguele el número al empleado quien lo guiará.

Si está llamando a una línea fija, hágale saber al empleado del lugar. Si está llamando a otra ciudad dentro de Colombia, necesitará saber el código de la ciudad.

Si está llamando a otro país, dígale al empleado de qué país se trata; él le dirá el código o le indicará una lista dentro de la cabina telefónica con dicha información.

Do not put toilet paper and sanitary napkins in the commode as the pipes are small and most cannot process the additional bulk. Bathrooms are usually equipped with a small wastebasket for this purpose.

Security

Having experienced a dramatic drop in all levels of crime over the past fifteen years, Bogota is now the safest large city in Colombia and it is one of the safest large cities in the Americas. That said, the same common-sense security precautions that are used in any big city are advised: Try to dress like a local (no shorts); be aware of who is around you at all times, especially when using ATMs and mobile devices; don't text and walk; don't flash your money around; walk in pairs; be wary of people approaching you and don't assume that if they are well-dressed they aren't a thief; don't walk too close to the sides of buildings where you can be pushed up against a wall or into a doorway; don't go down dark or quiet streets; be responsible for your personal belongings and secure your backpacks and purses; don't ever leave your drink unattended in a restaurant, bar, or club, and don't let strangers bring you drinks; and call for a taxi when possible—once you are inside the vehicle, lock the doors.

If you have a crime to report, either go to the nearest Centro de Atención Inmediata (CAI, Immediate Attention Center), which are small police stations located on the street sides of some parks, or call 156. You can also contact the Tourist Police at 337.4413 / 243.1175. See the list of Emergency Phone Numbers on page 10 for additional services.

If your passport is lost or stolen, contact your country's embassy or consulate (see page 461).

ESSENTIAL TIPS: Police can be seen throughout the city and are recognized by their neon yellow vests and army green uniforms. They usually work in pairs or groups, and most of them travel by motorcycle.

Although you will see security personnel throughout the city guarding hotels, residential buildings, businesses, restaurants, governmental offices, and more, be aware that they are doing a specific job and may not respond if you are calling for help.

Time

Time in Colombia is five hours behind Greenwich Mean Time (GMT) and Daylight Savings is not observed. There are also no time differences between the Colombian departamentos (equal to U.S. states, English counties, or Canadian provinces). When it is 1:00 p.m. in Colombia, it is the same in New York; however, it is noon in Chicago, 10:00 a.m. in Los Angeles and San Francisco,

Los celulares también pueden estar disponibles para su uso en cafés internet, papelerías (tiendas que venden papelería, servicios de fotocopias, suministros de oficina y servicios de comunicación) y con vendedores ambulantes que ofrecen "minutos", quienes permiten hacer llamadas con celulares para operadores específicos a un costo que varía entre COP$150 y COP$200 por minuto.

Si usted tiene un celular de Colombia, puede recargar minutos en la mayoría de los supermercados o en tiendas que tengan avisos de "recargas". Solo necesita indicarle al empleado del lugar el operador de su celular, su número de celular y el monto que quiere recargar.

Los teléfonos públicos también se pueden encontrar a lo largo de Bogotá y funcionan con monedas o con tarjetas prepago.

Baños públicos

Los baños públicos se pueden encontrar en terminales de transporte, centros comerciales, algunos supermercados, restaurantes, bares, discotecas y cafés. Hay que tener en cuenta que no todos los establecimientos tienen baños públicos. Algunos lugares cobran el uso del baño, usualmente a COP$500, mientras que otros pueden utilizarse gratuitamente si se es un cliente. Los baños en muchos de los centros comerciales son impecables; no se sorprenda si la empleada del aseo se encuentra limpiando el baño mientras que usted lo usa. El papel higiénico no siempre está disponible. Sin embargo, algunos baños venden pequeños empaques de papel higiénico a través de una maquina dispensadora a COP$200. Esta es una buena razón para cargar siempre billetes de baja denominación y monedas.

CONSEJOS ESENCIALES: Los baños para cada género pueden identificarse de varias formas como: H = hombres, M = mujeres, Ellos, Ellas, Caballeros, Damas.

Algunos baños pueden ser estrechos y no todos tienen asientos de inodoro, pero la mayoría son limpios.

No deposite papel higiénico ni toallas de papel dentro del sanitario ya que las tuberías son estrechas y no pueden procesar exceso de residuos. Los baños normalmente están equipados con cestos de basura para ese propósito.

Seguridad

Habiendo experimentado una reducción dramática en todo tipo de crímenes durante los últimos quince años, Bogotá es ahora la ciudad más segura de Colombia, siendo también una de las ciudades más seguras de las Américas. Dicho esto, se recomienda poner en práctica las medidas de seguridad de sentido común que se usan en toda ciudad: trate de vestirse como un lugareño (evite el uso de *shorts*); permanezca al tanto de quiénes están alrededor

6:00 p.m. in London, and 7:00 p.m. in Paris. The time increases an hour in the United States and Europe during the summer months. Some clocks in Colombia will show military time (for example, 0000 hours is equal to midnight whereas 1200 hours is equal to noon), while most others display North American standard time (12:00 a.m. or 12:00 p.m.).

Visas

No visa is required for citizens of the following countries who visit Colombia strictly for tourism purposes and for a maximum of 90 days: Argentina, Austria, Barbados, Belgium, Brazil, Canada, Costa Rica, Chile, Denmark, Ecuador, El Salvador, Finland, France, Great Britain, Guatemala, Italy, Japan, Liechtenstein, Luxemburg, Mexico, Norway, Netherlands, Peru, Poland, Republic of Korea (South Korea), Germany, Spain, Sweden, Switzerland, Trinidad and Tobago, United States, Uruguay, Venezuela, and foreign residents of Canada and the United States.

If you are traveling from a country that has a travel restriction to Colombia, you must obtain a visa from your local Colombian consulate.

A thirty-day extension, called a *salvoconducto*, can be requested from *Migración Colombia* at the Centros Facilitadores de Servicios Migratorios (Office of Immigration Affairs):

Edificio Platinum
Calle 100 No. 11 B – 27
Tel.: 595.4331
www.migracioncolombia.gov.co

If you enter Colombia on a tourist visa and decide to study Spanish, or any other subject, you must enroll in an accredited university and apply for a student visa.

For specific information on what documents and fees are required, check with the **Ministerio de Relaciones Exteriores** (Ministry of Foreign Affairs):

Carrera 13 No. 93 – 68, Office 203
Tel.: 640.0974 / 640.8576
Monday – Friday 7:30 a.m. to 12:00 p.m.

ESSENTIAL TIPS: It is best if you apply for a visa extension as far in advance as possible. Check with *Migración Colombia* to find out what documents and fees are required. Tourism, business travel, and immigration to Colombia have increased significantly over the last five years, which has put a strain on the processing offices. Plan for long lines and be patient.

---

suyo en todo momento, en especial cuando haga uso de cajeros automáticos y aparatos electrónicos; trate de no enviar mensajes de texto y caminar al mismo tiempo; no deje ver su dinero; camine en pareja; sea precavido con personas que se le acerquen demasiado y no asuma que por el hecho de que están bien vestidas, no son ladrones; no camine demasiado cerca de edificios donde puede ser acorralado contra una pared o una puerta; no camine por calles oscuras y solitarias; esté pendiente de sus objetos personales y asegure sus maletas y bolsos; no descuide sus bebidas en restaurantes, bares o discotecas, y no permita que extraños le regalen licores; llame un taxi si es posible y cuando esté dentro del vehículo, asegure las puertas.

Si tiene un delito que denunciar, diríjase al Centro de Atención Inmediata (CAI) —pequeñas estaciones de policía ubicadas al lado de la calle en algunos parques— más cercano o llame al 156. También puede contactar a la Policía de Turismo: 337.4413/243.1175. Vea la lista de números de emergencia en la página 10 para servicios adicionales.

Si le roban su pasaporte, contacte a la embajada de su país o consulado (véase la página 461).

CONSEJOS ESENCIALES: Los agentes de policía pueden verse por toda la ciudad y son fácilmente reconocidos por sus chalecos de neón y uniformes verde militar. Trabajan en pareja o en grupos, y muchos de ellos se transportan en motocicletas.

Aunque usted pueda ver a lo largo de la ciudad personal de seguridad vigilando hoteles, edificios residenciales, negocios, restaurantes, oficinas gubernamentales y más, sepa que ellos realizan un trabajo específico y puede que no respondan si usted necesita ayuda.

Hora

Colombia está cinco horas atrás de la hora media de Greenwich (GMT, Greenwich Mean Time) y no hay cambio de hora en verano. Tampoco hay diferencias entre los departamentos colombianos (que vienen a ser como los estados en Estados Unidos, los condados en Inglaterra o las provincias canadienses). Cuando es la 1:00 p.m. en Colombia, es la misma hora en Nueva York; sin embargo son las 12:00 p.m. en Chicago, las 10 a.m. en Los Ángeles y San Francisco, las 6:00 p.m. en Londres y las 7:00 p.m. en París. Se adelanta una hora en Estados Unidos y Europa durante los meses de verano. Algunos relojes en Colombia utilizan la hora militar (por ejemplo, las 0000 horas son la medianoche, mientras que las 1200 horas equivalen al mediodía), mientras que muchos otros indican el horario estándar norteamericano (12:00 a.m. o 12:00 p.m.).

Other documents you may consider carrying at all times:
Otros documentos que debe llevar consigo en todo momento:

International Student Card	Carné de estudiante internacional
International driver's license	Licencia de conducir internacional
Vaccination certificates (while no vaccinations are required for travel throughout Colombia, they are required if you are traveling to the Amazon region)	Certificados de vacunas (aunque no hay vacunas obligatorias para viajar por Colombia, son necesarias si viaja por la región del Amazonas)
Travel or medical insurance	Seguro médico o de viajes
Recent passport-size photographs	Fotos de pasaporte recientes
Photocopies of passport, credit cards, insurance, and all other vital documents	Fotocopias del pasaporte, tarjetas de crédito, aseguradora y todo tipo de documentos vitales

Twenty-four-hour Layover

If you are in transit through Colombia over a 24-hour period, neither a visitor's visa nor an entry permit is required as long as you stay in the airport.

Exit Tax

An exit tax of US$37.00 must be paid by all Colombian citizens and foreigners who stay in Colombia longer than two months. The exit tax is US$35.00 for shorter stays. The exit tax must be paid at the airport, at the time of departure, in cash in either Colombian pesos or U.S. dollars, and in bills smaller than US$100.00.

Voltage

Voltage is between 110 and 120 Volts, which is the same as the United States and Canada. An adapter will be needed for equipment made for 220 to 240 Volts.

Water

The potable water quality in Bogota has been ranked among the best in the world, and most travelers should have no problems drinking it. However, if you feel better about drinking bottled water, there are many choices of national and international brands available in convenience stores, supermarkets, pharmacies, and from street vendors. Manantial is a particularly good Colombian brand.

ESSENTIAL TIPS: When ordering tap water in a restaurant, ask for "un vaso de agua de la llave." When ordering bottled water, you will be asked if you want it "con gas" or "sin gas" (carbonated or flat).

Visas

Los ciudadanos de las siguientes nacionalidades que visitan Colombia estrictamente con fines turísticos y por un máximo de noventa días no necesitan visa: Argentina, Austria, Barbados, Bélgica, Brasil, Canadá, Costa Rica, Chile, Dinamarca, Ecuador, El Salvador, España, Estados Unidos, Finlandia, Francia, Reino Unido, Guatemala, Italia, Japón, Liechtenstein, Luxemburgo, Méjico, Noruega, Holanda, Perú, Polonia, República de Corea (Corea del Sur), Alemania, Suecia, Suiza, Trinidad y Tobago, Uruguay, Venezuela y residentes extranjeros de Canadá y Estados Unidos.

Si usted viaja desde un país que tiene restricciones para Colombia, debe adquirir la visa desde el consulado colombiano de su país.

Una extensión de treinta días, llamada "salvoconducto", puede ser solicitada a Migración Colombia en los Centros Facilitadores de Servicios Migratorios:

Edificio Platinum
Calle 100 No. 11 B – 27
Tel.: 595.4331
www.migracioncolombia.gov.co

Si viene a Colombia con visa de turista y decide estudiar español, o cualquier otra cosa, debe inscribirse en una universidad acreditada y solicitar una visa de estudiante.

Para información específica sobre documentos y tarifas, consulte con el Ministerio de Relaciones Exteriores:

Carrera 13 No. 93 – 68, Oficina 203
Tel.: 640.0974 / 640.8576
Lunes a viernes de 7:30 a.m. a 12:00 p.m.

CONSEJOS ESENCIALES: Es recomendable solicitar una visa de extensión con la mayor anticipación posible. Consulte con Migración Colombia para informarse acerca de los documentos y tarifas requeridos. Durante los últimos años el turismo, los viajes de negocios y la inmigración a Colombia han aumentado considerablemente, lo cual ha saturado las oficinas encargadas de procesar documentos. Vaya preparado a hacer largas filas y sea paciente.

Escala de veinticuatro horas

Si es un viajero de tránsito y hace escala en Colombia por un periodo no mayor a veinticuatro horas, no necesita una visa o un permiso de entrada siempre y cuando permanezca en el aeropuerto.

Impuesto de salida

Tanto los ciudadanos colombianos como los extranjeros que permanezcan en Colombia por más de dos meses deben pagar el impuesto de salida de US$37. Para estadías más cortas, el impuesto de salida es de US$35. Este impuesto debe pagarse en el aeropuerto, en el

Weather

Contrary to popular belief, Bogota is a cool-weather city where the average temperature is 64°F (18°C) during the day, dropping to around 45°F (7°C) at night. Sunny days are not as rare as they used to be, so using sunblock and drinking a good amount of water is highly recommended. Dry and rainy seasons alternate twice a year with the driest months being December, January, July, and August (August also tends to be the windiest). The rainy months are April, May, September, October, and November, when downpours are not uncommon. Always carry an umbrella, a jacket, and a scarf with you no matter what time of year you are visiting. It is not uncommon for the temperature to drop 10 degrees within a matter of minutes, and you don't want to be caught in the cold unprepared. Hailstorms also occur and can be quite heavy, usually lasting about 10 to 15 minutes, so try to take cover when these come down.

Weights and Measures

The metric system is used in Colombia.

momento de la salida, en efectivo con pesos colombianos o dólares estadounidenses, con billetes menores de US$100.

Voltaje

El voltaje es de entre 110 y 120 voltios, al igual que en Estados Unidos y Canadá. Necesitará un adaptador para equipos de 220 a 240 voltios.

Agua

El agua potable en Bogotá ha sido catalogada como una de las mejores del mundo y la mayoría de los visitantes no tiene problemas al beberla. Sin embargo, si desea beber agua embotellada, existen múltiples marcas nacionales e internacionales disponibles en tiendas, supermercados, farmacias y en ventas ambulantes. Particularmente, Manantial es una muy buena marca colombiana.

CONSEJOS ESENCIALES: Cuando desee agua del grifo en un restaurante, pida "un vaso de agua de la llave". Cuando desee una botella de agua, le preguntarán si la desea "con gas" o "sin gas".

Clima

Contrario al creer popular, Bogotá es una ciudad de clima frío donde la temperatura promedio es de 18°C (64°F) durante el día, y cae a 7°C (45°F) en la noche. Los días soleados no son tan escasos como solían ser, así que es recomendable usar protector solar y beber una buena cantidad de agua. Las temporadas secas y de lluvia alternan dos veces al año. Los meses más secos son diciembre, enero, julio y agosto (agosto también tiende a ser el más ventoso). Los meses lluviosos son abril, mayo, septiembre, octubre y noviembre, en que las lluvias no son poco frecuentes. Siempre lleve consigo sombrilla, chaqueta y bufanda sin importar la época del año. No es raro que la temperatura descienda a diez grados en cuestión de minutos, así que procure que no lo sorprenda el frío sin estar preparado. Las granizadas pueden ser muy fuertes, normalmente con una duración de alrededor de diez o quince minutos; trate de buscar refugio cuando caigan.

Peso y medidas

En Colombia se emplea el sistema métrico.

Bogotá Bohème

"Bogota is a vibrant and colorful city; its texture rich with the old and the new gives it a charm like no other city I've been to. I can't wait to go back, but I am afraid I'd never want to leave."
—Rachel Hatfield, visitor from the United States.

Bohemian Neighborhoods

One of the most exhilarating aspects of life in Bogota is discovering the city's ever-thriving bohemian life. Even though the entire city can qualify as one of the few remaining bohemian cities of the world, Bogota boasts eight distinct bohemian neighborhoods:

Chapinero: Also known as ChapiGay, this is, by far, Bogota's largest bohemian district and undoubtedly home to the city's biggest artistic and LGBT community. Chapinero is divided into two principal sectors: 1) the upscale and mostly residential Chapinero Alto, sitting high against the mountains with its privileged city

Street Art in La Candelaria
Arte callejero en La Candelaria

"Bogotá es una ciudad vibrante y alegre: Su textura enriquecida con lo antiguo y moderno le da un encanto como a ninguna otra ciudad que haya visitado. Estoy ansiosa por regresar, pero temo no querer irme jamás".

—Rachel Hatfield, visitante de Estados Unidos

Vecindarios bohemios

Uno de los aspectos más estimulantes de la vida en Bogotá es descubrir la siempre floreciente vida bohemia de la ciudad. Aunque toda la ciudad se puede calificar como una de las pocas ciudades bohemias que aún quedan en el mundo, Bogotá se enorgullece de sus ocho barrios que son distintivamente bohemios:

Chapinero: También conocido como ChapiGay, este es definitivamente el distrito bohemio más grande de Bogotá y sin lugar a dudas hogar de la comunidad artística y LGBT más grande. Chapinero está dividido en dos sectores principales: 1) el lujoso y principalmente residencial Chapinero Alto, establecido junto a las montañas con vistas privilegiadas de la ciudad y restaurantes de tipo orgánico de moda; 2) y el corazón de Chapinero, un distrito comercial grande y a veces agitado lleno de *boutiques* exóticas, tiendas de ropa, bares, tiendas de antigüedades y cafés que giran en torno a la Plaza Lourdes, puntuada por su catedral gótica.

La Candelaria: Conocida como el corazón colonial de Bogotá y preservada casi como un museo al aire libre, esta zona es una joya arquitectónica para descubrir, que abarca siglos de arquitectura ecléctica, arte y gastronomía. Los hostales con precios accesibles en este barrio se han convertido en un paraíso para turistas de bajo presupuesto y mochileros.

views and trendy organic-type restaurants and 2) the core Chapinero, a large and sometimes gritty commercial district filled with exotic boutiques, clothing stores, bars, antique shops, and cafés revolving around Plaza Lourdes, punctuated by its gothic cathedral.

La Candelaria: Known as Bogota's colonial heart and preserved almost like an open-air museum, this area is an architectural treat to discover, spanning centuries of eclectic architecture, art, and cuisine. The affordable hostels in this neighborhood have made it a haven for low-budget travelers and backpackers.

La Castellana: Though more residential than bohemian, this charming community boasts many of the city's music and ballet academies.

La Macarena: This thriving neighborhood, filled with iconic architecture, art galleries, and fine restaurants, has become the choice place to live for many expats. Reminiscent of life in New York's old Greenwich Village, this cozy district has one of the fastest growing arts communities in Bogota.

La Soledad: With the Casa Ensamble arts complex and the sprawling parkway at its heart, this large Art Deco district is full of surprises and is the choice of many musicians and actors when it comes to residing in Bogota.

San Felipe: Just a mile west of the city's thriving financial district, the newest addition to Bogota's explosive art scene is industrial and affordable for young artists.

Teusaquillo: Known as Bogota's upscale district in the 1940s, today the surprising architectural beauty of the city's largest Tudor-style neighborhood is packed with colleges and universities, making it the preferred location of academics and art-

Goth Fashion Show
Desfile de modas gótico

ists alike, and definitely a neighborhood in thriving transition.

Usaquen: The most upscale of the city's bohemian districts with a romantic square at its center, Usaquen offers historic ambience, fine dining, galleries, and a delightful artisan's market on Sundays and holidays.

Mural in La Candelaria / Mural en La Candelaria

La Castellana: Aunque es más residencial que bohemia, esta encantadora comunidad se precia de tener muchas de las academias de música y ballet de la ciudad.

La Macarena: Este próspero barrio lleno de arquitectura icónica, galerías de arte y restaurantes finos, se ha convertido en el lugar de elección de muchos expatriados. Reminiscente de la vida en el viejo Greenwich Village en Nueva York, este acogedor distrito tiene una de las comunidades artísticas con más rápido crecimiento en Bogotá.

La Soledad: Con el complejo de artes Casa Ensamble y el extenso Park Way en el centro, este gran distrito *art déco* está lleno de sorpresas y es elegido por muchos músicos y actores al pensar en vivir en Bogotá.

San Felipe: A solo una milla al oeste del pujante distrito financiero de la ciudad, la más reciente adición a la explosiva escena artística de Bogotá, San Felipe es industrial y económicamente accesible para artistas jóvenes.

Teusaquillo: Conocido como el distrito de lujo de Bogotá durante los años cuarenta, en la actualidad la sorprendente belleza arquitectónica del barrio estilo Tudor más grande de la ciudad está repleta de colegios y universidades, lo que lo convierte en el lugar preferido de académicos y artistas por igual, y sin duda es un barrio de próspera transición.

Usaquén: El distrito más exclusivo de la ciudad bohemia con una romántica plaza en el centro, Usaquén lo ofrece todo: ambiente histórico, buenos restaurantes, galerías y un encantador mercado de artesanías todos los domingos y días festivos.

Essential Bohemian Spots
Espacios bohemios esenciales

Bogota delivers hundreds of bohemian galleries, cafés, hangouts, and more; however, below are some of our recommended not-to-be-missed spots and resources:

Bogotá brinda cientos de galerías bohemias, cafés, sitios de encuentros y más; no obstante, a continuación encontrarán algunos de los sitios y recursos recomendados que no deben perderse:

---

a seis manos

A stripped-down French restaurant/bar/café serving great French fare, a seis manos also doubles as a cultural center screening obscure foreign and vintage films, along with socially related documentaries and projects.

Un restaurante/bar/café francés desmantelado, a seis manos sirve comidas de verdadero estilo francés al tiempo que funciona como centro cultural proyectando películas oscuras extranjeras y de época junto a documentales y proyectos socialmente relacionados.

Calle 22 No. 8 – 60
Tel.: 282.8441
http://aseismanos.wix.com/web2#

Bar Treffen

Fun is the name of the game at this extremely colorful and eclectic bar/game room/dance club.

Este bar con pista de baile y sala de juego es particularmente colorido y divertido.

Carrera 7 No. 56 – 17
Tel.: 249.5058
http://www.treffen-bar.com

Bogota Graffiti Tours

No Graf No Life! Street art in Bogota is earning an international reputation as being the best in the world (post-1980s New York)! Explore the dynamic scene during this guided tour in English.

Tel.: 321.297.4075

¡Sin graf no hay vida! El arte callejero en Bogotá (después de la Nueva York de los ochenta) ¡se está ganando una reputación como la mejor del mundo! Exploren esta dinámica escena con este tour guiado en inglés.

http://bogotagraffiti.com

Boutique Sex Leather

Fine, handmade garments, masks, and accessories for leather enthusiasts.

Prendas finas, máscaras y accesorios hechos a mano para los entusiastas del cuero.

Carrera 7 No. 22 – 31
Store 112
Tel.: 310.486.7963
www.sexleather.co

Circo Cuenta Teatro

An inventive circus troupe that performs in La Candelaria and welcomes visitors.

Una ingeniosa tropa circense que actúa en La Candelaria y donde los visitantes son bienvenidos.

Tel.: 313.483.9285
www.facebook.com/profile.php?id=100002652971873&fref=ts

Cuban Jazz Café

A truly underground Cuban lounge featuring live music and salsa spun by DJs that can be enjoyed by people of all ages. Food is also served.

Un verdadero salón cubano under que brinda música en vivo y salsa tocada por DJs y disfrutada por gente de todas las edades. También sirven comida.

Carrera 7 A No. 12 C – 36
Tel.: 313.204.3278
cubanjazzcafe.com

Devachan Café Mágico

Choose from one of four distinct ambiences and enjoy the drinks and food in this tripped-out Hobbit Land accented with overflowing candle wax, ornately carved wood panels, depictions of angels, and low romantic tables. Tarot card readings are also available.

Escoja entre cuatro singulares ambientes y disfrute de las bebidas y comidas en este alucinante viaje a la Tierra Hobbit acentuada con borbotones de cera, paneles tallados de madera ornamentada, figuras de ángeles y románticas mesas bajas. También se ofrecen lecturas de Tarot.

Carrera 9 No. 69 – 16
Tel.: 313.1542
http://www.devachancafemagico.com

Hibrido

Eclectic decorations, candle light, romantic nooks, and good drinks and food make this a favorite spot for Bogota's student population.
La decoración ecléctica, la luz de las velas, los rincones románticos y la buena bebida y comida hacen de este un espacio favorito para la población estudiantil bogotana.

Carrera 7 A No. 12 C – 36
Tel.: 313.204.3278

Industria Urbana

A collective where artists create and showcase their unique urban-inspired art, clothes, and household decorations.
Una cooperativa donde los artistas crean y muestran su singular arte, ropa y decoraciones para el hogar inspirados en lo urbano.

Carrera 13 A No. 77 A – 38
Tel.: 316.376.8777

In Vitro Bar

An informal and truly urban artistic hangout where fun times are to be had.
Un sitio de encuentro informal y verdaderamente artístico urbano donde pasarla bien.

Calle 59 No. 6 – 38
Tel.: 310.666.9129
www.facebook.com/INVITROBARR

Street Art at the Universidad Nacional
Arte callejero en la Universidad Nacional

Hibrido

Luvina: Librería, Galería, Café

Intellectual thought and debate is in the air at this wonderful bookstore, a gathering place for Bogota's artists, writers, and thinkers.
Pensamiento y debates intelectuales flotan en el aire de esta maravillosa librería, un sitio de encuentro para los artistas, escritores y pensadores bogotanos.

Carrera 5 No. 26 A – 06
Tel.: 284.4157
www.luvina.com.co

matik-matik

An independent cultural space created by a French team of entrepreneurs dedicated to the promotion of all forms and trends of musical expression.
Un espacio cultural independiente creado por un equipo de empresarios franceses dedicado a la promoción de todas las formas y tendencias de expresión musical.

Carrera 11 No. 67 – 20
Tel.: 249.9832
www.matik-matik.com

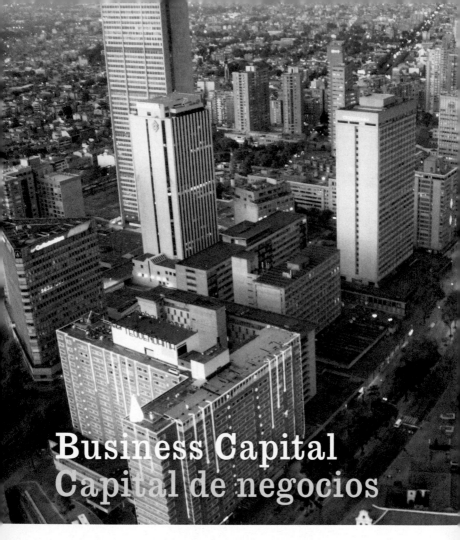

Business Capital
Capital de negocios

A History of Financial Prowess

"Bogota has everything you could ever expect from a massive city, with a small town feel. In addition to the cultural aspects that are offered, opportunities are abundant for aspiring entrepreneurs, allowing people to be given a chance that might not otherwise be offered in other parts of the world."

—Eric Tabone, U.S. expat and founder of Bogota Business English

It is important to understand that Bogota is one of the oldest and most successful financial centers in the world. Dating back to the pre-Columbian period, Bogota, or as it was previously called, Bacata, was already the most developed center of trade and commerce in the Americas. The Chibchan Empire, but more important, its local Muisca nation, was the key-holder to the factual gold treasures of the land of El Dorado. Today Bogota is home to the larg-

Historia de proezas financieras

"Bogotá tiene todo lo que se puede esperar de una ciudad grande, pero con una sensación amistosa de pueblo pequeño. Además de los aspectos culturales que se ofrecen, las oportunidades para los empresarios con aspiraciones abundan, permitiendo a todos una posibilidad que quizás no se les ofrecería en otras partes del mundo".

—Eric Tabone, expatriado de Estados Unidos y fundador de Bogotá Business English

International Business District
Distrito Financiero Internacional

Es importante entender que Bogotá es uno de los centros financieros más antiguos y exitosos del mundo. Remontándose al período precolombino, Bogotá, o como era llamada anteriormente, Bacatá, ya era el centro de intercambio y comercio más desarrollado en las Américas. El Imperio Chibcha, pero más importante aún, su nación local Muisca, era el guardián de la llave a los tesoros de oro fácticos de la tierra de El Dorado. Hoy Bogotá es hogar del museo de oro más grande y prominente del mundo: El Museo del Oro (ver la sección de museos en la página 190).

Es un hecho poco conocido por la mayoría de la gente de negocios alrededor del mundo, que la Bogotá moderna ha demostrado una singular resistencia y aptitud para el crecimiento económico consistente, quizás como la única capital del mundo que nunca sufrió una recesión económica mayor durante el último siglo.

De hecho, a diferencia de muchas capitales europeas, norteamericanas y asiáticas, o de las ciudades latinoamericanas cercanas —tan a menudo enredadas en guerras y los efectos de dictaduras— ¡Bogotá es la única gran ciudad en el mundo que ha experimentado un crecimiento económico ininterrumpido en los últimos ochenta años!

est, most prominent gold museum in the world: El Museo del Oro (see the Museums section on page 190).

Unbeknownst to most business people around the globe, modern-day Bogota has demonstrated a unique resiliency and aptitude for consistent growth, perhaps as the only capital in the world to have never suffered from any major economic downturn over the past century.

In fact, unlike many European, North American, and Asian capitals, or its neighboring Latin American cities—so often embroiled in wars and the effects of dictatorships—Bogota is the only major world city to have experienced uninterrupted economic growth for over the past eighty years!

"It is always hard being pioneers but it has been easier here. We have gotten greater support from Colombian agencies than anywhere else in the world. They are first class. Colombia offers a favorable business climate, a rich talent pool with a high literacy rate, and complementary skill sets."

—Pramod Bhasin, Vice Chairman, Genpact

The persistent and underserved negative image of Colombia abroad has prevented international investors from thoroughly analyzing and comprehending the nation's potential. For example, it is incomprehensible how South Africa has been incorporated into the BRICS group of emerging economies, with a lukewarm GDP of 2.5 in 2012, while a Western nation such as Colombia, close in size to South Africa's economy, demonstrating a 4 percent GDP growth in the same year, has not. Is Colombia effectively promoting itself?

If Bogota has been an exemplary business center over past centuries despite the many challenges Colombia has faced, can there be any doubt that given the current financial prosperity of Colombia, this land of El Dorado may truly be entering its Golden Age? No, there is no doubt, and here are just a few reasons why doing business in Bogota and Colombia makes sense:

Bogota's economy has been growing at a rate of 6 to 11 percent over the past ten years, and it accounts for over 25 percent of the entire GDP of Colombia.

In 2012, the city of Bogota alone had a GDP (or PPP, Purchasing Power Parity) of more than US$141 billion, making it nearly 2.5 times bigger than the GDP (PPP) of entire nations such as Panama, Kenya, Uruguay, or Costa Rica, and larger than the entire economies of New Zealand or Vietnam, or about 50 percent the size of Ukraine, Hungary, or Peru.

La persistente e inmerecida imagen negativa de Colombia en el exterior, ha evitado que los inversionistas internacionales analicen y comprendan exhaustivamente el potencial de la nación. Por ejemplo, es incompresible que Sudáfrica haya sido incorporada al grupo BRICS de economías emergentes, con un tibio PIB (producto interno bruto) de 2,5% en 2012, mientras que una nación occidental como Colombia, cercana en medida a la economía de Sudáfrica, con un crecimiento del PIB de 4% en el mismo año no lo haya sido. ¿Está Colombia promocionándose a sí misma efectivamente?

Si Bogotá ha sido un centro de negocios ejemplar durante los últimos siglos a pesar de los muchos retos que ha enfrentado Colombia, ¿puede existir duda alguna de que, dada la prosperidad económica actual de Colombia, esta tierra de El Dorado pueda verdaderamente estar entrando en su Era Dorada? No, no hay duda alguna y he aquí algunas razones por las cuales hacer negocios en Bogotá y en Colombia tiene sentido:

La economía de Bogotá ha crecido a una tasa de 6 a 11% en los últimos diez años y eso representa más del 25% de todo el PIB de Colombia.

En 2012, tan solo la ciudad de Bogotá tuvo un PIB (o PPA, Paridad de Poder Adquisitivo) de más de 141 mil millones de dólares estadounidenses, un monto casi 2,5 veces mayor que el PIB (PPA) de naciones enteras como Panamá, Kenia, Uruguay o Costa Rica y mayor a las economías de Nueva Zelanda o Vietnam, o aproximadamente 50% del tamaño de Ucrania, Hungría o Perú.

En 2008, Bogotá recibió la importante clasificación Beta (como ciudad mundial) de la Red de Investigación de Globalización y Ciudades Mundiales (GaWC, por sus siglas en inglés) del Reino Unido.

"Siempre es difícil ser pioneros, pero ha sido más fácil serlo aquí. Hemos recibido más apoyo de los organismos colombianos que en cualquier otra parte del mundo. Son de primera clase. Colombia ofrece un clima de negocios favorable, un mar de talento con un alto índice de alfabetismo y de habilidades complementarias".

—Pramod Bhasin, vicepresidente de Genpact

Bogotá tiene la locación geográfica más idónea del mundo. En el "centro" del hemisferio oeste, entre Londres y Sídney, Nueva York y São Paulo y Ciudad del Cabo y Beijing, Bogotá es la única megaciudad localizada cerca del ecuador capaz de ofrecer una sorpresiva conectividad a la mayor parte del mundo.

El Aeropuerto Internacional El Dorado, ya es el primero en vuelos de carga en Latinoamérica y pronto lo será en vuelos de pasajeros.

In 2008, Bogota received the important Beta ranking (as a world city) from the United Kingdom's World Cities Study Group and Network (GaWC).

Bogota is in the most ideal geographical location in the world. Set in the "center" of the Western hemisphere, between London and Sydney, New York and São Paolo, and Cape Town and Beijing, Bogota is the only megacity located close to the equator, able to offer surprising connectivity to most of the world.

Bogota's El Dorado International Airport, already number one in cargo flights in Latin America, will soon be first in passenger flights.

Bogota is the capital of a survivalist country, Colombia, one of the few nations on the planet that is entirely self-sufficient. With one of the largest hydro-resources, Colombia's agricultural sector functions year-round (as there are no seasons). And as a manufacturing nation, it has all the necessary electric infrastructure, fossil fuels, and minerals to keep its economy running without having to depend on its export income the way the Asian Tigers do.

Colombia, with strong support from the United States and other developed countries, is in the process of obtaining the important recognition as a fully developed nation, as determined by the Organization for Economic Cooperation and Development (OECD).

"Colombia's immense economic potential is still held back by a now-inaccurate image of terrorism and violence."
—From the report "Tourism in Colombia: Breaking the Spell of Negative Publicity," published by the Wharton School, January 2013

Colombia is the first nation in Latin America to be associated with NATO as a nonmember security partner.

The vitality of the Colombian economy is further evidenced by its recent Free Trade Agreements (FTAs) with nations such as the United States, South Korea, Canada, Switzerland, Israel, Norway, Iceland, Lichtenstein, Mexico, Chile, Guatemala, Panama, Turkey, Honduras, and El Salvador. Another FTA with the European Union is expected to be implemented within 2013, while FTAs with Japan, Australia, and New Zealand are well on their way.

It is estimated that in 2012 Colombia had a real GDP (PPP) of more than US$500 billion (and more than US$370 billion, at the official exchange rate), making it the second largest economy in South America, after Brazil.

Different from other emerging economies and most Latin American nations, Colombia has enjoyed a very stable inflation rate that has hovered around 3 percent over the last four years.

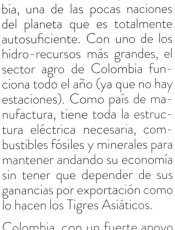
El Centro

Bogotá es la capital de un país de sobrevivientes, Colombia, una de las pocas naciones del planeta que es totalmente autosuficiente. Con uno de los hidro-recursos más grandes, el sector agro de Colombia funciona todo el año (ya que no hay estaciones). Como país de manufactura, tiene toda la estructura eléctrica necesaria, combustibles fósiles y minerales para mantener andando su economía sin tener que depender de sus ganancias por exportación como lo hacen los Tigres Asiáticos.

Colombia, con un fuerte apoyo de Estados Unidos y otros países desarrollados, está en vías de obtener el importante reconocimiento como nación totalmente desarrollada, tal y como está establecido por la Organización para la Cooperación y el Desarrollo Económico (OCED, por sus siglas en inglés).

"El inmenso potencial económico de Colombia todavía es frenado por una ahora equivocada imagen de terrorismo y violencia".
—Tomado del informe "Turismo en Colombia: Rompiendo el Hechizo de la Publicidad Negativa", publicado por Wharton School, enero de 2013

Colombia es la primera nación en Latinoamérica asociada con la OTAN como un socio de seguridad no miembro.

La vitalidad de la economía colombiana está más que probada por su reciente Tratado de Libre Comercio (TLC) con naciones como Estados Unidos, Corea del Sur, Canadá, Suiza, Israel, Noruega, Islandia, Liechtenstein, México, Chile, Guatemala, Panamá, Turquía, Honduras y El Salvador. Se espera implementar otro TLC con la Unión Europea en 2013, mientras que TLCs con Japón, Australia y Nueva Zelanda ya están bien en camino.

Se estima que en 2012 Colombia tuvo un PIB (PPA) de más de US$500 mil millones (y US$370 mil millones más al cambio oficial), convirtiéndola en la segunda economía más grande de Sudamérica después de Brasil.

A diferencia de otras economías emergentes y de la mayoría de las naciones latinoamericanas, Colombia ha disfrutado de un índice de inflación muy estable que ha flotado a alrededor del 3% en los últimos cuatro años.

The Colombian economy, already ranked as the 27th largest economy in the world in 2014, is expected to be one of the fastest growing economies for at least the next twenty-five years, and Bogota's growth is outpacing the national average.

The thriving Colombian banking system is the envy of the region. Banks have successfully shielded the Colombian economy from money laundering and corruption, outperforming other major Western banks that have recently been embroiled in various corruption scandals. And while other nations close banks, new ones continue to open in Colombia.

Colombia leads Latin America in 4G technology and implementation.

The remarkable entrepreneurial acumen of Colombians: In 2012 Colombia ranked number 1 in a study conducted by GEM (Global Entrepreneurship Monitor) among the leading 54 nations.

The Colombian workforce, especially the one found in Bogota, has been recognized as one of the most competitive and highly educated anywhere. Additionally, a report by PricewaterhouseCoopers ranked the Colombian workforce as the most productive in South America. A country already recognized by the International Institute for Management Development (IMD), Colombia has the most effective labor policies and regulations in the region.

In March 2013, Colombian president Juan Manuel Santos announced that Colombia was receiving Foreign Direct Investment (FDI) faster than any other Latin American nation. Most of that investment capital will enter through the myriad of business offices in Bogota.

Colombia's well-managed economy is the only major Latin American economy and one of the few in the world to have never experienced negative growth, hyper-inflation, or currency devaluation over the past eighty years.

Colombia is the economic engine of the Andean Community of Nations (CAN), previously known as the Andean Pact Group of Nations, which, after the secession of Venezuela (under president Hugo Chavez), still includes Peru, Ecuador, and Bolivia.

In 2013 Mexico, Peru, Chile, and Colombia came together in Cali, Colombia, to launch the Pacific Alliance.

Colombia is the only Latin American country to have never nationalized a foreign company—an important hallmark of this long-established democracy.

Colombia leads the CIVETS nations (Colombia, Indonesia, Vietnam, Egypt, Turkey, and South Africa) of notable emerging economies (other than the BRICS) as the only mature and historically stable Western nation amongst the other CIVETS.

Se espera que la economía colombiana, que ya está en el puesto veintisiete de economías más grandes del mundo en 2014, sea una de las economías con más rápido crecimiento por lo menos en los próximos veinticinco años, y el crecimiento de Bogotá está superando el promedio nacional.

El próspero sistema bancario colombiano es la envidia de la región. Los bancos han resguardado la economía colombiana del lavado de dinero y la corrupción, superando a otros bancos occidentales que recientemente se han visto enredados en varios escándalos de corrupción. Mientras otros países cierran bancos, en Colombia se continúan abriendo nuevos.

En Latinoamérica, Colombia es líder en tecnología 4G y su implementación.

La remarcable aptitud emprendedora de los colombianos: En 2012, Colombia se ubicó en el primer lugar en un estudio creado por GEM (Global Entrepreneurship Monitor) entre las cincuenta y cuatro naciones líderes.

Los trabajadores colombianos, especialmente los que se encuentran en Bogotá, han sido reconocidos como de los más competitivos y mejor educados del mundo. Adicionalmente, un informe de PricewaterhouseCoopers ubicó a los trabajadores colombianos como los más productivos de Sudamérica; un país ya identificado por el International Institute for Management Development (IMD), por tener las regulaciones y políticas laborales más exitosas de la región.

En marzo de 2013, el Presidente Santos de Colombia anunció que el país estaba recibiendo Inversión Extranjera Directa (IED) más rápidamente que ninguna otra nación latinoamericana. La mayor parte de ese capital entrará a través de la miríada de oficinas de negocios en Bogotá.

La bien manejada economía colombiana es la única gran economía latinoamericana, y unas de las pocas en el mundo, que nunca ha sufrido crecimiento negativo, hiperinflación o devaluación monetaria en los últimos ochenta años.

Colombia es el motor económico de la Comunidad Andina de Naciones (CAN), anteriormente conocida como el Grupo de Naciones del Pacto Andino, la cual después de la secesión de Venezuela (bajo el presidente Hugo Chávez), aún incluye a Perú, Ecuador y Bolivia.

En 2013, México, Perú, Chile y Colombia se reunieron en Cali, Colombia para lanzar la Alianza del Pacífico.

In 2013, the International Society of Automation ranked Colombia as the leader in Latin America for industrial automation.

Bogota and Medellin have two of the world's largest textile and fashion industries.

Bogota is one of the leading manufacturing centers of Latin America, producing automobile parts and vehicle assembly (including heavy construction equipment and buses), drone aircraft, televisions, washers, dryers, computers, medical equipment, and advanced software, and is also a leader in video-game technology.

Fashion show / Desfile de modas

Bogota, already one of the region's most wired cities, was ranked first in 2013 as the leading city in Automation. Bogota is a major software-manufacturing center and a leader in IT outsourcing, where a company such as Level 3 Communications has already opened a new data center to increase infrastructure development and enhance connectivity.

Bogota is one of the top 10 most visited cities of Latin America.

Although a large income gap still exists in Colombia, according to Jorge Saggiante, Secretary for Integrated Development in the OAS, Colombia "is an example to the world for combating wealth disparity between rich and poor."

The Bogota Chamber of Commerce has been ranked as one of the most effective organizations in Latin America in helping businesses successfully start up and grow.

Despite the traffic jams and other customary urban challenges, today Bogota offers the best quality of life and hope for prosperity of any large Latin American city.

Silk scarf on wheel
Pañuelo de seda sobre rueda

Colombia es el único país latinoamericano que nunca ha nacionalizado una compañía extranjera —un hito importante en una democracia largamente establecida.

Colombia lidera las naciones CIVETS (Colombia, Indonesia, Vietnam, Egipto, Turquía y Sudáfrica) de notables economías emergentes, aparte de las de BRICS, como la única nación occidental madura e históricamente estable entre las otras CIVETS.

En 2013, la Sociedad Internacional de Automatización situó a Colombia como líder en Latinoamérica de automatización industrial.

Bogotá y Medellín poseen dos de las industrias textiles y de diseños de moda más grandes del mundo.

Bogotá es uno de los centros manufactureros líderes de Latinoamérica, produciendo autopartes y ensamblaje de vehículos (incluyendo equipo pesado para la construcción y buses), aviones no tripulados, televisores, lavadoras, secadoras, computadoras, equipo médico y software avanzado y es líder en tecnología de video juegos.

En 2013 Bogotá, ya de por sí una de las ciudades más conectadas de la región, se situó en el primer puesto como ciudad líder en automatización. Bogotá es un gran centro productor de software, líder en tercerización de informática, donde una compañía como Level 3 Communications ya abrió un centro de datos para incrementar el desarrollo de infraestructura y mejorar la conectividad.

Bogotá es una de las diez ciudades más visitadas de Latinoamérica.

Aunque aún existe una gran brecha de ingresos en Colombia, según Jorge Saggiante, Secretario para el Desarrollo Integrado en la OEA, Colombia "es un ejemplo para el mundo de cómo combatir la disparidad entre ricos y pobres".

La Cámara de Comercio de Bogotá ha sido considerada una de las organizaciones más efectivas en Latinoamérica en su exitosa ayuda a nuevos emprendimientos y su crecimiento.

A pesar de la congestión de tráfico y otros desafíos típicos urbanos, hoy Bogotá ofrece la mejor calidad de vida y esperanza de prosperidad de cualquier gran ciudad latinoamericana.

Business Resources
Recursos comerciales

There are too many business clubs and chambers of commerce organizations to list here, but note that most nations with embassies in Bogota collaborate with at least one chamber related to their country.

City and government agencies can also provide a plethora of business resources, most notably the Cámara de Comercio de Bogotá (Bogota's Chamber of Commerce), the agency through which any business must get started in Bogota.

Existen demasiados clubes de negocios y cámaras de comercio y organizaciones como para enumerarlos aquí, pero noten que la mayoría de las naciones con embajadas en Bogotá colaboran con por lo menos una cámara relacionada con su país.

Los organismos de la ciudad y gubernamentales también ofrecen una plétora de recursos comerciales, más notablemente la Cámara de Comercio de Bogotá, el organismo a través del cual los negocios deben comenzar en Bogotá.

Architectural and Interior Design
Diseño arquitectónico y de interiores

De Lys Designs
Architectural design and construction company.
Compañía de diseño arquitectónico y construcción.
www.delysdesigns.com

Escalar
A leading Colombian architectural firm responsible for some of the highest-end developments in the city.
Firma colombiana líder, responsable de los complejos edilicios más lujosos de la ciudad.
www.escalar.com.co

Interior Design Studios
Commercial and residential interior architecture and design agency.
Agencia de diseño arquitectónico y de interiores comercial y residencial.
www.idscolombia.com

Concierge Services
Servicios de concierge

HoMy Privée
Top-shelf private concierge services for personal and corporate needs.
Servicios de conserjería de alta gama para sus necesidades personales y corporativas.
www.homyprivee.com

Cultural Training
Entrenamiento cultural

Global Minds
Leaders in international business, cultural affinity, and market penetration strategies.
Líderes en negocios internacionales, afinidad cultural y estrategias de penetración de mercado.
Tel.: 801.6022
www.globalminds.co

Mark R. Firth – Better Cross Cultural Results
Practical, effective, and affordable cross-cultural training to help companies and individuals get better results when doing business across cultures.
Entrenamiento transcultural práctico, efectivo y asequible para ayudar a las empresas e individuos a obtener mejores resultados al hacer negocios entre culturas.
http://markrfirth.com

View of La Macarena from El Centro / Vista de La Macarena desde El Centro

Government Agencies
Organismos gubernamentales

Cámara de Comercio de Bogotá
http://camara.ccb.org.co

DIAN – Dirección de Impuestos y Aduanas Nacionales de Colombia
The tax and customs regulatory agency of Colombia.
Organismo regulador de impuestos y aduanas de Colombia.

www.dian.gov.co

Free Trade Zone
www.zonafrancabogota.com

Proexport
The international promotion agency of Colombia.
Agencia internacional promotora de Colombia.

www.proexport.com.co

Financial Manangement
Gerencia financiera

Genesis
One of Colombia's leading independent financial advisory firms.
Una de las firmas de asesoría financiera independientes líderes de Colombia.

www.genesis.com.co

Graphic Design
Diseño gráfico

BONES
Audiovisual production and graphic design.
Producción audiovisual y diseño gráfico.
Calle 59 Bis No. 8 – 57; Apto 1301
Tel.: 347.9300
www.losbones.net

Tangrama
Graphic design studio.
Estudio de diseño gráfico.
Carrera 3 A No. 26 B – 32
Apt. 301
Tel.: 282.1553
http://tangramagrafica.com

Investment Advisory
Asesoramiento de inversiones

Colombia Investing
A multilingual investment advisory agency in Bogota with a portfolio of international business services and investment opportunities.
Empresa multilingüe de asesoría de inversiones en Bogotá con un portafolio de servicios para empresas internacionales y oportunidades de inversión.

www.colombiainvesting.com

Furniture boutique and Usaquén office tower
Boutique de muebles y torre de oficinas en Usaquén

Law
Derecho

Brigard & Urritia
Attorneys
Abogados
Calle 70 A No. 4 – 41
Tel.: 346.2011
www.bu.com.co

Cardozo Coral & Asociados
Attorneys
Abogados
Calle 59 A Bis No. 5 – 53, Office 505
Tel.: 212.9348
www.cardozocarol.com

Colombia Law and Business Post
An intelligent blog providing insight and analysis on major developments in Colombia.
Sagaz blog que proporciona una visión perspicaz y análisis sobre los principales acontecimientos en Colombia.
http://colombialawbiz.com

Real Estate
Bienes raíces

Colombia International Real Estate
Commercial and residential portfolio of sales and rental properties.
Portafolio comercial y residencial de ventas y arrendamiento de propiedades.
www.colombiainternational.co

Event Management
Gestión de eventos

Bogota Conventions Bureau
Tel.: 610.3879
www.bogotacb.com

DMC EVENTS - An Event & Destination Management Company
Organizers and managers of events, conferences, fundraising, event design, coordination, MICE, DMC, incentive travel, concerts, and trade shows.
Organizadores y gestores de eventos, conferencias, recaudación de fondos, diseño de eventos, coordinación, RACE (Reuniones, alicientes, conferencias y exposiciones), CGD, incentivos de viaje, conciertos y ferias comerciales.
Tel.: 300.452.9861
www.dmcevents.info

Top Brand Events
Corporate and private event planning and management.
Gestión y planificación corporativa y privada.
Tel.: 520.3199
www.tbecolombia.com

Tour Operators
Operadores de tour

World Tours
Specialty travel services for business executives.
Servicios especializados de viaje para ejecutivos.
Calle 95 No 13 – 08
Tel.: 600.0098
www.worldtours.com.co

Technology
Tecnología

CD.com Computadores
Expert and inexpensive computer repair.
Expertos en reparación de computadoras; muy económicos.
CC Cedritos
Calle 150 No. 16 – 56
Local 2041
Tel.: 614.3654

Docudigital
Domain registration, document transfer, and electronic document management.
Otra importante revista colombiana sobre industria y negocios.
Carrera 11 No. 73 – 20
Office 601
Tel.: 212.6018
www.docudigital.com

Media
Media

Colombia Energía
The premier publication about Colombia's booming energy industry.
La primera publicación sobre la floreciente industria energética colombiana.
www.colombiaenergia.com

Portafolio
The leading Colombian industry and business magazine.
La revista colombiana líder sobre industria y negocios.
www.portafolio.com

Dinero
Another important magazine about Colombian industry and business.
Otra importante revista colombiana sobre industria y negocios.
www.dinero.com

Translation
Traducción

ArteMonde
Expert translation and interpretation services.
Servicios expertos de traducción e interpretación.
www.artemonde.com

Silvia Tcherassi boutique
Boutique de Silvia Tcherassi

Printing
Impresión

Auros
High-quality print shops providing basic to large format services, with several locations across the city.
Tiendas de alta calidad que proveen servicios de formato básico o gran formato. Cuenta con varios locales alrededor de la ciudad.
Calle 95 No. 13 – 55
Local 5
Tel.: 691.8646
www.auros.com.co

Comercial Papelera
24-hour printing, copying, and Internet service, with several locations across the city.
Servicio de veinticuatro horas de impresión, copiado e internet, con varios locales alrededor de la ciudad.
Calle 98 No. 15 – 52
Tel.: 236.0724
www.comercialpapelera.com.co

Festivals and Events
Festivales y eventos

Street performers / Artistas callejeros

There is at least one festival or event happening every month in Bogota. With so much to do, we hope our quick reference guide will help you find something of interest. Since dates, including the month, are subject to change, we have only listed the month when the festival was last held. Websites have been provided when available. For a list of Bogota's current monthly events, see www.bogotabrilliance.co.

Hay por lo menos un festival o evento por mes en Bogotá. Con tanto para hacer, esperamos que nuestra guía de referencia rápida los ayude a encontrar algo de interés. Dado que las fechas, incluyendo el mes, están sujetas a cambios, solo hemos enumerado el mes en que tuvo lugar el festival la última vez. Cuando están disponibles, se ofrecen sitios web. Para la lista de los eventos mensuales de Bogotá, ver www.bogotabrilliance.co.

January / Enero
Festival Centro – M – Created as a cultural contribution to the revitalization of Bogota's center, national and international artists perform various genres of music including rock, pop, folk, Caribbean, Pacific, festive, traditional, electronic, contemporary, jazz, and many new trends.

Creado como un aporte cultural a la re-vitalización del centro de Bogotá, artistas nacionales e internacionales tocan varios géneros de música incluyendo rock, pop, folklore, caribeña, del Pacífico, festiva, tradicional, electrónica, contemporánea, jazz y muchas nuevas tendencias.
http://festivalcentro.org

February / Febrero

Semana Internacional de Moda de Bogotá
FN – One of the most important fashion expos in South America, bringing together Colombian and international designers, the fashion conscious and cognoscenti, and buyers from around the world. Several related events are also held during this week.

Una de las exposiciones de moda más importantes de Sudamérica, que reúne a diseñadores colombianos e internacionales, a los adeptos y cognoscenti de la moda y a compradores de todo el mundo. También se llevan a cabo varios otros eventos relacionados durante esta semana.
www.semanainternacionaldelamodadebogota.com

Key / Clave

A Artisans / Artesanos
CS Circus / Circo
C Community / Comunidad
D Dance / Baile
E Educational / Educativo
F Film / Cine
FA Fine Arts / Bellas Artes
FN Fashion / Moda
G Gastronomy / Gastronomía
L Literature / Literatura
M Music / Música
P Photography / Fotografía
S Sports / Deportes
T Theater / Teatro
V Video

Festival Iberoamericano de Teatro de Bogotá

March / Marzo

Festival Internacional de Música de Bogotá – M – Launched in 2013 to celebrate Bogota's designation as a City of Creative Music by UNESCO, this festival seeks to create an inclusive space for all citizens around music and will occur in odd-numbered years to alternate with the *Festival Iberoamericano de Teatro de Bogotá* during Holy Week.

Lanzado en 2013 para celebrar la designación por parte de la UNESCO de Bogotá como Ciudad de Música Creativa, este festival busca crear un espacio exclusivo alrededor de la música para todos los ciudadanos y se realizará en los años impares para alternar con el Festival Iberoamericano de Teatro de Bogotá durante Semana Santa.

Festival Iberoamericano de Teatro de Bogotá – CS, D, E, M, T – The largest international theater festival in the world, occuring in even-numbered years, that attracts more than 3 million participants and spectators.

Es el festival internacional de teatro más grande del mundo; se celebra todos los años par y atrae a más de tres millones de participantes y espectadores. www.festivaldeteatro.com.co

Festival Alternativo de Teatro de Bogotá – T – Considered essential to Latin America's historical connection with the global theater movement, this festival showcases Colombian companies and also attracts a wide range of international troupes.

Considerado esencial para la conexión histórica latinoamericana con el movimiento global de teatro, este festival muestra compañías colombianas y también atrae un amplio espectro de compañías internacionales. www.corporacioncolombianadeteatro.com

Festival America Cantat – D, E, M – Choruses from South America, Europe, Africa, and North America perform different styles of choral music in several venues across the city in a festival that is considered one of the most prestigious of its kind. Programming also includes an Expo, dance performances, workshops, and seminars.

Coros de Sudamérica, Europa, África y Norteamérica cantan diferentes estilos de música coral en diferentes salas alrededor de la ciudad en un festival que es considerado uno de los más prestigiosos de su estilo. La programación también incluye una Expo, actuaciones de baile, talleres y seminarios. www.america-cantat.org

April / Abril

EcoYoga Festival – A, C, D, E, G, M – Attendees enjoy yoga demonstrations, a marketplace, performances, and learn how to live more in tune with nature and other species.

Los asistentes disfrutan de demostraciones de yoga, un mercado, actuaciones y aprenden cómo vivir más en sintonía con la naturaleza y otras especies. www.ecoyogafestival.com

Festival de Blues y Jazz Libélula – M – One of the most important musical events in Bogota, attracting national and international artists who perform a variety of blues and jazz during a month-long program.

Uno de los eventos musicales más importantes en Bogotá, atrae a artistas nacionales e internacionales que tocan una variedad de *blues* y *jazz* durante el programa de un mes. www.libeluladorada.com /programacion.php

Estereo Picnic – FA, C, M – An event that gets better every year as headliners like The Killers, New Order, and MGMT join other top bands to create not only a music festival but a truly artistic experience that transcends genre and medium.

Un evento que mejora cada año cuando artistas de la talla de The Killers, New Order y MGMT se unen a otras bandas top para crear no solo un festival de música sino una verdadera experiencia artística que trasciende géneros y medio. www.festivalestereopicnic.com

Feria Internacional del Libro – E, L – One of the three most important book fairs in Latin America, the Feria attracts the international publishing industry, literary agents, journalists, distributors,

writers, and the general public. Attendees can visit the different stands, buy books, and attend more than four hundred events including seminars, readings, and book signings.

Una de las tres ferias del libro más importantes de Latinoamérica, la Feria atrae a la industria editorial, agentes literarios, periodistas, distribuidores, escritores y público en general. Los asistentes pueden visitar los diferentes puestos, comprar libros y asistir a más de cuatrocientos eventos, como seminarios, lecturas y autografiado de libros. www.feriadellibro.com

Children celebrate Santa Lucia
Niños celebrando Santa Lucía

Festival Internacional de Circo de Bogotá – CS – Under the slogan "Where the Only Animal is Man," international troupes thrill audiences of all ages with their amazing acts.

Bajo el eslogan "Donde el único animal es el hombre", compañías internacionales emocionan a un público de todas las edades con sus increíbles actos. http://bit.ly/15Z5bAI

Eurocine – F – An international event with the participation of various foreign embassies and cultural institutions where viewers can see films from around the world.

Un evento internacional con la participación de varias embajadas e instituciones culturales donde los asistentes pueden ver películas de alrededor del mundo. www.festivaleurocine.com

May / Mayo

Festival Internacional de Poesía de Bogotá – L – An important festival for the advancement and celebration of Latin American literature.

Un evento internacional con la participación de varias embajadas e instituciones culturales donde los asistentes pueden ver películas de alrededor del mundo. www.poesiabogota.org

Fotográfica Bogotá – E, F, P – A biannual event on odd-numbered years organized by the Museo Nacional de la Fotografía to promote the photographic arts in Bogota and the country.

Un evento bianual en años impares organizado por el Museo Nacional de la Fotografía para promover el arte fotográfico en Bogotá y el país. www.fotomuseo.org

Festival Impulsos Danza y Cuerpo Hoy – E, D – Cutting-edge dance created, performed, and discussed by international artists and companies.

Danza de vanguardia creada, realizada y discutida por compañías y artistas internacionales. www.teatronacional.com.co/impulsos

Círculo de la Moda – FN – The most innovative designers showcase their latest collections directly to their clients at exclusive fashion shows in Parque 93.

Los más innovadores diseñadores muestran sus últimas colecciones directamente a sus clientes en desfiles de moda exclusivos en el Parque de la 93. http://circulodelamoda.com

June / Junio

Rock al Parque – M – The biggest free outdoor rock concert in Latin America is constantly expanding with new and returning acts performing all genres of rock to capacity audiences.

El mayor concierto de *rock* al aire libre en Latinoamérica se está expandiendo constantemente con nuevos y viejos actos tocando todos los géneros de *rock* a audiencias colmadas. www.rockalparque.gov.co

La Fiesta de la Música – M – Modeled after the Fete de la Musique in France to celebrate the first day of the Summer Solstice, this free international festival attracts thousands of people each year in more than 100 countries worldwide, with a spotlight on the most important international music.

Inspirado en la Fête de la Musique en Francia para celebrar el primer día del solsticio de verano, cada año este festival internacional gratis atrae a miles de personas de más de cien países del mundo con un enfoque en la música internacional más importante. www.fiestadelamusica.com.co

Festival de Teatro Rosa – T, M – A month-long festival staging LGBT-themed plays, musicals, and cabaret by international artists.

Un Festival de un mes de duración que muestra temas LGBT en obras teatrales, musicales y cabaret realizado por artistas internacionales.

Día de Orgullo Gay – C – One of the biggest LGBT Pride events in Latin America, with thousands of revelers and spectators.

Uno de los mayores eventos del orgullo LGBT en Latinoamérica con miles de participantes y espectadores.

ExpoVinos – E, G, M – Visitors enjoy tastings of international wines, cheeses, and gourmet products along with seminars, classes, and live entertainment.

Los visitantes disfrutan de catas de vinos internacionales, quesos y productos gourmet junto con seminarios, clases y entretenimiento en vivo. www.expovinos.exito.com

Gay Pride Day / Día de Orgullo Gay

July / Julio

Festival Hippie – A, C, E, M – The spirit of the Summer of Love is recreated with tribute bands to The Doors, Janis Joplin, Jimi Hendrix, The Rolling Stones, and other icons, in addition to Colombian acts that evoke peace, love, and understanding. A marketplace, yoga classes, and demonstrations in sustainable farming are also part of the festivities.

El espíritu del Verano de Amor es recreado con bandas tributo a The Doors, Janis Joplin, Jimi Hendrix, The Rolling Stones y otros íconos, además de actos colombianos que evocan la paz, el amor y la comprensión. Un mercado, clases de yoga y demostraciones de agricultura sustentable son también parte de las festividades.

Alimentarte – G, M – The best restaurants in Bogota, celebrity chefs, and entertainment come together for this perennial favorite that spans two weekends and is also a fundraiser for *Fundación Corazón Verde*, an organization that supports the surviving partners and children of police officers killed or injured in the line of duty.

Los mejores restaurantes en la ciudad de Bogotá, famosos chefs y entretenimiento se unen para este eterno favorito que se extiende por dos fines de semana; un evento para recaudar fondos para la Fundación Corazón Verde, una organización que apoya a cónyuges e hijos de policías muertos o heridos en cumplimiento del deber. www.fundacioncorazonverde.com

Media Maratón de Bogota – S – A recipient of the IAAF Gold Label, the marathon has become an integral and much-anticipated part of Bogota life and sport.

Recipiente de la etiqueta de oro de IAAF, la media maratón se ha convertido en una integral y muy esperada parte de la vida y deportes de Bogotá. www.mediamaratonbogota.com

August / Agosto

Salsa al Parque – D, M – The most important salsa festival in Colombia, bringing together top national and international acts that get the crowds moving. Workshops and seminars are also programmed.

El más importante festival de salsa en Colombia que reúne a los mejores actos nacionales e internacionales que logran mover multitudes. También se programan talleres y seminarios.

Festival de Verano – C, G, M, S, T – One of the most important festivals in Bogota with many activities for the entire family, including kite flying, concerts, theater, open air dances, and much more.

Uno de los festivales más importantes de Bogotá, con muchas actividades para toda la familia, incluyendo vuelo de cometas, conciertos, teatro, bailes al aire libre y mucho más.
www.culturarecreacionydeporte.gov.co

Festival de Mujeres en Escena por la Paz – T – Woman theater artists from around the world convene to perform their work, experiment with new styles, and share their knowledge.

Actrices de teatro de todo el mundo se reúnen para representar su trabajo, experimentar con nuevos estilos y compartir sus conocimientos. www.corporacioncolombianadeteatro.com

September / Septiembre

Festival de Música Sacra de Bogotá – M – A non-denominational celebration of sacred music that invites soloists, choruses, orchestras, and ensembles to make a glorious noise.

Una celebración sin afiliación religiosa de música sacra que invita a solistas, coros, orquestas y conjuntos para hacer un ruido glorioso.
www.festivalmusicasacra.org

Festival Internacional de Jazz de Teatro Libre – M – One of Bogota's oldest music festivals that attracts national and international musicians who play to jazz lovers of all ages.

Uno de los festivales de música más antiguos de Bogotá que atrae a músicos nacionales e internacionales que tocan para los amantes del *jazz* de todas las edades.
http://teatrolibre.com/down/xxv-festival-internacional-de-jazz

Jazz al Parque – M – A much-anticipated event that attracts the hottest national and international jazz acts.

Un acontecimiento muy esperado que atrae los mejores actos de *jazz* nacionales e internacionales.

Ciclo Rosa – A, E, F – An important festival of LGBT-themed films that includes art, entertainment, and academic programming.

Un importante festival de cine de temática LGBT que incluye arte, entretenimiento y programación académica. www.facebook.com/#!
/ciclorosa?fref=ts

Festival Iberoamericano de Teatro Infantil –E, T, M – An international festival that aims to act as a conduit for the creation of children's theater in Bogota and provide training, research, workshops, forums, and seminars, as well as encourage the creative process. It also seeks to create an international network of theater for children and support children's theater in Bogota.

Un festival internacional que tiene como objetivo servir como conducto para la creación del teatro infantil en Bogotá y proporcionar capacitación, investigación, talleres, foros, seminarios, así como estimular el proceso creativo. Asimismo, se pretende crear una red internacional de teatro para niños y el apoyo de teatro para niños en la ciudad de Bogotá. www.teatroinfancia.com

Festival de Cine Francés – F – Over the last ten years, the festival has grown into one of the most beautiful showcases of French cinema, allowing moviegoers to discover the best contemporary French films and honor some of the most renowned actors and directors in film history.

En los últimos diez años, el festival se ha convertido en una de las vitrinas más bellas del cine francés, permitiendo a los espectadores descubrir la mejor película francesa contemporánea y honrar a algunos de los más reconocidos actores y directores de la historia del cine. www.cinefrancesencolombia.com

Festival de Videodanza de Colombia – E, D, M, V – Since 2004, the festival has given dancers and choreographers a forum where they can collaborate with artists of other mediums, especially in the audiovisual field, to create work outside of the studio and the theater. Workshops, labs, lectures, and talks are held in addition to the Cuerpo Multimedia event that presents screenings.

Desde 2004, el festival ha dado a los bailarines y coreógrafos un foro en el que pueden colaborar con artistas de otros medios, especialmente en el campo audiovisual para crear trabajo fuera del estudio y el teatro. Se llevan a cabo talleres, laboratorios, conferencias y conversaciones además del evento de Cuerpo Multimedia que presenta proyecciones. www.imagenenmovimiento.org

October / Octubre

Semana de Diversidad – C, E, F, M, T – This is a week-long celebration of LGBT-themed music, theater, seminars, workshops, and festive fun.

Esta es una celebración de una semana de duración con música, teatro, seminarios, talleres y diversión festiva de temática LGBT.

Ópera al Parque – M – One of the cornerstones of Bogota's festivals. Over the years, audiences have enjoyed presentations of full-scale operas, zarzuelas, orchestras, choirs, and soloists from around the world. Each festival offers something new and exciting.

Uno de los pilares de los festivales de Bogotá. A través de los años, el público ha disfrutado de presentaciones de óperas de gran escala, zarzuelas, orquestas, coros y solistas de todo el mundo. Cada festival ofrece algo nuevo y emocionante.

Hip Hop al Parque – M – Hip-Hoppers, MCs, DJs, Writers, and Breakers come together with the audiences in a respectful and creative atmosphere for three full days of high energy beats.

Hip-Hoppers, MCs, DJs, escritores y breakers se reúnen con el público en un ambiente respetuoso y creativo durante tres días de ritmos de alta energía.

Festival de Cine de Bogotá – E, F – Celebrating its thirtieth anniversary in 2013, the Festival has earned an international reputation for its exciting program of film from around the world.

Celebrando su trigésimo aniversario en 2013, el Festival se ha ganado una reputación internacional por su excitante programa de cine de todo el mundo. www.bogocine.com

Festival de Cine Ruso – F – Classic and contemporary Russian films are screened at this festival.

En este festival se proyectan películas rusas clásicas y contemporáneas.

Feria de arte contemporáneo de Odeón

ArtBo – FA – Bogota's International Art Fair has become one of the most important art fairs in Latin America, with nearly sixty galleries from around the world exhibiting the best work of their artists.

La Feria de Arte Internacional de Bogotá se ha convertido en una de las ferias de arte más importantes de Latinoamérica, con casi sesenta galerías de todo el mundo exponiendo los mejores trabajos de sus artistas. www.artboonline.com

Feria de arte contemporáneo de Odeón – FA – An exciting contemporary art fair that attracts international gallery owners, artists, collectors, and the general public.

Una interesante feria de arte internacional que atrae a dueños

de galerías, galeristas, artistas, coleccionistas y público en general. www.espaciooodeon.com

Festival de Teatro de Bogotá – T – Bogota becomes one big performance space with performances of comedy, drama, puppets, and children's theater in venues throughout the city, in the streets, and at nontraditional venues.

Bogotá se convierte en un gran espacio de actuación con funciones de teatro dramático, comedias, títeres y teatro infantil en distintos escenarios de la ciudad, en calles y lugares no tradicionales.

Festival Internacional de Teatro Infantil Candelero – T – A touring festival that travels through the regions of Colombia to bring theater to children from all socioeconomic and ethnic groups.

Un festival itinerante que recorre las regiones de Colombia para acercar el teatro a los niños de todos los grupos socioeconómicos y étnicos. www.festivalcandelero.com

Festival del Libro Infantil – E, L – This festival features programming for children, adults, and educators, including storytelling, a book clinic, and workshops and conferences to encourage children to read in a fun and festive way.

El festival incluye programación para niños, adultos y educadores, cuentacuentos, una clínica del libro, talleres y conferencias para animar a los niños a leer de forma festiva y divertida. www.camlibro.com.co

Feria de Museos de La Candelaria – E, FA – Organized by the Quinta de Bolívar, museums in La Candelaria offer a free day of tours, workshops, lectures, and games.

Organizada por La Quinta de Bolívar, los museos de La Candelaria ofrecen un día gratis de *tours*, talleres, conferencias y juegos. www.quintadebolivar.gov.co

Ninth International Conference on Design & Emotion – F, FA, C, E, M, T – Under the banner Emerging Bogota, the city was chosen to host one of the most important intellectual and artistic events in 2014 that explores the relationship between design, emotion, and society.

Bajo el estandarte de Bogotá Emergente, la ciudad fue escogida para ser sede de uno de los eventos intelectuales y artísticos más importantes en 2014 que explorará la relación entre diseño, emoción y sociedad.

November / Noviembre

Festival Internacional de Teatro Callejero – CS, T – An exciting festival that brings international troupes to perform in parks and public squares throughout Bogota.

Un interesante festival que reúne a compañías internacionales para actuar en los parques y plazas públicas de Bogotá.

Festival de Cine Israeli – F – This festival screens the best action, drama, suspense, and comedy films from Israel.

Este festival proyecta las mejores películas de acción, drama, suspenso y comedias de Israel.
http://cine.colombia.com/pelicula/i3977/festival-de-cine-israeli

Festival Danza en la Ciudad – D, M – An annual festival to promote the artistic creation of all dance genres across Bogota.

Un festival anual para promover la creación artística de todos los géneros de baile en Bogotá. www.facebook.com/danzaenlaciudad

December / Diciembre

Noche de las Velas – C, M – The Night of the Candles signifies the start of the Christmas season when Bogotanos come together as a community to light candles in public squares, around neighborhoods, and in churchyards.

La Noche de las Velas —o velitas— indica el inicio de la temporada navideña cuando los bogotanos se reúnen en comunidad para encender las velas en las plazas públicas, en los barrios y cementerios.

Festival Deportivo de Navidad – S – Swimming, soccer, skating, martial arts, hockey, and weightlifting are some of the activities that the public can enjoy for free in various sporting venues.

Natación, fútbol, patinaje, artes marciales, hockey y halterofilia son algunas de las actividades de las que el público puede disfrutar gratuitamente en diferentes sedes deportivas.

In Vitro Visual – F, V – An international festival of short films hosted by In Vitro Bar (see page 164 for more information on this bar)

El festival internacional de cortometrajes organizado por In Vitro Bar (ver página 164 para más información sobre este bar).

Expoartesenias – A, F, M – Artisans from Latin America gather to display and sell their beautiful handicrafts, art, and food products.

Artesanos de Latinoamérica se reúnen para mostrar y vender sus bellas artesanías, arte y productos alimenticios. www.artesanias decolombia.com.co/PortalAC/C_nosotros/expoartesanias_567

Festival Navideño – A, C, F, M – Visitors enjoy various food, cultural activities, and work by Colombian craftspeople.

Los visitantes disfrutan de diversos alimentos, actividades culturales y el trabajo de los artesanos colombianos.

Festival Iberoamericano
de Teatro de Bogotá

Bogota Historical Timeline
Cronología histórica de Bogotá

1538	Santa Fe de Bogota (Bogota's original name under Spanish rule) founded by the conquistador Gonzalo Jimenez de Quesada, alongside the indigenous town of Bacata. Santa Fe de Bogotá (nombre original de Bogotá bajo el mandato español) es fundada por el conquistador Gonzalo Jiménez de Quesada, junto a la ciudad indígena de Bacatá.
1550	Royal courts are set up by the Spanish crown La corona española establecen cortes reales
1564	The first president of the New Kingdom of Granada is appointed Se nombra al primer presidente del Nuevo Reino de Granada
1580	The Universidad Santo Tomás de Aquino is founded by the Dominicans Los dominicos fundan la Universidad Santo Tomás de Aquino
1605	The Colegio Maximo de San Bartolome is founded by the Jesuits Los jesuitas fundan el Colegio Máximo de San Bartolomé
1621	The Universidad de San Francisco Javier (now Pontifica Universidad Javeriana) is founded Se funda la Universidad de San Francisco Javier (ahora Pontificia Universidad Javeriana)
1653	The Colegio Mayor de Nuestra Señora del Rosario (Rosario University) is founded Se funda el Colegio Mayor de Nuestra Señora del Rosario (Universidad Rosario)
1717	Nueva Granada becomes a Vice Royalty Nueva Granada se convierte en virreinato
1740	Juan Sebastian de Eslava is appointed Viceroy Juan Sebastián de Eslava es nombrado virrey
1770	The Colegio de Enseñanza is founded as the first girl's school Se funda el Colegio de Enseñanza como la primera escuela de niñas
1777	The National Library is opened Se abre la Biblioteca Nacional
1781	The Communes revolt and suppression Revuelta y supresión de los Comuneros
1795	Antonio Nariño publishes a translated (from French) version of *The Rights of Man* that injects new energy into the fight for independence Antonio Nariño publica una versión traducida (del francés) de *Los derechos del hombre* que inyecta nueva energía a la pelea por la independencia

1810	Independence is declared in Bogota Se declara la independencia en Bogotá
1815	The Spaniards recapture Bogota and install a new Viceroy Los españoles recapturan Bogotá e instalan un nuevo virrey
1817	The rebel heroine Policarpa Salavarrieta is executed Ejecutan a la heroína rebelde Policarpa Salavarrieta
1819	Bogota is liberated by Simón Bolívar and Francisco de Paula Santander Bogotá es liberada por Simón Bolívar y Francisco de Paula Santander
1821	Bogota becomes the capital of Nueva Granada, which included Colombia, Venezuela, Panama, and Ecuador Bogotá es nombrada capital de Nueva Granada, que incluía Colombia, Venezuela, Panamá y Ecuador
1824	The Museo Nacional is opened Se inaugura El Museo Nacional
1882	The Sabana Railway is inaugurated, signaling a new era of prosperity Se inaugura el Tren de la Sabana, señalando una nueva era de prosperidad
1884	A rudimentary mule-drawn tram system is introduced Se introduce un sistema rudimentario de tranvía tirado por mulas
1886	The School of Fine Arts is founded Se funda la Escuela de Bellas Artes
1892	The Teatro Colón is inaugurated Se inaugura el Teatro Colón
1899	The Thousand Day War between Liberals and Conservatives breaks out Estalla la Guerra de los Mil Días entre liberales y conservadores
1902	The war ends with a new political agreement Acaba la guerra con un nuevo acuerdo político
1929	The funicular to Monserrate begins operation El funicular de Monserrate comienza operaciones
1938	The first Bolivarian Games are hosted in Bogota Se realizan en Bogotá los primeros Juegos Bolivarianos
1947	Le Corbusier arrives in Bogota to design plans for the city's transformation Le Corbusier llega a Bogotá para diseñar planos para la transformación de la ciudad
1948	Jorge Eliecer Gaitan, the Liberal presidential candidate, is assassinated, leading to three days of extreme unrest called the Bogotazo

Jorge Eliecer Gaitán, el candidato presidencial liberal, es asesinado, llevando a tres días de disturbios extremos llamados el Bogotazo

1948　The Museo Nacional is relocated to its current location, once home to the prison La Penitenciaría
Se traslada El Museo Nacional a su ubicación actual, que fuera hogar de la prisión La Penitenciaría

1949　Jaime Duque organizes the first flights from Bogota to North America and Europe
Jaime Duque organiza los primeros vuelos desde Bogotá a Norteamérica y Europa

1955　The cable car system to Monserrate begins operation
Comienza a operar el sistema teleférico a Monserrate

1959　Service at El Dorado airport expands to accept international passengers
El servicio en el aeropuerto de El Dorado se amplía para aceptar pasajeros internacionales

1968　Pope Paul VI visits for the Eucharistic Congress
Visita del papa Pablo VI para el Congreso Eucarístico

1973　The Festival de Teatro Alternativo is launched
Se lanza el Festival de Teatro Alternativo

1974　The Ciclopaseos Turísticos is introduced
Se introducen los Ciclopaseos Turísticos

1982　The Ciclovía is inaugurated and major arteries are closed to vehicular traffic from 7:00 a.m. to 2:00 p.m. on Sundays and holidays
Se inaugura la ciclovía y las arterias más importantes se cierran al tráfico vehicular de 7:00 a.m. a 2:00 p.m. los domingos y feriados

1985　Siege of the Palace of Justice
Sitio del Palacio de Justicia

1986　Pope John Paul II visits for World Youth Day
Visita del papa Juan Pablo II para la Jornada Mundial Juvenil

1988　The Festival Iberoamericano de Teatro de Bogotá is launched as an Act of Faith in Colombia
El Festival Iberoamericano de Teatro de Bogotá se lanza como un Acto de Fe en Colombia

1996　The Cicloruta system of dedicated bike lanes is inaugurated
Se inaugura el sistema de cicloruta de carriles dedicados a bicicletas

1998　The Day without a Car is implemented
Se implementa el Día sin Carro

2000	The Rapid Bus System TransMilenio is inaugurated
	Se inaugura el Sistema Rápido de Buses TransMilenio
2002	Bogota receives UNESCO's Peace Prize for making the city more cultural, habitable, and humane
	Bogotá recibe el premio de la paz de la UNESCO por hacer la ciudad más habitable, humana y cultural
2002	Bogota's library system Biblored receives the Bill and Melinda Gates Foundation Access to Learning prize
	El sistema de bibliotecas de Bogotá, Biblored, recibe el premio Bill and Melinda Gates Foundation Access to Learning
2004	The Hispano-American Center for Investigation of Telecommunication Corporations (AHCIET) awards Bogota the Digital City Prize
	La Asociación Iberoamericana de Centros de Investigación y Empresas de Telecomunicaciones (AHCIET) concede a Bogotá el Premio a la Ciudad Digital
2005	Special Mention is given to Bogota during the International Active and Healthy City competition
	Se concede una Mención Especial a Bogotá durante el Concurso Internacional de la Ciudad Saludable y Activa
2006	Bogota wins the Golden Lion Award for Architecture at the Venice Biennale
	Bogotá gana el Premio León de Oro de arquitectura en la Bienal de Venecia
2007	Bogota is named Iberoamerican Culture Capital at the XXI Assembly of the Union of Iberoamerican Capital Cities
	Bogotá es nombrada Capital Iberoamericana de la cultura en la XXI Asamblea de la Unión Iberoamericana de Ciudades Capitales
2007	Bogota is designated as the World Capital of the Book by UNESCO
	La UNESCO designa a Bogotá como Capital Mundial del Libro
2012	Ground is broken for BD Bacata, the tallest building in South America
	Se rompe suelo para el BD Bacatá, el edificio más alto de Sudamérica
2012	Bogota is designated as a World City of Creative Music by UNESCO
	La UNESCO designa a Bogotá como Ciudad Mundial de Música Creativa
2013	The first international guidebook about Bogota and its region is published
	Se publica la primera guía internacional sobre Bogotá y su región

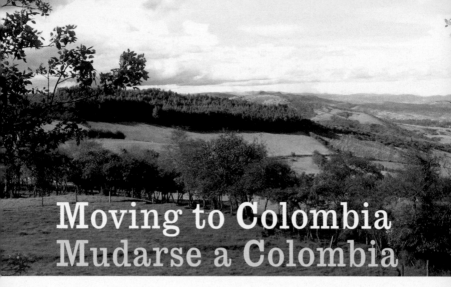

Moving to Colombia
Mudarse a Colombia

Colombian landscape / Paisaje colombiano

While most citizens of Oceania, North America, and Europe can travel to Colombia on vacation without requiring an entry visa, you should know that living and working in Colombia will require a visa. For further information, see the General Overview on page 4 or go to www.cancilleria.gov.co/help/faq/visas.

Unless your move to Colombia is sponsored by an employer or corporation, you will have to research carefully which visa may be best for you. Similar to other nations, it can be an arduous process, so give yourself time.

To help with the logistical part of your move, there are large services such as UPS (www.ups.com/content/global/index.jsx) that have a great global network to help you get from point A to point B. Other good options are www.firstcontactcol.net and www.zaicargo.com/en.

Once you've made it to this beautiful city, check out the following resources to get into the groove of Bogota life:

Bogota Brilliance – The most comprehensive and viewed website about Bogota life, culture, dining, events, business, and more. www.bogotabrilliance.co

Gringo Tuesdays – What started as a free language exchange and networking event has grown into the must-be place on a Tuesday night for travelers, expats, and Bogotanos alike. Arrive by 5:30 p.m. to order a drink and find a seat for the language exchange, and be prepared to stay late as the party starts at 10:00 p.m.

La Villa
Carrera 14 A No. 83 – 56
Tel.: 530.1545 / 314.474.8384
www.gringotuesdays.com

Papayas at the market
Papayas en el mercado

Mientras la mayoría de los ciudadanos de Oceanía, Norteamérica y Europa pueden viajar a Colombia de vacaciones sin necesidad de visa de entrada, usted debe saber que para vivir y trabajar en Colombia necesitará una visa. Para más información, vea la sección Visión General en la página 5 o entre a www.cancilleria.gov.co /help/faq/visas.

A menos que su traslado a Colombia esté patrocinado por un empleador o empresa, tendrá que investigar cuidadosamente qué visa puede ser la mejor para usted y, como con otras naciones, puede ser un proceso arduo, así que dese tiempo.

Para ayudar con la parte logística de su mudanza, hay grandes servicios como UPS (www.ups.com/content/global/index.jsx) que tienen una gran red global para ayudarlo a llegar del punto A al punto B. Otras buenas opciones son www.firstcontactcol.net y www.zaicargo .com/en.

Una vez que haya llegado a esta bella ciudad, échele un vistazo a los siguientes recursos para ponerse en sintonía con la vida de Bogotá:

Bogota Brilliance – El sitio web más completo y visto sobre la vida, la cultura, la comida, los eventos, los negocios y más en Bogotá. www.bogotabrilliance.co

Gringo Tuesdays – Lo que comenzó como un libre intercambio de idiomas y un evento para hacer contactos, ha crecido hasta convertirse en sitio obligatorio los martes por la noche para viajeros, expatriados y bogotanos por igual. Llegue a las 5:30 p.m. para pedir una copa y encontrar un asiento para el intercambio de idiomas y prepárese para quedarse hasta tarde ya que la fiesta empieza a las 10:00 p.m.

La Villa
Carrera 14 A No. 83 – 56
Tel.: 530.1545 / 314.474.8384
www.gringotuesdays.com

Colombia International Real Estate – Operado por su dueño, Sam Miller, un expatriado australiano que ha aparecido dos veces en el programa House Hunters International, CIRE ha ayudado con

Colombia International Real Estate (CIRE) – Owned and operated by Sam Miller, an Australian expat who has been twice featured on House Hunters International, CIRE has successfully helped individuals and businesses locate residences and offices in Bogota for several years. www.colombiainternational.co

The American Women's Club (AWC) – The AWC is an organization that for more than sixty-five years has united expat and Colombian women to network and serve those in need in the greater Bogota community through different fundraising and charitable initiatives. Contact: newcomers@awcbogota.com. www.awcbogota.com

Internations – An international network of expats in different countries. Bogota's chapter is very active with monthly get-togethers and social events. www.internations.org/bogota-expats

Retiring in Bogota and its Region

One of the biggest surprises open to discovery is the fact that in 2013 Forbes and other important media outlets ranked Colombia as one of the top 10 best countries in which to retire.

Most regions in Colombia are nothing less than paradisiacal for retirees, and other cities like Medellin and Bucaramanga (see: http://money.usnews.com/money/blogs/On-Retirement/2013/02/25 /bucaramanga-colombias-hidden-retirement-haven) are already becoming popular retirement destinations for expats; however, Bogota and its region actually offer some of the best options in the world. Nearby communities such as Anapoima and Tocaima enjoy idyllic weather year-round, in regions that are spectacularly green yet accessible to the city, and best of all, are surprisingly free of most insects, making these towns particularly popular with Colombian retirees.

While nations such as Ecuador, Panama, and Costa Rica have garnered much attention in past decades, Colombia is now poised to become the preferred retirement destination in the world. And here are just a few reasons why:

Safety: In reality, retirees will find safer communities in Colombia than in most other retirement havens around the globe.

Healthcare: Having been ranked number 1 in healthcare in the Americas by the World Health Organization (WHO), Colombia offers excellent healthcare—better than any country in the region— and for that matter, most any retiree haven around the world.

Democracy: Colombia is the oldest uninterrupted constitutional democracy in the region, a nation that has never had the history of dictatorships that the rest of Latin American nations have had. A foreigner can buy his or her own home without the need of a Fideicomiso (Trust) and without fear of the government ever

éxito a individuos y empresas a encontrar residencias y oficinas en Bogotá desde hace varios años. www.colombiainternational.co

The American Women's Club (AWC) – AWC es una organización con más de sesenta y cinco años reuniendo mujeres expatriadas y colombianas en una red para servir a los necesitados en la comunidad de Bogotá a través de diferentes fondos e iniciativas caritativas. Contacto: newcomers@awcbogota.com. www.awcbogota.com

Internations – Una red internacional de expatriados en diferentes países. El capítulo de Bogotá es muy activo con encuentros mensuales y eventos sociales. www.internations.org/bogota-expats

Cómo jubilarse en Bogotá y sus alrededores

Una de las más grandes sorpresas aún por descubrir es el hecho que en 2013, la revista Forbes y otros medios importantes catalogaron a Colombia como uno de los diez mejores países del mundo para jubilarse.

La mayoría de las regiones en Colombia son paradisiacas para los jubilados, y otras ciudades como Medellín y Bucaramanga (ver: http://money.usnews.com/money/blogs/On-Retirement/2013/02/25 /bucaramanga-colombias-hidden-retirement-haven) ya se están volviendo populares destinos de retiro para extranjeros; sin embargo, Bogotá y sus alrededores ofrecen unas de las mejores opciones en el mundo. Comunidades cercanas a Bogotá, como Anapoima y Tocaima, gozan de un clima ideal durante todo el año, son regiones espectacularmente verdes y accesibles a la ciudad y, lo mejor de todo, sorprendentemente libres de casi todo insecto, lo que hace a estos pueblos particularmente atractivos para los colombianos que se han jubilado.

Mientras que naciones como Ecuador, Panamá y Costa Rica han llamado la atención en décadas pasadas, Colombia está a punto de convertirse en el mejor destino de retiro del mundo. Aquí se dan algunas razones:

Seguridad: La realidad es que en Colombia los jubilados encontrarán comunidades de retiro mucho más seguras que en la mayoría de los lugares de retiro alrededor del planeta.

Salud: Catalogada como la número uno en servicios de salud en las Américas por la Organización Mundial de la Salud (OMS), Colombia ofrece excelentes servicios de salud, mejores que los de cualquier otro país de la región, de hecho, casi de cualquier otro lugar de retiro del mundo.

Democracia: Colombia tiene la más antigua democracia constitucional ininterrumpida de la región, una nación que nunca ha tenido una historia de dictaduras, a diferencia de las otras naciones La-

nationalizing your property—Colombia is the only nation that has historically offered that assurance in the region.

Climate: Bogota is the only megacity on the planet where within a one- or two-hour drive you will discover any climate that you desire to live in, year-round, for the rest of your life!

Quality of Life: Bogota is known to be the greenest city in Latin America, and it is surrounded by very affordable land of indescribable beauty. Its culture embraces elders, which is evident by the way retirees are treated. Colombia's reputation as a warm and welcoming nation extends to the way that foreigners are treated, making the country an ideal retirement destination.

As a country, Colombia is known to have the best electrical infrastructure in the region and, in 2012, Bogota was ranked the most wired city in Latin America. And let us not forget the city's impressive international food choices, cultural events, and affordable entertainment—truly unmatched in the region.

Culture: Where else in the world can you enjoy year-round fishing and golfing, climb perpetually snow-capped mountains, visit rainforests, enjoy hot springs, boating, and botanic gardens, all within an hour or two from a major city? And let's not forget the wonderful local activities, such as the opera, ballet, theater, live music, major art galleries, or fine dining.

Retirement Housing

While there are too many retirement communities to properly mention here, it is known that the Colombia Investing Group (www.colombiainvesting.com) is currently planning a retirement community dedicated to expats living in Colombia.

In the meantime, there are excellent upscale projects under construction for city living, such as Club Platino (www.clubplatinosenior.co) and others such as www.hogarcasareal.com.co, located in Anapoima.

ESSENTIAL TIPS: If you are a foreigner retiring in Colombia, check with your country of origin's rules and regulations regarding the income you have sent to Colombia. For example, retired U.S. citizens are allowed for their pensions to be sent to Colombia, but are required to report that they are living abroad, no matter their country of choice.

Finally, Colombia offers amenities that rival other retirement havens such as the south of France, while being unusually welcoming to all races, creeds, and economic groups.

tinoamericanas. Un extranjero puede comprar su propia casa sin la necesidad de un fideicomiso y sin el miedo de que el gobierno nacionalice sus propiedades. Colombia es la única nación de la región que ha ofrecido esa certeza.

Clima: Bogotá es la única megaciudad del planeta donde a una hora de distancia por carretera, se puede encontrar cualquier tipo de clima en el que desee vivir, todo el año, ¡por el resto de su vida!

Calidad de vida: Bogotá es conocida por ser la ciudad más verde de Latinoamérica y está rodeada de tierras asequibles de belleza indescriptible. Su cultura acoge a personas mayores, lo cual es evidente por la forma en que son tratadas. La reputación de Colombia de ser una nación cálida y de brazos abiertos también se manifiesta en la forma de dar la bienvenida a los extranjeros, haciendo del país un lugar ideal como destino para tomar el retiro.

Como país, Colombia es conocida por tener la mejor infraestructura eléctrica de la región. En 2012, Bogotá fue catalogada como la ciudad más conectada de Latinoamérica. No olvidemos la selección internacional de comidas de la ciudad, eventos culturales y entretenimiento de bajo costo, realmente inigualables en la región.

Cultura: ¿En qué otro lugar del mundo se puede disfrutar todo el año de pesca, golf, escalar montañas cubiertas de nieves perpetuas, visitar bosques tropicales, disfrutar de aguas termales, navegación, jardines botánicos, todos a una o dos horas de distancia de una gran ciudad? Y no hay que olvidar las maravillosas actividades locales como la ópera, el ballet, el teatro, la música en vivo, las galerías de arte o un restaurante francés.

Hogares de retiro

Aunque existen demasiados hogares de retiro como para mencionarlos todos aquí, es sabido que el Colombia Investing Group (www.colombiainvesting.com) está planeando actualmente un hogar de retiro dedicado a expatriados que viven en Colombia.

Mientras tanto, hay excelentes proyectos exclusivos en construcción en la ciudad, como el Club Platino, www.clubplatinosenior.co, y otros como www.hogarcasareal.com.co ubicado en Anapoima.

CONSEJOS ESENCIALES: Si usted es un extranjero jubilándose en Colombia, consulte con su país de origen acerca de las leyes concernientes al ingreso que envía a Colombia. Por ejemplo, los jubilados estadounidenses tienen permitido enviar sus pensiones a Colombia, pero tienen que informar que se encuentran viviendo en el exterior, sin importar el país de su elección.

Finalmente, Colombia ofrece comodidades que compiten con otros lugares de retiro como los del sur de Francia, al tiempo que es inusualmente receptiva a todas las razas, credos y clases sociales.

Universidad de la Salle

Schools / Escuelas

If you are moving to Bogota and you have children, chances are that you will wish to select one of the many private schools available here. Preschools and day cares are abundant, clean, oftentimes beautiful facilities that offer truly excellent care and attention to younger children.

As for the subsequent educational years in your child's life, private primary and secondary academia in Bogota is one of the best reasons to move to the city. The schools are simply excellent, with a strong international perspective, and they are so abundant that we have focused on the most notable in the list that follows.

Si se va a mudar a Bogotá y tiene hijos, es probable que quiera seleccionar uno de los muchos colegios privados disponibles aquí. Los preescolares y las guarderías son abundantes, limpios, frecuentemente son locales bellos que realmente ofrecen excelente cuidado y atención a niños pequeños.

Para los años escolares subsecuentes en la vida de su hijo, la academia bogotana privada para primaria y secundaria es una de las razones para mudarse a la ciudad. Los colegios son sencillamente excelentes, con una fuerte perspectiva internacional y tan abundantes que nos enfocamos en los más notables en la lista a continuación.

ESSENTIAL TIPS: Given the penchant of many Colombian families to send their children abroad to study languages, the school system in Bogota offers two annual schedules: Schedule A, February to November, which caters to the traditional Colombian calendar, where the most important vacation is held in December; and Schedule B, August to June, geared to align the academic year with many schools abroad.

CONSEJOS ESENCIALES: Dada la propensión de muchas familias colombianas a enviar a sus hijos al extranjero para estudiar idiomas, el sistema escolar en Bogotá ofrece dos calendarios anuales: Calendario A, de febrero a noviembre, que sigue al tradicional calendario colombiano, donde las vacaciones más importantes son en el mes de diciembre; y el Calendario B, de agosto a junio, orientado a alinear el año académico con muchas escuelas en el extranjero.

Gimnasio Colombo-Británico
Set in a beautiful suburban campus, this bilingual school is ideal for residents living well-north in Bogota.
Establecido en un hermoso campus suburbano, esta escuela bilingüe es ideal para los residentes que viven bien al norte en Bogotá.
http://gcb.edu.co

Gimnasio Británico
One of the finest suburban private schools in Bogota, it even offers equestrian programming for its students.
Uno de los mejores colegios suburbanos privados en Bogotá, incluso ofrece un programa ecuestre para sus estudiantes.
www.gimnasio-britanico.edu.co

Gimnasio Moderno
Perhaps the most patrician boys-only Colombian private school, with several presidents in its alumni group, it offers a high standard of education, but is light on foreign languages.
Tal vez el colegio más patricio para varones, con varios presidentes entre sus graduados. Ofrece una educación de alto estándar, pero no es fuerte en cuanto a idiomas extranjeros.
www.gimnasiomoderno.edu.co

Gimnasio Vermont
Provides an excellent bilingual education.
Proporciona una excelente educación bilingüe.
www.vermont.edu.co

Colegio Abraham Lincoln
Offering a true U.S. academic program of high caliber with a B schedule.
Ofrece un programa académico verdaderamente estadounidense de alto calibre con calendario B.
www.abrahamlincoln.edu.co

Colegio Andino – Deutsche Schule
Considered by many to be the best private school in Colombia, this Colombian-German institution has been graduating students for many decades with multilingual fluency in its beautiful northern campus.
Considerado por muchos como uno de los mejores colegios en Colombia, esta institución colombo-alemana ha graduado estudiantes con fluidez multilingüe por décadas en su hermoso campus del norte.
www.colegioandino.edu.co/esp

Colegio Anglo Americano
A reputable bilingual school.
Un colegio bilingüe honroso.
www.angloamericanobogota.edu.co

Colegio Anglo Colombiano
Without a doubt, one of the best all-around schools in Bogota, teaching English with a definitive British accent.
Sin duda, uno de los mejores colegios en todo sentido de Bogotá, enseña inglés con acento definitivamente británico.
www.anglocolombiano.edu.co

Colegio Nueva Granada

One of the popular choices for North American–style academia, this school is also one of the most expensive in Colombia.

Una de las opciones populares para la academia de estilo norteamericano. Este colegio es también uno de los más costosos en Colombia.

www.cng.edu

Colegio Colombia Hebreo

A fine and long-standing institution educating the city's young Hebrew population.

Una buena y antigua institución que educa a la población hebrea joven de la ciudad.

www.cch.edu.co/web

Colegio Helvetia

The best private Swiss school in the region, students are taught in French, German, English, and Spanish, set in a campus that is ranked as a patrimonial landmark.

El mejor colegio privado suizo de la región. A los estudiantes se les enseña en francés, alemán, inglés y español. Ubicado en un complejo catalogado como monumento patrimonial.

www.helvetia.edu.co

Colegio Italiano Leonardo Da Vinci

An excellent school, offering one of the most challenging academic programs in Bogota.

Un excelente colegio que ofrece uno de los más desafiantes programas académicos en Bogotá.

www.davinci.edu.co

Colegio Rochester

A large and reputable Catholic bilingual school far north in the city.

Un honorable colegio católico bilingüe muy al norte de la ciudad.

www.rochester.edu.co

Colegio San Bartolome

Founded in 1604, it was the first fully realized school in Colombia. Today, it is still a venerable Jesuit learning institution located in the charming La Merced neighborhood, in a large and impressive Art Deco facility.

Fundado en 1604, fue el primer verdadero colegio en Colombia. Hoy sigue siendo una venerable institución de aprendizaje jesuita localizada en el encantador barrio La Merced en un grande e impresionante complejo estilo art déco.

www.sanbartolo.edu.co/es

The English School

Progressive bilingual school focused on cultivating academic excellence for the international baccalaureate program.

Colegio bilingüe concentrado en cultivar la excelencia académica para el programa de bachillerato internacional.

www.englishschool.edu.co/en

Liceo Cervantes

One of the most reputable private schools in Bogota that offers the best value for tuition investment.

Uno de los más honorables colegios privados que ofrece el mejor valor por inversión de matrícula para varones.

www.liceocervantes.edu.co

Liceo de Cervantes El Retiro

One of the most established Catholic schools in Bogota, ideally situated in the upscale El Retiro neighborhood.

Uno de los colegios católicos mejor establecidos en Bogotá. Con una ideal localización en el elegante barrio El Retiro.

www.liceodecervantesretiro.edu.co/home

Lycée Français Louis Pasteur (Liceo Francés)

Considered to be one of the top Lycée Françaises in the world, this long-standing institution is also the most important of the network of Colombia's Lycée Français schools that can be found throughout the country, also offering excellent multilingual courses.

Considerado uno de los mejores Lycée Françaises del mundo, esta institución de larga data es también la más importante de la red de colegios Lycée Françaises encontrados en todo el país. También ofrecen cursos políglotos.

www.lfbogota.com

Montessori British School

The Colombian branches of the venerable institution leave nothing to be desired from others around the world.

Las sucursales colombianas de la venerable institución no dejan nada que desear en comparación con otras alrededor del mundo.

www.mbs.edu.co/homeweb

School in Parque Nacional / Colegio en Parque Nacional

Universities

One of the reasons that Bogota was dubbed the Athens of the Americas long ago was for its large amount of academic institutions. Bogota was among the first cities in the New World to have founded institutions of higher learning. As far back as 1540, the Dominican Order founded La Universidad Santo Tomás, a formidable learning institution that operates to this day. In fact, it may very well be that Bogota has more colleges and universities per capita than any other megacity in the world.

However, given the fact that in recent decades many Colombians have opted to study abroad for their Masters and Doctorate programs, some of those local programs are in need of more attention, and the government—aware of this issue—is endeavoring to promote more local post-grad programs. Still, the Universidad Nacional and the Universidad de los Andes are ranked as two of the top ten universities of Latin America.

One of our favorite educational institutions is the Colombian government's Servicio Nacional de Aprendizaje (SENA). Cofounded through the private sector, the SENA is a national network of higher learning colleges, combining academic and vocational training at no cost to qualified students. From bio-technology to the culinary arts, the SENA provides an unusual amount of programs that offer a high level of education.

Another notable vocational learning institution is the Escuela de Artes y Oficios Santo Domingo. Located inside a restored Candelaria palace, this institution is dedicated to offering superlative quality education in the various artisanal traditions within its curriculum.

Given the popularity for foreign students to learn Spanish in Bogota (considered to have the best, most neutral Spanish in the world), international students are coming to study Spanish and other popular subjects, including medicine, geology, and environmental sciences, in beautiful campuses such as the ones found in La Universidad de la Sabana, La Javeriana, and El Externado.

To see a list of the top institutions of higher learning in Bogota, please go to the Appendix on page 461.

Universidades

Una de las razones por las cuales Bogotá hace tiempo fue llamada la Atenas de las Américas fue por su gran cantidad de instituciones académicas. Bogotá estaba entre las primeras ciudades del Nuevo Mundo en haber fundado instituciones de educación superior. Ya en 1540, la Orden de los Dominicos fundó la Universidad Santo Tomás, una formidable institución que opera aún hoy. De hecho, puede ser que Bogotá tenga más instituciones universitarias y universidades per cápita que cualquier otra megaciudad del mundo.

Sin embargo, dado que en recientes décadas muchos colombianos han optado por estudiar sus programas de maestría y doctorados en el exterior, algunos de esos programas locales necesitan mayor atención y el gobierno —a sabiendas de ello— está trabajando en promocionar más programas de posgrado. Aún así, la Universidad Nacional y la Universidad de los Andes están situadas entre las diez mejores de Latinoamérica.

Una de nuestras instituciones favoritas es el Servicio Nacional de Aprendizaje (SENA) del gobierno colombiano. Cofundada con el sector privado, el SENA es una red nacional de instituciones de educación superior, combinando entrenamiento vocacional y académico sin costo alguno para los estudiantes calificados. Desde biotecnología hasta artes culinarias, el SENA proporciona una gran cantidad de programas a un alto nivel educativo.

Universidad de la Sabana

Otra notable institución de aprendizaje vocacional es la Escuela de Artes y Oficios Santo Domingo. Localizada dentro de un palacio restaurado en La Candelaria, esta institución está dedicada a ofrecer educación de superlativa calidad en las varias tradiciones artesanales dentro de su currículo.

Dada la popularidad de los estudiantes extranjeros por aprender español en Bogotá (considerado como el mejor y más neutro español del mundo), los estudiantes extranjeros vienen a estudiar español y otras asignaturas populares, incluyendo Medicina, Geología y Ciencias Ambientales en unos campus hermosos como los encontrados en la Universidad de La Sabana, La Javeriana y El Externado.

Para ver una lista de las mejores instituciones de educación superior en Bogotá, por favor ver el Apéndice en la página 461.

Must Do
Qué hacer

Yolanda Mesa exhibit / Exposición de Yolanda Mesa

"In Bogota there exists a perfect blend with the surroundings I have yet to see anywhere else. You can literally go down a busy main street straight lined with professional artists' graffiti and into a massive park, and within a few steps find yourself at the foothills of beautiful mountain scenery. You can then come down the mountain and enjoy every benefit of a city like Paris or New York: fashion, commerce, plenty of work, a city, and people who care about and value art—a place where things are happening and civilization is on the forefront of progress. This is my Bogota."
—Gavin Culbertson, U.S. visitor and director of the film *A Paper Tiger Burns*, partly shot in Bogota

Bogota offers something for everyone and more, but trying to see and do everything can become overwhelming. Following are a few of our suggestions to help you get the most out of your visit:

Cerro Monserrate Famous for its spectacular views, pilgrimage sites, and restaurants, the Cerro de Monserrate, situated 3,152 meters above sea level, is one of the most iconic destinations in Bogota. www.cerromonserrate.com

Donación Botero The antique building houses an extensive collection of Fernando Botero's sculptures and paintings, and works by Colombian and international masters. Entry to the museum is always free.
Calle 11 No. 4 – 41 Tel.: 343.1212

La Macarena With its vibrant art gallery scene, variety of restaurants, bookstores, boutiques, and creative vibe, this cozy district is reminiscent of life in New York's old Greenwich Village. Be prepared for a hilly walk.
Between Carreras 3 and 5 and Calles 26 and 30

"En Bogotá existe una mezcla perfecta con los alrededores que aún no he visto en ningún otro lugar. Literalmente se puede bajar por una congestionada calle principal forrada con el grafiti de un artista profesional y llegar a un gran parque y a pocos pasos encontrarse al pie de un bello escenario de montaña. Se puede bajar de una montaña y disfrutar de todos los beneficios de ciudades como París o Nueva York: con moda, comercio, mucho trabajo, una ciudad y una gente a quienes les importa y valoran el arte —un lugar donde ocurren cosas y la civilización se encuentra en la vanguardia del progreso. Esta es mi Bogotá".
—Gavin Culbertson, visitante de Estados Unidos y director de la película *A Paper Tiger Burns*, (Se quema un tigre de papel), parcialmente filmada en Bogotá.

Bogotá ofrece algo para todos y más, pero el tratar de ver y hacerlo todo puede ser abrumador. A continuación hay varias sugerencias para ayudarlos a aprovechar al máximo su visita:

Cerro Monserrate Famoso por sus espectaculares vistas, sitios de peregrinación y restaurantes, el Cerro de Monserrate, situado a 3.152 metros sobre el nivel del mar, es uno de los destinos más icónicos en Bogotá. www.cerromonserrate.com

Donación Botero El antiguo edificio alberga una extensa colección de esculturas y cuadros de Fernando Botero y trabajos de maestros colombianos e internacionales. La entrada al museo siempre es gratis. Calle 11 No. 4 – 41 Tel.: 343.1212

La Macarena Con su vibrante ambiente de galería de arte, variedad de restaurantes, librerías, boutiques y vibra creativa, este acogedor distrito nos recuerda a la vida de la vieja Greenwich Village de Nueva York. Prepárese para una caminata cuesta arriba. Between Carreras 3 and 5 and Calles 26 and 30

Museo Nacional de Colombia Un tesoro de arte colombiano que abarca los siglos, incluyendo trabajos de las culturas Muisca y Tayrona, arte religioso y una impresionante colección de pinturas y esculturas de artistas contemporáneos. El museo es escenario de un maravilloso calendario de eventos culturales tales como conciertos, danza y teatro, y la mayoría son gratis.

Carrera 7 No. 28 – 66 Tel.: 334.8366 Ext 208 www.museonacional.gov.co

Chía reflecting pool
Piscina espejo en Chía

Museo Nacional de Colombia A treasure trove of Colombian art spanning the centuries, including work from the Muisca and Tayrona cultures, religious themed art, and an impressive array of paintings and sculptures from more contemporary artists. The Museum hosts a wonderful calendar of cultural events such as concerts, dance, and theater, and most are free.
Carrera 7 No. 28 – 66 Tel.: 334.8366 Ext 208
www.museonacional.gov.co

Museo del Oro View treasures from the pre-Columbian period that gave rise to the Legend of El Dorado; the museum also houses the largest collection of gold items in the world.
Calle 16 No. 5 – 41 Tel. 343.2222
www.banrep.gov.co/museo/esp/home.htm

Torre Colpatria Enjoy the incredible 360-degree views day or night from the rooftop observation platform. Open on weekends and holidays only.
Carrera Séptima with Calle 26 Tel.: 283.6665

Turistren The Tren Turístico de la Sabana is a fun way for the family to see several key towns in Bogota's savannah, including stops in Nemocón, Zipaquirá (with the famed salt cathedral), and Cajicá (a typical savanna village) on Saturdays, Sundays, and holidays, accompanied by live regional music.
Calle 13 No. 18 – 24 Tel.: 375.0557
www.turistren.com.co

Parque del Chicó Walking through the fortress-like iron gate of this special park is like walking through a portal to a different time. In 1921, upon inheriting the house and land, the last owner, Mercedes Sierra de Pérez, followed in her father's philanthropic footsteps by bequeathing the entire property, and some capital, to the City of Bogota. And the Mercedes Sierra de Pérez museum is well worth a visit to see what life was like in eighteenth-century Bogota. (See Parks section, page 403, for more information.)
Carreras 7 and 9, between Calles 92 and 94

Parque Metropolitano Simón Bolívar The Simon Bolivar Park spans 970 acres (3.9 km^2), which is one-and-a-half times the size of New York's Central Park and three times the size of Hyde Park in London.
Sundays are particularly special when entire families set-up camp in the park to enjoy the day and the sky fills with colorful kites. (See Parks section, page 403, for more information.)
Calle 63 and 53; between Carreras 48 and 68

Parque Metropolitano Simón Bolívar

Museo del Oro Vea tesoros del período precolombino que dio origen a la leyenda de El Dorado y la colección más grande de objetos de oro en el mundo.
Calle 16 No. 5 – 41 Tel. 343.2222 www.banrep.gov.co/museo/esp/home.htm

Torre Colpatria Disfrute de las increíbles vistas de 360 grados de día o de noche desde la plataforma de observación en la azotea. Abierto solo los fines de semana y feriados.
Carrera Séptima with Calle 26 Tel.: 283.6665

Turistren El Tren Turístico de la Sabana es una opción divertida para que la familia vea los pueblos clave de la Sabana de Bogotá, incluyendo paradas en Nemocón, Zipaquirá (con su famosa cate-dral de sal) y Cajicá (una típica villa de la sabana) sábados, domin-gos y feriados acompañados de música regional en vivo.
Calle 13 No. 18 – 24 Tel.: 375.0557 www.turistren.com.co

Parque del Chicó Caminar a través de la puerta de hierro tipo for-taleza de este especial parque es como caminar a través de un portal a otro tiempo. En 1921, cuando heredó la casa y la tierra, su última propietaria, Mercedes Sierra de Pérez, siguió los pasos filantrópicos de su padre al legar toda la propiedad y algo de capital a la ciudad de Bogotá. Y el museo Mercedes Sierra de Pérez bien merece una visita para ver cómo era la vida en la Bogotá del siglo XVIII. (Ver la sección de Parques, página 403, para más información).
Carreras 7 and 9, between Calles 92 and 94

Parque Metropolitano Simón Bolívar El Parque Simón Bolívar se ex-tiende 3.9 km², es decir, una y media veces el tamaño del Central Park de Nueva York y tres veces el de Hyde Park en Londres. Los domin-gos son particularmente especiales cuando familias enteras acampan en el parque para disfrutar el día y el cielo se llena de cometas colo-ridas (ver la sección de Parques, página 403, para más información).
Calle 63 and 53; between Carreras 48 and 68

Must Eat
Dónde comer

Bogota offers many international dining options, as you will see in our Gastronomy section on page 220. Since it is impossible to try them all in one visit, the following suggestions will give you a good taste of the essential Colombian breads, food, and pastries.

Bogotá ofrece muchas opciones internacionales para comer, tal como se ve en nuestra sección de gastronomía en la página 220. Como sería imposible probarlas todas en una sola visita, las siguientes sugerencias les darán una buena degustación de los panes, comidas y pastelería esenciales de Colombia.

Typical Colombian Food
Comida típica colombiana

Andrés Carne de Res / Andres D.C.

This mold-breaking eccentric, festive steak house is like a carnival every night. There are split opinions as to which location is best, but you are guaranteed an unforgettable experience no matter which one you choose.

Esta excéntrica y festiva casa de carne, la cual ha reconfigurado el molde gastronómico, todas las noches se transforma en un carnaval. Hay opiniones divididas en cuanto a cuál local es el mejor, pero los dos garantizan una experiencia inolvidable sin importar cuál se elija.

Calle 3 No. 11 A – 6 6
In Chía
Tel.: 863.7880

OR / O
Calle 81 No. 11
CC El Retiro
Tel.: 863.7880

La Herencia

Traditional recipes prepared with a modern touch. We recommend ordering the delightful Posta Cartagenera, Lechona, and Ceviche.

Recetas tradicionales preparadas con un toque moderno. Recomendamos pedir la deliciosa posta cartagenera, lechona y ceviche.

Carrera 9 No. 69 A – 26
Tel.: 249.5195

Las Acacias

Serving delicious classic Colombian cuisine for over forty years in multiple locations, the food reflects the Colombian soul. Make sure to try their Ajiaco and Bandeja Paisa.

Sirve la deliciosa clásica cocina colombiana desde hace más de cuarenta años en varios locales y la comida refleja el alma colombiana. Asegúrese de probar su ajiaco y bandeja paisa.

Calle 94 No. 14 – 28
Tel.: 610.5410

La Tartine

Fresh Juices at Abasto
Jugos naturales en Abasto

Casual Dining
Comida Casual

Crepes & Waffles
Perhaps the most popular chain in Colombia, if not South America, serving a huge selection of savory and sweet crepes, desert waffles, addictive ice cream, and weekend brunch.
Es quizás la cadena más popular en Colombia, si no de toda Sudamérica. Sirven una selección enorme de *crepes* saladas y dulces, *waffles* de postre, helado adictivo y *brunch* del fin de semana.
Carrera 12 A No. 83 – 40
Tel.: 611.4440
Several locations. / Varias locaciones.

La Hamburguesería
Delicious burgers with creative toppings accompanied by potatoes or onion rings, special sauces, and rock & roll. Non-burger choices are also available at all of their locations.
Deliciosas hamburguesas con creativos acompañamientos además de papas o anillos de cebolla, salsas especiales y rock & roll. También tienen disponibles opciones distintas a las hamburguesas en todas las locaciones.
Calle 85 No. 12 – 49
Tel.: 610.2001

Breads / Panes
Bogota is full of bakeries where you can sample typical Colombian breads (see Gastronomy, page 220), but for a special sample, try:
Bogotá está llena de panaderías donde probar los panes típicos colombianos (ver Gastronomía, página 220), pero para una muestra especial prueben:

Pan Pa'Ya
Try the Almojabana, almond croissant, and Roscone de maíz.
Prueben la almojábana, el croissant de almendras y el roscón de maíz.
Carrera 11 No. 116 – 10
Tel.: 612.6585
Several locations. / Varias locaciones.

Colombian Pastries
Pastelerías colombianas
Bogota is full of bakeries and pastry shops where you can sample typical Colombian sweets (see Gastronomy, page 220), but for a quick and special fix, try one of the following places:
Bogotá está llena de panaderías y pastelerías donde podrá degustar dulces típicos colombianos (ver Gastronomía, página 220), pero para una degustación especial, prueben los siguientes sitios:

Castellana 104
We recommend the mousses and chocolates.
Recomendamos los *mousses* y chocolates
Avenida 19 No. 104 – 49
Tel.: 214.1475

San Fermin
Don't miss the Pie de Durazno and Braza de reina.
No se pierdan el pie de durazno y el brazo de reina.
Calle 63 No. 11 – 53
Tel.: 235.2594

Neighborhoods
Vecindarios

"Bogota was a wonderful surprise. Sophisticated, clean, safe, and beautiful. The combination of mountains, lush gardens, perfect weather, quiet neighborhoods, and creative, cosmopolitan restaurants made it an ideal and memorable vacation spot."

—Gail Fritzinger, U.S. visitor

Bogota is divided into twenty localities—or districts—each with its own mayor and local government. Collectively, the localities make up over 1,500 neighborhoods. The north and northeast comprise the more affluent areas, while lower-income neighborhoods tend to be in the south and southwest. Bogota's large middle class lives mainly throughout the central-north urban corridor and north-to-northwest areas of the city.

Every neighborhood offers something interesting or distinct, such as a type of commerce, a cultural center, a megalibrary, locations with historic significance, a special bakery, or an unexpected arts biennale.

La Merced

"Bogotá ha sido una sorpresa maravillosa para mí. Sofisticada, limpia, segura y hermosa. La combinación de montañas, frondosos jardines, clima perfecto, vecindarios tranquilos y restaurantes cosmopolitas llenos de creatividad, ha hecho de Bogotá un lugar de vacaciones ideal e inolvidable".

—Gail Fritzinger, visitante estadounidense

Bogotá está dividida en veinte localidades, cada una con su alcalde y gobierno local. Las localidades en su totalidad se componen de más de mil quinientos vecindarios. El norte y noreste constan de las zonas más pudientes de la ciudad, mientras que los vecindarios de medios y bajos ingresos tienden a ubicarse al sur y sudoeste. La clase media de Bogotá vive en su mayoría en el corredor urbano del centro-norte, también en las áreas norte y noroeste.

Cada vecindario y localidad ofrece algo distinto, como algún tipo de comercio, un centro cultural, una megabiblioteca, lugares de significancia histórica, una panadería especial o una inesperada bienal de artes.

Vecindarios clave

Chapinero – Este vecindario de gran tamaño y alta densidad poblacional, ubicado en la zona central norte de Bogotá, ofrece quizás la mayor diversidad y contrastes. Años atrás era considerada como la mayor zona de compras de la ciudad; sin embargo, hoy partes de Chapinero no están en las mejores condiciones y necesitan mantenimiento, y algunas calles son oscuras y poco atractivas para caminar. No obstante, Chapinero es fuente de negocios, artes creativas, emprendimientos, y la mayor parte de la comunidad LGBT. Chapinero también es la más grande localidad

Key Neighborhoods

Chapinero – This large, densely populated north-central district offers perhaps the greatest diversity and amount of contrast to be found in Bogota. Years ago it was considered the main shopping area of the city; however, today, parts of Chapinero can be gritty and are in need of renovation, and some streets can be dark and uninviting at night. Nevertheless, Chapinero is a beehive of business, artistic creativity, and entrepreneurship, and home to the majority of the city's LGBT community. Chapinero is also the largest student-filled bohemian district by far, revolving around Plaza Lourdes, which is punctuated by its impressive gothic cathedral.

Chapinero Alto – The upscale and mostly residential part of Chapinero sits high (alto) against the mountains. With its privileged city views and trendy organic-type restaurants and art spaces, this part of the city has once again become very popular with Colombians and expats as a preferred residential neighborhood.

Chicó – Northern Bogota's quintessentially best-known upscale residential neighborhood is now also home to the thriving Zona Rosa district, considered to be the most expensive commercial real estate in Latin America. Once dotted by large homes and mansions of high architectural value, many of them have given way in recent decades to the construction of beautiful redbrick residential towers, filled with enormous apartments, duplexes and triplexes—all as beautiful as they are expensive.

El Centro Internacional

El Centro – Known as the traditional business and geographical center of Bogota, today this district is still a bustling area filled with shops and restaurants of all price points—from hat shops and haberdashers that cater to the nation's politicians, to low-priced TV and refrigerator shops, bookshops, and offices of all types. El Centro is also undergoing one of Latin America's biggest urban center renewal transformations, with several megaprojects under way, including the construction of BD Bacata, soon to be one of the tallest skyscraper in Latin America. Like most anywhere

bohemia, repleta de estudiantes y situada alrededor de la Plaza Lourdes, puntualizada por su imponente catedral gótica.

Chapinero Alto – El lugar más exclusivo y residencial de Chapinero se encuentra en la parte alta, colindando con las montañas. Con su vista privilegiada, modernos restaurantes orgánicos y espacios de arte, esta zona se ha convertido en un sitio muy popular como lugar de residencia entre colombianos y expatriados.

Chicó – El vecindario residencial por excelencia y el más pudiente del norte de Bogotá, ahora también alberga la próspera Zona Rosa, considerada como el mercado de bienes raíces comercial más costoso de Latinoamérica. Alguna vez poblada de enormes casas y mansiones de gran valor arquitectónico, muchas de ellas han cedido lugar en las últimas décadas a la construcción de hermosas torres residenciales de ladrillo, ocupadas por enormes apartamentos dúplex y tríplex, tan hermosos como costosos.

El Centro – Tradicionalmente conocido como el centro geográfico y de negocios de Bogotá, hoy este barrio aún es un lugar bullicioso de tiendas y restaurantes de todos los precios, desde tiendas de sombreros y sastres que proveen a los políticos de la nación, hasta tiendas de televisores baratos y neveras, librerías y oficinas de todo tipo. El centro también está experimentando una de las transformaciones de renovación urbana más grandes de Latinoamérica, con varios megaproyectos en construcción. Estos incluyen la construcción del BD Bacatá, pronto a convertirse en uno de los rascacielos más altos de Latinoamérica. Como la mayoría de los lugares en Bogotá, El Centro es hogar de un floreciente escenario artístico, sede del Teatro Gaitán, del archivo de películas de Bogotá, la Cinemateca Distrital, y del Museo de Arte Moderno de Bogotá (también conocido como MAMBO).

Distrito Financiero – El corazón financiero de Colombia, el epicentro económico del distrito financiero, está ubicado en la intersección de la Carrera Séptima con calle 72. Los variados mercados de acciones de Colombia, junto con bancos y oficinas de aseguradoras que hacen de Bogotá el centro de seguros de Latinoamérica, se localizan en el norte de la calle 72 al lado del lujoso corredor de oficinas de la Carrera Séptima.

La Candelaria – El centro histórico y colonial de Bogotá es como un museo y un convite de monumentos y teatros que permiten descubrir siglos de arquitectura ecléctica, arte y cocina. Los económicos hostales en este barrio lo han convertido en un paraíso para viajeros con bajo presupuesto y mochileros. Pero tenga cuidado, La Candelaria es aún uno de los lugares favoritos de ladrones, un lugar que extranjeros desprevenidos visitan más que los mismos bogotanos. Afortunadamente, esta zona de la ciudad está empezando a vivir un renacimiento, aunque tiene mucho por

in Bogota, El Centro is also home to a thriving arts scene, home to the Teatro Gaitan, Bogota's film archive repository the Cinemateca, and the Museum of Modern Art of Bogota (Museo de Arte Moderno de Bogotá, also known as MAMBO).

Financial District – Colombia's financial heart, is found at the intersection of Carrera Séptima and Calle 72. The various stock markets of Colombia, along with the banks and insurance offices that make Bogota the insurance hub of Latin America, can be found north of Calle 72 beside the plush office corridor of Carrera Séptima.

La Candelaria – Bogota's historic and colonial center is a museum, monument, and theater-filled treat to discover that spans centuries of eclectic architecture, art, and cuisine. The affordable hostels in this neighborhood have made it a haven for low-budget travelers and backpackers. But take caution, La Candelaria is still one of pickpockets' favorite districts in which to operate, where unsuspecting foreigners tend to visit more than Bogotanos themselves. Fortunately, this part of the city is beginning to enjoy a renaissance, though it still has a long way to go considering its touristic potential, where you will find iconic landmarks such as the Plaza de Bolívar, the National Capitol, the Presidential Palace, the Primary Cathedral, and the Teatro Colón.

La Macarena – This thriving and romantic neighborhood has become a preferred residential choice for many expats and Colombians alike due to its charm and central location. Filled with art galleries and fine restaurants, La Macarena has been featured by the *New York Times* and is reminiscent in some ways to New York's old Greenwich Village. This cozy district has become one of the fastest growing arts communities, complete with art walks and bustling art gallery openings.

Rafael Uribe monument

"La Macarena was a fun neighborhood to explore. I loved visiting Galería MÜ and seeing the fantastic photographs. The carrot cake at the local pastry shop was wonderful!"
—Carrie Fritzinger, U.S. visitor

La Candelaria

recorrer si se considera su potencial turístico, donde se encuentran icónicos puntos de referencia como la Plaza de Bolívar, el Capitolio Nacional, el Palacio Presidencial, la Catedral Primada y el Teatro Colón.

La Macarena – Este barrio romántico y próspero se ha convertido en la opción residencial preferida de muchos expatriados y colombianos debido a su encanto y ubicación central. Con muchas galerías de arte y restaurantes finos, La Macarena ha sido denominada por el *New York Times* como una reminiscencia del vecindario Greenwich Village de Nueva York. Este barrio acogedor es una de las comunidades artísticas de más rápido crecimiento, lleno de paseos de arte y concurridas inauguraciones de galerías.

"La Macarena fue un barrio muy divertido de explorar. Me encantó visitar la Galería MÜ y observar las fantásticas fotografías. ¡La torta de zanahoria de la pastelería local estuvo maravillosa!".
—Carrie Fritzinger, visitante estadounidense

La Soledad – Uno de los barrios favoritos de los bogotanos, aún muy poco conocido por turistas y expatriados. La Soledad es verdaderamente uno de los mejores y más asequibles barrios de la ciudad. Con el complejo artístico Casa Ensamble en el corazón de la zona, este es el barrio *art déco* más grande de la ciudad, lugar lleno de sorpresas, hogar de muchos músicos, escritores y actores. El hermoso corredor residencial Park Way en La Soledad, ha sido un centro de admiración y entretenimiento por muchas décadas.

Parque 93 – El barrio del Parque 93 se ha convertido en uno de los lugares de moda, una opción predilecta para la clase media colombiana y también para gran parte de los expatriados que se están trasladando a Bogotá para vivir, trabajar y divertirse. El modes-

Parque 93

La Soledad – One of Bogotanos' favorite neighborhoods that is yet to be discovered by tourists or many expats, La Soledad is truly one of the nicer and still affordable city neighborhoods. With the Casa Ensamble arts complex at its heart, this is the city's large Art Deco district, an area full of surprises and home to many musicians, writers, and actors. La Soledad's lovely Parkway residential corridor has been the focus of admiration and enjoyment for several decades.

Parque 93 – Parque 93 has become one of the city's trendiest neighborhoods and a preferred choice in which to live, work, and play for the Colombian middle class, and consequently for the many expats now relocating to Bogota. The modest scale of the anchoring park adds to the intimate and warm feeling that is found here year round, but especially during the weekends. Given Parque 93's recent years of popularity, this area has lately seen a great deal of hotel construction—beautiful, state-of-the-art properties that are highly recommended for their price points.

Rosales and Cabrera – The city's most luxurious residential neighborhoods are also two of Colombia's most underappreciated architectural gems. With their gleaming redbrick residential towers, these plush and exclusively residential neighborhoods are a joy to admire, given their unique interplay of height, color, and tree-lined aesthete, carefully mandated by city ordinances that have understatedly created the emblematic architectural beauty of modern-day Bogota. These expensive neighborhoods actually compete with the same purchase/rental prices that can be found in New York City or Paris.

to tamaño del parque contribuye con la sensación tan acogedora que se percibe a lo largo del año, especialmente durante los fines de semana. Dada la popularidad de los últimos años del Parque 93, esta área se ha visto beneficiada con la construcción de hoteles —hermosas propiedades de última generación muy recomendadas por sus precios de venta.

Rosales y Cabrera – No solo son los barrios residenciales más lujosos, sino que además son las dos gemas arquitectónicas menos valoradas de Colombia. Con sus brillantes torres residenciales de ladrillo, estos lujosos barrios exclusivamente residenciales son razón de admiración, dada su combinación única de altura, color y estética arborizada, cuidadosamente reglamentada por la ciudad, discretamente creando una belleza arquitectónica emblemática para la Bogotá de hoy en día. De hecho, estos costosos barrios compiten con los mismos precios de compra y renta de Nueva York y de París.

Salitre – Uno de los barrios de más rápido crecimiento en Bogotá está estratégicamente localizado a lo largo de la avenida calle 26 hacia el Aeropuerto Internacional El Dorado. Con un fácil acceso a los recintos feriales y centros de convención de la ciudad, el Salitre está experimentando un crecimiento de enormes proporciones, donde se están construyendo varios centros de oficinas y donde el edificio más grande de multiuso en Latinoamérica está bajo construcción. Pero uno de los secretos mejor guardados de Bogotá es el Centro Interactivo Maloka en Salitre, un gran complejo que se ha convertido en modelo de aprendizaje de ciencia, tecnología y entretenimiento para niños de todas las edades.

Teusaquillo – Al noroeste de El Centro podrá encontrar uno de los tesoros arquitectónicos más grandes de Bogotá. Teusaquillo fue en su época el hogar de las familias más acaudaladas de la ciudad durante el periodo previo a la Segunda Guerra Mundial. Con su sorprendente arquitectura Tudor y bulevares con paseos arborizados, este barrio alguna vez aristócrata logró conservar más de un vislumbre de su glorioso pasado y también está experimentando un renacimiento muy significativo ya que artistas, escritores e intelectuales continúan considerando a Teusaquillo como su casa.

Parque El Virrey – Aunque es parte del barrio Chicó, la belleza y atractivo del Parque El Virrey ha llevado al área inmediata alrededor de sí a llamarse Barrio El Virrey. Uno de los lugares recreativos más populares de Bogotá, este hermoso y exclusivo parque es también anfitrión del festival de comidas más grandes de Colombia, Alimentarte. Enclavado entre los barrios de la Zona Rosa y el Parque 93, este es lógicamente el lugar residencial favorito para cualquier persona.

Salitre – One of the fastest growing neighborhoods in Bogotá, Salitre is strategically located along the Avenida Calle 26 corridor leading to El Dorado International Airport. With quick access to the city's fair grounds and convention centers, Salitre is experiencing a growth of enormous proportions, where several large business office parks are being built, and Latin America's largest multi-use building is under construction. But one of Bogota's best kept secrets is Salitre's Maloka Interactive Science Center, a large complex that has become the model for science and technology learning and entertainment for children of all ages.

Teusaquillo – Located just north by northwest of El Centro you will find one of Bogota's greatest architectural treasures. Teusaquillo was home to Bogota's wealthiest families during the pre–World War II period. With its surprising Tudor architecture and tree-lined boulevards, this once patrician neighborhood has retained more than a glimpse of its glorious past and it too is currently undergoing a significant renaissance, as artists, writers, and intellectuals continue to call Teusaquillo home.

Parque El Virrey – Though more part of the Chicó neighborhood, the beauty and appeal of Parque El Virrey has given rise to the immediate area around this long park called the Parque El Virrey neighborhood. Home to one of Bogota's most popular recreational places to visit, this beautiful and upscale neighborhood is also host to Colombia's largest annual food festival, Alimentarte. Nestled between the polar Zona Rosa and Parque 93 neighborhoods, this district is an obvious favorite residential choice for anyone.

Usaquén – Like Chapinero, Usaquén is the name of both a larger district as well as that of a neighborhood. But for the purposes of guiding visitors to Bogota, in this case Usaquén refers to the beautiful and colonial village that over time became incorporated into Bogota as the city grew its middle class ever northward. Today, along with Rosales and Cabrera, Usaquén is another of the markedly upscale city neighborhoods. However, unlike the other two, Usaquén retains many of the grand homes of the past, including an entire neighborhood located in a charming alley. Yet another neighborhood attracting artists and artisans, Usaquén is home to Bogota's most popular flea market, which given its location, is more of an upscale artisan's market than actual flea market, but nevertheless a joy to experience on Sundays and holidays.

Parque Compensar

Usaquén – Como Chapinero, Usaquén es el nombre de una localidad y también el de un barrio en Bogotá. Pero para propósitos de
guiar a los turistas, en este caso Usaquén se refiere a la hermosa
aldea colonial que con el tiempo se incorporó a Bogotá, a medida
que la ciudad experimentó un crecimiento de la población de clase
media hacia el norte. Junto con Rosales y Cabrera, hoy Usaquén
es uno de los más exclusivos barrios de la ciudad. Sin embargo, a
diferencia de los otros dos, Usaquén conserva muchas de las grandes casas del pasado, así como un barrio completo localizado sobre
un callejón encantador. Otro vecindario más que atrae a turistas y
artesanos, Usaquén es hogar del mercado de pulgas más popular
de Bogotá el cual, dada su ubicación, es más un exclusivo mercado
de artesanos que un mercado de pulgas tradicional. Sin embargo,
es un deleite para visitar los fines de semana y días festivos.

Neighborhood Maps
Mapas de vecindarios

MAMBO

BIBLIOTECA NACIONAL

CARACAS

CALLE 13

CARRERA 10

CARRERA 9

CARRERA 7

CALLE 19

LA CANDELARIA

PARQUE SANTANDER

PARQUE DE LOS PERIODISTAS

MUSEO DEL ORO

AVENIDA JIMENEZ

CARRERA 7

PARQUE TERCER MILENIO

PALACIO LIEVANO

PLAZA DE BOLIVAR

CENTRO CULTURAL GABRIEL GARCÍA MÁRQUEZ

BIBLIOTECA LUIS ÁNGEL ARANGO

CAPITOLIO NACIONAL

TEATRO COLÓN

TEATRO LA CANDELARIA

PALACIO NARIÑO

CATEDRAL PRIMADA DE COLOMBIA

MUSEO BOTERO

CALLE 11

CALLE 7

CALLE 3E

CALLE DE LOS COMUNEROS

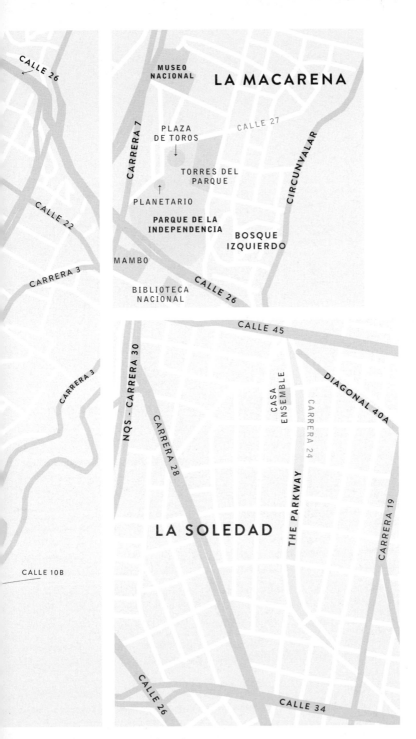

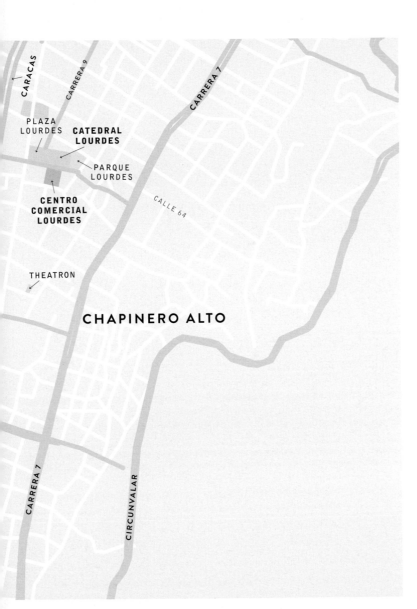

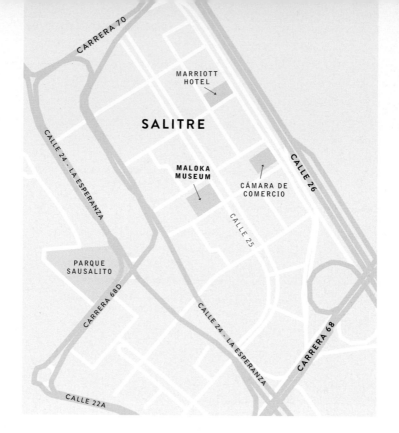

CARRERA 70

CARRERA 68

CALLE 26

MARRIOTT
HOTEL

SALITRE

**MALOKA
MUSEUM**

CÁMARA DE
COMERCIO

CALLE 25

CALLE 24 - LA ESPERANZA

PARQUE
SAUSALITO

CARRERA 68D

CALLE 24 - LA ESPERANZA

CARRERA 68

CALLE 22A

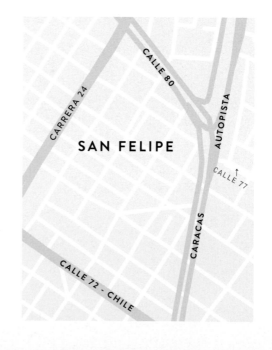

CALLE 80

CARRERA 24

SAN FELIPE

AUTOPISTA

CALLE 77

CARACAS

CALLE 72 - CHILE

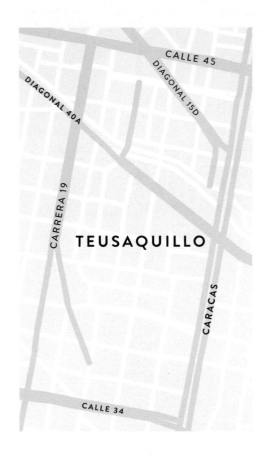

Public Holidays

Halloween celebration / Celebración de Halloween

Colombia enjoys many public holidays; most are celebrated on the Monday closest to the holiday's actual date, in order to create a three-day weekend called a *puente*.

2014

1 January / enero	New Year's Day / Año Nuevo	30 June / junio	Sacred Heart / Sagrado Corazón
6 January / enero	Epiphany / Día de los Reyes Magos	20 July / julio	Independence Day / Día de la Independencia
13 March / marzo	St. Joseph's Day / Día de San José	30 July / julio	Saint Peter & Saint Paul / San Pedro y San Pablo
17 March / marzo	Holy Thursday / Jueves Santo	7 August / agosto	Battle of Boyaca / Batalla de Boyacá
18 March / marzo	Good Friday / Viernes Santo	18 August / agosto	The Virgin's Ascension / La asunción de la Virgen
20 March / marzo	Easter / Domingo de Resurrección	13 October / octubre	Columbus Day / Día de la Raza
24 March / marzo	Palm Sunday / Domingo de Ramos	3 November / noviembre	All Saints Day / Todos los Santos
1 May / mayo	Labor Day / Día del Trabajo	17 November / noviembre	Cartagena Independence / Independencia de Cartagena
2 May / mayo	Ascension / Día de la Ascensión	8 December / diciembre	Immaculate Conception / Día de la Inmaculada Concepción
23 June / junio	Corpus Christi	25 December / diciembre	Christmas Day / Día de Navidad

Christmas show at CC Andino / Espectáculo de Navidad en CC Andino

Colombia disfruta de varios días festivos, muchos de los cuales se celebran los lunes más cercanos al día real para crear un fin de semana de tres días llamado "puente".

2015

1	January / enero	New Year's Day / Año Nuevo	15	June / junio	Sacred Heart / Sagrado Corazón
12	January / enero	Epiphany / Día de los Reyes Magos	20	July / julio	Independence Day / Día de la Independencia
2	March / marzo	Holy Thursday / Jueves Santo	29	July / julio	Saint Peter & Saint Paul / San Pedro y San Pablo
3	March / marzo	Good Friday / Viernes Santo	7	August / agosto	Battle of Boyaca / Batalla de Boyacá
5	March / marzo	Easter / Domingo de Resurrección	17	August / agosto	The Virgin's Ascension/ La asunción de la Virgen
23	March / marzo	Palm Sunday / Domingo de Ramos	12	October / octubre	Columbus Day / Día de la Raza
29	March / marzo	St. Joseph's Day / Día de San José	2	November/ noviembre	All Saints Day / Todos los Santos
1	May / mayo	Labor Day / Día del Trabajo	16	November / noviembre	Cartagena Independence / Independencia de Cartagena
18	May / mayo	Ascension / Día de la Ascensión	8	December / diciembre	Immaculate Conception / Día de la Inmaculada Concepción
8	June / junio	Corpus Christi	25	December / diciembre	Christmas Day / Día de Navidad

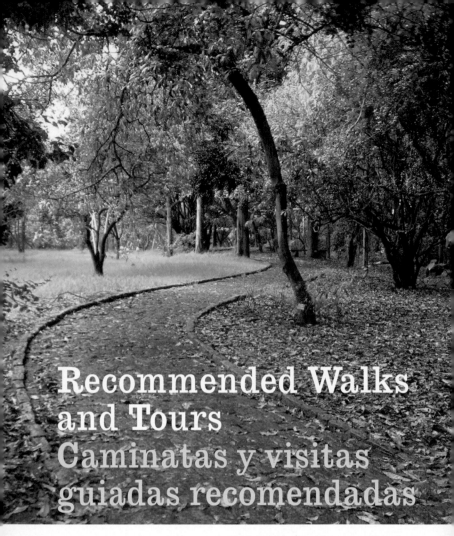

Park in Alhambra / Parque en Alhambra

"My best secret is the hidden park in Bosque Izquierdo that sits over the Parque de la Independencia and has a great view of the city."
—Andrew Ütt, U.S. expat and cofounder of Galería MÜ

Centro Internacional and Macarena

Create your own walking tour starting at Parque Bavaria, quietly nestled between office towers just north of the Hotel Tequendama. Make your way uphill, stopping to view the Plaza de Santamaría, formerly the city's main bullfighting ring, renamed La Plaza Cultural La Santamaría nearby, or Plaza de Todos. Then visit the newly renovated planetarium nearby, now considered to be one of the top three in the world. Continue uphill through the lush Parque de la Independencia to view the grounds of the iconic Torres del Parque residential complex that circumnavigates the Plaza Santamaría, designed by world famous Colombian architect (born in France), Rogelio Salmona.

Centro Internacional y Macarena

Diseñe su propia visita guiada comenzando por el Parque Bavaria, sutilmente enclavado entre los edificios de oficinas justo al norte del Hotel Tequendama. Emprenda el camino de subida, parando para observar la Plaza de Santamaría, que fuera la principal plaza de toros de la ciudad, y que fue renombrada Plaza Cultural La Santamaría, o Plaza de Todos. Después visite el recién remodelado planetario, considerado hoy en día uno de los tres mejores del mundo. Continúe subiendo a través del exuberante Parque de la Independencia para observar la zona del icónico complejo residencial Torres del Parque que circunnavega la Plaza Santamaría, diseñado por el mundialmente reconocido arquitecto colombiano (nacido en Francia), Rogelio Salmona.

"Mi mejor secreto es el jardín escondido en el Bosque Izquierdo que se encuentra sobre el Parque de la Independencia, con una vista estupenda de la ciudad".
—Andrew Ütt, expatriado estadounidense y cofundador de la Galería MÜ

Cruce la Carrera Quinta hacia la librería Luvina para observar su exhibición actual, una gran selección de títulos y charlas intelectuales, luego camine por las últimas instalaciones de la galería más cercana, NC-arte y tómese un café o un té en el Café de Azimo, antes de seguir subiendo hacia la Carrera 4 A, donde encontrará una encantadora calle compuesta de restaurantes y de la Galería MÜ, la primera galería dedicada a la fotografía artística, fundada y operada por una pareja colombo-estadounidense. Finalmente, cruce la calle para probar los increíbles chocolates en La Chocolatera y luego dese el gusto de saborear la Sacher Torte más fina de Bogotá en Artesano Gourmet.

La Candelaria

Este barrio colonial de Bogotá es un laberinto de pequeñas calles que les dan la bienvenida a turistas con sus múltiples tiendas, cafés y restaurantes. Hay simplemente demasiados lugares para visitar, así que le aconsejamos crear su propia visita guiada de acuerdo con su tiempo, prioridades y preferencias. Aquí tiene unas recomendaciones clave para tener en cuenta:

1. Plaza de Bolívar con el Capitolio, la Catedral Primada, el Palacio del Alcalde y el Palacio de Justicia.

2. Chorro de Quevedo, la pequeña plaza que conmemora la fundación de Bogotá.

3. Museo Botero, el cual contiene obras de arte del mundialmente famoso pintor colombiano Fernando Botero, así como muchas obras de maestros europeos donadas por Botero de su colección personal.

Cross Carrera Quinta to Luvina bookshop for a view of their current art exhibition, a great selection of titles, and intellectual conversation; then tour the latest installations at the nearby gallery NC-arte and have a coffee or tea at Azimo's café before proceeding uphill to Carrera 4 A, where you will find a charming street containing restaurants and Galería MÜ, Bogota's first gallery dedicated to fine art photography, founded and operated by a Colombian-American couple. Finally, cross the street for a taste of incredible chocolates at La Chocolatera and treat yourself to Bogota's finest Sacher Torte at Artesano Gourmet.

La Candelaria

Bogota's colonial district is a maze of small streets, welcoming visitors with its many shops, cafés, and restaurants. There are simply too many spots to visit here, so we advise you to create your own walking tour according to your available time, priorities, and preferences. Here are some key recommendations for you to keep in mind:

1. Plaza de Bolívar with the Capitol Building, the Primary Cathedral, Bogota Mayors' Palace, and Palace of Justice.

2. Chorro de Quevedo, the small plaza that commemorates the founding of Bogota.

3. Museo Botero, which holds the masterpieces of world famous Colombian painter Fernando Botero, as well as several works by many European masters, donated by Botero from his private collection.

4. Biblioteca Luis Ángel Arango, one of Bogota's megalibraries, purportedly the most visited in the world. Complete with concert halls and museums, it will truly surprise any visitor with its kaleidoscope of treasures and cultural events.

5. El Museo del Oro, the world's biggest gold museum.

6. El Museo de Santa Clara, one of Bogota's hidden gems.

7. Monserrate, the fabled mountaintop church, accessed by cable car with stunning city views.

ESSENTIAL TIPS: For specific details on the places mentioned within each walk, see the following sections: Bookstores on page 172, Cafés on page 263, Galleries on page 194, Museums on page 182, Libraries on page 164, and Restaurants on page 262.

Rosales

A short but idyllic walking tour of an area that tourists rarely see, yet is quintessentially Bogota, starts at Devotion Café in the Bogota Hilton, located on Carrera Séptima just north of Calle 72. Here

National Capitol / Capitolio Nacional

4. Biblioteca Luis Ángel Arango, una de las megabibliotecas de Bogotá, supuestamente la más visitada del mundo. Compuesta de salas de conciertos y museos, realmente sorprenderá a cualquier visitante con su caleidoscopio de tesoros y eventos culturales.

5. El Museo del Oro, es el museo de oro más grande del mundo.

6. El Museo de Santa Clara, una de las gemas escondidas de Bogotá.

7. Monserrate, la legendaria iglesia en la cima de la montaña, cuyo acceso por teleférico ofrece una panorámica impresionante de la ciudad.

CONSEJOS ESENCIALES: Para conocer detalles específicos sobre los lugares mencionados en cada caminata, vea las siguientes secciones: Tiendas de libros en la página 172, Cafés en la 263, Galerías en la 194, Museos 182, Bibliotecas 164 y Restaurantes en 262.

Rosales

Un corto pero idílico recorrido por un área que raramente visitan los turistas pero que es Bogotá por excelencia; comienza en Devotion Café en el Bogotá Hilton, ubicado sobre la Carrera Séptima justo al norte de la calle 72. Aquí podrá disfrutar de los cafés más finos de las variadas regiones cafeteras de Colombia, así como del delicioso café Kyoto, elaborado frío. Luego estará listo para caminar cuesta arriba por la calle 72 hasta descubrir un increíble parque, tan hermoso como romántico, con un sorprendente arroyo con fuentes de agua. A partir de ahí está libre para transitar por las calles para observar el estilo de vida de Rosales, a medida que

you can sample the finest coffees from Colombia's various coffee growing regions, as well as the delicious Kyoto cold-brewed coffee. You will then be ready to start the uphill climb on Calle 72 until you discover an amazing park, as beautiful as it is romantic, with a surprising stream and rushing waterfall. Thereafter, you are free to meander through the local streets to view typical Rosales living, as you walk downhill again and turn left onto a diagonal street that takes you to Carrera Quinta, where tucked behind trees you will find a charming French café called Bagatelle. Sit and relax in its romantic back-garden dining area and enjoy a full meal, wonderful pastries, and drinks.

Parque 93

Either walk through or circumnavigate the park, making sure to visit Café Renault on Calle 93 B and the Portobelo Design Center, where you will often find interesting exhibits on display in the lobby. Have breakfast, lunch, or dinner, or just have coffee and people watch from OMA Café or the Diner. Then head to the southern edge of the park to Calle 93 A and make your way uphill right up to where the street ends on Carrera Novena and turn right until you see the castle-like gate to enter Parque el Chicó—one of the most beautiful parks to be found anywhere in the world. Later, if you have time, visit the adjacent grounds and Museum of El Chicó.

Usaquén

A fun Bogota Sunday tradition starts with a fabulous brunch at one of Usaquén's lovely restaurants, such as Abasto. Then meander through the cobblestoned streets and main plaza until you find yourself at the festive outdoor market, Carrera Sexta between Calles 119 and 121, which is usually signaled by one of the impressive living statues dressed like a farmer, an angel, or a lumberjack. After browsing the market's offerings, continue southbound on Carrera Sexta until you enter Centro Comercial Hacienda Santa Barbara—a beautiful upscale shopping center that was once an actual hacienda and is now a shopper's delight with mouth-watering gelato at 4 D, outdoor cafés, fine jewelry stores, and other shops worthy of exploration. The Hacienda is particularly romantic at night when torches light the extensive outdoor areas and live music can be enjoyed at the numerous bars and restaurants inside the Hacienda's complex.

Zona G

Though there are countless restaurant-filled districts in Bogota, the Gourmet Zone is a fun and enticing area to walk through. We recommend starting your walk on Carrera Novena just south of Calle 70, where you will discover a small park filled with restaurants and world-class boutiques. Proceed to the other side of the Carrera to Bogota's best Colombian restaurant, La Herencia, dedicated to fine contemporary Colombian cuisine in a beautifully restored

camina en descenso y de nuevo gira a la izquierda hacia una calle diagonal que lo dirige a la Carrera Quinta, donde escondido detrás de los árboles encontrará un encantador café francés de nombre Bagatelle. Siéntese y relájese en el área de cenar del romántico jardín en la parte trasera, donde podrá disfrutar de una comida, maravillosos pasteles y bebidas.

Parque 93

Atraviese o recorra el parque, asegurándose de visitar el Café Renault sobre la calle 93 B y el Centro de Diseño Portobelo, donde siempre encontrará interesantes exhibiciones en el lobby. Desayune, almuerce, cene o simplemente tómese una taza de café y mire la gente pasar desde el café OMA o el Diner. Después diríjase al extremo sur del parque hacia la calle 93 A y suba hasta donde termina la calle sobre la Carrera Novena para girar a la derecha hasta ver la puerta estilo castillo para entrar al Parque del Chicó, uno de los parques más bellos de cualquier parte del mundo. Luego, si dispone de tiempo, visite los campos adyacentes al Museo Chicó.

Usaquén

Una divertida tradición bogotana de domingo comienza con un delicioso almuerzo en uno de los encantadores restaurantes de Usaquén, como Abasto. Después transite a través de las calles adoquinadas y la plaza principal hasta encontrar el mercado callejero, en la Carrera Sexta entre calles 119 y 121, el cual es siempre señalado por una de muchas impresionantes estatuas vivientes, vestida como granjero, ángel o leñador. Después de echar un vistazo a los productos del mercado, continúe caminando hacia el sur sobre la Carrera Sexta hasta encontrar el Centro Comercial Hacienda Santa Bárbara, un hermoso y exclusivo centro comercial que hace mucho tiempo fue una hacienda y que es ahora un disfrute para compradores con deliciosos gelatos en el 4 D, cafés al aire libre, joyerías y otras tiendas que vale la pena visitar. La hacienda es particularmente romántica en la noche cuando las antorchas iluminan las extensas áreas exteriores y se puede disfrutar de la música en vivo en múltiples bares y restaurantes dentro del complejo de la Hacienda.

Zona G

Aunque hay innumerables barrios llenos de restaurantes en Bogotá, la Zona Gourmet es un área entretenida que se presta para caminar. Recomendamos comenzar sobre la Carrera Novena justo al sur de la calle 70 donde descubrirá un pequeño parque con variedad de restaurantes y boutiques de tipo internacional. Continúe hacia el otro lado de la Carrera hacia el mejor restaurante colombiano de Bogotá, La Herencia, dedicado a la fina cocina colombiana contemporánea en una hermosa mansión blanca restaurada que ofrece un escenario Provençal, donde podrá saborear degustaciones de todo el país.

white mansion offering a Provençal setting, where you can sample tastes from around the country. Thereafter, continue uphill on Calle 70 to see Bistronomy, one of the restaurant creations of Colombia's famous Rausch brothers, and walk along Calle 70 to the Authors Bookstore, the largest and most important English-language bookstore in South America. Then continue uphill and across Carrera Quinta, where you will notice Masa, a true emporium for delicious breads and pastries, offering Bogota's finest almond croissants, olive breads, and light café fare. Further up you will discover several other notable restaurants that might tempt you. Pick one or make your way back to Calle 69 A to discover a continuous row of restaurants representing cuisine types from all over the world. No matter what fare you decide to explore along the way, we highly recommend you conclude this walk at Grazia, an emporium of French pastries created by the former executive pastry chef of the famed restaurateur Daniel Boulud in New York City. Small savory plates are also available in addition to specialty cocktails and hot drinks.

"Don't miss the macaroons and hot chocolate at Grazia! Delicious!"
—Bailey Fritzinger, U.S. visitor

Tours

Bogota can be easily navigated if you have a sense of where you are going and know what transportation to use. However, with so much to see, you might want to take an organized tour in order to maximize your time without stress.

ESSENTIAL TIPS: If you remember that the large mountains visible throughout the city flank the east side of Bogota, it will be easier for you to determine your directions.

Bogota Grafitti Tours – Street art in Bogota (post-New York in the 1980s) is earning an international reputation as the best in the world! Explore the dynamic scene during this guided tour in English or Spanish in a city where graffiti is actually encouraged and protected as an urban art form.
Tel.: 321.297.4075
http://bogotagraffiti.com

Caminantes de Retorno – This is an excellent tour operator for Bogota, its region, and beyond.
www.caminatesdelretorno.com

TurisBOG – This company offers bus tours to key spots in Bogota such as the interactive science center Maloka, the trendy Parque 93, the lush Botanic Gardens, and the impressive views from the mountain-top church Monserrate. Riders can get on and off the bus as they please.
www.turisbog.com

Luego continúe cuesta arriba por la calle 70 para observar el Bistronomy, una de las creaciones de los famosos hermanos Rausch, y luego siga por la calle 70 hasta alcanzar Authors Bookstore, la más grande e importante librería de lengua inglesa de Sudamérica. Después, continúe subiendo y cruce la Carrera Quinta donde verá Masa, un verdadero emporio de deliciosos panes y pasteles, con los más exquisitos croissants de almendra, panes de aceite y otros tipos de comida ligera. Más adelante descubrirá otros restaurantes destacados, con los cuales puede sentirse tentado. Escoja uno o regrese por la calle 69 A para descubrir una fila de restaurantes que representan las cocinas del mundo. Sin importar qué alimentos decida degustar a lo largo del camino, le recomendamos concluir su caminata en Grazia, un emporio de pastelerías francesas creadas por el ex director ejecutivo de pastelería del afamado restaurateur Daniel Boulud en la ciudad de Nueva York, donde pequeños y deliciosos platos también están disponibles además de cocteles artesanales y bebidas calientes.

"¡No se pierda los macarrones y el chocolate caliente en Grazia! ¡Deliciosos!".
—Bailey Fritzinger, visitante estadounidense

Visitas guiadas

Si usted sabe hacia dónde va y qué tipo de transporte utilizar, puede conocer Bogotá por sí mismo. No obstante, con tanto que conocer, puede optar por una visita guiada para hacer mejor uso de su tiempo sin estrés.

CONSEJOS ESENCIALES: Si recuerda que las grandes montañas visibles a lo largo de la ciudad quedan al costado oriental de Bogotá, le será más fácil encontrar sus direcciones.

Bogota Grafitti Tours – El arte callejero en Bogotá (post Nueva York de los ochenta) está ganando la reputación internacional como ¡el mejor del mundo! Explore los dinámicos escenarios durante esta visita guiada en inglés y español, en una ciudad en la que el grafiti de hecho se fomenta y es protegido como una forma de arte urbano.
Tel.: 321.297.4075
http://bogotagraffiti.com

Caminantes de Retorno – Un excelente operador de servicios turísticos para Bogotá, sus alrededores y mucho más allá.
www.caminatesdelretorno.com

TurisBOG – Esta empresa ofrece buses turísticos para lugares clave en Bogotá, tales como el centro interactivo de ciencia Maloka, el moderno Parque de la 93, el exuberante jardín botánico y la impresionante vista desde la cima de la montaña en Monserrate. Los pasajeros pueden subir y bajar del bus cuantas veces deseen.
www.turisbog.com

Spiritual and Philosophical Bogota
Bogota espiritual y filosófica

Given its pluralistic identity, maturity, and history of welcoming immigrants from all over the world, Bogota has been a rare haven for the freedom to worship, embracing different spiritual practices and philosophical schools of thought.

The following list highlights some of the houses of worship and places where people of varied religious beliefs or spiritual and philosophical interest gather without fear of persecution.

Dada su identidad pluralista, madurez e historia de acogida hacia los inmigrantes de todas partes del mundo, Bogotá ha sido un singular refugio para la libertad de culto, dándoles la bienvenida a diferentes prácticas espirituales y escuelas filosóficas del pensamiento.

La siguiente lista destaca algunos de los templos donde la gente de diversas creencias religiosas e intereses espirituales y filosóficos se reúne sin miedo a la persecución.

Baha'i
Sede Nacional Baha'i
Carrera 28 No. 39 – 71

Buddhist / Budismo
Budismo camino del diamante
Calle 42 No. 21 A – 62
Tel.: 214.0114
www.budismo-camino-del-diamante.org/colombia

Centro Budista de Bogota
Diagonal 108 No. 9 B – 10
Tel.: 874.1263

Centro de Meditación Budista Yamantaka
Carrera 45 A No. 145 B – 51
Tel.: 216.9292
www.budismocolombia.org

Comunidad Soto Zen de Colombia
Calle 22 No. 87 – 25
Tel.: 530.1016
www.sotozencolombia.org

Christian / Cristianismo
Catholic / Católico

Catedral Primaria (National Cathedral)
Principal house of worship in Colombia.
Casa principal de adoración en Colombia.

Plaza Bolivar

Catedral de Lourdes
(Lourdes Cathedral)
A beautiful gothic cathedral.
Hermosa catedral gótica.
Cra. 13 and Calle 63

United Church
A Christian church ministering to
the English-speaking international
community residing in Bogota. There
are many local churches throughout
the city.
Iglesia cristiana que atiende a la
comunidad angloparlante internacional que reside en Bogotá. Existen
muchas iglesias a lo largo de la
ciudad.
Carrera 4 No. 69 – 06
Tel.: 540. 4442 Ext. 10
www.ucbogota.org

Episcopalian / Episcopal
Catedral Episcopal (Episcopalian Cathedral)
Calle 51 No. 6 – 19
Tel. (571) 2883167

Mormon / Mormón
Church of Latter Days Saints
Iglesia de los Santos de
los Últimos Días
There are several temples located
throughout the city; however, this is
one of the most beautiful Mormon
temples in the world.

Existen varios templos a lo largo de
la ciudad, sin embargo, este es uno
de los templos mormones más hermosos del mundo.
Carrera 46 No. 127 – 45
Tel.: 625.8000

Rosicrucian
Orden Rosacruz – Centro Cultural Nuevo Mundo
Calle 67 No. 6 – 41
Tel.: 248.1167

Christian Science / Ciencia Cristiana

General website in Colombia:
Sitio web para Colombia:
http://cienciacristiana.org/iglesias
/listado-iglesias-ciencia-cristiana
-colombia

Main Church and Reading Room
Primera Iglesia y Sala de Lectura
Diagonal 60 No. 22 – 31

Fountain in Jardín Botánico
Fuente en Jardín Botánico

Secondary Church and Reading Room
Segunda Iglesia y Sala de Lectura
Calle 53 No. 18 – 28, 2nd Floor

Islam
General website in Colombia:
Sitio web para Colombia:
www.galeon.com/islamcolombia

Abou Bakr Alsiddiq Mezquita de Bogotá
The largest and newest mosque in
Bogota.
La mezquita más nueva y grande
de Bogotá.
Calle 80 No. 30 – 20
Tel.: 315.231.8120
http://mezquita-bogota.blogspot.com

Asociación Islamic de Bogotá
Carrera 9A No. 11 – 65
4th Floor
Tel.: 577.2276

Mezquita de Bogotá
Carrera 9 No. 11 – 24
Apartado 101
Tel.: 201.9485

Mezquita Estambul (Istambul Mosque)
Calle 45 A No. 14 – 81
Tel.: 282.6448

Night of Candles / Noche de velas

Jewish / Judío
Centro Israelita de Bogotá
Carrera 29 No. 126 – 31
Tel.: 625.4377
Comunidad Hebrea Sefardí
Calle 79 No. 9 – 66
Tel.: 256.2629
Congregación Adath Israel
One of the most impressive synagogues in the world.
Una de las sinagogas más impresionantes del mundo.
Carrera 7 A No. 94 – 20
Tel.: 257.1600
Casa Lubavitch-Bogotá
Calle 94 No. 9 – 52
Tel.: 635.8251
El Centro de Kabbalah
Calle 69 A No. 9 – 66
Tel.: 321.7430
Sinagoga Asociación Israelita Montefiore
Carrera 23 No 103 – 41

Krishna
Harekrishna Bogotá
Avenida Caracas No. 32 – 69
Tel.: 288.5604
http://harekrisna.blog.terra.com.co
Alianza Cultural Vrindavan
Carrera 18 No. 40 A – 47
Tel.: 311.473.6384
http://alianzavrindavan.blogspot.com

Varsana Jardines Ecologicos
A beautiful retreat center close to Bogota.
Un bello centro de meditación cerca de Bogotá.
Km 28 Vía Silvania – Vereda el Ramal
Tel.: 323.2195
www.varsana.com

OSHO
Carrera 34 No. 29 A – 40
Tel.: 572.9328
www.oshobogota.com

Scientology
Carrera 15 No. 87 – 44
Tel: 610-6009
www.scientology-bogota.org

Wicca
You can contact the Wicca community through its Facebook group "Coven Wicca en Colombia" or via e-mail at comunidad_wicca_bogota@hotmail.com.

Puede contactar a la comunidad Wicca a través de su grupo en "Facebook Coven Wikka en Colombia" o por correo electrónico al comuni dad_wicca_bogota@hotmail.com.
www.facebook.com/
groups/132403570120481

Philosophy / Filosofía
Nueva Acropolis
Calle 70 A No. 11 – 48
Tel.: 212.3348

Urantia
Asociación Urantia de Bogotá
www.urantiacolombia.com
www.newurantia.com

Monserrate

The Grid

Bogota's street grid can be best compared to Manhattan's, where Carreras run north and south, parallel to the mountains, and Calles run east to west perpendicular to the mountains. Be aware that occasionally major Calles and Carreras are also called Avenidas. In certain areas the Calles and Carreras will be associated with a letter, such as Calle 56 B No. 14 B – 50.

Address numbers will then correspond to the nearby intersection's number. For example, the address for the Teatro Libre de Bogotá is:

Calle 13 Number 9 A – 65

...and the Museo el Chicó is located at:

Carrera 7 A Number 93 – 01.

ESSENTIAL TIPS: Bogota is a highly walkable city; however, pedestrians are cautioned to pay attention to street traffic, as it may be chaotic at times. When crossing streets be aware that vehicles may not stop at Stop signs, drive in opposite traffic lanes when needed, and tend to drive fast. It should also be noted that sidewalks can be challenging, if not dangerous, with uneven levels, dislodged tiles, missing manhole covers, and other street holes.

La red callejera

La red callejera de Bogotá puede muy bien compararse con la de Manhattan, en donde las carreras van de norte a sur, paralelas a las montañas, y las calles van de este a oeste, perpendicularmente a las montañas. Tenga presente que, en ocasiones, ciertas calles y carreras principales también se llaman avenidas. En ciertas áreas las calles y carreras estarán asociadas con una letra, como calle 56 B No. 14 B – 50.

De esta manera, los números de las direcciones corresponderán a la intersección de la calle (longitud) o a la carrera (latitud) más cercana.

Por ejemplo, la dirección del Teatro Libre de Bogotá es:

Calle 13 número 9 A – 65

...y la del Museo El Chicó es:

Carrera 7 A Numero 93 – 01

CONSEJOS ESENCIALES: Bogotá es una ciudad muy buena para caminar; sin embargo, los peatones deberán poner mucha atención al tráfico en las calles, que a veces puede ser caótico. Al cruzar las calles, esté alerta a que los vehículos no siempre se detienen en las señales de PARE, manejan en contravía cuando lo necesitan y tienden a conducir rápido. También se debe tener en cuenta que las aceras pueden ser desafiantes, si no peligrosas, con suelos desiguales, baldosas desprendidas, alcantarillas sin tapas y otro tipo de huecos en el suelo.

Aeropuertos
Aeropuerto Internacional El Dorado

El principal aeropuerto de Bogotá atiende a casi veintitrés millones de pasajeros internacionales anualmente, y se convertirá en el aeropuerto más grande, más transitado y más moderno de Latinoamérica en 2014. La nueva terminal internacional, cuya primera fase comenzó a operar a comienzos de 2013, ofrece los servicios de *check-in*, seguridad y entrega de equipaje más organizados para la comodidad y conveniencia de los pasajeros.

La expansión continuará hasta 2018, ya que el Aeropuerto Internacional el Dorado se ha convertido en la principal central aérea de la región.

Puente Aéreo

Al viajar hacia destinos dentro del país como Cali, Medellín, Barranquilla, Cartagena, Pereira o Barrancabermeja, debe salir desde el Puente Aéreo de Bogotá, el cual es parte de la red de El Dorado.

Airports
El Dorado International Airport
Bogota's main airport serves almost 23 million international passengers annually, and will become the largest, busiest, and most modern airport in Latin America by 2014. The new international terminal, the first phase of which opened at the beginning of 2013, offers the most streamlined check-in, security, and baggage handling procedures for passenger comfort and convenience. The airport's expansion will continue until 2018, as El Dorado International Airport has now become the principal air hub for the region.
Calle 26 No. 103 – 09
Tel.: (57.1) 439.7070
Call Center: (57.1) 266.2000
www.elnuevodorado.com

Puente Aéreo
When traveling to domestic destinations such as Cali, Medellín, Barranquilla, Cartagena, Pereira, or Barrancabermeja, you will depart from Puente Aéreo de Bogotá, which is part of the greater El Dorado network.
Tel.: 425.1000 ext. 3218

ESSENTIAL TIPS: When traveling internationally, an exit tax of US$37 must be paid by all Colombian citizens and foreigners who stay in Colombia longer than two months. The exit tax is US$35 for shorter stays. The exit tax must be paid at the airport, at the time of departure, in cash and in either Colombian pesos or U.S. dollars, in bills smaller than US$100.

Guaymaral Airport
Bogota's secondary airport services small, private aircraft such as Cessnas, Beechcrafts, and Pipers. It is also the base for private and commercial pilot training schools.
Autopista Norte Kilometer 16

CATAM – Colombian Airforce Base
Adjacent to the western edge of El Dorado Airport, this large complex will be moved elsewhere near Bogota to make way for the continued expansion of El Dorado until 2018.

Major Airlines that Fly to and within Colombia
Grandes aerolíneas que viajan hacia y dentro de Colombia

Avianca	Air France / KLM	Jet Blue
Avianca - Taca	American Airlines	LAN
Aerogal	Copa	Lufthansa
Aerolineas	Conviasa	Spirit Air
Argentinas	Cubana de Aviacion	TAM
AeroMexico	Delta	
Air Canada	Iberia	

CONSEJOS ESENCIALES: Al viajar internacionalmente, todo ciudadano colombiano y aquellos extranjeros que permanezcan en Colombia por más de dos meses, deben pagar un impuesto de salida de US$37. El impuesto de salida es de US$35 si se ha estado menos días. Este impuesto debe pagarse en el aeropuerto, en el momento de la salida, en efectivo con pesos colombianos o dólares estadounidenses, con billetes menores de US$100.

Aeropuerto de Guaymaral

El aeropuerto secundario de Bogotá presta sus servicios a aviones privados como Cessnas, Beechcrafts y Pipers. También es la base para escuelas de entrenamiento de pilotos privados y comerciales.

Autopista Norte Kilómetro 16

CATAM, Comando Aéreo de Transporte Militar de Colombia

Ubicado en el borde oeste del Aeropuerto El Dorado, este gran complejo va a ser trasladado a otra locación cerca de Bogotá para continuar con la expansión de El Dorado hasta 2018.

Un gran servicio donde puede encontrar las tarifas más bajas para Colombia es www.escapar.com.co.

Ciclismo

Bogotá goza de la red urbana más grande del mundo de carriles para bicicletas llamada la Cicloruta. Con una extensión de 700 kilómetros (434 millas), sus carriles se dividen con líneas blancas y pueden formar parte de la acera, ir en el medio de separadores y atravesar los parques de la ciudad. La Cicloruta ha recibido reconocimiento internacional y está siendo tomada como ejemplo por otras grandes ciudades.

CONSEJOS ESENCIALES: Evite caminar por la Cicloruta y esté pendiente de las bicicletas al cruzar la vía.

Puede que su hotel esté en condiciones de ayudarlo a alquilar bicicletas, y si no, existen algunos lugares donde las puede alquilar directamente, como:

Bogotravel Tours
Calle 12 F No. 2 – 52
Tel.: 282.6313
www.bogotraveltours.com

Los domingos y feriados de 7:00 a.m. a 2:00 p.m., muchas de las avenidas principales se cierran para la Ciclovía; las calles se cierran para carros y así, ciclistas y caminantes pueden disfrutar por igual de un recorrido, trotar por zonas libres de vehículos y tomar parte de un maravilloso espíritu de comunidad.

Una día al año, generalmente en febrero, la ciudad se cierra para casi todos los vehículos motorizados de 6:30 a.m. a 7:30 p.m. para el Día sin Carro.

A great service that finds the lowest airfares within Colombia can be found at www.escapar.com.co.

Biking

Bogota is home to the largest network of urban bike lanes and paths in the world, called the Cicloruta. Spanning 434 miles (700 kilometers), the dedicated lanes are indicated by white stripes and can run as part of the sidewalk, in the middle of a boulevard median, and through parks. The Cicloruta has received international acclaim, and it is being copied by other major cities.

ESSENTIAL TIPS: Try not to walk on the lanes, and watch for speeding bicycles when you cross them.

Your hotel or hostel might be able to assist with bicycle rentals; if not, there are a few independently owned outlets that you can rent from directly, including:

Bogotravel Tours
Calle 12 F No. 2 – 52
Tel.: 282.6313
www.bogotraveltours.com

Many major roads are closed from 7:00 a.m. to 2:00 p.m. on Sundays and holidays for the Ciclovía, where city streets are closed to automobiles so cyclists and walkers alike can enjoy a bike ride, stroll, or jog through car-free zones and take part in the wonderful community spirit.

One day a year, usually in February, the city is closed to most vehicles from 6:30 a.m. to 7:30 p.m. for the Day Without a Car.

ESSENTIAL TIPS: Given the amount of vehicular traffic in Bogota, motorcycles and Vespas are efficient ways to navigate the city. Be aware that according to law both the driver and passenger must wear a safety vest and helmet with the bike's license plate printed on them.

Public Transportation
TransMilenio

The TransMilenio is made up of red articulated buses that travel on a vast network of dedicated bus lanes connected throughout the city. The routes are currently being expanded to reach even more communities and go directly to the airport. In March 2013, it was announced that a fleet of electric buses would be introduced into the system with the goal of reducing greenhouse gas emissions, noise, and maintenance costs, as well as eliminate fossil fuel consumption over the lifetime of the buses in Bogota.

CONSEJOS ESENCIALES: Dada la cantidad de tráfico vehicular en Bogotá, una manera eficientes de transitar por la ciudad es con motos y Vespas. De acuerdo con las normas de tránsito, asegúrese de que tanto el conductor como el pasajero utilicen el chaleco de seguridad y el casco, ambos con el número de placas impreso.

Transporte público
TransMilenio

TransMilenio está constituido por buses rojos articulados que transitan por amplias redes de carriles exclusivos para buses a lo largo de la ciudad. Las rutas se están ampliando actualmente para dar alcance a aún más comunidades y llegar directamente al aeropuerto. En marzo de 2013, se anunció que se incorporaría al sistema una flota de buses eléctricos con el objetivo de reducir las emisiones de gases efecto invernadero, los niveles de ruido y los costos de mantenimiento, así como para eliminar el consumo de combustibles fósiles durante la vida útil de los buses en Bogotá.

Aquí le presentamos las horas de operaciones y tarifas; sin embargo, consulte en la estación en caso de que estas hayan cambiado:

Hora valle: COP$1.400
Lunes a sábados:
De 4:58 a.m. a 5:29 a.m.; de 8:30 a.m. a 4:30 p.m.; de 7:31 p.m. a 11:00 p.m.

Horas pico: COP$1.500
Lunes a sábados:
De 5:30 a.m. a 8:29 a.m.; y de 4:31 a 7:30 p.m.

Domingos y feriados: COP$1.400
De 6:00 a.m. a 10:00 p.m.

Cuando viaje en TransMilenio, tenga en cuenta lo siguiente:
Cada estación posee al menos una ventanilla donde puede realizar el pago y recibir una tarjeta de viaje. Necesitará indicarle al agente el número de viajes que desea comprar, o cuánto dinero quiere recargar en la tarjeta. Las plataformas se llenan mucho en horas pico (de lunes a viernes de 7:00 a.m. a 9:30 a.m. y de 5:00 p.m. a 8:30 p.m.). Las paradas cerca de universidades se tienden a llenar bastante; lo mismo pasa en los "portales", los cuales son las primeras y últimas paradas de todas las líneas.

Las sillas azules son únicamente para personas de edad, mujeres embrazadas, padres de familia con bebes en brazos y personas discapacitadas. Los niños también son prioridad. Este código generalmente se respeta y los pasajeros le harán saber si está incumpliendo cuando alguien necesitado entra al bus.

Las pantallas informan el destino final y las dos paradas siguientes. Esto es extremadamente útil, pero en un bus sin pantallas, trate de encontrar un lugar con buena visibilidad de la plataforma para poder ver el cartel de la parada del bus suspendido sobre la plataforma. Muchos buses tienen una grabación que anuncia esta

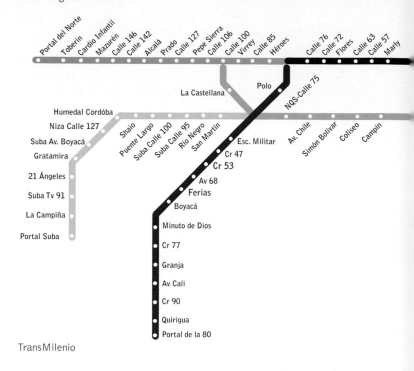

TransMilenio

Here are the current hours of operation and fares; however, please check at the station in case these have changed:

"Valley" times: COP$1.400
Mondays - Saturdays:
4:58 a.m. to 5:29 a.m.; 8:30 a.m. to 4:30 p.m.; 7:31 p.m. to 11:00 p.m.

"Peak" times: COP$1.500
Mondays - Saturdays:
5:30 a.m. to 8:29 a.m.; 4:31 p.m. to 7:30 p.m.

Sundays and Holidays: COP$1.400
6:00 a.m. to 10:00 p.m.

When riding the TransMilenio, keep the following in mind:

Every station has at least one window where you pay the fare and receive a travel card. You need to tell the agent how many trips you will be paying for, or how much money you want to add to the card. The platforms get very crowded during rush hour (Monday – Friday 7:00 a.m. to 9:30 a.m. and 5:00 p.m. to 8:30 p.m.). Stops near universities tend to always be full, as do the Portales, which are the first and last stops for all lines.

Blue Seats are reserved for the elderly, pregnant women, parents with young children, and the disabled. Children also get priority seating. This code is usually honored, and fellow passengers will

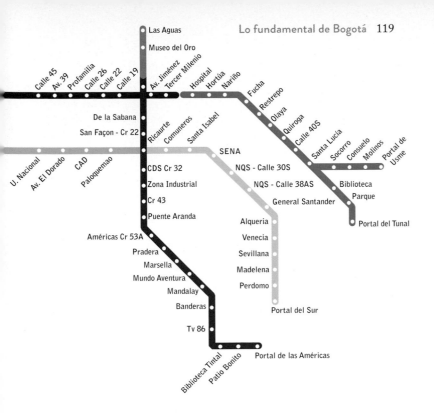

información. Siempre puede recurrir a algún compañero de viaje y recibir más que una respuesta útil de aquellos que lo rodean.

No se sorprenda si mientras está de pie, un pasajero sentado le ofrece llevar sus pertenencias, como un abrigo o una bolsa. Esto no es un intento de robo, es solo un ofrecimiento honesto de ayuda. Es un acto al que los bogotanos están muy acostumbrados, y una demostración de lo colaboradores que pueden ser los colombianos.

Generalmente, si alguien lo toca al moverse por el bus, no lo interprete como un signo de agresión; lo más probable es que estén tratando de alcanzar un lugar cómodo. Los pasajeros acostumbran a contonearse por la multitud para sujetar las barandas rápidamente. Rara vez alguien es agresivo a propósito. También respete por favor los carteles que indican que está prohibido hablar con el conductor.

Sea consciente de los ladrones. Aunque escasos, algunos merodean en los buses más llenos. Los colombianos toman este tipo de transgresiones muy seriamente, así que si usted nota que alguien le está robando, no dude en gritar "ladrón" y observe cómo muchos pasajeros reaccionan y detienen al agresor, mientras que el conductor llama por radioteléfono a la policía para la siguiente parada.

Para mayor información, visite el sitio web de TransMilenio, incluye mapas y rutas: **www.sitp.gov.co/index.php**.

let you know if you are in violation when someone in need enters the bus.

Monitors display the final destination and the next two upcoming stops. This is extremely helpful, but if you are in a bus without a monitor, you should try to have a clear view of the platform so that you can see the bus stop sign suspended over the platform. Most buses also have a recorded announcement with this information. You can always resort to asking a fellow traveler, and might get more than one helpful response from those around you.

Don't be surprised if while you are standing, a seated passenger offers to hold your personal belongings, like a coat or bag. No, this is not an attempt to rob you; it is an honest offer of assistance. This is very common behavior that Bogotanos are accustomed to and another illustration of how helpful Colombians tend to be.

Generally, if someone touches you while moving through the bus, don't interpret it as a sign of aggression; most likely they are just trying to get into a comfortable spot. Riders are accustomed to wiggling through the crowd and quickly holding on to handrails—seldom is anyone pushy or aggressive on purpose. Please also respect the signs advising against talking to the driver.

Be aware of pickpockets. Though rare, some prowl the crowded buses. Most Colombians take such violations very seriously, so if you notice your pocket being picked, go ahead and call out "ladrón" (thief) and observe how most bus passengers react and detain the perpetrator, while the driver radios a call for police assistance at the next stop.

Please see the TransMilenio website for additional information, including route maps: www.sitp.gov.co/index.php.

Colectivos

These buses run routes throughout Bogota and can be flagged down almost at any point. The window signs display the direction and destinations, and you can get off just about anywhere. Be sure to confirm with the driver that you are boarding the right bus.

The Sistema de Transporte Público de Bogotá (SITP) is phasing out the traditional fleet of buses called colectivos and replacing them with a formal system of blue buses that will adhere to higher safety practices and pick-up/drop-off passengers at designated stops. Perhaps they will have been fully introduced by the time you visit Bogota.

Taxis

Contrary to what you may have read in other travel guides, Bogota's taxis are generally very safe, clean, and modern, and drivers are usually very helpful and knowledgeable.

Taxis

Colectivos

Este tipo de buses transita por todo Bogotá y se pueden hacer señas para que se detengan en casi cualquier lugar. Los letreros de la ventana indican la dirección y destino; usted puede bajarse del bus prácticamente en cualquier lugar. Asegúrese con el conductor de que sea el bus indicado para usted.

El Sistema de Transporte Público de Bogotá (SITP) está eliminando gradualmente la flota tradicional de los buses conocidos como "colectivos" y reemplazándolos con un sistema formal de buses azules que cumplirán con altas prácticas de seguridad y recogerán y dejarán pasajeros solamente en puntos designados. Quizás ya hayan sido introducidos por completo cuando usted visite Bogotá.

Taxis

Más allá de lo que haya leído en guías de viaje poco responsables, los taxis de Bogotá son por lo general seguros, limpios, modernos y sus conductores siempre son muy colaboradores y están bien informados.

Mientras que es muy fácil señalarle a un taxi en la calle que pare, como hacen la mayoría de los bogotanos, recomendamos que llame para pedirlos con anticipación siempre que le sea posible. La mayoría de los hoteles, bares, restaurantes y clubes pueden ayudar con este servicio.

CONSEJOS ESENCIALES: Cuando solicite un taxi por teléfono, le informarán el número de placa del carro y usted tendrá que entregarles la clave o código, el cual es los últimos dos dígitos del número telefónico que utilizó para pedir el servicio. Adicionalmente, muchos taxis también pueden pedirse a través de la aplicación Tapsi.

Though you can easily flag one down on the street, as most Bogotanos do, we recommend that you call ahead for one whenever
possible. Most hotels, bars, restaurants, and clubs can take care of
this for you.

ESSENTIAL TIPS: When ordering the taxi you will be advised of the
license plate number, and you will need to give the driver the clave,
or code, which is the last two digits of the phone number that was
used to order the taxi from. Additionally, many taxis can also be
requested via smartphones through the app Tapsi.

If hailing a cab, be sure that the vehicle is not just a yellow car, but
that it also has ID numbers on the doors. It is also a good sign if
the cab has a dispatcher's antenna and radio. Always check to make
sure the windows and door locks function properly.

It is not uncommon for a driver to ask if they can fill the gas tank
while you are a passenger; if they are filling up with natural gas, you
will have to get out of the taxi as a safety measure.

Taxi Etiquette

Remember, Bogota is a formal city and protocol is important even
when using a taxi. Do not slam the door when entering and exiting the taxi. You will notice that the doors close very easily with
a slight pull or push. Slamming the door can cause damage to the
vehicle and hurt the driver's livelihood.

Be sure to greet the driver (buenos días / tardes / noches, señor/a),
you might even ask "¿Cómo está?" (How are you?) and then give
them the address, followed by "por favor" (please). This exchange
is very important as drivers in Bogota are not accustomed to the
rapid-fire orders given to their colleagues in other cities like New
York. A typical exchange might go like this:

You: "Buenos días, señor/a."
        (Good morning, sir/ma'am.)

Driver: "Buenos días. A su orden."
        (Good morning. At your service.)

You: "Gracias. Centro Comercial Unicentro, por favor."
        (Thank you. Centro Comercial Unicentro, please.)

Meters usually hang near the rearview mirror or are installed next
to the radio. You will know the meter is turned on when red numbers, starting at 25, appear. The minimum charge is COP$3,500,
plus COP$50 per 80 meters (260 feet). Surcharges are added on
Sundays, holidays, and evenings.

After paying, thank the driver when exiting the taxi (Gracias,
señor/a) (Thank you sir/ma'am), and do not slam the door. Step

Si para un taxi en la calle, asegúrese no solo de que sea un vehículo amarillo, sino de que tenga números de identificación en sus puertas. También es buena señal si el taxi tiene una antena receptora y radio. Siempre revise que las puertas y ventanas funcionen apropiadamente. Es bastante común que un taxista le pregunte si puede cargar el vehículo de combustible mientras usted es el pasajero, así que como medida de seguridad, tendrá que bajarse del taxi si se trata de cargar gas natural.

Etiqueta en un taxi

Recuerde que Bogotá es una ciudad formal y el protocolo es importante aun cuando esté tomando un taxi. No cierre la puerta fuertemente al subirse al carro. Se dará cuenta de que las puertas se cierran fácilmente con un pequeño jalón o empujón. Golpear la puerta al cerrarla puede causarle daños al vehículo, y perjudicar el sustento de vida del conductor.

No olvide saludar al conductor: "buenos días/tardes/noches, señor/a". Puede inclusive preguntar "¿cómo está?", para luego dar la dirección, seguida de un "por favor". Este diálogo es muy importante porque los conductores en Bogotá no están acostumbrados a las instrucciones rápidas que utilizan sus colegas en otras ciudades del mundo como Nueva York. Una típica conversación sería así:

Usted: "Buenos días, señor/a".

Conductor: "Buenos días. A su orden".

Usted: "Gracias. Centro Comercial Unicentro, por favor".

Los taxímetros usualmente cuelgan cerca del espejo retrovisor o están instalados al lado del radio. Usted sabrá que el taxímetro esta prendido cuando aparezcan números rojos, comenzando por el 25. El costo de la carrera mínima es de COP$3.500, además de COP$50 por cada ochenta metros (250 pies). Los domingos, feriados y por la noche hay un costo extra.

Después de pagar, agradézcale al conductor al salir del taxi ("gracias señor/a") y no cierre la puerta muy fuerte. Salga del vehículo lo más rápido posible, los carros son un poco bajos y es fácil dejar un pie cerca de una llanta.

Debido a restricciones de zonas, muchos taxistas no pueden recoger pasajeros más allá de ciertos límites de la ciudad. Aquellos que pueden, cobrarán un recargo.

Números de servicio de taxis:
311.1111, 411.1111, 630.1111

away as quickly as possible—the vehicles sit a bit low to the ground and it is easy to get your feet stuck under a wheel.

Due to zone restrictions, most Bogota taxi drivers cannot take passengers beyond certain city limits. Those that do will add a surcharge.

Taxi service phone numbers:
311.1111, 411.1111, 630.1111

Private Car Services

Most private car services are competitively priced and easy to obtain, and most hotels will have the ability to arrange this service for you. Vehicles are usually late models, and range from regular sedans to stretch limousines. One we highly recommend is:

Oscar Daniel R. López
Professional private driver with late model sedans.
Tel.: 311.475.8465

Car Rentals / Alquiler de autos

American Car Rental	**Budget Rent-a-Car**
Calle 100 No. 26 – 62	Avenida 15 No. 107 – 08
Tel.: 243.2130	Tel.: 612.5807
AVIS	**Confort Rent-a-Car**
Calle 26 No. 96 J – 60	Tel.: 321.415.3291
Local 6	reservas@confortrentacar.com
Tel.: 629.1722	www.confortrentacar.com

Metro/Underground

After many delays, Bogota is about to embark upon one of the largest civil engineering projects in South America: the construction of four underground metro lines along major arteries that will integrate with TransMilenio and other suburban train lines. The first underground line should be completed by 2018, and the light rail and other commuter lines should be functioning by 2016.

Bus Terminal

The main bus terminal is located in an area called Ciudad Salitre. You can buy tickets at the terminal or online. Buses can be found in one of the following modules—color-coded to indicate which direction the buses are traveling.

ESSENTIAL TIPS: The larger buses used for long trips are usually equipped with clean (at the outset) bathrooms. However, remember to bring your own toilet paper! Snack vendors will pop on and off the bus throughout the trip. The prices are usually fair and this is a good way to stay fueled and hydrated.

Servicios de vehículos privados

Muchos servicios de vehículos privados son de buen precio y fáciles de obtener, y muchos hoteles tienen la capacidad de organizar el servicio para usted. Estos automóviles por lo general son último modelo y van desde sedanes normales hasta limosinas largas. Uno altamente recomendado es:

Oscar Daniel R. López
Conductor profesional privado con últimos models de sedanes.
Tel.: 311.475.8465

Metro/Subterráneo

Luego de una larga espera, Bogotá está a punto de embarcarse en uno de los proyectos más grandes de ingeniería civil de Sudamérica: la construcción de cuatro líneas de metro subterráneo a lo largo de las arterias más importantes, que serán integradas con el sistema TransMilenio y otras líneas férreas suburbanas, o trenes de cercanías. La primera línea de metro, o subterráneo, será finalizada en 2018 y el metro ligero y otras líneas de transporte funcionarán en 2016.

Terminal de buses

La terminal principal de buses está ubicada en Ciudad Salitre. Puede comprar tiquetes en la terminal o en línea. Los buses se pueden encontrar en los siguientes módulos, organizados por colores, que indican la dirección que toman los buses.

CONSEJOS ESENCIALES: Los buses más grandes para viajes largos están mejor equipados con baños limpios (al comienzo). Sin embargo, ¡recuerde llevar consigo papel higiénico! Durante el viaje aparecerán vendedores de alimentos en el bus. Los precios son justos, es una buena manera de alimentarse e hidratarse.

Module 1: Yellow / Amarillo
Southbound destinations within Colombia.
Destinos al sur de Colombia.

Module 2: **Blue / Azul**
East and westbound destinations within Colombia.
Destinos al este y oeste de Colombia.

Module 3: **Red / Rojo**
Northbound destinations within Colombia and other South American countries.
Destinos al norte de Colombia y otros países sudamericanos.

Module 4: **Green / Verde**
Interdepartmental taxis.
Taxis interdepartamentales.

Module 5: **Purple / Púrpura**
Passenger arrivals.
Llegada de pasajeros.
Diagonal 23 No 69 – 60
Office 502
Tel.: (57.1) 423.3630
Call Center: (57.1) 423.3600
www.terminaldetransporte.gov.co

Quality of Life
Calidad de vida

Skyline from Parque Nacional / Horizonte desde el Parque Nacional

"I love Bogota because it feels full of opportunity. The city is emerging from a chrysallis. Ten years ago it was troubled by the situation in Colombia but somehow those dark days have served to give the city a stronger sense of pride and fiercer determination toward its future. It is filled with creativity, innovation, and fresh ideas—essentially, a joy to be around."

—Vicki Kellaway, UK expat and founder of the award-winning blog about Bogota and Colombia, www.bananaskinflipflops.com

Most first-time travelers to Bogota arrive here with at least a cursory awareness of the high level of culture to be found in the city. However, few foreigners can ever imagine the excellent quality of life that is actually to be found in Bogota, especially if one decides to relocate here and experience it firsthand. Despite the traffic jams that are common to all large cities in the world, Bogotanos actually enjoy an unusually happy and festive lifestyle.

In fact, once you live here, you begin to understand why Colombia was ranked as the happiest nation in the world in 2013 by the WIN/Gallup International Association poll, which revealed that people in Colombia not only felt the happiest, but were almost doubly as happy as the global average.

Another attribute of life in Bogota and Colombia is the fact that Colombians have an innate desire to enjoy and protect their ecologically gifted environment. When you consider that Colombia is the most biodiverse nation in the world (per square mile), then you realize that vacationing in other beautiful places such as Thailand, New Zealand, or Costa Rica are but a mere hint of this verdant, topographically enriched land that awaits you in this much larger, more environmentally diverse nation.

"Amo Bogotá porque la siento llena de oportunidades. La ciudad está emergiendo de una crisálida. Diez años atrás estaba sumida en problemas dada la situación en Colombia pero de alguna manera esos días sirvieron para darle a la ciudad un fuerte sentido de orgullo con una feroz determinación hacia el futuro. Está llena de creatividad, innovación e ideas frescas —esencialmente, es una alegría estar acá".

—Vicki Kellaway, expatriada británica y fundadora del premiado blog acerca de Bogotá y Colombia, www.bananaskinflipflops.com

La Candelaria

La mayoría de las personas que viajan por primera vez a Bogotá, llegan con algún conocimiento del alto nivel cultural que se puede encontrar en la ciudad. Sin embargo, son pocos los extranjeros que se imaginan la magnífica calidad de vida que de hecho se puede encontrar en Bogotá, en especial si uno decide mudarse aquí y experimentarla de primera mano. A pesar de los trancones comunes en todas las ciudades del mundo, los bogotanos disfrutan de un estilo de vida feliz y festivo.

De hecho, una vez que usted viva aquí, comenzará a comprender por qué en 2013 Colombia fue catalogada como el país más feliz del mundo según una encuesta de la Asociación Internacional WIN/Gallup, que reveló que las personas en Colombia no solo se sienten las más felices, sino que son casi el doble de felices que el promedio global.

Otra característica de la vida en Bogotá y Colombia es el hecho de que los colombianos poseen un deseo innato de disfrutar y proteger su medio ambiente tan bien dotado. Cuando se piensa que Colombia es la nación con la mayor biodiversidad en el mundo (por milla cuadrada), se entenderá que tomar vacaciones en otros bellos lugares como Tailandia, Nueva Zelanda o Costa Rica es tan solo un indicio de la verdosidad y riqueza topográfica que lo esperan en esta nación tanto más grande y ecológicamente diversa.

Con razón turistas de Australia, Canadá, Alemania, Estados Unidos, Francia, Nueva Zelanda y Chile, solamente por nombrar algunos, están viniendo a Colombia en números record.

En ningún otro lugar del mundo encontrará opciones de ecoturismo tan diversas, con los picos montañosos de los Andes que son más altos que los Alpes o que las montañas Rocosas de Estados

It is no wonder that tourists from Australia, Canada, Germany, the United States, France, New Zealand, and Chile, just to name a few, are now coming here in record numbers.

Nowhere else in the world will you find more diverse ecotourism choices, with Andean mountain peaks that are taller than the Alps or the U.S. mainland Rockies, access to the Caribbean Sea as well as the Pacific and Atlantic Oceans, pristine lakes of all shapes and altitudes, marshes, the fabled Amazon, Magdalena and Orinoco Rivers, pine tree forests, eucalyptus forests, rainforests, three jungles, archipelago island paradises, verdant cattle plains, hot springs, volcanoes, deserts, and canyons—oh, and have we yet mentioned the fact that Colombia now has the world's longest cable car system for tourists to view one of the new top eight wonders of the world, the Chicamocha Canyon?

Well, if you live in or visit the cosmopolitan capital of Colombia, you will have the opportunity to experience the rest of these incomparable places waiting for you, within a short flight or car ride.

The surprisingly excellent quality of life that is found in Bogota easily rivals that of other great cities such as Vancouver, Canada. In fact, aside from finding more potholes, far more traffic, and traffic-related pollution in Bogota, one will actually find this city to be more sophisticated, progressive, bohemian, greener, cultured, and with an extraordinary culinary scene than most other megacities, all within a beautiful architectural aesthete, in a city full of warm and well-educated people.

Here are just a few other reasons why we believe Bogota is one of the best cities to live in the world:

- Unrivaled number and variety of festivals (see the Festivals listing on page 46).

- Culture! Including over 80 museums, nearly 200 art galleries (see the Museums listing on page 182 and Galleries listing on page 194), the world's largest and finest international theater festival, and what has become known as perhaps the largest free outdoor rock concert (see the Festivals listing on page 46).

- Beautiful parks and flowers in practically every neighborhood.

- The world's largest urban bicycle path system.

- Innumerable options for ecotourism activities.

- A surprising number of year-round golf courses, private clubs, horse-riding trails, fishing options, campgrounds, rock climbing and rappelling, hiking, and extreme sports activities.

Circus day in Parque Virrey / Día de circo en Parque Virrey

Unidos, con acceso tanto al Mar Caribe como a los océanos Pacífico y Atlántico, lagos de aguas cristalinas de todas las formas y altitudes, pantanos, el legendario Amazonas, los ríos Magdalena y Orinoco, bosques de pinos, bosques de eucaliptos, bosques tropicales, tres selvas, archipiélagos paradisiacos, verdes llanuras de ganado, aguas termales, volcanes, desiertos y cañones —ah ¿y hemos mencionado que Colombia tiene ahora el sistema de teleféricos más grande del mundo para turistas, para poder observar mejor una de las ocho maravillas del mundo, el Cañon del Chicamocha?

Ahora bien, si usted vive o está de visita en la capital cosmopolita de Colombia, tendrá la oportunidad de experimentar el resto de estos lugares incomparables que lo esperan, a tan solo un corto vuelo en avión o viaje por carretera.

La sorprendente alta calidad de vida en Bogotá puede competir fácilmente con las de grandes ciudades del mundo como Vancouver, Canadá. De hecho, aparte de encontrar más huecos en las carreteras, más embotellamientos de tráfico y más contaminación en Bogotá, encontrará que esta ciudad es mucho más sofisticada, progresista, bohemia, verde, culta y con un extraordinario escenario culinario que otras megaciudades, todo con una hermosa

Park in Cedritos / Parque en Cedritos

- The best healthcare in the Americas (as ranked by the World Health Organization, despite some of the same challenges affecting healthcare systems globally).

- An unrivaled spectrum of fruits and vegetables, the variety of international and Colombian restaurants, the interesting choices of fresh-baked breads and pastries, the world famous Colombian coffee, hot chocolate, and aromáticas—Bogota will be a haven for your palate.

- The ideal climate, where the average daytime temperature hovers between 62ºF (17ºC) to 66ºF (19ºC), every day of the year! Never too cold or too hot. And though it can often be rainy and gray, precipitation figures still rank Bogota as being less rainy than New York, Tokyo, Rio de Janeiro, or Vancouver, with an average annual rainfall of 39.88 inches (1,013 mm).

- Love! Bogota is a city for lovers, where you will see couples of all ages and sexual orientations, arm in arm, embracing and kissing, like nowhere else. But no less endearing, it is a city where one finds children, parents, and grandparents enjoying the richness of the family unit and celebrating their love, walking arm in arm, hand in hand.

- Bogota, with its spectacular quality of life is the only megacity in the world to be situated closest to the sun and evening stars, a truly wonderful place for anyone to come and work, play, live, and fall in love.

estética arquitectónica, en una ciudad llena de gente acogedora y bien educada.

Estas son algunas otras razones por las cuales creemos que Bogotá es una de las mejores ciudades del mundo:

- Innumerable cantidad y variedad de festivales (vea también el listado en la página 46).

- ¡La cultura! Incluyendo más de ochenta museos, casi doscientas galerías de arte (vea el listado de museos en la página 182 y el listado de galerías en la página 194), el más grande y exclusivo festival de teatro internacional y un concierto que se ha convertido quizá en el concierto gratis de *rock* al aire libre más grande (ver el listado de festivales en la página 46).

- Bellos parques y flores prácticamente en cada barrio.

- El sistema de carriles para bicicletas más grande del mundo.

- Innumerables opciones de ecoturismo.

- Una sorprendente cantidad de canchas de golf durante todo el año, clubes privados, pistas para cabalgatas, opciones de pesca, zonas de camping, escalada de roca y rapel, caminatas y deportes extremos.

- El mejor sistema de salud de las Américas (según el ranking de la Organización Mundial de la Salud, a pesar tener los mismos problemas que afectan a sistemas de la salud en todo el mundo).

- Una inigualable selección de frutas y vegetales, la variedad de restaurantes internacionales y colombianos, interesantes opciones de panes y pasteles recién salidos del horno, el mundialmente conocido café de Colombia, chocolate caliente y "aromáticas" —Bogotá será un paraíso para su paladar.

- Un clima ideal, con un promedio de temperaturas durante el día que oscila entre 17°C (62°F) y 19°C (66°F) ¡todos los días del año! Nunca muy frío ni muy caluroso. Aunque en ocasiones puede ser gris y lluvioso, las precipitaciones en Bogotá se catalogan como menores a las de Nueva York, Tokio, Río de Janeiro o Vancouver, con un promedio anual de lluvia de 1.013 mm (39,88 pulgadas).

- ¡El amor! Bogotá es una ciudad muy dada al amor, donde podrá ver parejas de todas las edades y orientaciones sexuales, del brazo, abrazándose y besándose, como en ningún otro lugar.

- Bogotá, con su magnífica calidad de vida es la única megaciudad del mundo situada más cerca del sol y de las estrellas; verdaderamente un hermoso lugar para cualquiera que desee venir a trabajar, jugar, vivir y enamorarse.

Culture

"I think that there is a great deal of awareness here, and that is the first step in changing the way to live. Bogota, certainly, fits well with the themes of design and emotion . . . I am pleasantly surprised with the advances that have occurred in the last fifteen years."

—**Paul Hekkert**, Dutch visitor and president of the Society of Design and Emotion

Zona Rosa mosaic bench / Banco de mosaicos en Zona Rosa

Cultura

"Creo que hay mucha conciencia aquí, y este es el primer paso para cambiar la manera de vivir. Bogotá, seguramente encaja bien con los temas de diseño y emoción... Estoy gratamente sorprendido por los avances que han ocurrido en los últimos quince años".

—**Paul Hekkert,** visitante holandés y presidente de la Sociedad de Diseño y Emoción

Presidential palace / Palacio presidencial

Bogota is fast transforming itself into the new cultural capital of the world. Today, despite its glorious indigenous Muisca incarnation as Bacata, it is more accurate to perceive Bogota as a distinctively European-style city, in appearance, mannerisms, social aesthete, and heritage. While Buenos Aires had its cultural and economic apogee in the early part of the twentieth century, and while Mexico City's proximity to the United States helped it react and protect its remarkable cultural heritage, making it a magnet for many international intellectuals during the latter half of the twentieth century, historians should make no mistake in underestimating the long held cultural dynamism of Bogota—and Colombia in general—throughout the past 150 years. The consequences of these creative vectors are now driving Bogota to become the twenty-first-century leader of Western culture.

Despite its previous obscurity, Bogota has actually garnered much international recognition with cultural events such as the Festival Iberoamericano de Teatro de Bogotá, the world's largest international theater festival. The city was also named World Capital of the Book by UNESCO in 2007, and a study conducted by Britain's World Cities Study Group and Network (GaWC) tagged Bogota as a world-class destination for travel and culture. Additionally, in 2012, Bogota was permanently designated as a World City of Creative Music by UNESCO; however, despite these and many other achievements, until now there has never been a more substantive description of the city's cultural dynamism for the international community to grasp.

Bogota is one of the oldest cities in the New World, and it has enjoyed more liberty and freedom of expression than any other major city in Latin America. This environment, combined with the year-

Bogotá se está transformando rápidamente en la nueva capital cultural del mundo. Hoy, a pesar de su gloriosa encarnación indígena Muisca como Bacatá, es más exacto percibir Bogotá como una ciudad de distintivo estilo europeo, tanto en aspecto, maneras, estética social y herencia. Mientras Buenos Aires tuvo su apogeo cultural y económico al inicio del siglo XX y mientras la proximidad de Ciudad de México a Estados Unidos la ayudó a reaccionar y proteger su notable patrimonio cultural convirtiéndola en imán para muchos intelectuales internacionales durante la última mitad del siglo XX, los historiadores no deberían cometer errores subestimando el largamente sostenido dinamismo cultural de Bogotá —y Colombia en general— a lo largo de los últimos ciento cincuenta años. Las consecuencias de estos vectores creativos llevan ahora a Bogotá a convertirse en la líder cultural occidental del siglo XXI.

French neoclassical building
Edificio francés neoclásico

A pesar de su anterior oscuridad, Bogotá ha ganado mucho reconocimiento internacional con eventos culturales como el Festival Iberoamericano de Teatro de Bogotá, el festival internacional de teatro más grande del mundo. La ciudad también fue nombrada Capital Mundial del Libro por la UNESCO en 2007 y un estudio realizado por la Red de Investigación de Globalización y Ciudades Mundiales (GaWC, por sus siglas en inglés) del Reino Unido etiquetó a Bogotá como un destino de clase mundial para viajes y cultura. Además, en 2012, Bogotá fue designada de manera permanente como una Ciudad Internacional de Música Creativa por la UNESCO; sin embargo, a pesar de estos y muchos otros logros, hasta ahora no ha habido *nunca* una descripción más a fondo de la dinámica cultural de la ciudad para que la comunidad internacional la entienda.

Bogotá es una de las ciudades más antiguas del Nuevo Mundo y ha gozado de más autonomía y libertad de expresión que cualquier otra gran ciudad en Latinoamérica. Este ambiente junto con un clima fresco y otoñal todo el año que induce la vida de salón de la ciudad llamado "tertulias", han fomentado el progreso del dinamismo cultural.

Por lo tanto, no debe sorprender el descubrir cómo la capital colombiana se convirtió en el vórtice de la democracia en Latinoa-

Academia Colombiana

round cool, autumnal weather that continuously induces the city's intellectual salon-life called *tertulias*, has fostered the advancement of cultural dynamism.

It should therefore come as no surprise to learn how the Colombian capital became the apex of democracy in Latin America, safeguarding Colombia from the history of the numerous dictatorships that besieged all other nations in Latin America. More distinctively, for Bogota, the attempt to ensure the preservation of free thought and creativity through its democratic institutions has, despite its foilbles, culminated in a piquant, diverse, and plurastic society—the cornerstone for any progressive culture. In fact, this democratic identity helped to create such important institutions as the Organization of American States (OAS) which was inaugurated in Bogota in 1948. Additionally, the Academia Nacional de la Lengua (National Academy of Language), the oldest language academy in the New World, was founded in 1872. This venerable institution is the Colombian equivalent to France's Académie Française.

The Spanish Language of Bogota

It is now a well-recognized fact that Bogotanos speak the most pleasant, neutral-sounding Spanish in the world. This is one of the reasons why so much film dubbing has been transferred from nations such as Mexico to Bogota, along with call-center service centers. This fact, in addition to the great talent pool found here, has also helped the Colombian TV and film industry's explosive growth in recent years. But more importantly, and as controversial as it may sound, unlike the high levels of illiteracy that were found in Spain right up until the 1960s, Colombians' consistently high level of literacy and penchant for protecting the caliber of their Castilian Spanish has made many international linguists and philologists assert that, generally speaking, the best Spanish in the world is spoken in Colombia, particularly in Bogota.

Festival Iberoamericano de Teatro de Bogotá

mérica, salvaguardando a Colombia de la historia de numerables dictaduras que sitiaron las otras naciones de Latinoamérica y, más específicamente, procurando garantizar la protección del libre pensamiento y la creatividad a través de sus instituciones democráticas, donde a pesar de sus debilidades, hasta el día de la fecha encontrará una sociedad picante, diversa y pluralista —la piedra angular de cualquier cultura progresista. De hecho, esta identidad democrática contribuyó a crear instituciones tan importantes como la Organización de los Estados Americanos (OEA) que se inauguró en Bogotá en 1948. Asimismo, la Academia Nacional de la Lengua, la academia de la lengua más antigua en el Nuevo Mundo, fundada en 1872. Esta venerable institución colombiana es el equivalente a la Académie Française de Francia.

El idioma español de Bogotá

Ya es un hecho reconocido que los bogotanos hablan el español más agradable y neutral del mundo. Esta es una de las razones por las cuales gran parte de los doblajes de cine han sido trasladados de naciones como México a la ciudad de Bogotá, junto con los centros de servicio de *call-center*. Este hecho, además de la gran fuente de talento encontrada aquí, ha ayudado al crecimiento explosivo en los últimos años de las industrias colombianas de televi-

Supporting such assertions, one must acknowledge the remarkable linguistic work by other Bogota institutions such as the Instituto Caro y Cuervo, which created the most complete dictionary of the Spanish language and counted on the presence of King Juan Carlos of Spain in Bogota for its launch. But no less important is the unrivaled and historic work that the Instituto Caro y Cuervo has performed in cataloguing and preserving the regional indigenous dialects and languages—a patrimony of humanity.

The Rise of a City of Culture

Upon André Maurois's long visits to Bogota during the 1940s, the celebrated French author exclaimed, "Bogota is poetry!"

There can be many reasons postulated as to how and why Bogota came to be known in the nineteenth century as the "Athens of the Americas", such as the city's tenacious embrace of Enlightenment, democracy, and academia. However, the fact remains that, even in those days when Bogota was a small and remote city, Bogotanos steadfastly embraced their cultural life in a city that is home to the Teatro Cristobal Colon, the most beautiful neoclassical opera house in the New World. Indeed, Bogota's Teatro Colon not only predates the beautiful Teatro Colon of Buenos Aires, or the original New York Metropolitan Opera House, it is also the oldest surviving grand opera house in the Americas.

In the most understated manner, Bogota has been a true melting pot of many cultures and ethnicities. It is the capital of a nation that has welcomed a surprising amount of immigrants hailing from many lands for more than five hundred years! The difference in Colombia is that integration took place much earlier than in Argentina, the United States, or Brazil, and slowed down during the last half of the twentieth century. However, a resurgence of immigration is now occurring.

Dating back to the early 1500s, Bogota was one of the first New World cities to have its institutions founded by the European learned elite, such as the Jesuits, during a period of emigration and transition from the Inquisition to the Renaissance, also called the Golden Age of Spain. At this time, the Jesuits—for better or worse—were the gatekeepers of much of the world's knowledge, libraries, and progressive thinking. In sharp contrast to the sanguine conquistadors who colonized most other regions in the Americas at that time, Colombia was more peaceful and the closest Viceroyalty seat to Europe, often receiving many of the brightest European minds, including Jews and other intellectuals who fled the Inquisition and came to this region to study the flora and fauna to be found in the New World. In this burgeoning hub of science, art, and culture, even the first astronomical observatory in Latin America came to be erected in Bogota, where it still stands.

sión y cine. Pero, lo que es más importante, y por muy controvertido que suene, a diferencia de los altos niveles de analfabetismo que se han encontrado en España hasta la década de 1960, el alto y constante nivel de alfabetización de los colombianos y su afición por proteger la calidad de su español castizo ha hecho que muchos lingüistas y filólogos internacionales sostengan que, en general, el mejor español del mundo se habla en Colombia, especialmente en Bogotá.

Para respaldar estas aserciones uno debe reconocer el impresionante trabajo lingüístico de otras instituciones bogotanas como el Instituto Caro y Cuervo, que creó el diccionario más completo de la lengua española y que contó con la presencia del Rey Juan Carlos de España en Bogotá para su lanzamiento. Pero no menos importante es el inigualable e histórico trabajo que ha realizado el Instituto Caro y Cuervo en la catalogación y la preservación de los idiomas y dialectos indígenas regionales —un patrimonio de la humanidad.

El surgimiento de una ciudad de cultura

Durante la larga visita a Bogotá de André Maurois en los años cuarenta, el célebre autor francés exclamó, "¡Bogotá es poesía!".

Se pueden postular muchas razones sobre cómo y por qué Bogotá llegó a ser conocida como la "Atenas de las Américas" en el siglo XIX, tales como el abrazo tenaz de la ciudad a la Ilustración, la democracia y el mundo académico. Sin embargo, el hecho es que, incluso en aquellos días en que Bogotá era una pequeña y remota ciudad, los bogotanos sistemáticamente acogieron la vida cultural en la ciudad que albergaba el Teatro Cristóbal Colon, la más bonita casa de la ópera neoclásica en el Nuevo Mundo. En efecto, el Teatro Colón de Bogotá no solo precede al bello Teatro Colón de Buenos Aires, o al edificio original del Metropolitan (Opera) de Nueva York, sino que es también el más antiguo gran teatro de ópera que se conserva en las Américas.

De la forma más discreta, Bogotá ha sido un verdadero crisol de culturas y etnias. Es la capital de una nación que ha recibido una cantidad sorprendente de inmigrantes procedentes de muchas tierras ¡desde hace más de quinientos años! La diferencia en Colombia es que la integración se llevó a cabo mucho antes que en Argentina, Estados Unidos o Brasil, con una desaceleración durante la última mitad del siglo XX. Sin embargo, hoy se observa un resurgimiento de la inmigración.

Remontándose a principios del siglo XVI, Bogotá fue una de las primeras ciudades del Nuevo Mundo en tener instituciones fundadas por la élite culta europea, tal como los jesuitas, durante un período de emigración y transición desde la Inquisición hasta el Renacimiento, también llamado la Edad de Oro de España, cuando los

Primary Cathedral / Catedral Primada

With slavery abolished in Colombia as early as 1810, the early integration that took place helped to forge a unique and more cohesive land of diversity. The children of immigrants who came to Colombia from Germany, France, Japan, Cameroon, Italy, Switzerland, Poland, Syria, and many other nations, simply identify themselves now as Colombians.

Moreover, if the Colombian public has helped to create and sustain a megacity of culture without any significant cultural tourism from abroad, just imagine what is about to happen now that the floodgates of tourism have opened.

It is no wonder that a nation with such a vast and diverse cultural ontology would give rise to a capital city of great culture—modern-day Bogota. When you consider the fact that the entire nation of Colombia is a bastion of art, music, dance, literature, architecture, and theatre, it will come as no surprise that Bogota offers a treasure trove of culture just waiting to be discovered.

jesuitas —para bien o mal— eran los custodios de la mayor parte del conocimiento del mundo, bibliotecas y pensamiento progresivo. En fuerte contraste con la historia de conquistadores sanguinarios que en esa época colonizaron la mayor parte de otras regiones en las Américas, Colombia era más pacífica y el asiento de virreinato más cercano a Europa, a menudo recibiendo muchas de las mentes europeas más brillantes, incluso judíos y otros intelectuales que huían de la Inquisición y se embarcaban hacia esta región para estudiar la flora y fauna a encontrarse en el Nuevo Mundo. En este floreciente centro de ciencia, arte y cultura, hasta llegó a erigirse en Bogotá el primer observatorio astronómico de Latinoamérica, el cual todavía está en pie.

Con la esclavitud abolida en Colombia tan pronto como 1810, la pronta integración que tuvo lugar ayudó a forjar una única y más coherente tierra de diversidad. Los hijos de los inmigrantes que llegaron a Colombia desde Alemania, Francia, Japón, Camerún, Italia, Suiza, Polonia, Siria y muchos otros países, ahora simplemente se identifican a sí mismos como colombianos.

Por otra parte, si la opinión pública colombiana ha ayudado a crear y sostener una megaciudad de cultura sin turismo cultural significativo del exterior, basta imaginar lo que está a punto de suceder ahora que se han abierto las compuertas del turismo.

No es de extrañar que una nación con tan vasta y diversa ontología cultural haya dado lugar a una ciudad capital de gran cultura —la Bogotá moderna— y cuando se considera el hecho de que toda la nación colombiana es un bastión del arte, la música, la danza, la literatura, la arquitectura y el teatro, no ha de sorprender que Bogotá ofrezca un tesoro oculto de cultura a la espera de ser descubierto.

Cultural Centers
Centros culturales

Alianza Colombo Bulgara

Bulgarian language classes, cultural programming, and trips.
Clases de búlgaro, programación cultural y viajes.
Tel.: 313.471.9839

Alianza Colombo Francesa

French language classes, exhibitions, film, concerts, theater, and networking events.
Clases de francés, exposiciones, cine, conciertos, teatro y eventos de redes.
Carrera 3 No. 18 – 45
Tel.: 341.1348
Carrera 7 A No. 84 – 72
Tel.: 691.5684
Avenida 19 No. 134 A – 39
Tel.: 216.8898
http://bogota.alianzafrancesa.org.co

Biblioteca Luis Ángel Arango

Cultural programming such as concerts, film, lectures, seminars, and exhibits.
Programas culturales como conciertos, cine, conferencias, seminarios y exposiciones.
Calle 11 No. 4 – 14
Tel.: 343.1212
www.lablaa.org

Casa de la Cultura Afrocolombiana

Cultural programming including dance classes and performances.
Programación cultural que incluye clases de danza y representaciones.
Carrera 5 No. 26 – 54
Tel.: 243.9069

Centro Cultural Biblioteca Pública Julio Mario Santo Domingo

Theater, concerts, and exhibitions.
Teatro, conciertos y exposiciones.
Parque Zonal San José de Bavaria
Calle 170 between/entre Carreras 59 and/y 64
Tel.: 655.1267

Centro Cultural Gabriel García Márquez

Concerts, exhibitions, and lectures.
Conciertos, exposiciones y conferencias.
Calle 11 No. 5 – 60
Tel.: 283.2200
www.fce.com.co

Centro Cultural Llanero

Teaching and performing the traditional music and dance of the Colombian plains.
Enseñanza y demostraciones de la música y baile tradicionales de los llanos colombianos.
Calle 62 No. 20 – 28
centroculturallenero@hotmail.com

Centro Cultural Nuevo Mundo (Rosicrucian Order/Orden Rosacruz)

Calle 67 No. 6 – 41
Tel.: 248.1167

Colombo Americano

The main focus is on teaching English with some cultural programming.
El objetivo principal es la enseñanza de inglés con programación cultural.
Calle 19 No. 2 – 49
Tel.: 560.6066
Calle 110 No. 15 – 36
Tel.: 275.5052
CC Niza Bulevar
Local 356
Tel.: 520.7888
www.colombobogota.edu.co

Fundación Cultural Colombo-China

Mandarin classes, traditional Chinese dance and music classes, and cultural programming.
Clases de mandarín, clases de baile y música china tradicional y programación cultural.
Calle 71 No. 11 – 66
Tel.: 248.7266
www.fundacionccc.com

Centro Cultural Gabriel García Márquez

Fundación Gilberto Alzate Avendaño
Concerts, lectures, film, exhibitions, dance, and theater performances.
Conciertos, conferencias, cine, exposiciones, baile y actuaciones de teatro.
Calle 10 No. 3 – 16
Tel.: 282.9491
www.fgaa.gov.co

Fundación Nichisei
Japanese classes and cultural programming.
Clases de japonés y programación cultural.
Calle 103 No. 21– 76
Tel.: 483.0055
www.nichisei.com

Fundación Santillana
Dedicated to promoting Colombian arts and culture.
Dedicada a promocionar las artes y cultura colombianas.
Calle 80 No. 9 – 75
Tel.: 257.3300
www.fundacionsantillana.org.co

Gimnasio Moderno
Concerts, theater performances, literary events, and more.
Conciertos, obras de teatro, eventos literarios y más.
Carrera 9 No. 74 – 99
Tel.: 540.1888
www.gimnasiomoderno.edu.co

Goethe Institut Bogota
German classes and cultural programming.
Clases de alemán y programación cultural.
Avenida 39 No. 7 – 64
Tel.: 245.3252

Instituto Cultural de Brasil Colombia (iBRACO)
Portuguese classes, exhibitions, films, and music.
Clases de portugués, exposiciones, cine y música.
Carerra 9 No. 70 A – 11
Tel.: 211.5511
www.ibraco.org.co

La Fundación Araya
Cultural programming, classes, and creative opportunities rooted in hip-hop and urban life for youth.
Programación cultural, clases, oportunidades creativas arraigadas en el hip-hop y la vida urbana juvenil.
Avenida Caracas No. 39 – 50
Tel.: 805.0155
www.araya.org

Spracht Institut – Colombo Alemán
German classes and programming.
Clases de alemán y programación cultural.
Carrera 7 No. 42-11
Tel.: 285-0364
www.sprachtinstitut-icca.com

Architecture
Arquitectura

"This is what buildings dream of being!"
—Jeff Brown, U.S. visitor upon discovering the high rises in the Rosales neighborhood

Given the penchant of Colombian architects and others to report on the design trends occurring in other cities and nations, the great architectural treasures of Bogota and of Colombia have not been well identified or promulgated at home, much less abroad.

The rich architectural patrimony of Bogota, along with that of most Colombian cities and towns, are waiting to be better studied and appreciated. In particular, as one of the oldest and most important Western urban centers and cradles of thought, it stands to reason that Bogota should actually have many architectural treasures to be enjoyed. And given the exciting new projects under way in Bogota,

Centro Cultural
Julio María Santo Domingo

"¡Esto es lo que los edificios sueñan con ser!".

—Josh Brown, visitante estadounidense al descubrir las torres en el barrio Rosales

Dada la propensión de los arquitectos colombianos y otros a informar sobre las tendencias de diseño de otras ciudades y naciones, los grandes tesoros arquitectónicos de Bogotá y de Colombia no han sido bien identificados o promulgados en casa, y mucho menos en el exterior.

El rico patrimonio arquitectónico de Bogotá junto con el de la mayoría de las ciudades y poblaciones colombianas están a la espera de ser mejor estudiados y valorados. En particular, como uno de los más antiguos y más importantes centros urbanos occidentales y cunas del pensamiento, es lógico que Bogotá tenga muchos tesoros arquitectónicos para disfrutar. Y teniendo en cuenta los nuevos y emocionantes proyectos en curso en Bogotá, no hay duda de que el mundo ha notado finalmente el pasado, presente y futuro arquitectónico de Bogotá.

Las frías temperaturas de Bogotá y sus fuertes costumbres y tradiciones europeas ayudaron a introducir imponentes casas coloniales para reflejar a la siempre creciente y formal clase media en la ciudad que mejor se identificaba con un estilo de arquitectura republicano, con resistencia a cambios externos, haciéndose eco de lo remota de esta ciudad capital ya adentrado el siglo XIX. Fácilmente se podría confundir a la Bogotá del siglo XVIII o XIX con sus calles estrechas, balcones y barandillas, con cualquier ciudad de España o Italia. Hoy en día, barrios como La Candelaria y Usaquén (en el norte de la ciudad) son conservados como muestra del pasado colonial de Bogotá y se han convertido en principales destinos turísticos.

there is no doubt that the world will finally take notice of Bogota's architectural past, present, and future.

Bogota's cool temperatures and strong European mores and traditions helped to introduce imposing colonial homes that reflect the city's ever-growing, staid middle class. Identifying best with a Republican style of architecture, the middle class resisted external change, which perpetuated the remoteness of this capital city well into the late nineteenth century. One could easily confuse the Bogota of the 1700s and 1800s—with its narrow streets, balconies, and balustrades—with any city in Spain or Italy. Today, neighborhoods such as La Candelaria and Usaquen (in the city's North) are being preserved as showcases of Bogota's colonial past and have become main tourist destinations.

Inspired by the designs exhibited at the Chicago World Fair of 1883 and the Paris World Fair of 1889 and 1900, a global architectural reawakening occurred. Bogota's leaders embarked upon several notable construction projects, and the city began to shine with its own architectural identity and style. In 1912, the neoclassical Hotel Atlántico was one of the first full-cement structures in the city, and the luxurious precursor to the Hotel Regina and the grand Hotel Granada (demolished in 1951). Parisian-styled passages, such as Bazar Veracruz, and new boulevards dotted the city as Bogota strived to compete with the architectural trends of European cities.

The most emblematic building reflecting the city's (and nation's) progressive architectural style is the Capitolio Nacional de Colombia—Colombia's National Capitol building. Commencing in 1847, and through its seventy-eight years of construction, this important building, designed to house the nation's congress, became the epitome of Colombia's Republican-neoclassical architecture. Located on the city's main square, the Plaza Bolivar, the Capitol was initially designed by Danish architect Thomas Reed; the construction was then managed by Pietro Cantini, an Italian; followed by French-born Gaston Lelarge; and concluded by the prolific Colombian architect Alberto Manrique Martin. The nearby neoclassical presidential palace is considered by many to be the most beautiful presidential palace of its type in the Americas.

Other notable structures of Bogota's past include at least four castles, many palaces (in various styles), the oldest astronomical observatory in Latin America, and many astonishing chapels, churches and cathedrals (Gothic, Byzantine, modern, etc.).

The central district neighborhoods such as La Candelaria, Las Cruces, and Egipto are the main repositories of Bogota's architectural past. Many of the city's patrician homes have survived to this day—some are now museums, and others are nearly abandoned.

Colombia's National Capitol / Capitolio Nacional de Colombia

Inspirado en los diseños expuestos en la Feria Mundial de Chicago en 1883 y la Exposición Mundial de Paris de 1889 y 1900, ocurrió un despertar arquitectónico global, los líderes de Bogotá emprendieron varios proyectos notables de construcción y la ciudad comenzó a brillar con su propia identidad y estilo arquitectónicos. En 1912, el neoclásico Hotel Atlántico fue una de las primeras estructuras de cemento en la ciudad y el lujoso precursor del Hotel Regina y el grandioso Hotel Granada (demolido en 1951). Pasajes de estilo parisino, como el Bazar Veracruz y nuevos bulevares colmaron la ciudad, ya que Bogotá trató de competir con las tendencias arquitectónicas de ciudades europeas.

Teatro Colón

However, there are many other older neighborhoods that have been almost hidden from foreign visitors, such as Sante Fe, Mártires, and La Perseverancia, all of which despite their weathered patinas (or impoverished conditions) have shockingly beautiful buildings. However, be careful, as all of the above are still among the most unsafe neighborhoods to visit in Bogota.

Still, in the city there is nothing more beautiful, opulent, or elegant than Bogota's Opera House: the Teatro Cristobal Colón. Not only is it one of the oldest opera houses in the New World, it is by far the most baroque, true to the Italian and French architectural traditions of the time. The Teatro Cristobal Colón (which replaced the Teatro Maldonado) is most often referred to as "*El Teatro Colón.*" It is a masterpiece of neoclassical architecture and interior art, designed by Pietro Cantini and inspired by Milan's Teatro alla Scala and Paris's Opera Garnier, complete with a grand Venetian Murano crystal chandelier. Though already functioning in 1892, the opera hall was officially inaugurated in 1895 with Giuseppe Verdi's *Ernani.*

El edificio más emblemático que refleja el estilo arquitectónico progresivo de la ciudad (y del país) es el Capitolio Nacional de Colombia. Este importante edificio diseñado para albergar al Congreso de la nación fue comenzando en 1847 y a través de sus setenta y ocho años de construcción se convirtió en el arquetipo de la arquitectura neoclásica-republicana de Colombia. Situado en la plaza principal de la ciudad, la Plaza Bolívar, el Capitolio fue inicialmente diseñado por el arquitecto danés Thomas Reed, la construcción entonces fue gestionada por el florentino Pietro Cantini, seguida por el francés Gastón Lelarge y concluida por el prolífico arquitecto colombiano Alberto Manrique Martín. Además, el cercano palacio presidencial neoclásico es considerado por muchos como el más hermoso palacio presidencial de su tipo en las Américas.

Otras notables estructuras del pasado de Bogotá incluyen por lo menos cuatro castillos, muchos palacios (en distintos estilos), el observatorio astronómico más antiguo en Latinoamérica y muchas capillas, iglesias y catedrales asombrosas (góticas, bizantinas, modernas, etc.).

Los barrios de distritos centrales como La Candelaria, Las Cruces y Egipto, donde han sobrevivido hasta hoy muchos de los hogares patricios de la ciudad —algunos ahora como museos y otros casi en abandono— son el mayor receptáculo del pasado arquitectónico de Bogotá. Sin embargo, hay muchos barrios más antiguos que han estado casi escondidos de los visitantes extranjeros, como Santa Fe, Los Mártires, La Perseverancia, que a pesar de las gastadas pátinas (o condiciones empobrecidas), tienen edificios sorprendentemente bellos. Sin embargo, tengan cuidado, los arriba mencionados son aún de los barrios más inseguros de Bogotá.

Aún así, en la ciudad no hay nada más hermoso, opulento o elegante que la Ópera de Bogotá, el Teatro Cristóbal Colón. No solo es una de las más antiguas casas de ópera en el Nuevo Mundo, es por mucho el más barroco, fiel a las tradiciones arquitectónicas italianas y francesas de la época. El Teatro Cristóbal Colón (que sustituyó al Teatro Maldonado) es llamado más a menudo "El Teatro Colón". Es una obra maestra de la arquitectura neoclásica y arte interior, diseñado por Pietro Cantini e inspirado en el Teatro alla Scala de Milán y la Opera Garnier de París, que se completa con una gran araña de cristal de Murano veneciano. Aunque ya en funcionamiento en 1892, la ópera fue oficialmente inaugurada en 1895 con *Ernani* de Giuseppe Verdi.

Today, Bogota is made up of twenty *localidades*, or districts, and first-time visitors will be pleasantly surprised to find that they are all fascinating, if not beautiful.

For example, while many travelers have visited Buenos Aires and have been able to compare that city's magnificent twentieth-century architecture to that of Baron Haussmann's Paris, too few have visited Bogota to record not only Haussmann's influence here, but

the fact that much of Bogota's architecture from the 1930s through the 1950s resembles London! Despite the virtual anonymity of this city's urban watermark upon the world's history of architecture, Bogota is probably home to the most Tudor-style residences outside of London.

In particular, to this day, the beautiful neighborhoods of Teusaquillo and La Merced are lauded by many architects and residents for their singular aesthete and elegance. Though many of these stately homes have been converted into col-

Teatro of La Faenza

leges and businesses, several are being restored to their original splendor and the neighborhoods are finally enjoying their well-deserved renaissance.

Other great architectural treasures include the art nouveau theater La Faenza, and more surprisingly still is the fact that the city received the first Bauhaus buildings in the Americas. Well before Walter Gropius and Mies van der Rohe's entry into the United States, as early as 1935, German-born Jewish architects of the Bauhaus school Leopoldo Rother and Ernesto Blumenthal emigrated to Colombia, where they were immediately given the important commission to galvanize and build the National University of Colombia. They designed a set of Bauhaus architectural masterpieces that, along with the adjacent new Art Deco neighborhood called La Soledad, came to be known as the White City—yes, just like the new Tel Aviv of the late 1930s.

Another renowned architect who brought great beauty to the city for many years, was Austrian-born Karl Brunner, who arrived in Bogota in 1934. As Director of Urban Planning, he designed several of the city's most charming boulevards and neighborhoods, such as Bosque Izquierdo and Palermo, before being asked to return as Director of Urban Planning in post-war Vienna.

Hoy, Bogotá está conformada por veinte localidades o distritos y los que la visitan por primera vez se sorprenderán gratamente al ver que todos son fascinantes si no bellos.

Por ejemplo, mientras que muchos viajeros han visitado Buenos Aires y han podido comparar la magnífica arquitectura del siglo XX de la ciudad con la de París del barón Haussmann, muy pocos han visitado Bogotá para documentar no solo la influencia de Haussmann aquí, sino el hecho de que gran parte de la arquitectura de Bogotá desde la década del treinta hasta la década del cincuenta ¡se asemeja a Londres! A pesar del virtual anonimato de la marca de agua urbana de la ciudad en la historia del mundo de la arquitectura, Bogotá probablemente alberga la mayor cantidad de casas estilo Tudor después de Londres.

En particular, hasta el día de la fecha, los bonitos barrios de Teusaquillo y La Merced son aplaudidos por muchos arquitectos y residentes por su singular estética y elegancia. Aunque muchas de estas casas señoriales se han convertido en universidades y empresas, varias están siendo restauradas a su esplendor original y los barrios finalmente disfrutan de un merecido renacimiento.

Otros de los grandes tesoros de la arquitectura incluyen al teatro *art noveau* o modernista Faenza y más sorprendente aún es el hecho de que la ciudad recibió los primeros edificios Bauhaus de las Américas. Mucho antes de la entrada de Walter Gropius y Mies van der Rohe a Estados Unidos en 1935, Leopoldo Rother y Ernesto Blumenthal, arquitectos judíos de la escuela Bauhaus nacidos en Alemania, emigraron a Colombia donde inmediatamente se les dio la importante comisión de galvanizar y construir la Universidad Nacional de Colombia. Ellos diseñaron un conjunto de obras maestras de la arquitectura Bauhaus, que junto con el adyacente barrio *art déco* llamado La Soledad, llegaron a ser conocidos como la Ciudad Blanca —sí, al igual que el nuevo Tel Aviv de finales de la década del treinta.

Otro gran arquitecto que trajo gran belleza a la ciudad durante muchos años como director de planificación urbana, fue Karl Brunner, de origen austríaco, quien llegó a Bogotá en 1934 donde diseñó varias de las avenidas y barrios más encantadores de la ciudad, como Bosque Izquierdo y Palermo, hasta que se le pidió regresar como director de planificación urbana a la Viena de la posguerra.

En 1948, ocurrió un trágico suceso que alteró el curso de la historia y la arquitectura de Bogotá para siempre. Un popular candidato presidencial, Jorge Eliécer Gaitán, fue asesinado, y la ciudad se sumergió en varios días de violento caos. Este triste período fue conocido como "el Bogotazo", días brutales en que muchos comercios e importantes edificios centrales fueron dañados o destruidos. Sin embargo, este lamentable acontecimiento de he-

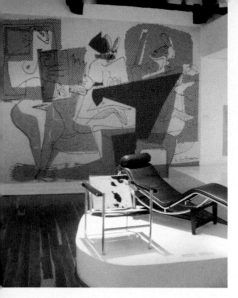

Exhibit/Exhibición Le Corbusier á Bogotá

In 1948, a tragic event occurred that would alter Bogota's history and architectural course forever. A popular presidential candidate, Jorge Eliécer Gaitán, was assassinated and the city was thrust into several days of violent chaos. This sad period came to be known as "the Bogotazo," brutal days which saw many storefronts and important central buildings damaged or destroyed. However, this unfortunate event actually accelerated this fast-growing city's program for urban renewal and progressive urban planning.

Swiss-French-born architect Le Corbusier happened to have been commissioned the year before the Bogotazo, in 1947, to design the Bogota of the future. This ambitious and expensive project saw Le Corbusier shuttling between Paris and Bogota for over four years, culminating with his voluminous urban design presentation called "Plan Director."

The implementation of Le Corbusier's plans took on an unexpected urgency, and despite the high costs of realizing all of his vision, Bogota metamorphosed into a beautiful, park-filled metropolis with wide boulevards, which honors the topography of the fabled "Sabana" on which Bogota sits.

But the crowning glory of Bogota's modern architectural identity was given by the magnificent achievements of French-born, but proud to be Colombian, architect, Rogelio Salmona.

Salmona's masterful fusion of modernism and redbrick has become the unmistakable signature of Bogota's landscape and building aesthete. Apartment complexes such as the Torres del Parque in La Macarena, which harmoniously circumnavigate the redbrick Moorish-style bullfighting ring, are a rare treasure, and have become an architectural world icon. And the beautiful Virgilio Barco Library, so ethereally placed inside Bogota's largest city park, el Parque Simón Bolivar, is regarded by many as perhaps the most beautiful and functional mega-library in the world. While some may now criticize the architectural harmony and counterpoint created by the massive use of red bricks, we believe that it is Bogota's singular glory. By mere size alone, Bogota now outshines France's beautiful redbrick city of Toulouse, as the other "Ville Rose."

Torres del Parque

cho aceleró este rápido crecimiento del programa de renovación urbana y progresiva planificación urbana de la ciudad.

El arquitecto nacido suizo-francés Le Corbusier, había sido comisionado el año antes del Bogotazo, en 1947, para diseñar la Bogotá del futuro. Este ambicioso y costoso proyecto vio a Le Corbusier ir y venir entre París y Bogotá durante más de cuatro años, culminando con su voluminosa presentación del diseño urbano llamado "Plan Director".

La realización de los proyectos de Le Corbusier tomó una urgencia inesperada, y a pesar de los altos costos de realizar toda su visión, Bogotá se transformó en una metrópolis hermosa, llena de parques con amplios bulevares, honrando la topografía de la legendaria sabana sobre la cual se asienta Bogotá.

Residential buildings in Rosales / Edificios residenciales en Rosales

The future of Bogota is no less exciting. In a city that perhaps boasts more residential duplexes and triplexes than New York City, and where year-round vertical gardens are becoming more visible, the city is experiencing an architectural renaissance unmatched in the region. Construction of South America's tallest building is now well under way. Designed by Spain's celebrated architect Alonso Balaguer, the BD Bacata skyscraper will have sixty-eight stories and breathe new life into the city's center. Sir Norman Foster has also been commissioned to design Procenio, Bogota's new massive cultural center, just north of the city's plush Zona Rosa, and it is rumored that he has several other major design projects under way in the area.

In addition, there are now at least three other major new cultural center projects under construction, including the Centro Cultural Botero Bassil and the much awaited expansion of the Teatro Colón, which has acquired many adjacent lots for its new cultural center project. No less important will be the construction of the first building in South America to be designed by Frank O. Gehry, an ultra-modern structure to be built near Parque 93, as Bogota continues its urban metamorphosis well into the twenty-first century.

Pero la gloria suprema de la identidad arquitectónica moderna de Bogotá se da gracias a los logros magníficos del arquitecto nacido en Francia, pero orgulloso de ser colombiano, Rogelio Salmona.

La magistral fusión de modernismo y ladrillo rojo de Salmona se ha convertido en la firma inconfundible del paisaje y la estética de construcción bogotanos. Complejos de apartamentos como las Torres del Parque de La Macarena, que armónicamente circunnavegan el estilo morisco de ladrillo rojo de la Plaza de Toros, son un raro tesoro y se han convertido en un ícono arquitectónico mundial. Y la hermosa Biblioteca Virgilio Barco, tan etéreamente colocada dentro del parque más grande de Bogotá, el Parque Simón Bolívar, es tal vez considerada por muchos como la megabiblioteca más hermosa y funcional del mundo. Mientras que algunos ahora critican la armonía arquitectónica y el contrapunto creado por el uso masivo de ladrillos rojos, creemos que es la gloria singular de Bogotá. Solo con el mero tamaño, Bogotá ahora opaca a la hermosa ciudad de ladrillos rojos de Toulouse en Francia, como la otra "Ville Rose".

El futuro de Bogotá no es menos emocionante. En una ciudad que quizás alardea de tener más dúplex y tríplex residenciales que la ciudad de Nueva York y donde cada vez son más visibles los jardines verticales durante todo el año, la ciudad experimenta un renacimiento arquitectónico incomparable en la región. La construcción del edificio más alto de Sudamérica está ahora en curso. Diseñado por el famoso arquitecto Alonso Balaguer de España, el rascacielos BD Bacatá tendrá sesenta y ocho pisos e inyectará nueva vida al centro de la ciudad. También se le ha encargado a Sir Norman Foster el diseño de Procenio, el nuevo e imponente centro cultural de Bogotá, justo al norte de la lujosa Zona Rosa de la ciudad, y se comenta que tiene otros grandes proyectos de diseño adelantados en el área.

Sin embargo, en esta ciudad cultural de rápido desarrollo, hay ahora por lo menos otros tres grandes nuevos proyectos de centros culturales en construcción, incluyendo el Centro Cultural Botero Bassil y la muy esperada expansión del Teatro Colón, que ha adquirido muchos lotes contiguos para su nuevo proyecto de centro cultural. No menos importante será la construcción del primer edificio en Sudamérica diseñado por Frank O Gehry, una estructura ultramoderna que se construirá cerca del Parque 93, mientras Bogotá continúa su metamorfosis urbana adentrado el siglo XXI.

Film
Cine

Launched by 1897, the Colombian film industry started out strong by producing silent and animated films. In 1926, the Colombian production company Cali Films released a silent film that was destined to make great noise. *Garras de oro* (Talons of Gold), directed by the pseudonymous PP Jambrina, recounted the tactics the United States used to steal Panama from Colombia during the construction of the Panama Canal. So incensed was the U.S. government that they bought and destroyed every copy, except for one, which was left to waste away until its complete restoration by the Fundación Patrimonio Fílmico Colombiano. Not only did the rash action at the hands of the U.S. government obscure an important piece of international cinematic history, it also served to stunt the growth of the nascent Colombian film industry with filmmakers wary of projecting stories of social and political significance. *Garras de oro* can now be seen by appointment or during special screenings at the Cinemateca Distrital (see the Museums listing on page 182 for contact details).

Over time the film industry rebounded, but it has never enjoyed global acclaim as Colombians tend to prefer Hollywood films over

"Hoy, piense en la ciudad colombiana como el Hollywood de Sudamérica".
—*The Wall Street Journal*, "Insider's Guide to Bogota", 19 de abril de 2013

Lanzada en 1897, la industria cinematográfica colombiana comenzó con mucha fuerza produciendo películas mudas y animadas. En 1926 la productora colombiana Cali Films estrenó una película muda destinada a hacer mucho ruido. *Garras de oro*, del director con el seudónimo PP Jambrina, relataba las tácticas de Estados Unidos para robarle Panamá a Colombia durante la construcción del Canal de Panamá. Tanto se molestó el gobierno de Estados Unidos que compró y destruyó cada una de las copias, con la excepción de una que sufrió un gran deterioro hasta su completa restauración por la Fundación Patrimonio Fílmico Colombiano. La acción precipitada de manos del gobierno de Estados Unidos no solo ocultó una pieza importante de historia del cine internacional, sino también sirvió para frenar el crecimiento de la incipiente industria del cine colombiano con cineastas recelosos de proyectar historias de significado social y político. *Garras de oro* puede ser vista con cita previa o durante las proyecciones especiales en la Cinemateca Distrital (ver listado de museos en la página 182 para obtener los datos de contacto).

Filming in the park /
Filmando en el parque

Con el tiempo, la industria del cine se recuperó, pero nunca disfrutó de aclamación global ya que los colombianos tienden a preferir las películas de Hollywood por encima de las hechas en el país. Además, los cineastas colombianos tuvieron que competir por público con la industria cinematográfica española, mexicana y brasilera.

Aunque la industria del cine colombiano se ha rezagado, ha aumentado su producción de telenovelas, ganando el país reputación por mejor calidad de escritura, actuación y producción en general. Quizás la telenovela más famosa en el

Colombian film / Película colombiana
Bajo el Cielo Antioqueño

those made domestically. Additionally, Colombian filmmakers have to compete against the Spanish, Mexican, and Brazilian film industries for audiences.

Although the Colombian film industry has lagged, its production of telenovelas (soap operas) has soared, earning the country a reputation for the best quality of writing, acting, and overall production. Perhaps the most famous telenovela in the world, *Yo soy Betty la fea* became so popular that it was said the entire country would stop at 8:00 p.m. every weeknight to watch the show. The program was dubbed into multiple languages and adapted in other countries such as France, India, Russia, Mexico, and the United States, where it was called *Ugly Betty*.

Colombia is drawing the attention of big-time producers, directors, and actors, who are seeking out new locations with an internal talent pool. The country offers stunning landscapes of every description, from sophisticated and gritty urban settings to verdant coffee-growing regions, thick Amazon rainforests, two deserts, and two coasts.

Perhaps the most recent high-profile movie shot in Colombia was Mike Newall's 2007 production of Gabriel García Márquez's novel, *Love in the Time of Cholera*, which was shot in and around Cartagena. Utilizing a mostly Colombian crew and some Colombian actors, such as Alejandra Borrero, John Leguizamo, and Catalina Sandino Moreno, in key roles, and the vocal talents of Shakira for the score, the film enjoyed international acclaim and showcased just some of the beauty this country has to offer. International television programs such as *Mental* and *Kdabra* and countless commercials have also been successfully filmed in Bogota.

From the 1980s to the beginning of the 2000s, Colombian films such as *Rodrigo D: No futuro*, *La virgen de los sicarios*, *La vendedora de rosas*, *Satanás*, *La estrategia del caracol*, *Apocalipsur*, *Perro come perro*, and *Rosario Tijeres* have found international audiences and awards as much for their stark depictions of poverty and crime as for the substance of the stories and quality of filmmaking. The mid-2000s saw two U.S.-Colombian co-productions that could be considered breakout movies: *Maria Full of Grace*, depicting the harrowing journey of a drug mule and earning the lead actress, Catalina Sandino Moreno, an Oscar nomination; and *Paraiso Travel*, which masterfully told the bleak yet hopeful story of Colombians who immigrate to the United States. During the second decade of the 2000s, the genres, themes, and ways of storytelling in Colombian films is broadening, with titles such as *El paseo*, *Bluff*, *La cara oculta*, *Contracorriente*, *Los viajes del viento*, *Chocó*, and *Roa* gaining domestic and international audiences.

mundo, *Yo soy Betty la fea*, se hizo tan popular que se ha dicho que todo el país se detenía a las 8:00 p.m. cada día de la semana para ver la telenovela. La telenovela fue doblada a varios idiomas y adaptada en otros países como Francia, India, Rusia, México y Estados Unidos, donde fue llamada *Ugly Betty*.

Colombia está llamando la atención de grandes productores, directores y actores que buscan nuevas locaciones con talento interno. El país ofrece impresionantes paisajes de todo tipo, desde entornos urbanos sofisticados y enérgicos a la verde región caficultora, la densa Amazonía, dos desiertos y dos costas.

Tal vez la más famosa fue la producción de Mike Newall en 2007 de la novela de Gabriel García Márquez, *El amor en los tiempos del cólera*, que fue filmada en y alrededor de Cartagena. Mediante el uso de un equipo fílmico en su mayoría colombiano y algunos actores colombianos, como Alejandra Borrero, John Leguizamo y Catalina Sandino Moreno en papeles clave, y los talentos vocales de Shakira para la música, la película gozó de fama internacional y mostró algunas de las bellezas que este país tiene para ofrecer. Programas de la televisión internacional, tales como *Mental* y *Kdabra* e innumerables comerciales también se han filmado con éxito en Bogotá.

De los años ochenta al principio de la década de 2000, las películas colombianas como *Rodirigo D: No futuro*, *La virgen de los sicarios*, *La vendedora de rosas*, *Satanás*, *La estrategia del caracol*, *Apocalipsur*, *Perro come perro* y *Rosario Tijeras* han encontrado auditorios internacionales y premios tanto por sus duras imágenes de pobreza y delito como por la sustancia de las historias y la calidad del rodaje. A mediados de la primera década de 2000 nos dieron dos coproducciones americano-colombianas que se podrían considerar películas de desglose: *María llena eres de gracia*, representando el horrendo viaje de una mula de la droga y mereciendo la protagonista, Catalina Sandino Moreno, una nominación al Oscar, y *Paraíso Travel*, que magistralmente contó la triste, pero prometedora historia de colombianos que emigran a Estados Unidos. Durante la segunda década del 2000, los géneros, los temas y las maneras en que se relatan las historias en las películas colombianas se están expandiendo con títulos como *El Paseo*, *Bluff*, *La cara oculta*, *Contracorriente*, *Los viajes del viento*, *Chocó* y *Roa* que ganan auditorios domésticos e internacionales.

El gobierno colombiano ha hecho esfuerzos para apoyar la industria cinematográfica con iniciativas como la Compañía de Fomento Cinematográfico (FOCINE) en los años ochenta y la Ley General de Cultura que se aprobó en 1997 para apoyar a los cineastas colombianos con la creación del fondo variado Corporación PROIMAGENES en Movimiento. Esto fue seguido por la

The Colombian government has made efforts to support the film industry with initiatives such as the Compañía de Fomento Cinematográfico (FOCINE) in the 1980s and the General Law of Culture passed in 1997 to support Colombian filmmakers with the creation of the mixed fund Corporación PROIMAGENES en Movimiento (PROIMAGES in Motion). That was followed by the 2003 Law of Cinema, which helped to revive the cinematic industry.

Even though Colombia is already considered one of the region's major TV production centers with Telemundo, Fox, and Sony creating programs from Bogota, the country is making great efforts to become the premiere shooting destination in South America. To that end, Colombian president Juan Manuel Santos, self-proclaimed film buff, helmed policy that established attractive incentives for film and TV production. Film, TV movies, and documentaries partially or fully shot in Colombia can qualify for a 40 percent cash rebate for film service expenditures. Also available is a 20 percent reimbursement for logistical services, such as hotel, food, and transport. The minimum spent is about US$590,000, and local production service companies must be hired.

In 2012 the independent production company Empowerment Arts from St. Louis, Missouri, shot part of their project *A Paper Tiger Burns* in Bogota and La Union. The supernatural thriller *Out of the Dark* starring Julia Stiles, Scott Speedman, and Stephen Rea, coproduced by Colombia's Dynamo and Spain's Apaches Entertainment in association with Image Nation, was shot in Bogota in April 2013. Actress and producer Jada Pinkett Smith met with president Santos in April 2013 to talk about shooting *Escribana* in Santa Marta, which is based on the true story of a Colombian reporter who investigates the murder of an employee of a large Colombian corporation. The movie will be coproduced by Antorcha Films, based in Cali.

Film crew for / Equipo de filmación de *A Paper Tiger Burns*

Ley de 2003 del Cine que ayudó a reanimar la industria cinematográfica.

Aunque Colombia ya es considerada como uno de los principales centros de producción de televisión con Telemundo, Fox y Sony creando programas desde Bogotá, el país está haciendo un gran esfuerzo para convertirse en el principal destino de rodaje en Sudamérica. Para tal fin, el presidente autoproclamado cinéfilo, Juan Manuel Santos, guió la política que estableció incentivos atractivos para la producción cinematográfica y televisiva. Las películas para cine, televisión y los documentales parcial o totalmente rodados en Colombia, pueden calificar para un reembolso en efectivo del 40% de los gastos de servicio de cine. También se dispone de un 20% de reembolso para la prestación de servicios logísticos, como hoteles, comida y transporte. El mínimo es de aproximadamente US$590.000 y deben contratarse empresas locales de servicios de producción.

En 2012, la compañía de producción independiente Empowerment Arts de St. Louis, Missouri, grabó parte de su proyecto *A Paper Tiger Burns* (Se quema un tigre de papel) en Bogotá y La Unión. El *thriller* sobrenatural *Out of the Dark* (Fuera de la oscuridad) protagonizado por Julia Stiles, Scott Speedman y Stephen Rea, coproducido por Dynamo de Colombia y Apaches Entertainment de España en asociación con Image Nation, fue filmado en Bogotá en abril de 2013. La actriz y productora Jada Pinkett Smith se reunió con el presidente Santos en abril de 2013 para hablar del rodaje de *Escribana* en Santa Marta, la cual se basa en la historia real de una reportera colombiana que investiga el asesinato de un empleado de una gran corporación colombiana. La película será coproducida por Antorcha Films, con sede en Cali.

Cinematic Venues
Locales cinematográficos

You can see all the latest Hollywood and foreign productions, small art house pictures, first-run Colombian films, and obscure international movies in Bogota. Several film festivals are also held through the year; see the Festivals listing on page 46. The following list will help satisfy your inner cinephile:

Puede ver las últimas producciones de Hollywood y extranjeras, pequeñas películas de casas de arte, primeras proyecciones de películas colombianas y oscuras películas internacionales en Bogotá. Durante el año también se celebran varios festivales de cine, (ver la lista de festivales en la página 46). La siguiente lista lo ayudará a satisfacer a su cinéfilo interior:

Main Movie Theaters
Principales salas de cine

Cine Colombia

The biggest multiplex in the country with theaers in almost every shopping center in Bogota, Cine Colombia screens mostly Hollywood blockbusters, including 3D spectaculars, Colombian films, and live opera from New York's Metropolitan Opera. Visit the website to find a theater near you:

El multiplex más grande del país con cines prácticamente en cada centro comercial en Bogotá, Cine Colombia proyecta en su mayoría superproducciones de Hollywood, incluyendo espectaculares 3D, películas colombianas y ópera en vivo desde el Metropolitan Opera de Nueva York. Visite el sitio web para encontrar un cine cerca de usted: www.cinecolombia.com.

Cinemark

This is another option for Hollywood blockbusters, including 3D spectaculars and Colombian films, but it only has four theaters in Bogota.
Visit the website to find a theater near you:

Esta es otra opción para las superproducciones de Hollywood, incluyendo espectaculares 3D y cine colombiano, pero solo tiene cuatro teatros en Bogotá.

Visite el sitio web para encontrar un cine cerca de usted: www.cinemark.com.co.

Procinal

Like Cine Colombia and Cinemark, this theater also screens Hollywood and big international films, as well as IMAX movies. Visit www.procinal .com.co to find a theater near you.
Al igual que Cine Colombia y Cinemark, este teatro también proyecta películas de Hollywood y grandes películas internacionales al igual que películas IMAX. Visite: www.procinal.com.co para encontrar un cine cercano.

ESSENTIAL TIPS

These chains offer showings of English-language films either dubbed or with subtitles, so make sure you check to see what version you want. Cinemark offers discounted tickets to the day's first showings and Procinal offers discounts with the Procinal member card. While Cine Colombia and Cinemark have online ordering systems, they don't always work and you most likely will need to use a Colombian credit or debit card. Cine Colombia and Procinal allow you to buy tickets by phone. You can also choose your seats when purchasing your tickets at the three cinemas.

Colombian film / Película colombiana, *Garras de Oro*

CONSEJOS ESENCIALES

These chains offer showings of English-language films either dubbed or with subtitles, so make sure you check to see what version you want. Cinemark offers discounted tickets to the day's first showings and Procinal offers discounts with the Procinal member card. While Cine Colombia and Cinemark have online ordering systems, they don't always work and you most likely will need to use a Colombian credit or debit card. Cine Colombia and Procinal allow you to buy tickets by phone. You can also choose your seats when purchasing your tickets at the three cinemas.

Arthouse Theaters
Salas de cine de autor

Cinemanía
An intimate space for art house films from Colombia and the world.
Un espacio íntimo de cine de autor de Colombia y el mundo.
Carrera 14 No. 93 A – 85
Tel.: 621.0122

www.cinemania.com.co

Cinema Paraíso
The closest you will come to watching a movie in your living room

while out, this movie theater is filled with comfy chairs and tables where you can enjoy snacks, cocktails, and hot drinks while watching art house films.
Lo más parecido a ver una película en su sala de estar cuando sale, el cine está lleno de sillas cómodas y mesas donde puede disfrutar de aperitivos, cócteles y bebidas calientes mientras ve filmes de autor.
Carrera 6 No. 120 A – 56
Tel.: 215.5316

www.cinemaparaiso.com.co

Alternative Venues
Locales alternativos

Alianza Francesa
Free showings of classic and contemporary French films.
Visit the website for current programming:
Proyecciones gratis de películas francesas clásicas y contemporáneas. Visite el sitio web para consultar la programación:
www.alianzafrancesa.org.co.

A Seis Manos
A bohemian restaurant/bar/café and cultural center that screens obscure foreign films and socially relevant documentaries. Wednesdays at 6:30 p.m.
Un bohemio restaurante/bar/cafetería y centro cultural que proyecta películas extranjeras desconocidas y

documentales relacionados a temas sociales.

Calle 22 No. 8 – 60
Tel.: 282.8441

Cinemateca Distrital

Home to the national film archives and host to several film festivals throughout the year, the Cinemateca also shows classic and contemporary films daily.

Hogar del archivo nacional de cine y anfitriona de varios festivales de cine durante el año, la Cinemateca también muestra películas clásicas y contemporáneas a diario.

Carrera 7 No. 22 – 79
Tel.: 327.4850

www.culturarecreacionydeporte
.gov.co/portal/node/2916

In Vitro Bar

Short films are shown every Tuesday night. They also organize and host the In Vitro Visual short film festival every December.

Se muestran cortometrajes todos los martes por la noche. También organizan y son sede del Festival de Cortometrajes In Vitro Visual cada diciembre.

Calle 59 No. 6 – 38
Tel.: 310.666.9129

www.facebook.com/INVITROBARR

Libraries
Bibliotecas

Most of Bogota's public libraries show free films weekly. Contact the libraries listed on page 178 for current programming information.

La mayoría de las bibliotecas públicas de Bogotá proyectan películas gratis cada semana. Contacte las bibliotecas enumeradas en la página 178 para obtener información acerca de la programación actual.

Luvina Libros

This bookstore hosts a monthly film cycle.

Esta librería es sede de un ciclo de cine mensual.

Carerra 5 No. 26 A – 06
Tel.: 284.4157

www.luvina.com.co

**Museo de Arte Moderno –
MAMBO**

This museum hosts a monthly film series.

Este museo proyecta series de películas mensualmente.

Calle 24 No. 6 – 00
Tel.: 286.0466

www.mambogota.com

**Museo de Arte y Cultura
Colsubsidio**

A free Cine Club on Tuesdays presents showings of art-related films.

Un Cine Club gratis que los martes proyecta películas relacionadas con el arte.

Calle 36 No. 5A – 19
Tel.: 340.0770

www.colsubsidio.com/porta_serv
/cultura/museos.html

Museo Nacional

Here you will find occasional screenings, especially during major film festivals. Visit the website for current programming:

Aquí encontrarán proyecciones ocasionales, especialmente durante importantes festivales de cine. Visite la página web:

www.museonacional.gov.co.

Universidad Javeriana

Shows LGBT-themed films on the campus during a special film cycle called Ciclo de Cine Rosa de Stonewall Javeriano. Visit the Facebook page for current programming:

Muestran películas con temática LGBT en el campus durante un ciclo de cine especial llamado Ciclo de Cine Rosa de Stonewall Javeriano. Visite la página de Facebook para consultar la programación actual:

www.facebook.com/grupouniversi
tariostonewalljaveriano.

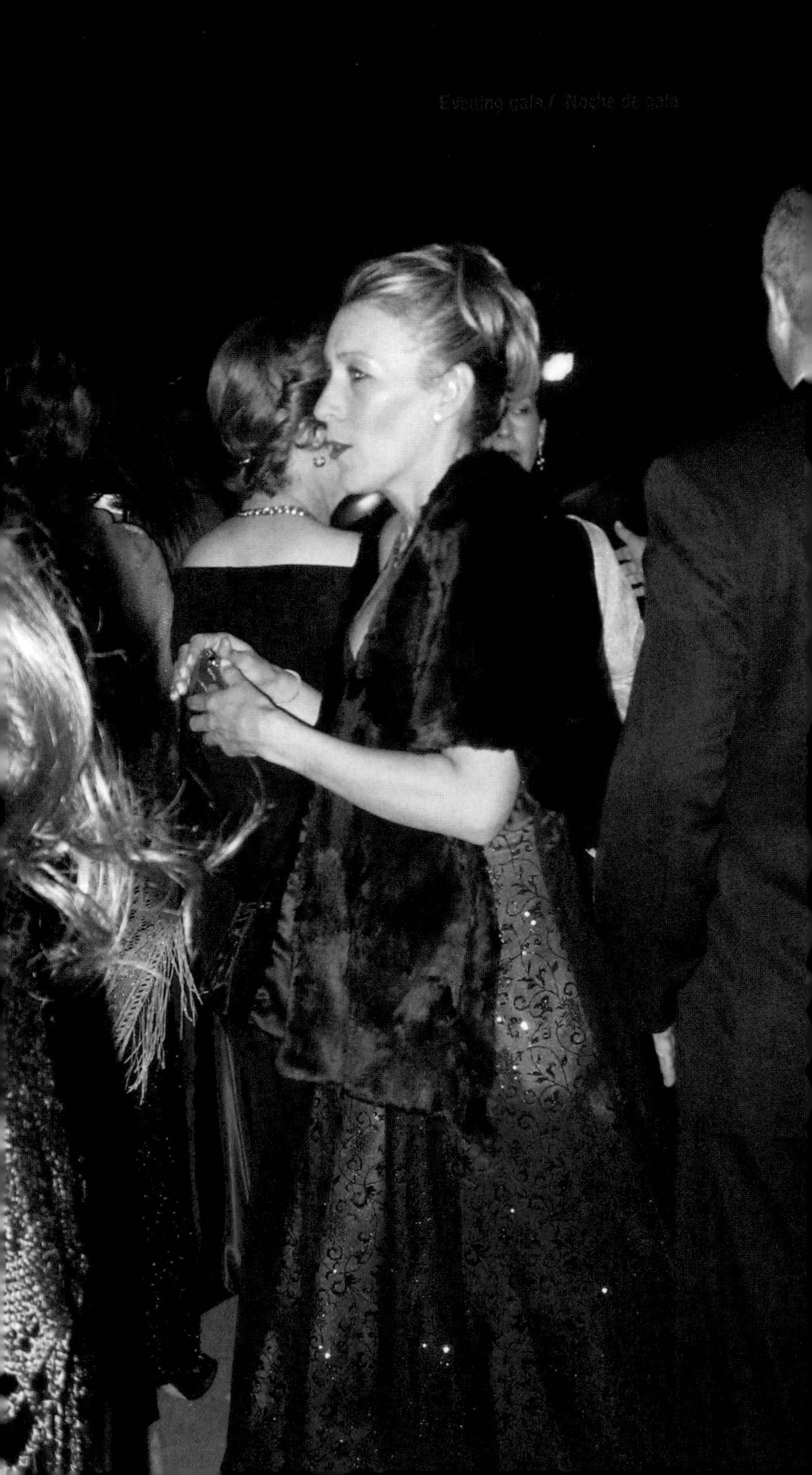

Evening gala / Noche de gala

Outdoor performance in La Candelaria / Actuación al aire libre en La Candelaria

"Bogota is poetry . . . but the poetry in Bogota is not alone, you will see it in nature, it is in the customs and in a thousand details that will please you."

—André Maurois, French novelist

And behold, a star that shines for prisoners
lo, a star leads me
from a hilltop called Bogota
the city adorned by clouds ...
That summit, this city Bogota
is primarily the place where the love of poetry
the powerful poetry, a miracle of poetry
has never been neglected
or neglected
nevermore...

"Bogotá es poesía... pero la poesía en Bogotá no está sola, la verá en la naturaleza, está en las costumbres y en mil detalles que lo complacerán".

—André Maurois, novelista francés

> Y he aquí, una estrella que brilla para los presos
> vea, una estrella me dirige
> desde una colina llamada Bogotá
> la ciudad adornada por las nubes ...
> Esa cumbre, esta ciudad Bogotá
> es sobre todo el lugar donde el amor por la poesía
> la poesía de gran alcance, un milagro de poesía
> Nunca se ha descuidado
> o descuidado
> Nunca más ... "

Así lo declamó el poeta francés Philippe Soupault en su "Oda a Bogotá", durante su paso por la ciudad en un viaje a Latinoamérica para establecer sucursales de Agence France-Presse para la resistencia francesa durante la ocupación nazi de Francia.

La poesía y la literatura son parte del ADN de Colombia y son inseparables de su ser. Se encuentran en las antiguas murallas, sus adoquines y en los labios de los fantasmas en La Candelaria. Ellos repican a coro con las campanas de la iglesia de Usaquén, mientras narradores emocionan a multitudes con cuentos increíbles. El verso y la rima de los cuentos infantiles son transportados por el viento en los parques y festivales que dan lugar a una multitud de voces.

En 2007 la UNESCO nombró a Bogotá Capital Mundial del Libro por su combinación de una rica tradición literaria, una amplia red de bibliotecas, número de librerías per cápita, festivales de libros y poesía, una alta tasa de alfabetización y una pasión inquebrantable por la lectura.

La Casa de Poesía Silva, alguna vez hogar de uno de los más grandes poetas del mundo, José Asunción Silva, alberga un tesoro de poesía internacional en libros, videos y discos compactos. Un cómodo salón ofrece el espacio perfecto donde los visitantes pueden escuchar selecciones de la formidable biblioteca de audio. En el íntimo teatro se llevan a cabo conferencias y lecturas y la librería contiene un impresionante conjunto de obras de poetas colombianos.

El extenso sistema de bibliotecas se compone de seis megabibliotecas —cuatro dentro de la red de la ciudad, además de la Biblioteca Nacional y la Biblioteca Luis Ángel Arango que es patrocinada por el Banco de la República y es la biblioteca pública y centro cultural más grande y más utilizado del mundo. La red de Bogotá también incluye dieciséis ramas, un amplio sistema de

Thus declaimed French poet Philippe Soupault in his "Ode to Bogota" while in the city during a journey to Latin America to set up chapters of Agence France-Presse for the French Resistance during the Nazi occupation of France.

Poetry and literature are part of the Colombian DNA and are inextricable from its being. They are in the ancient walls, cobblestones, and on the lips of ghosts in La Candelaria. They ring forth in chorus with the church bells of Usaquen, as storytellers thrill crowds with amazing tales. The verse and rhyme of children's stories are carried on the wind in the parks, and festivals give rise to a multitude of voices.

In 2007 UNESCO named Bogota World Capital of the Book for its combination of a rich literary tradition, extensive library system, number of bookstores per capita, book and poetry festivals, a high literacy rate, and an undying passion for reading.

The Casa de Poesía Silva, once home to one of the world's greatest poets, José Asunción Silva, houses a treasure trove of international poetry in books, videos, and CDs. A comfortable salon provides the perfect space where visitors can listen to selections from the formidable audio library. Lectures and readings are held in the intimate theater, and the bookstore stocks an impressive array of works by Colombian poets.

The extensive library system is comprised of six mega-libraries—four within the city network, in addition to the Biblioteca Nacional and the Biblioteca Luis Ángel Arango, which is sponsored by the Banco de la República and is the largest and most utilized public library and cultural center in the world. The Bogota network also includes sixteen branches, an extensive mobile book system, and library kiosks in parks and at some TransMilenio stations. Many other libraries can be found in universities and museums, such as the Casa de Poesía Silva, mentioned previously.

The annual Feria Internacional del Libro de Bogotá, a book fair organized by the Colombian Chamber of the Book at Corferias, is an international event that is considered one of the most important book festivals in the world. Additionally, the Fundación Pombo, created in honor of Colombia's fabulist Rafael Pombo, hosts the Festival del Libro Infantil, a wonderful children's book festival not to be missed. Bogota's city hall publishes several books a year that are given away or used in the annual book swapping event in Parque Simón Bolívar called Libro al Viento.

Bogota, often called "The Athens of the Americas" for its embrace and advancement of democracy, knowledge, philosophy, and the literary arts, has long enjoyed a great heritage of storytelling and the written word. With more than 100 bookstores, including Latin America's most important English-language bookshop, Authors

Feria de Literatura, Parque Nacional

biblioteca móvil y quioscos de la biblioteca en los parques y en algunas estaciones de TransMilenio. Muchas otras bibliotecas se pueden encontrar en universidades y museos, como la Casa de Poesía Silva, anteriormente citada.

La Feria Internacional del Libro de Bogotá que se realiza anualmente, una feria organizada por la Cámara del Libro de Colombia en Corferias, es un evento internacional considerado uno de los festivales de libros más importantes del mundo. Además, la Fundación Pombo, creada en honor al fabulista colombiano Rafael Pombo, es anfitriona del Festival del Libro Infantil, un maravilloso festival de libros para niños que no debe perderse. La alcaldía de Bogotá publica varios libros al año que se regalan o se utilizan en el intercambio anual del libro, un evento llevado a cabo en el Parque Simón Bolívar, llamado Libro al Viento.

Bogotá, a menudo llamada "La Atenas de América" por su adhesión y promoción de la democracia, el conocimiento, la filosofía y las artes literarias, por mucho tiempo ha gozado de un gran legado de narración y de la palabra escrita. Con más de cien librerías, incluyendo la librería de lengua inglesa más importante de Latinoamérica, Authors Bookstore, y distritos enteros dedicados a los libros, los literatos de Bogotá y los visitantes tienen todo un mundo de literatura por explorar. El icónico Centro Cultural Gabriel García Márquez, en La Candelaria, diseñado por el famoso arquitecto colombiano Rogelio Salmona, es un impresionante complejo que incluye una librería con 45.000 títulos.

Los cafés, tales como los legendarios Windsor, Asturias y El Automático, fueron sitios de reunión y tragos para poetas como León de Greiff, Jorge Zalmea y Arturo Camacho Ramírez, periodistas,

Bookstore, and entire districts dedicated to books, Bogota's lite-rati and visitors have an entire world of literature to explore. The iconic Centro Cultural Gabriel García Márquez in La Candelaria, designed by famed Colombian architect Rogelio Salmona, is a stunning complex that includes a bookstore boasting 45,000 titles.

Cafés, like the legendary Windsor, Asturias, and El Automático, were regular gathering and drinking places for poets such as León de Greiff, Jorge Zalmea, and Arturo Camacho Ramírez, as well as reporters, painters, sculptors, and caricaturists. Bibliophiles can keep up-to-date on the literary developments in Colombia with the monthly publication *El Libro*.

It is important to remember that Colombia's rich literary heritage has been crafted by world-renowned writers such as Nobel Prize winner Gabriel García Márquez, Jorge Isaacs, José Asunción Silva, José Eustasio Rivera, Manuel Zapata Olivella, Eduardo Caballero Calderón, Álvaro Mutis, Flor Romero, Piedad Bonnett, Laura Re-strepo, and Juan Gabriel Vásquez, who has been lauded as the new voice of Latin American fiction.

Whatever style or genre you favor, you will be able to find a book or tale to satisfy your literary yearnings in a shop, a library, at a salon, listening to a storyteller, at a festival, or from the hand of a stranger. Explore Bogota's world of words and add a new story to your col-lection of memories. To see some of the of literary festivals that take place in the city throughout the year, go to the festivals section on page 46.

"I love literary cities and there's a real romance to wandering the streets just off the Jiménez between the Séptima and the Décima where there are rows and rows of secondhand bookshops. The city itself too has an unmistakably literary feel: The streets around the Capitolio and Santa Fe, just west of where the tourist hotspots of the Candelaria lie, remind me of how I imagined Dickens's London to be when I first started to read him. Forget London, Bogota is truly the tale of two cities."

—Kevin Howlett, U.K. expat and founder/editor of the influential blog www.colombiapolitics.com

Librería el Dinosaurio

pintores, escultores y caricaturistas. Los bibliófilos pueden mantenerse actualizados sobre las novedades literarias en Colombia con la publicación mensual *El Libro*.

Es importante recordar que el gran patrimonio literario de Colombia incluye reconocidos escritores internacionales como Gabriel García Márquez, ganador del Premio Nobel de Literatura; Jorge Isaacs; José Asunción Silva; José Eustasio Rivera; Manuel Zapata Olivella; Eduardo Caballero Calderón; Álvaro Mutis; Flor Romero; Piedad Bonnett; Laura Restrepo; y Juan Gabriel Vásquez, quien está siendo aclamado como la nueva voz de ficción de Latinoamérica.

Cualquiera sea el estilo o género que prefiera, usted podrá encontrar un libro o cuento para satisfacer sus anhelos en una tienda, en una biblioteca, en un salón de belleza, escuchando a un cuenta cuentos, en un festival o de la mano de un extraño. Explore el mundo de las palabras de Bogotá y añada una nueva historia a su colección de recuerdos. Para ver algunos de los festivales literarios que ocurren a través del año en la ciudad, consulte la página 46.

"Amo las ciudades literarias y hay un verdadero romance en el deambular por las calles contiguas a la Jiménez entre la Séptima y la Décima en donde hay filas y filas de librerías de segunda mano. La ciudad en sí misma también tiene un inconfundible corte literario: Las calles de los alrededores del Capitolio y Santa Fe, al oeste de donde se encuentran las atracciones turísticas de la Candelaria, me recuerdan a cómo me había imaginado la Londres de Dickens cuando empecé a leerlo. Olviden Londres, Bogotá es realmente la historia de dos ciudades".

—Kevin Howlett, expatriado del Reino Unido y fundador y editor del influyente blog **www.colombiapolitics.com**

Bookstores
Librerías

San Librario, Quinta Camacho

Alejandría
Esoteric and metaphysical books.
Libros esotéricos y metafísicos.
Carrera 14 A No. 70 A – 69
Tel.: 217.3097

Alonso Garcés Tienda
Art books.
Libros de arte.
Carrera 5 No. 26 – 92
Tel.: 337.5827

Arteletra Librería – Café
Carrera 7 A No. 70 – 18
Tel.: 312.3412

Atenea Librería
Legal books and literature.
Libros de derecho y literatura.
Calle 16 No. 8 – 19
Local 1
Tel.: 341.4680

★Authors Bookstore
The largest English-language book-
store and café in Latin America.
La librería de libros en inglés y café
más grande en Latinoamérica.
Calle 70 No. 5 – 23
Tel.: 217.7788

Ayeli
Esoteric books and related items.
Libros esotéricos y artículos afines.
CC Hacienda Santa Bárbara
Local F 126
Tel.: 612.8218

Babel Libros
Calle 39 A No. 20 – 55
Tel.: 245.8495

Biblos Librería
A good selection of fiction, art
books, history, social sciences, and
the humanities, some English-language books, and a café.
Una buena selección de ficción,
libros de arte, historia, ciencias sociales y humanidades, algunos libros
en inglés y un café.
Carrera 12 No. 82 A – 21
Tel.: 218.1831

Books & Books
English-language bookstore with a
focus on textbooks.
Librería de libros en inglés con
énfasis en libros de texto.
Calle 140 No. 18 – 05
Cedritos
Tel.: 626.5656

Café Libro Sion
Judaica, books, and café.
Judaica, libros y café.
Avenida 19 No. 150 – 47
Tel.: 614.2166

★Casa de Poesía Silva
Located within what used to be the
house of José Asunción Silva, one of
Colombia's most important poets, this
store sells volumes of international
poetry, magazines, videos, and posters.
Situada en lo que solía ser la casa de
José Asunción Silva, uno de los poetas

más importantes de Colombia, esta tienda vende volúmenes de poesía internacional, revistas, videos y afiches.
Calle 14 No. 3 – 41
Tel.: 286.5710

Casa Tierra Firme
Multilingual rare and first editions with a focus on Colombia and South America.
Libros raros, multilingües y primeras ediciones con un enfoque en Colombia y Sudamérica.
Calle 79 B No. 7 – 46
Tel.: 317.427.3048 / 695.5006
www.casatierrafirma.com

Casa Tomada Café y Libros
Literature and the human sciences.
Literatura y ciencias humanísticas.
Transversal 19 Bis No. 45 D – 23
Tel.: 245.1655

Centros de Literatura Cristiana de Colombia
Christian literature.
Literatura cristiana.
Diagonal 61 D Bis No. 24 – 50
Tel.: 310.4641

Círculo Cultural
Technical, engineering, art, architecture, and languages.
Técnicos, ingeniería, arte, arquitectura y lenguas.
Carrera 35 No. 25 C – 28
Tel.: 268.7888

Danny's Books
General literature and Judaica.
Literatura general y judaica.
Calle 77 A No. 13 – 07
Tel.: 218.3735

Dislectura
Books, magazines, and encyclopedias.
Libros, revistas y enciclopedias.
Carrera 12 No. 13 – 47
Tel.: 283.8430

Easy Book
Carrera 82 No. 22 D – 38
Tel.: 263.4335

Ediciones Doctrina y Ley
Law books.
Libros de derecho.
Carrera 6 A No. 11 – 87
Office 102
Tel.: 281.0802

Editores Verbo Divino
Bibles, theology, and philosophy books.
Biblias, libros de teología y filosofía.
Avenida 28 No. 37 – 45
Tel.: 268.6664

El Arcano
Esoteric books and merchandise.
Libros y mercadería esotérica.
Calle 116 No. 15 B – 17
Tel.: 520.6171

El Fauno
Intimate space with specialized selection of used books.
Espacio íntimo con una selección especializada de libros usados.
Calle 45 and Carrera 22

El Individual
Used books, comics, and artists' collective.
Libros usados, cómics y coleccionables de artistas.
Carrera 6 No. 53 – 76
Tel.: 316.697.3089

English Language Services
English-language texts.
Textos en inglés.
Carrera 17 No. 142 – 23
Tel.: 481.4901

Errata
Antique volumes bought and sold.
Volúmenes antiguos para compra y venta.
Carrera 9 No. 61 – 16
Tel.: 249.6234

Fondo Cultural Iberoamericano
Calle 66 No. 66 A No. 16 – 41
Tel.: 212.3350

Forum Discos y Libros
Calle 93 A No. 13 A – 49
Tel.: 530.1285

Other locations can be found at CC La Gran Estación and CC Santa Ana.
Hay otras locaciones en el CC La Gran Estación y CC Santa Ana.

Galería Café Libros
Carrera 11 A No. 93 – 42
Tel.: 285.1794

Galería (MÜ)
Photography books.
Libros de fotografía.
Carrera 4 A No. 26 – 29
Store/Local 202
Tel.: 282.0486
www.galeriamu.com

Book District Distrito del Libro

A vast district made up of individual bookshops and book malls can be found between Calle 18 and Avenida Jiménez and from Carrera 7 A to Avenida Caracas. It is recommended that you use Calle 16 as the main axis.
The shops in this district are closed on Sundays and holidays, while most other bookshops in Bogota remain open.

Entre la Calle 18 y la Avenida Jiménez y desde la Carrera 7 A hasta la Avenida Caracas, puede encontrarse un vasto distrito compuesto por librerías individuales y centros comerciales de libros. Se recomienda utilizar la Calle 16 como eje principal.
Las tiendas en este distrito cierran los domingos y días feriados, mientras la mayor parte de las otras librerías en Bogotá permanecen abiertas.

Grupo Cultural Andino
General literature.
Literatura general.
Calle 23 No. 13 – 64
3rd Floor/Piso 3
Tel.: 243.3651

Infinito Libros
General interest, children's, art, design, fashion, multilingual dictionaries, and philology books.
Interés general, infantiles, arte, diseño, moda, diccionarios multilingües y libros de filología.
Carrera 12 No. 10 – 40 Sur
Tel.: 280.6277

Intermedica
Medical books.
Libros médicos.
Carrera 7 No. 41 – 55
Tel. 232.0386

Kingstuff
English- and Spanish-language books and games for children.
Libros en inglés y español y libros para niños.
CC Cedritos Calle 151 No. 16 – 19
Local 2 – 119
Cedritos
Tel.: 648.4809

La Era Azul
Esoteric books and merchandise.
Libros y mercadería esotérica.
CC Hacienda Santa Bárbara
Carerra 6 No. 115 – 65 Local F – 106
Santa Bárbara
Tel.: 213.0040 / 620.5940

CC Andino

Carrera 11 No. 82 – 51 Local 305
Zona Rosa
Tel.: 616.8723 / 610.2856

La Hora de Cuento
Calle 147 No. 7 – 52
Local 18
Tel.: 258.2030

★La Librería del Centro Cultural Gabriel García Márquez
More than 45,000 titles and 100,000 books await the visitor in this fabulous bookstore, including cultural programming, poetry readings, and storytelling.
Más de 45.000 títulos y 100.000 libros esperan al visitante en esta fabulosa librería que incluye programación cultural, lecturas de poesía y narrativa.
Calle 11 No. 5 – 60
Tel.: 283.2200

La Residencia
Carrera 17 No. 39 – 42
Tel.: 287.4245

La Tienda Javeriana
Carrera 7 A No. 40 – 62
Tel.: 320.8320

Lenguas Modernas Editores
Multilingual bookstore.
Librería multilingüe.
Av. 19 No. 148 – 30
Tel.: 258.9306

Leyer
Law books.
Libros de derecho.
Carrera 7 No. 12 – 15
Tel.: 336.4200

Librería Acuario

Esoteric titles and merchandise.
Títulos y mercadería esotéricos.
Calle 18 No. 6 – 40
Tel.: 284.6372

Librería Alianza
Carrera 6 A No. 67 – 34
Tel.: 312.7275

Librería Anticuario Enrique Cárdenas Olaya
Antique volumes of books.
Volúmenes de libros antiguos.
Calle 79 B No. 8 – 43
Tel.: 347.2735

Librería Balzac
Calle 16 No. 8 – 49
Tel.: 286.1944

Librería Central
Calle 94 No. 13 – 90
Tel.: 622.7402

Librería Círculo de Lectores
CC Bulevar Niza
Local 145
Tel.: 226.2599 / 226.5078

Librería Cristiana
Calle 19 No. 4 – 71
Store/Local 122
Tel.: 281.1484

Librería de Biblioteca Virgilio Barco
General literature.
Literatura general.
Avenida 48 No. 61 – 50
Tel.: 315.8890

Librería del Ingeniero
Engineering, technology, and science books, including some English language titles.
Libros de ciencia, tecnología e ingeniería incluyendo algunos títulos de lengua inglesa.
Avenida Jimenez No. 7 – 45
Tel.: 341.2507

★Librería el Dinosaurio
Used books and magazines.
Libros y revistas usados.
Calle 45 and Carrera 22
Tel.: 245.8802

Librería Errata
Carrera 9 A No. 61 – 16
Tel.: 249.6234

Librería Esotérica Raziel
Metaphysical books, astrology, feng shui, and tarot readings.

Libros metafísicos, astrología, *feng shui* y lecturas del tarot.
Calle 85 No. 12 – 29
Tel.: 236.9047

Librería Espiritual
Spirituality books.
Libros de espiritualidad.
Calle 63 No. 11 – 27
Tel.: 210.2590

Librería francesa "Tiempos futuros"
French, English, and Portugeuse books.
Libros en francés, inglés y portugués.
Calle 92 No. 11 A – 02
Tel.: 300.0098

Librería Herder
Philosophy, religion, art, and social issues.
Filosofía, religión, arte y temas sociales.
Carrera 11 No. 73 – 69
Tel.: 212.8295

Librería Infantil La Hora del Cuento
Children's books.
Libros para niños.
Calle 147 No. 7 – 52
Tel.: 258.2030

Librería Infantil Tienda de Oz
Children's books.
Libros para niños.
Carrera 19 A No. 104 A – 60
Tel.: 629.7828

Librería Iris
Metaphysical books.
Libros metafísicos.
Carrera 17 No. 61 A – 39
Tel.: 249.7125

Librería La Tienda de las Letras
CC Avenida Chile L-280
Tel.: 212.2879

★Librería Lerner
Books, music, and magazines.
Libros, música y revistas.
Avenida Jiménez No. 4 – 36
Tel.: 334.7826
Several locations / Varias locaciones.

Librería Magisterio
Books, music, café, multimedia, and auditorium.
Libros, música, café, multimedia y auditorio.

Diagonal 36 Bis #20 – 70 Park
Way
Tel.: 338.3605

★Librería Nacional
This is a national Colombian chain
found in many shopping malls with
titles in Spanish and English. An
extensive selection of magazines
and newspapers are also available.
Please see the list of shopping
centers on page 334 for location
information.
Esta es una cadena colombiana
nacional ubicada en muchos centros
comerciales con títulos en español y
en inglés. También disponen de una
selección extensa de revistas y pe-
riódicos. Para obtener información
sobre las diferentes locaciones, ver
la lista de centros comerciales en la
página 334.
CC Palatino
CC Unicentro
CC Hacienda Santa Barbara
CC Santafe de Bogota
CC Andino

Librería Temis
Avenida Pepe Sierra No. 18 B – 69
Tel.: 612.6052

Librería Temis y Libros
Children's, general literature, and
technical books.
Libros para niños, literatura general
y libros técnicos.
Calle 116 No. 18 B – 69
Tel.: 612.6052

Librería The Golden Book
General fiction and nonfiction titles.
Títulos en general de ficción y no
ficción.
Calle 85 No. 12 – 04
Tel.: 257.5510

Librería Trilce
Calle 65 No. 10 – 20
Tel.: 248.7175

Librería Universo
Metaphysical books.
Libros metafísicos.
Calle 21 No. 4 – 32
Tel.: 341.0926

Libros Merlín
Books in English, French, German,
and Italian.
Libros en inglés, francés, alemán e
italiano.

Carrera 8 A No. 15 – 70
Tel.: 284.4008

Luna Dorada
Esoteric and health books.
Libros esotéricos y para la salud.
Carrera 9 No. 70 – 55
Tel.: 249.3493

★Luvina
Bookstore, café, exhibition space,
literary salons, and cultural programming.
Librería, cafetería, salas de exposiciones, salones literarios y programas culturales.
Carrera 5ta No. 26 A – 06
Tel.: 284.4157

Luziernaga
Cookbooks, art, photography, literature, poetry, gardening, travel, and
esoteric books.
Libros de cocina, arte, fotografía,
literatura, poesía, jardinería, viajes y
esotéricos.
Calle 70 No. 10 A – 25
Tel.: 249.3211

LVX Esotérica
Books, music, tarot cards, jewelry.
Libros, música, cartas de tarot,
joyería.
Avenida 116 No. 15 B – 17
Tel.: 520.6171

Matura
Children's books.
Libros para niños.
Calle 69 No. 10 A – 09
Tel.: 479.5111

Mr. Books
English- and Spanish-language law,
technical, general, and children's
books.
Libros de derecho en inglés y espa-
ñol, técnicos, general y para niños.
Carrera 18 B No. 108 – 05
Tel.: 637.8586

Nobel Librería & Papelería
Books in Spanish and English, mag-
azines, and paper products.
Libros en inglés y español, revistas y
productos de papelería.
Carrera 11 No. 93 – 93
Local 101 – 102
Tel.: 691.5563

Novilunio
Esoteric and metaphysical books.

Libros esotéricos y de metafísica.
Carrera 9 No. 70 – 55
Tel.: 249.3493

Nueva Librería & Café
General literature, law, education,
philosophy, and history books, as
well as music and magazines.
Libros de literatura general, derecho, educación, filosofía e historia,
así como música y revistas.
Carrera 15 No. 74 – 40
Tel.: 322.0538

Nueva Librería Francesa
French, English, and Spanish books,
magazines and newspapers, as well
as a role-playing game salon.
Libros, revistas y diarios en francés,
inglés y español, y un salón de juegos de rol.
Avenida Carrera 19 No. 95 – 13
Tel.: 636.0145

Panamericana
Various books and paper products.
Libros varios y productos de pape-
lería.
Calle 100 No.18 – 32/36
Tel.: 621.8747
Several locations.
Varias locaciones.

★Prólogo Café y Libros
General literature and magazines,
events every Thursday night.
Literatura general y revistas, even-
tos cada jueves en la noche.
Carrera 9 No. 81 – 50
Tel.: 757.8069

Promesas
Calle 161 No. 19 A – 09
Orquídeas
Tel.: 672.2302

Safari Bookshop
Children's books, games, art classes,
and events space.
Libros para niños, juegos, clases de
arte y espacio para eventos.
Calle 97 A No. 9 – 64
Tel.: 236.5394

Salud Vibrante
Health and natural living books.
Libros sobre salud y vida natural.
Avenida Caracas No. 48 – 12
Tel.: 245.7431 / 245.8876

San Librario
New, used, and rare books—many
treasures to be found!
Libros nuevos, usados y raros
—¡Muchos tesoros que encontrar!
Calle 70 No. 12 – 48
Tel.: 310.1738

Scholastic Libros en Inglés
Carrera 17 No. 119 A – 09
Tel.: 601.0158

Spooky House
Comic books, manga, and collect-
ibles.
Libros cómics, manga y coleccio-
nables.
Calle 42 No. 7 – 35
Tel.: 320.3483

Templares Librería
Rare, first edition, and antique vol-
umes, as well as secondhand books.
Volúmenes raros, primeras ediciones
y volúmenes antiguos, así como
libros de segunda mano.
Carrera 10 No. 8 – 87
Tel.: 342-7083

Trementina Artes y Libros
Art books, poetry, literary fiction,
and history.
Libros de arte, poesía, ficción litera-
ria e historia.
Avenida Carrera 24 No. 37 – 42
Tel.: 320.3846

UN La Librería
Calle 20 No. 7 – 15
Tel.: 281.2641

Villegas editores
This is the retail shop of one of
Colombia's major publishers that
focuses on coffee-table art and
photography books.
Esta es la tienda al detal de uno de
los editores principales de Colombia
que gira alrededor del arte de mesa
de café y libros de fotografía.
Avenida 82 No. 11 – 50
Tel.: 616.0306
Several locations.
Varias locaciones.

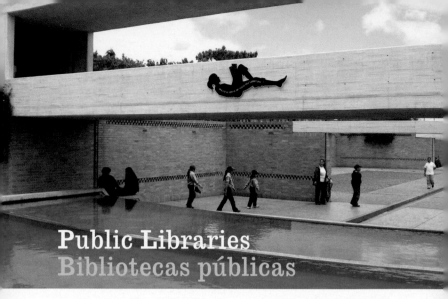

Public Libraries
Bibliotecas públicas

Biblioteca Pública Virgilio Barco

Part of the reason Bogota was named World Capital of the Book in 2007 was for its extensive network of public libraries. In addition to local branches, most of which host community groups and activities in addition to lending books, we are fortunate to have the world's only system of megalibraries. These vast structures (the first six listed below) are each of architectural importance, offer cultural programming, include at least one auditorium, meeting rooms, computer labs, and art galleries, and are well-utilized by the public. For more information, please visit: www.biblored.edu.co.

Parte de la razón de que Bogotá fuera nombrada Capital Mundial del libro en 2007 fue por su extensa red de bibliotecas públicas. Además de las sucursales locales, la mayoría de las cuales organiza grupos comunitarios y actividades además de prestar libros, somos afortunados de tener el único sistema del mundo de megabibliotecas. Estas vastas estructuras (las seis primeras enumeradas abajo) son de importancia arquitectónica, ofrecen programación cultural, incluyen al menos un auditorio, salas de reuniones, laboratorios de computación y galerías de arte y están bien utilizadas por el público. Para obtener más información, visite: **www.biblored.edu.co.**

ESSENTIAL TIPS
CONSEJOS ESENCIALES

Bogota's library system has also established kiosks, called biblioestaciones, in some TransMilenio stations and parks.
El sistema de bibliotecas de Bogotá también ha establecido quioscos, llamados bibliaestaciones, en algunos parques y estaciones de TransMilenio.

Megalibraries
Megabibliotecas

Biblioteca Julio Mario Santo Domingo
Avenida Calle 170 No. 67 – 51
Tel.: 655.1267

Biblioteca Luis Ángel Arango
Calle 11 No. 4 –14
Tel.: 343.1224

Biblioteca Nacional de Colombia
Perhaps the first megalibrary housed in a beautiful Art Deco building.
Quizás la primera megabiblioteca construida en un edificio *art déco*.
Calle 24 No. 5 –60
Tel.: 381.6464

Biblioteca Pública El Tintal Manuel Zapata Olivella
Avenida Ciudad de Cali No. 6C – 09
Tel.: 452.8974

Biblioteca Pública Parque El Tunal
Calle 48B Sur No. 21 – 13
Tel.: 769 8734

Biblioteca Pública Virgilio Barco
Avenida Carrera 60 No. 57 – 60
Tel.: 315.8890

Local Branches
Sucursales locales

Biblioteca Pública Arborizadora Alta
Calle 70 Sur No. 34 – 05
Tel.: 731.3286

Biblioteca Pública Carlos E. Restrepo
Transversal 21 A No. 19 – 54 Sur
Tel.: 372.9343

Biblioteca Pública de Bosa
Carrera 97 C No. 69 A – 08 Sur
Centro Comercial Metro Recreo
Tel.: 379.0166

Biblioteca Pública de Perdomo Soledad Lamprea
Diagonal 62 G Sur No. 72 B – 51
Piso 2
Tel.: 778.3737

Biblioteca Pública de Suba Francisco José de Caldas
Carrera 92 No. 146 C – 24
Tel.: 686.1304

Biblioteca Pública de Venecia Pablo de Tarso
Diagonal 47 A No. 53 – 92 Sur
Tel.: 741.2804

Biblioteca Pública La Giralda
Carrera 104 B No. 22 J – 15
Tel.: 418.1947

Biblioteca Pública Lago Timiza
Carrera 74 No. 42 G – 52 Sur
Tel.: 273.2837

Biblioteca Pública La Marichuela
Diagonal 76 B No. 1 C – 40 Sur
Tel.: 764.7750

Biblioteca Pública La Peña
Carrera 7 Este No. 5 – 57
Tel.: 328.1142

Biblioteca Pública Las Ferias
Carrera 69 J No. 73 – 29
Tel.: 250.9507

Biblioteca Pública La Victoria
Calle 37 Bis B Sur No. 2 – 81 Este
Tel.: 364.6483

Biblioteca Pública Puente Aranda Néstor Forero Alcalá
Calle 4 No. 31 D – 30
Tel.: 277.2471

Biblioteca Pública Rafael Uribe Uribe
Carrera 15 C No. 31 G – 40 Sur
Tel.: 272.3172

Biblioteca Pública Ricaurte Alberto Gutierrez Botero
Calle 9 No. 28 A – 43
Tel.: 201.0777 ext. 173

Biblioteca Pública Usaquén – Servitá
Calle 165 No. 7 –52
Tel.: 670.2079

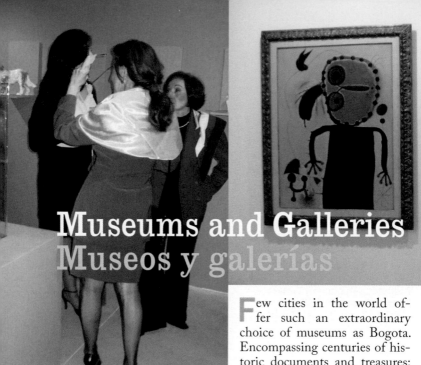

Museums and Galleries
Museos y galerías

Above / Arriba: Art gallery opening
Inauguración en galería de arte
Right / Derecha: Mirò and Picasso paintings
at Museo Botero
Pinturas de Mirò y Picasso
en Museo Botero

Few cities in the world offer such an extraordinary choice of museums as Bogota. Encompassing centuries of historic documents and treasures; anthropological and geological sciences; classical, pre-Columbian, colonial, Republican, modern, and avant garde antiquities and art; the unusual and the surprising; the erotic and the exotic; printmaking and leather-crafting; the world's largest collection of miniature paintings; gold-art and artifacts; along with state-of-the-art technological venues that transport visitors to the outer reaches of space and the depths of the sea. Bogota will have a museum for virtually every interest and taste.

On the last Sunday of every month during the event called *Siga, esta es su casa* (Come in, this is your house), visitors are treated to free or reduced prices at more than thirty museums throughout Bogota. Participating venues are indicated by an asterisk (*) after the name in the list that follows. Among the many treasures you will find in Bogota's museums are the works of international masters such as Picasso, Chagall, Manet, Braque, Renoir, and Corot, in addition to the works of Colombian masters such as Obregón, Gómez Campuzano, Botero, Grau, Caballero, and Negret, just to name some very few.

Pocas ciudades en el mundo ofrecen una selección tan extraordinaria de museos como Bogotá. Que abarca siglos de documentos históricos y tesoros; ciencias antropológicas y geológicas; antigüedades y arte clásicos, precolombinos, coloniales, republicanos, modernos y *avant garde*; lo inusual y lo sorprendente; lo erótico y lo exótico; grabado y elaboración de cuero; la colección más grande del mundo de pinturas en miniatura, y de oro-arte y artefactos, junto con lugares que ofrecen lo último en tecnología que transportan a los visitantes a los confines del espacio y las profundidades del mar. Bogotá tendrá un museo para virtualmente cada interés y gusto.

El último domingo de cada mes, durante el evento denominado "Siga, esta es su casa", a los visitantes se les ofrece precios reducidos o entrada gratis a más de treinta museos de Bogotá. Los locales participantes se marcan con un asterisco (*) después del nombre en la lista que sigue. Entre los muchos tesoros que encontrará en museos de Bogotá están las obras de maestros internacionales como Picasso, Chagall, Manet, Braque, Renoir, Corot, además de las obras de los maestros colombianos como Obregón, Gómez Campuzano, Botero, Grau, Caballero y Negret, para citar solo unos pocos.

Art nouveau exhibit
Exhibición de *art nouveau*

Museums
Museos

Even if you are in Bogota for a short visit, we encourage you to take time to explore at least one of the city's museums, and to take home some of Colombia's rich cultural and artistic heritage.

NOTE: The asterisk (*) indicates the museums that are free on the last Sunday of every month—some are free all of the time.

Incluso si usted se encuentra de visita en Bogotá por un tiempo breve, lo alentamos a que tome tiempo para explorar al menos uno de los museos de la ciudad, y llevarse a casa algo de la rica herencia cultural y artística de Colombia.

NOTA: El asterisco (*) indica los museos que son gratis el último domingo de cada mes —algunos son gratis siempre.

Biblioteca Carlos Lleras Restrepo
The house and library of ex-president Lleras Restrepo, who received U.S. president and Mrs. John F. Kennedy when they visited Bogota.
La casa y biblioteca del ex presidente Lleras Restrepo quien recibió al presidente de Estados Unidos, John F. Kennedy, y a la Sra. Kennedy cuando visitaron Bogotá.
Calle 70 A No. 7 – 25/37
Tel.: 212.8828

Casa de la Moneda
A treasure for numismatics where you can view a collection showing the evolution of Colombian currency, in addition to special exhibits.
Un tesoro para numismáticos donde se puede ver una colección que muestra la evolución de la moneda colombiana, además de exhibiciones especiales.
Calle 11 No. 4 – 93
Tel.: 343.1358
www.banrepcultural.org/mu
seos-y-colecciones/casa-de-moneda

Casa Museo Antonio Nariño
This house belonged to Antonio Nariño, one of the founding fathers of Colombian independence and publisher of seminal works such as The Rights of Man.
Esta casa perteneció a Antonio Nariño, uno de los próceres de la independencia de Colombia y editor de obras seminales como Los derechos del hombre.
Calle 10 Sur No. 39 – 29
Tel.: 203.0025

Casa Museo Francisco José de Caldas*
Caldas is often referred to as the "Colombian sage," who in addition to having been a brilliant military strategist during the War of Independence, was also a physicist and master of other sciences. On display are a compilation of Caldas's personal papers and professional achievements.
A Caldas a menudo se lo llama el "sabio colombiano", quien además de haber sido un brillante estratega militar durante la Guerra de Independencia, fue también físico y maestro de otras ciencias. Se muestra una recopilación de papeles personales y de los logros profesionales de Caldas.
Escuela de Ingenieros Militares
Carrera 8 No. 6 – 87
Tel.: 289.6275

Casa Museo Jorge Eliécer Gaitán*
Part of its national heritage, this house was home to one of Colombia's most important and influential figures of the twentieth century, Jorge Eliécer Gaitán, the Liberal party's presidential candidate whose assassination in 1948 set off a wave

of violence called El Bogotazo. The museum exhibits the train car Gaitán used to travel the country, in addition to personal objects and documents.

Parte de su patrimonio nacional, esta casa fue hogar de una de las más importantes e influyentes figuras del siglo xx, Jorge Eliécer Gaitán, candidato presidencial del partido Liberal cuyo asesinato en 1948 desató una ola de violencia conocida como El Bogotazo. El museo muestra el vagón de tren que Gaitán utilizaba para viajar por el país, además de objetos personales y documentos.

Calle 42 No. 15 – 23
Tel.: 572.0070

Casa Museo Quinta de Bolívar*

The house and extensive gardens of The Great Liberator, Simón Bolívar, showcase what his daily life might have been like. An exhibit of antique canons is also on display.

La casa y extensos jardines del Gran Libertador Simón Bolívar, muestran cómo podría haber sido su vida cotidiana. También contiene una exhibición de cañones antiguos.

Calle 20 No. 2 – 91 Este Las Aguas
Tel.: 284.6819
www.quintadebolivar.gov.co/casa delflorero/index.htm

Casa Poesia Silva*

The house of Jose Asunción Silva, one of Colombia's most important poets, serves primarily as an extensive library specializing in Colombian poetry.

La casa de José Asunción Silva, uno de los poetas más importantes de Colombia, es fundamentalmente una amplia biblioteca especializada en poesía colombiana.

Calle 14 No. 3 – 41
Tel.: 286.5710
www.casadepoesiasilva.com

Casa Ricardo Gómez Campuzano

On display are some of the materials used to create the exhibited works of Colombian master Ricardo Gómez Campuzano, in addition to art by other masters.

Se muestran algunos de los materiales utilizados para crear las

Ricardo Gómez Campuzano

obras expuestas del maestro colombiano Ricardo Gómez Campuzano, además de arte de otros maestros.

Calle 80 No. 8 – 66
Tel.: 255.5760

Cementario Central*

Bogota's first cemetery where luminaries are buried; the chapel was built in 1839 and the portico was designed in 1910.

Primer cementerio de Bogotá donde están enterrados luminarias; la capilla fue construida en 1839 y el portal fue diseñado en 1910.

Calle 26 No. 16 – 71

Centro de Memoria Histórica

The keeper of Colombia's collective memory, this national public institution collects and presents documentary material about the violations of people during the country's internal conflicts through exhibits and educational outreach.

Este celador de la memoria colectiva de Colombia, una institución pública, reúne y presenta materiales

documentarios a través de exhibiciones y programación educativa.

Carrera 6 No. 35 – 29
Tel.: 796.5060
www.centrodememoriahistorica
.gov.co

Cinemateca Distrital Centro Cultural Jorge Eliécer Gaitán*

An archive of Colombian film.
Un archivo del cine colombiano.

Carrera 7 No. 22 – 79
Tel.: 284.5549 / 284.8076

Claustro San Agustín*

Built in the late eighteenth century, the Cloister was declared a national monument in 1975.
Construido a finales del siglo XVIII, el claustro fue declarado monumento nacional en 1975.

Carrera 8 No. 7 – 21
Tel.: 342.2340

Colección Carlos Ferryros Díaz

Here you will find two hundred pieces of archeological interest.
Aquí encontrará doscientas piezas de interés arqueológico.

Calle 70 A No. 11 – 48
Tel.: 212.3348

Donación Botero*

The antique building houses an extensive collection of Fernando Botero's sculptures and paintings, as well as master works by Colombian and international masters.
El antiguo edificio alberga una extensa colección de pinturas y esculturas de Fernando Botero y obras maestras de artistas colombianos y extranjeros.

Calle 11 No. 4 – 41
Tel.: 343.1212

El Museo de Artes Visuales de la Universidad Jorge Tadeo Lozano

A showcase of projects submitted by students, faculty, alumni, and institution staff, as well as exhibitions of prominent national and international artists.
Un escaparate de los proyectos presentados por estudiantes, profesores, ex alumnos y personal de la institución, así como exposiciones de destacados artistas nacionales e internacionales.

Carrera 4 No. 22 – 40
Tel.: 242.7030 ext. 3102

El Museo del Espacio

Explore the universe in different rooms, such as: Big Bang, the Hall of Galaxies and the Milky Way, the Hall of the Stars and Constellations, the Hall of the Solar System and Planets, and Living on Planet Earth.
Explore el universo en diferentes salas, tales como: Big Bang, el Salón de las Galaxias y la Vía Láctea, el Salón de las Estrellas y las Constelaciones, la Sala del Sistema Solar y de los Planetas y Vida en el Planeta Tierra.

Planetarium
Calle 8 No. 8 – 52
2nd Floor/Piso 2
Tel.: 379.5750

El Museo Literario Yerbabuena*

Manuscripts, paintings, engravings, and personal belongings of notable figures from nineteenth-century Colombia.
Manuscritos, pinturas, grabados y objetos personales de figuras notables de la Colombia del siglo XIX.

Km 24 Autopista Central del Norte
Tel.: 865.0374 / 865.0378

www.caroycuervo.gov.co/caroycuervo/index.html

Exposición de Hospital San Juan de Dios*

Founded in 1723, this architecturally interesting public health center has also served as a research center. The hospital was also the first plastic surgery center in Bogota, housed the Institute of Immunology, and is where the first malaria vaccine was developed.
Fundado en 1723, este interesante centro de salud pública también ha servido como centro de investigación. El hospital fue también el primer centro de cirugía plástica en la ciudad de Bogotá, sede del Instituto de Inmunología, y es donde se desarrolló la primera vacuna contra la malaria.

Avenida Calle 1 and/y Avenida 10

Exposicón El Hombre

Over two hundred natural sciences, biology, and anatomy pieces, including a display of human dissections.
Más de doscientas piezas de ciencias naturales, biología y anatomía,

incluyendo una exhibición de disecciones humanas.

Calle 23 A No. 18 – 90
Tel.: 341.2128

Fotomuseo – Museo Nacional de la Fotagrafía

This museum organizes exhibits in various spaces throughout Bogota.
Este museo organiza exposiciones en varios espacios alrededor de Bogotá.

Avenida Calle 19 No. 3 – 50 Tower A, Office 602
Tel.: 282.7615
www.fotomuseo.org

Fundación Enrique Grau Museo y Centro Cultural Casa Grau

Works by Colombian master painter Enrique Grau and other artists are exhibited in this beautifully restored house.
En esta casa hermosamente restaurada se exhiben obras del maestro pintor colombiano Enrique Grau y otros artistas.

Calle 94 No. 7 – 48
Tel.: 236.4669

www.fundacionenriquegrau.com
www.casagrau.co

Fundación Museo de los Años 40*

A look at the process of migration from the countryside to the city with a focus on the role of women between the 1860s and 1970.
Una mirada al proceso de migración del campo a la ciudad con un enfoque en el papel de la mujer entre 1860 y 1970.

Carrera 24 B No. 20 – 58 Sur
Tel.: 366.1085

Iglesia Museo Santa Clara*

Paintings, sculptures, altarpieces, and murals from the seventeenth and eighteenth centuries. Interior details of the temple include the dome painted in tempera on wood, the great mural arc, and the walls covered with wood veneer and gilded carvings.
Pinturas, esculturas, retablos y murales de los siglos xvii y xviii. Los detalles interiores del templo incluyen la cúpula pintada con témpera sobre madera, el gran arco mural y

las paredes revestidas en madera y con talla enchapada en oro.

Carrera 8 No. 8 – 91
Tel.: 341.6017

Iglesia San Antonio de Padua*

Spanish Colonial religious art.
Arte colonial religioso español.

Avenida Caracas No. 4 – 91

Instituto Geofísico Universidad Javeriana

Over 1,300 natural science, geology, and mineralogy objects.
Más de mil trescientos objetos de ciencias naturales, geología y mineralogía.

Carrera 7 No. 40 – 62
6th Floor/Piso 6
Tel.: 320.8320

La Puerta Real

A replica of the typical living quarters of a Cachaco, or Gentlemen, from 1940s Bogota.
Una réplica de las viviendas típicas de un Cachaco, o caballero, de la Bogotá de la década de 1940.

Calle 10 No. 2 – 82
Tel.: 283.0563

Maloka Centro Interactivo de Ciencia y Tecnologia*

A space for the entire family to explore the universe and technology with permanent and special interactive exhibits.
Un espacio donde toda la familia puede explorar el universo y la tecnología con exposiciones interactivas permanentes y especiales.

Carrera 68D No. 40A – 51
Tel.: 427.2707 ext. 1305
www.maloka.org

Museo Aeroespacial

Visitors can explore the history of the Colombian Air Force (one of the oldest in the world) with exhibits of aircraft, Colombia's first presidential jet, and related memorabilia.
Los visitantes pueden explorar la historia de la *Fuerza Aérea Colombiana* (una de las más antiguas del mundo) con la exposición de aviones, el primer jet presidencial de Colombia y recuerdos de interés.

Avenida Calle 26 No. 120 – 00

Base Aérea Brigadier General (H)
Camilo Daza Álva
Tel.: 439.7800

Museo Ambiental
One of the most unique and perhaps
exotic spaces in Latin America. The
owner/curator has been collecting
street trash for decades with the
mission of creating awareness about
the environmental damage caused
by humankind.

Uno de los más singulares y tal vez
exóticos espacios en Latinoamérica.
El propietario/curador ha reco-
lectado basura de la calle durante
décadas con la misión de crear conciencia sobre los daños ambientales
causados por la humanidad.

Calle 39 No. 26 A – 07
Tel.: 320.2839

**Museo Arqueológico Casa del
Marques de San Jorge**
Collection of archaeological material, with pre-Columbian ceramics
of different pre-Hispanic cultures
of Colombia such as Antioquia,
Calima, Muisca, and Guane. Also
on display is a collection of colonial
and religious art.

Colección de material arqueológico,
con cerámicas precolombinas de
diferentes culturas prehispánicas de
Colombia como las de Antioquia,
Calima, Muisca y Guane. También
hay una colección de arte religioso
y colonial.

Carrera 6 No. 7 – 43
Tel.: 243.1048
www.museoarqueologico.com

Museo Art Deco
An extensive collection of sculptures, paintings, household items,
and utensils from the Art Deco
period in Colombia, Europe, and the
United States.

Una extensa colección de esculturas,
pinturas, artículos para el hogar
y utensilios del período Art Déco
en Colombia, Europa y Estados
Unidos.

Calle 21 No. 5 – 59
Tel.: 341.1855

Museo Bernardo Samper Sordo
Collection of pieces illustrating the
development of public health in
Colombia.

Colección de piezas que ilustran el
desarrollo de la salud pública en
Colombia.

Instituto Nacional de Salud
Avenida Calle 26 No. 51 –
30 Block 1
First Floor
Tel.: 220.7700

Museo Casa Marqués de San Jorge
The main hall exhibits a collection
of colonial artifacts, carvings, paintings, and imagery. Pre-Columbian
ceramics, pottery, and jewelry are
displayed in other rooms. The museum also showcases original murals
from the seventeenth and eighteenth
centuries.

La sala principal exhibe una colección de artefactos coloniales, tallas,
pinturas e imágenes. La joyería, al-
farería y cerámica precolombinas se
muestran en otras salas. El museo
también exhibe murales originales
de los siglos XVII y XVIII.

Carrera 6 No. 7 – 43
Tel.: 282.0940

**Museo de Anatomía de la
Universidad El Bosque**
Used primarily by university students, the museum concentrates on
dissection technology and demonstrations.

Utilizado principalmente por estudiantes universitarios, el museo se
centra en tecnología de disección y
demostraciones.

Carrera 7 B Bis No. 132 – 11 Building B
Tel.: 648.9000

**Museo de Arquitectura Leopoldo
Rother**
Housed inside one of the architectural masterpieces of Colombia,
designed by Leopold Rother in 1948,
exhibitions from its eight permanent
collections related to the history of
Colombian architecture are presented.
Special exhibits and conferences are
also scheduled throughout the year.

Ubicado dentro de una de las obras
maestras de la arquitectura de
Colombia, diseñado por Leopoldo
Rother en 1948, se presentan exposiciones de sus ocho colecciones
permanentes relacionadas con la
historia de la arquitectura de Co-

Negret sculpture / Escultura de Negret

lombia. También hay exposiciones especiales y conferencias programadas a lo largo del año.

Universidad Nacional
Entrance is located at Avenida El Dorado
Carrera 30 No. 45 – 03
Tel.: 316.5000 ext. 12601

Museo de Arte Colonial*
This building was constructed in the early seventeenth century and is one of the oldest buildings in Bogota. The colonial art exhibition includes paintings, sculptures, wood carvings, furnishings, silverware, and religious works.

Este edificio fue construido a principios del siglo XVII, y es uno de los edificios más antiguos de Bogotá. La exposición de arte colonial incluye pinturas, esculturas, tallas en madera, muebles, platería y obras religiosas.

Carrera 6 No. 9 – 77
Tel.: 341.6017

Museo de Arte Contemporáneo – MAC*
Temporary exhibitions of contemporary Colombian and foreign artists, beginning from the 1960s.

Exposiciones temporales de artistas contemporáneos colombianos y extranjeros desde la década de 1960.

Carrera 74 No. 82A – 81
Tel.: 252.5890 ext. 6545

Museo de Arte del Banco de la República*
Organized chronologically in fourteen rooms, visitors see work from the eighteenth century to the present. Colombian masters are the focus, with pieces by other Latin American and European artists.

Organizado cronológicamente en catorce salas, los visitantes ven trabajos del siglo XVIII hasta el presente. Los maestros colombianos son el centro de atención, con piezas de otros artistas de Latinoamérica y Europa.

Calle 11 No. 4 – 21
Tel.: 343.1212 / 15 ext. 4113

Museo de Arte Erótico Americano
A virtual exhibition space of erotic art from the Americas.

Un espacio virtual de exposición de arte erótico de las Américas.

www.museoarteeroticoamericano
.org

Museo de Arte Moderno – MAMBO*
Modern art exhibits (permanent and temporary), library, film series, workshops, conference center, and cultural programming.

Exposiciones de arte moderno (permanentes y temporales), biblioteca, ciclo de cine, talleres, centro de conferencias y programación cultural.

Calle 24 No. 6 – 00
Tel.: 286.0466
www.mambogota.com

Museo de Artes Gráficas de la Imprenta Nacional

The collection includes manuscripts, metal and wood types, wood engravings, lithographic stones, and presses from the seventeenth to the twentieth centuries. Also on exhibit is a replica of the press used by Antonio Nariño to print *The Rights of Man* in 1793, a mural painted by Luis Alberto Acuña illustrating the history of printing, and many historical pieces.

La colección incluye manuscritos, tipos de madera y metal, grabados en madera, piedras litográficas, y prensas del siglo XVII hasta el siglo XX. Además, en la exposición hay una réplica de la prensa utilizada por Antonio Nariño para imprimir *Los derechos del hombre* en el año 1793, un mural pintado por Luis Alberto Acuña que ilustra la historia de la imprenta y muchas piezas históricas.

Diagonal 22 B No. 67 – 70
Tel.: 457.8000

Museo de Arte – Universidad Nacional de Colombia

A collection of more than two thousand pieces of modern and contemporary drawings, sculptures, paintings, ceramics, and photos. The museum has also created a Sculpture Park on the university campus.

Una colección de más de dos mil piezas de modernos y contemporáneos dibujos, esculturas, pinturas, cerámicas y fotos. El museo también ha creado un Parque de Esculturas en el campus universitario.

Carrera 45 No. 26 – 85
Edificio Uriel Gutiérrez
Tel.: 316.5000

Museo de Arte y Cultura Colsubsidio*

This free museum's mission is to bring the world's masterpieces to a public that might not otherwise have an opportunity to view such art.

La misión de este museo gratuito es traer obras maestras del mundo a un público que de lo contrario no tendría la oportunidad de ver tal arte.

Calle 36 No. 5A –19
Tel.: 340.0770
www.colsubsidio.com/porta_serv/cultura/museos.html

Museo de Bogotá

Through exhibitions and educational programming at three locations, the museum interprets and reflects the relationship of city inhabitants with physical and social environments.

A través de exposiciones y programas educativos en tres locaciones, el museo interpreta y explica la relación de habitantes de ciudades con ambientes físicos y sociales.

Centro Cultural Planetario
Calle 26 No. 6 – 07
Tel.: 281.4150
www.museodebogota.gov.co

Museo de Bogotá – Escenario del Instituto Distrital de Patrimonio Cultural*

Sede Principal Casa Sámano
Carrera 4 No. 10 – 18
Tel.: 352.1865

Museo de Bogotá – Salas ubicadas en el Archivo de Bogotá

The keeper of Bogota's historic records, documents, and photos.

El custodio de los registros históricos, documentos y fotos de Bogotá.

Calle 5 No. 5 – 75
Tel.: 281.4150

Museo de Ciencias Naturales – Universidad El Bosque

Flora and fauna from different zones of the country are on display.

Se exhiben flora y fauna de diferentes zonas del país.

Carrera 7 B Bis No. 132 – 11
Tel.: 648.9000

Museo de Criminalística y Ciencias Forenses (MCF)

A patrimonial institution attached to the Universidad Nacional's Law, Political, and Social Sciences Schools, this museum is dedicated to promoting the legacy of professor José María Garavito Baraya and the scientific heritage of forensic sciences in Colombia.

Una institución patrimonial adherida a las escuelas de Derecho,

Ciencias Políticas y Sociales de la Universidad Nacional, este museo está dedicado a promover el legado del profesor José María Garavito Baraya y la herencia científica de las ciencias forenses en Colombia.

Carrera 8 No. 7 – 21
Tel.: 342.2340

Museo de Geografía y Cartografia
Exhibit of mapping equipment, paintings, and watercolors.
Exposición de equipos de cartografía, pinturas y acuarelas.

Carrera 30 No. 48 – 51
Tel.: 369.4000

Museo de Historia de la Medicina
A testimony to the contributions of the School of Medicine to the evolution of medical practices in the country, this museum also stands out for its collection of unique dermatological plastic replicas. For access, contact: mehernandeza@unal.edu.co.
Un testimonio de la contribución de la Escuela de Medicina a la evolución de las prácticas médicas en el país, este museo también se destaca por su singular colección de réplicas plásticas dermatológicas. Para acceso, por favor contacte: mehernandeza@unal.edu.co.

Universidad Nacional de Colombia
Facultad de Medicina
Avenida Carrera 30 No. 45
Tel.: 316.5000

Museo de la Independencia – Casa del Florero*
This is the setting where the breakage of a flower pot set off the battle for independence from Spain. Visitors can view the most comprehensive collection of objects and documents related to the battle for Independence.
Este es el escenario en el que la rotura de un florero hizo estallar la batalla por la independencia de España. Los visitantes pueden ver la colección más amplia de objetos y documentos relacionados con la batalla por la independencia.

Calle 11 No. 6 – 94
Tel.: 334.4150
www.quintadebolivar.gov.co

Museo de la Salle*
Scientific and educational exploration of Colombia's natural resources.
Exploración científica y educativa de los recursos naturales de Colombia.

Universidad de la Salle
Carrera 2 No. 10 – 70
www.museo.lasalle.edu.co

Museo del Chicó y Parque Infantil Mercedes Sierra de Pérez*
This eighteenth-century house located in Chicó, an upscale neighborhood in Bogota, is a showcase of that period's fine art and antiques.
La casa del siglo XVIII situada en el Chicó, un exclusivo barrio en Bogotá, es un escaparate de bellas artes y antigüedades de ese período.

Carrera 7 No. 93 – 01
Tel.: 623.1066
www.museodelchico.com

Museo del Cobre
Exhibit of more than 1,500 pieces of copper, in addition to pieces of art and archeology.
Exposición de más de mil quinientas piezas de cobre además de obras de arte y arqueología.

Carrera 6 No. 14 – 38
Tel.: 243.6109

Museo del Cuero
Focusing on leather craft, six rooms are divided by subject: the hides before industrialization, the tools used in the early twentieth century, leather, footwear, and didactic.
Artesanías en cuero, seis salas divididas por tema: las pieles antes de la industrialización, las herramientas que se utilizan a comienzos del siglo XX, el cuero, el calzado y didáctico.

Carrera 24 B No. 20 – 58
Tel.: 366.1085

Museo del Mar
An exhibit of sea creature models, skeletons, and fossils.
Una exhibición de modelos de criaturas marinas, esqueletos y fósiles.

Carrera 4 No. 22 – 61
Tel.: 242.7030 ext. 3140

www.utadeo.edu.co/dependencias
/museo

Museo del Oro*

View treasures from the pre-Columbian period that gave rise to the Legend of El Dorado and the largest collection of gold items in the world.

Vea tesoros de la época precolombina que dio origen a la leyenda de El Dorado y la mayor colección de artículos de oro en el mundo.

Calle 16 No. 5 – 41
Tel.: 343.2222
www.banrep.gov.co/museo/esp
/home.htm

Museo de los Niños*

All visits are guided and typically last three hours. One area has been designed especially for children under six years old. The other four areas are suitable for children of all ages. The CLUBHOUSE program is for children between ten and eighteen years old. Computer Clubhouse was founded under the auspices of the Media Lab at the University of MIT and the Boston Museum of Science, and has been funded by Intel to promote artistic creativity using computer-based tools.

Todas las visitas son dirigidas y, en general, duran tres horas. Hay un área que se ha diseñado especialmente para niños menores de seis años. Las otras cuatro áreas son convenientes para niños de todos las edades. El programa CLUBHOUSE es para niños de entre diez y dieciocho años. El Clubhouse de la Computadora se fundó bajo los auspicios del Laboratorio de Medios de la universidad MIT y el Museo de Boston de la Ciencia y ha sido financiado por Intel para promover la creatividad artística usando instrumentos asistidos por computadora.

Carrera 48 No. 63 – 97
www.museodelosninos.zzn.com

Museo del Siglo XIX

History, art, household decoration, period furniture and clothing, an archive of customs and literature, and a re-creation of a period pharmacy.

Historia, arte, decoración del hogar, muebles y ropa de la época, un archivo de costumbres y literatura y una recreación de una farmacia de la época.

Carrera 8 No. 7 – 93
Tel.: 282.1439

Museo del Tequila

A sensory experience for aficionados with more than one hundred of the finest tequilas available for tastings.

Una experiencia sensorial para los aficionados, con más de un centenar de los mejores tequilas disponibles para catas.

Carrera 13 A No. 86 A – 18
Tel.: 256.6614

Museo de Lucha Libre

An homage to the famed Mexican style of wrestling and its extravagant costumes.

Un homenaje al famoso estilo de lucha y sus extravagantes trajes.

CC San Martín
Carrera Séptima No. 32 – 16

Museo de Muebles y Trajes

A small museum of the history of Colombian furniture and costume.

Un pequeño museo de la historia del mobiliario y vestuario colombianos.

Calle 61 A No. 14 – 58
Tel.: 249.6283

Museo de Trajes Regionales

Traditional Colombian costumes.

Trajes tradicionales colombianos.

Calle 10 No. 6 – 20
Tel.: 282.6531

Museo Entomológico UNAB

A permanent development project of the Insect Systematics Agronomy (SIA) Research Group of the School of Agriculture at the Universidad Nacional. This group has two lines of research: the project "Development UNAB Entomological Museum" and the "Taxonomy of Insects of Agricultural Importance." Call ahead to schedule a visit.

Un proyecto de desarrollo permanente de la Sistemática de Insectos Agronomía (SIA) Grupo de Investigación de la Escuela de Agricultura de la Universidad Nacional. Este grupo tiene dos líneas de investigación: el proyecto "Desarrollo UNAB Museo Entomológico" y la "Taxonomía de Insectos de Importancia

Agrícola". Llamar con antelación para programar una visita.

Carrera 8 No. 7 – 21
Tel.: 342.1803

Museo Etnográfico – Instituto Caro y Cuervo
Objects used in everyday country life.
Objetos utilizados en la vida cotidiana del país.

Km 24 Autopista Central de Norte
Tel.: 865.0374

Museo Francisco de Paula Santander
The hacienda of one of the great leaders of Colombian Independence. On display are furnishings, clothing, personal objects, and documents.
La hacienda de uno de los grandes líderes de la independencia colombiana. Exponen muebles, ropa, objetos personales y documentos.

Carrera 7 No. 150-01
Tel.: 614.1555

Museo Geológico Nacional José Royo y Gómez
Natural science, geology, mineralogy, rocks, paleontology, and fossils of all ages from Colombian petrology and paleontology.
Ciencias naturales, geología, mineralogía, rocas, paleontología y fósiles de todas las edades de petrología y paleontología colombiana.

Diagonal 53 No. 34 – 53
Tel.: 220.0180

Museo Gemológico
An exploration of the natural sciences, mineralogy, gemology, science, and technology.
Una exploración de las ciencias naturales, mineralogía, gemología, ciencia y tecnología.

Calle 161 A No. 18 A, 3rd Floor
Tel.: 671.0069

Museo Histórico de la Policía Nacional*
This museum houses the history of the National Police, its historical development, uniforms, and more than four hundred weapons.
Este museo aloja la historia de la policía nacional, su desarrollo histórico, uniformes y más de cuatrocientas armas.

Calle 9 No. 9 – 27
Tel.: 233.5911

Museo Internacional de la Esmeralda*
Learn about the mining process and enjoy the splendor of Colombian emeralds in a beautifully designed exhibit space.
Aprenda sobre el proceso de explotación minera y disfrute del esplendor de las esmeraldas colombianas en un espacio de exposición bellamente diseñado.

Calle 16 No. 6 – 66
Avianca Building; 23rd Floor
Tel.: 286.4268

www.museodelaesmeralda.com.co

Museo Javeriano de Historia Natural Lorenzo Uribe
An exhibit and archive of Colombian flora and fauna.
Una exposición y archivo de fauna y flora colombiana.

Carrera 7 No. 43 – 82
Tel.: 320.8320

Museo Militar de Colombia*
The interior of this house that belonged to the family of one of the heroes of Colombian independence, captain Antonio Ricaurte, was built in the late eighteenth century. On display are weapons, uniforms, models, and various elements that frame the historical and technical evolution of the National Army, the Navy, and the Air Force.
El interior de esta casa que perteneció a la familia de uno de los héroes de la independencia de Colombia, el capitán Antonio Ricaurte, fue construido a finales del siglo xviii. Se exhiben armas, uniformes, modelos y diversos elementos que enmarcan la evolución histórica y técnica del Ejército Nacional, la Armada y la Fuerza Aérea.

Calle 10 No. 4 – 92
Tel.: 281.2548

Museo Nacional de Colombia*
A treasure trove of Colombian art spanning the centuries, including work from the Muisca and Tayrona cultures, religious-themed art, and an impressive array of paintings and sculptures from more contemporary artists.

Observatorio Nacional

Un tesoro de arte colombiano, que abarca los siglos, incluyendo el trabajo de las culturas Muisca y Tayrona, arte con temática religiosa y una impresionante variedad de pinturas y esculturas de artistas contemporáneos.

Carrera 7 No. 28 – 66
Tel.: 334.8366 ext. 208
www.museonacional.gov.co

Museo Nacional de Suelos
A study of soil samples from each region of Colombia. Call ahead to schedule a visit.
Un estudio de muestras de suelo de cada región de Colombia. Llame con antelación para programar una visita.

Carrera 30 No. 48 – 51
Tel.: 369.4000

Museo Organológico Musical (MOM)
It houses traditional Colombian instruments, a photo archive, field recordings, and scores of traditional music. For access, e-mail Leonor Rocha at: lrocham@unal.edu.co.
Alberga instrumentos tradicionales colombianos, un archivo de fotos, grabaciones de campo y partituras de música tradicional. Para visitarlo, comuníquese con Leonor Rocha al siguiente correo electrónico: lrocham@unal.edu.co.

Conservatorio de Música
Facultad de Artes
Universidad Nacional de Colombia
Avenida Carrera 30 No. 45
Tel.: 316.5000

Museo Sociedad de Cirugía de Bogotá – Hospital de San José*
A collection of medical instruments and equipment that charts the advances of medical techniques and innovation.
Una colección de instrumentos médicos y equipos que traza los avances de las técnicas e innovación médicas.

Calle 10 No. 18 – 75

Museo Taurino
Objects related to bullfighting, such as costumes, capes, hats, flags, relics, sculptures, and a library.
Objetos relacionados a la tauromaquia, como trajes, capas, sombreros, monteras, banderillas, reliquias, esculturas y una biblioteca.

Carrera 6 No. 26 – 50, Door 4,
Plaza de Toros de Santamaría
Tel.: 334.1628 ext. 18

Museo Taurino
A private collection of bullfighting photos, objects, and memorabilia.
Una colección privada de fotografías de corridas de toros, objetos y recuerdos.

Carrera 16 No. 35 – 63
Tel.: 232.9611

Museo Temático del Deporte
Take a trip through Bogota's sports history at the top floor of the stadium.
Tome un viaje a través de la historia deportiva de Bogotá en el último piso del estadio.

Estadio de Techo
Transversal 71 D No. 2 A – 26
Tel.: 420.3544

Museo y Centro Cultural Casa Grau

A collection of work by Colombian master Enrique Grau, in addition to art from the pre-Columbian, colonial, and Republican periods. Personal furnishings are also on display.

Una colección de obras del maestro colombiano Enrique Grau, además de arte de los períodos Prehispánico, Colonial y Republicano. El mobiliario personal también está en exhibición.

Calle 94 No. 7 – 48
Tel.: 610.Spera7782
www.fundacionenriquegrau.com

Observatorio Nacional

The construction of the observatory was initiated by José Celestino Mutis, director of the Royal Botanical Expedition, and was concluded on August 20, 1803. The National Observatory is a treasured Colombian cultural asset that houses one of the most important museum collections of the National University of Colombia and of the country. For access information, e-mail: obsan_fcbog@unal.edu.co. On the grounds of the Presidential Palace—write or call ahead to schedule a tour.

La construcción del observatorio fue iniciada por José Celestino Mutis, director de la Real Expedición Botánica, y concluyó el 20 de agosto de 1803. El Observatorio Nacional es un valioso activo cultural colombiano que alberga una de las más importantes colecciones del museo de la Universidad Nacional de Colombia y el país.

Para acceso a información, escriba al siguiente correo electrónico: obsan_fcbog@unal.edu.co. En los terrenos del palacio presidencial —escribir o llamar con anticipación para programar un tour.

Tel.: 316.5222

Planetario de Bogotá

Planetario de Bogotá*

Reopened in 2013 after an extensive renovation, the planetarium aims to strengthen the processes of knowledge, education, and enjoyment, in particular, of astronomy, astronautics, space sciences, and related sciences.

El planetario, que reabrió sus puertas en 2013 después de una extensa renovación, tiene como objetivo fortalecer los procesos de conocimiento, educación y disfrute, en particular, de astronomía, astronáutica, ciencias espaciales y ciencias afines.

Carrera 6 No. 26 – 07
Tel.: 334.4546
www.planetariodebogota.gov.co

Sala Museo Literario Archivo Histórico*

Objects from the lives of Colombia's most important nineteenth-century poets, writers, and intellectuals.

Objetos de las vidas de los poetas, escritores e intelectuales colombianos más importantes del siglo XIX.

Calle 10 No. 4 – 69
Tel.: 341.7104
www.caroycuervo.gov.co/caroycuer
vo/index.html

Taller de Encuadernación Ricardo Corazón de Papel

An intimate museum of antique printing presses and related materials inside a custom bookbinding workshop.

Un íntimo museo de antiguas prensas de impresión y materiales relacionados dentro de un taller de encuadernación.

Calle 20 No. 3 – 29
www.ricardocorazondepapel.com

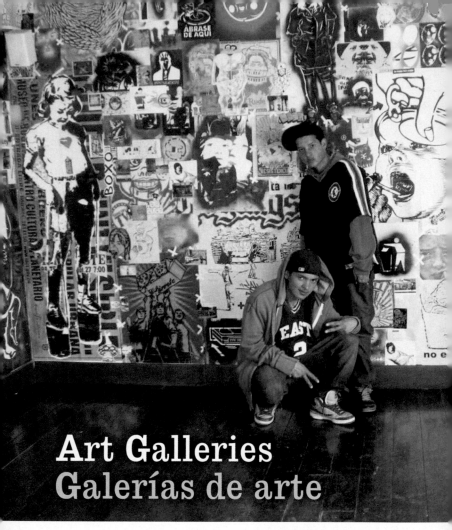

Art Galleries
Galerías de arte

Boyz at museum / Boyz en el museo

"Bogota is one of the world Meccas in terms of its street art and graffiti scene today. It's still underground due to the fact many people in the world have yet to discover it. This will change quickly as the word spreads about this hugely creative and dynamic urban arts scene, which is a diverse, evolving, culturally rich aspect of this amazing city. It's truly like walking through an open-air art gallery."

—Christian Peterson,
Australian expat and founder
of Bogota Graffiti Tours

Artist / Artista Camilo Villegas

"Bogotá es hoy una de las mecas del mundo en términos de su arte de la calle y escena de grafiti. Aún es clandestino debido a que muchas personas en el mundo todavía tienen que descubrirlo. Esto va a cambiar rápidamente al correrse el rumor sobre este arte urbano de gran creatividad y dinamismo, un aspecto diverso, en evolución y de gran riqueza cultural de esta increíble ciudad. La verdad, es como caminar a través de una galería de arte al aire libre".

—Christian Peterson, expatriado australiano y fundador de Bogotá Graffiti Tours

ALcorrienteARTE
Calle 70 A No. 12 – 38
Tel.: 320.274.7847
www.alcorrientearte.com

Alonso Arte Galería
Calle 85 No. 11 – 53
Interior 2
Tel.: 618.0072
www.facebook.com/alonso.galeria

Alonso Garces
Carrera 5 A No. 26 – 92
www.alonsogarcesgaleria.com

ArtNexus
Carrera 8 No. 20 – 17
Tel.: 341.1855

Atena, Estudio de Arte
Calle 123 No. 7 – 19
Tel.: 213.5504
http://atenaestudioarte.com

atGallery.Bogota
Carrera 5 A No. 46 – 87
Tel.: 232.5610
http://atgallerybogota.com

Beatriz Esguerra Art
Carrera 16 No. 86 A – 31
Tel.: 530.0339
www.beatrizesguerra-art.com

Biblioteca Luis Angel Arango
Calle 11 No. 4 – 14
Tel.: 343.1212
www.lablaa.org

Biblioteca Nacional de Colombia
Calle 24 No. 5 – 60
Tel.: 341.3061
www.bibliotecanacional.gov.co

Bogota Graffiti Tours
A tour of Bogota's amazing street art scene.
Un tour de la escena artística y callejera de Bogotá.
Tel.: 321.297.4075
http://bogotagraffiti.com

Carlos Santacruz
Carrera 19 C No. 88 – 12
Tel.: 218.1014
www.artesantacruz.com

Casa Ensamble
Carrera 24 No. 41 – 69
Tel.: 368.9268
www.casaensamble.com

Casa Labloom
Calle 70 No. 12 – 19
Tel.: 702.9625
http://labloom.com.co

Casa Sin Fin
Calle 99 No. 11 B – 20
Tel.: 610.5010
www.casasinfin.com.co

Casa Tinta
Transversal 26 B No. 41 – 40
Tel.: 750.1924
http://casatintabogota.blogspot.com

Centro Colombo Americano
Avenida Calle 19 No. 2 – 49
Tel.: 334.7640

Centro Cultural Gabriel García Márquez
Calle 11 No. 5 – 60
Tel.: 283.2200

Centro Cultural Reyes Católicos
Calle 129 No. 12 A – 84
Tel.: 274.7012

Cero Galería
Calle 80 No. 12 – 55
Tel.: 217.7698
http://cerogaleria.blogspot.com

Colección Domínguez Zamorano
Casa Vostra
Calle 74 No. 11 – 61
Tel.: 212.4225
http://colecciondominguezzamorano.com

Cu4rto Nivel Arte Contemporáneo
Calle 93 B No. 11 A – 84

Store/Local 401
Tel.: 635.5153

Deimos Arte Galería
Carrera 12 No. 70 – 49
Tel.: 217.8833
http://deimosarte.com

delinfinitoarte bogota
Calle 77 No. 12 – 03
Tel.: 215.5902
www.facebook.com/delinfinitoar
tebogota

Espacio Alterno Uniandinos
Calle 92 No. 16 – 11
Tel.: 616.1284

Espacio Van Staseghem
Carrera 7 Bis No. 124 – 64
Tel.: 215.3657
www.facebook.com/espaciovan
staseghem.vanstaseghem

Flamingo Road Gallery
Calle 24 No. 5 – 75
Penthouse
Tel.: 286.0435
www.flamingoroadgallery.com

**Fundación Enrique Grau
Museo y Centro Cultural Casa
Grau**
Calle 94 No. 7 – 48
Tel.: 236.4669
www.fundacionenriquegrau.com
www.casagrau.co

**Fundación Gilberto Alzate
Avendaño**
Calle 10 No. 3 – 16
Tel.: 282.9491
www.fgaa.gov.co

Fundación Teatro Odeón
Carrera 5 No. 12 C – 85
Tel.: 743.7064
www.espaciooodeon.com

Galería Baobab
Calle 79 B No. 8 – 21
Tel.: 322.0913
www.galeriabaobab.com

Galería Casa Cuadrada
Calle 69 No. 4 – 64
Tel.: 545.4270
www.casacuadrada.com

Galería Casas Riegner
Calle 70 A No. 7 – 41
Tel.: 313.2508
www.casasriegner.com

**Galería Christopher Paschall
Siglo XXI**
Carrera 11 No. 93 A – 20
Tel.: 282.4375

Galería de Arte Montealegre
Carrera 17 A No. 100 – 15
Tel.: 691.7007
www.montealegregaleriadearte
.com.co

**Galería de Arte Universidad de
los Andes**
Edificio Pablo VI
Carrera 7 No. 40 – 62
2nd Floor/Piso 2
Tel.: 320.8320
http://arte.uniandes.edu.co

Galería Diners
Calle 70 A No. 7 – 41
Tel.: 235.3310

Galería Dos Casas
Calle 26 A No. 4 – 23
Tel.: 805.7347
www.galeriadoscasas.com

Galería El Cesar
Avenida 82 No. 11 – 50
Interior 2
Tel.: 622.1403

Galería el Garaje
Carrera 8 No. 91 – 08
Tel.: 610.0105
www.facebook.com/galeriaelgaraje

Galería el Gato
Carrera 50 No. 126 – 37
Tel.: 805.1128

Galería El Museo
Carrera 11 No. 93 A – 43
Tel.: 610.7301
www.galeriaelmuseo.com

Galería Expreso del Arte
Calle 119 B No. 5 – 37
Tel.: 704.5008
www.expresodelarte.com

Galería Fernando Quintana
Carrera 9 No. 94 – 58
Tel.: 257.7189

Galería Galpón Ccu
Universidad de los Andes
Edificio Z
Tel.: 339.4949

Galería Gráfica
By appointment only /
Sólo con cita previa
Calle 29 No. 6 – 58
Tel.: 313.489.6565

Galería La Escalera
Carrera 19 C No. 86 A – 59
Tel.: 530.3933
www.galerialaescalera.com

Galería (MÜ)
Carrera 4 A No. 26 – 29
Store/Local 202
Tel.: 282.0496
www.galeriamu.com

Galería Neebex
Carrera 3 No. 12 – 42
Tel.: 284.9490
www.neebex.com

Galería Nuevochenta
Calle 70 No. 9 – 80
Tel.: 346.6987
www.nueveochenta.com

Galería Santafe
Carrera 16 No. 39 – 82
Tel.: 379.5750
www.galeriasantafe.gov.co

Galería Sextante
Carrera 14 No. 75 – 29
Tel.: 249.4755
www.artedos.com

Imaginart* Latinoamérica
Carrera 9 B No. 113 – 52
Tel.: 647.1641
www.imaginart-gallery.com

Industria Urbana Galería
Carrera 13 A No. 77 A – 38
Tel.: 316.376.8777

Juan Salas Galería
Carrera 5 No. 26 A – 50

La Central
Carrera 12 No. 77 A – 72
Tel.: 757.4410
www.lacentral.com.co

La Cometa
Carrera 10 No. 94 A – 25
Tel.: 601.9494
www.galerialacometa.com

La Galería
Calle 77 No. 12 – 03
Tel.: 600.9795
www.la-galeria.com.co

La Junta
Calle 85 A Bis No. 28 C – 53
Tel.: 623.5579

La Localidad
Calle 118 No. 5 – 33
Tel.: 620 6246
www.lalocalidad.com

La Pared Galería
Carrera 13 No. 93 – 40
Tel.: 218.5382
www.laparedgaleria.com

La Residencia
Carrera 17 No. 39 – 42
Tel.: 287.4245

LGM Arte Internacional de Bogotá
Carrera 13 No. 82 – 91, Local 101
Tel.: 530.4350
www.lgmarteinternacional.com

+mas arte contemporáneo
Calle 62 No. 3 – 09
Tel.: 313.312.2556
www.masartecontemporaneo.com

Museo de Arte de la Universidad Nacional de Colombia
Carrera 30 No. 45 – 03
Tel.: 316.5000
www.museodearte.unal.edu.co

NC-arte
Carrera 5 No. 26 B – 76
Tel.: 282.1474
www.ncearte.org

Plataforma Bogotá
Calle 10 No. 4 – 28
http://plataformabogota.org

Rojo Galería
Carrera 12 A No. 78 – 70
Tel.: 255.8440
http://rojogaleria.net

Quinta Galería
Calle 70 A No. 5 – 67
Tel.: 312.7368
www.quintagaleria.com

Sala de Arte de la Fundación Cardioinfantil
Calle 163 A No. 13 B – 60
Tel.: 601.9494

The Warehouse Art
Calle 74 No. 5 – 50
Tel.: 345.4727
www.thewarehouseart.com

Universidad Jorge Tadeo Lozano
Carrera 4 No. 22 – 61
Tel.: 242.7030

Valenzuela Klenner
Carrera 5 No. 26 – 28
Tel.: 243.7752
http://vkgaleria.com

Zona Cinco Fotográfico
Calle 39 A No. 21 – 58
Tel.: 323.3864
www.zona-cinco.com

Music Capital
Capital de música

Musicians performing in the mall / Músicos tocando en el centro comercial

"[Bogota] has more music per capita than any other place on earth, and the level and creativity of the musicians here is nothing short of astounding. I see the future of Western music as being centered here."

—Rubio Sol Oscuro, U.S. and Canadian expat, professor, and musician

It is no secret that Colombia is filled with exceptional musical talent and large eager audiences, so it should come as no surprise to discover that the Colombian capital has consequently become a music Mecca.

While international Colombian music legends such as Shakira, Juanes, ChocQuibTown, Carlos Vives, Cabas, and many others demonstrate the reach of Colombian artists today, few outside of Colombia are aware of the rich musical history that Colombia has enjoyed throughout the centuries, if not millennia.

Bogota has been the piquant epicenter for Colombian music for a very long time, and given its extraordinary history of musical talent and diversity of styles, in 2012, it was permanently designated by UNESCO as a Creative City of Music!

In assessing Bogota's candidature, UNESCO considered the city's vast history of fostering all music genres, including opera, salsa, folk, rock, tango, zarzuelas, pop, and hip-hop; the number of music festivals such as Rock al Parque (the biggest free outdoor rock concert in Latin America), the Festival Internacional de Música de Bogotá (classical), Festival Centro, Festival América Cantat (choral), Festival de Música Sacra de Bogotá, (sacred music), Festival de Vallenato, the International Jazz Festival of Bogota, and Opera al Parque; and the significant number of music schools, orchestras,

"[Bogotá] tiene más música per cápita que cualquier otro lugar de la Tierra, y la creatividad y el nivel de los músicos aquí es nada menos que asombroso. Yo veo el futuro de la música occidental centrado aquí".

— Rubio Sol Oscuro, expatriado de Estados Unidos y Canadá, profesor y músico

No es ningún secreto que Colombia está llena de talento musical excepcional y gran público interesado; por lo tanto, no sorprende descubrir que, en consecuencia, la capital colombiana se ha convertido en una meca musical.

Mientras que las leyendas internacionales de la música colombiana como Shakira, Juanes, ChocQuibTown, Carlos Vives, Cabas y muchos otros, demuestran el alcance de artistas colombianos hoy en día, pocos fuera de Colombia son conscientes de la rica historia de la música que Colombia ha disfrutado a lo largo de los siglos, tal vez milenios.

Bogotá ha sido el picante epicentro de música colombiana por un tiempo muy largo y dada su extraordinaria historia de talento musical y la diversidad de estilos, en el año 2012 quedó definitivamente designada por la UNESCO ¡como una Creativa Ciudad de la Música!

A la hora de evaluar la candidatura de Bogotá, la UNESCO consideró la vasta historia que tiene la ciudad de fomentar todos los géneros musicales desde ópera, salsa, folk, *rock*, tango, zarzuelas, pop y *hip-hop*; el número de los festivales de música como Rock al Parque (el más grande concierto de *rock* al aire libre en Latinoamérica), el Festival Internacional de Música de Bogotá (clásico), el Festival Centro, el Festival América Cantat (de coros), el Festival de Música Sacra de Bogotá, el Festival de Vallenato, el Festival Internacional de Jazz de Bogotá y de la Ópera al Parque; y la gran cantidad de escuelas de música, orquestas y asociaciones que se pueden encontrar por toda la ciudad. (Ver la lista de festivales en la página 46).

CONSEJOS ESENCIALES: La musicóloga colombiana Beatriz Goubert está realizando un estudio sin precedentes sobre la música antigua de los indígenas Muiscas de Bogotá. Para obtener más información, ponerse en contacto con: www.bogotabrilliance.co.

Con gran música vienen grandes locales, y Bogotá cuenta con varias de las principales salas de conciertos, que se mencionan a continuación.

and associations that can be found throughout the city. (See the Festivals listing on page 46.)

ESSENTIAL TIPS: Colombian musicologist Beatriz Goubert is currently undertaking an unprecedented study of the ancient music of Bogota's indigenous Muiscas. For further information, contact www .bogotabrilliance.co.

With great music comes great venues, and Bogota boasts several major concert halls, as mentioned below.

El Teatro de Cristobal Colón – Opera House

Named after Christopher Columbus, El Teatro Cristobal Colón, better known as El Teatro Colón, is the oldest standing grand-opera house in the hemisphere, predating the Teatro Colón of Buenos Aires by thirteen years and older than the San Francisco Opera by nearly thirty years.

Designed by architect Pietro Cantini in a neoclassic style, this opera house was modeled after Paris's Opera Garnier and La Scala in Milan. Built in 1892, but officially inaugurated in 1895, Bogota's high society entered an Italian-style architectural masterpiece to attend a sterling production of Verdi's *Hernani*. The design was made more significant given the challenge that Cantini faced: scaling down a typical proscenium theater to fit the space. His achievement was astounding and El Teatro Colón stands today as not only an invaluable part of Colombian patrimony, but as an international architectural treasure as well.

Teatro Colón

Bogota also offers several other important venues for opera performances: notably one of the most modern state-of-the-art opera houses in the world, the Jose Mario Santo Domingo theater; the Teatro de Bellas Artes de Bogota; and the Teatro Jorge Eliecer Gaitan (See Theater Venues on page 218).

Today, the astonishing music scene in Bogota has blossomed to a point that few abroad could ever imagine. Given the cultural vitality of Bogota, our readers should not be surprised to learn that Bogota now has one of the most vibrant and thriving music scenes in the world.

Opera in the park / Ópera en el parque

El Teatro de Cristóbal Colón – Ópera

Nombrado por Cristóbal Colón, El Teatro Cristóbal Colón, mejor conocido como el Teatro Colón, es la magnífica ópera permanente más antigua en el hemisferio, precediendo al Teatro Colón de Buenos Aires por trece años y anterior a la Ópera de San Francisco por casi treinta años.

Diseñado por el arquitecto Pietro Cantini en un estilo neoclásico, este teatro fue modelado emulando la Ópera Garnier de París y La Scala de Milán. Construido en 1892, pero oficialmente inaugurado en 1895, la alta sociedad bogotana entró a una obra maestra de arquitectura de estilo italiano para asistir a una excelente producción de *Ernani* de Verdi. El diseño ha cobrado más importancia dado el desafío que enfrentó Cantini: reducir la escala de un típico teatro proscenio para que cupiera en el espacio disponible. Su logro fue sorprendente y El Teatro Colón se erige hoy no solo como una valiosa parte del patrimonio colombiano, sino como un tesoro arquitectónico internacional.

Bogotá también ofrece otros importantes escenarios para representaciones de ópera: una de las casas de ópera más modernas y de última generación en el mundo, el Teatro Mayor José Mario Santo Domingo; el Teatro de Bellas Artes de Bogotá; y el Teatro Jorge Eliécer Gaitán (ver teatros en la página 218).

Hoy en día, la impresionante escena musical en Bogotá ha florecido a un punto tal que pocos en el extranjero podrían imaginar. Habida cuenta de la vitalidad cultural de Bogotá, nuestros lectores no deben sorprenderse de que Bogotá tenga ahora una de las más vibrantes y prósperas escenas musicales en el mundo.

Classical Music and Opera
Música clásica y ópera

Opera Companies
Compañías de ópera

Mundo Lírico
www.comles.tv

Ópera de Colombia
www.operadecolombia.com/index
.htm

Opera Studio
www.operaestudio.org

Given the myriad of vocal and scenic talent returning to Colombia, a new opera company is being founded. For updates see:
Dada la miríada de talento vocal y escénico que vuelve a Colombia, se está fundando una nueva compañía de ópera. Para obtener información al día consultar:
www.bogotabrilliance.co.

Choral Groups / Coros
Below are some of Bogota's choral groups to be highlighted:
A continuación se muestran algunas de las agrupaciones corales de Bogotá a destacar:

Coro de La Universidad de los Andes

Coro Didascali
Chamber vocal group.
Grupo vocal de cámara.

Coros Agrupacion Choral Piccola Cappella

Schola Cantorum, Bogota's primary cathedral choir.
El principal coro de catedral de Bogotá.

Juventud Unida

Ricercare

Coro Gimnasio la Montaña

Coro Juvenil e Infantil la Escala

Coro de la Universidad del Rosario

Coro de Cámara and Youth Choir of the Pontifica Universidad Javeriana

Coro Integración – Universidad Nacional

Coro Femenino Piccolo Capella

Música Ficta
www.musicafictaweb.com

Orchestras / Orquestas
Today, Bogota boasts several symphony orchestras, including:
Hoy, Bogotá cuenta con varias orquestas sinfónicas, incluyendo:

Orquesta Filarmónica de Bogotá
The first symphony orchestra to receive a Latin Grammy.
La primera orquesta sinfónica en recibir un Grammy Latino.
www.filarmonicabogota.gov.co

Orquesta Sinfónica Nacional de Colombia
www.sinfonica.com.co

Orquesta Sinfónica del Conservatorio de la Universidad Nacional de Bogotá:
www.divulgacion.unal.edu.co
/programa_orquestal_intl

Orquesta Sinfónica Universidad Javeriana: www.utadeo.edu.co/es
/evento/culturales/orquesta-sinfonica-universidad-javeriana

Orquesta del Teatro Cafam de Bellas Artes

Orquesta Sinfónica Metropolitana Batuta
Orquesta Sinfónica Juvenil Batuta
Bogota: All in all, more than forty orchestras have been set-up under this institution throughout Colombia.
En conjunto, más de cuarenta orquestas han sido organizadas bajo esta institución en toda Colombia.
www.fundacionbatuta.org

For additional information on choirs and orchestras in Bogota, please see:
Para más información sobre coros y orquestas en Bogotá, por favor vea:
www.corosyorquestas.org/site

Ópera

"La ópera en Colombia tiene una tradición antigua que comenzó como 'veladas' musicales después de la Batalla de Boyacá y siguió durante el siglo XIX con la visita de compañías de ópera europeas y en el siglo XX cuando las compañías de la ópera colombianas hicieron su aparición. Nuestro objetivo es producir la ópera en los estándares más altos que permitan a los artistas y público saborear el mejor repertorio universal".

—Sylvia Ospina Henao, directora del Teatro Colón

Remontándose hasta mediados del siglo XVIII, el teatro y las presentaciones de la ópera se realizaban en el Coliseo en Bogotá, una estructura central que fue sustituida por el Teatro Maldonado en 1871. El local del Maldonado fue una de las primeras verdaderas óperas en el Nuevo Mundo y fue en ese lugar donde se construyó la ópera de Bogotá, el Teatro Colón. Pero remontándonos hasta 1874, el compositor colombiano Ernesto Ponce de León compuso la primera ópera nacional, *Ester*. Una ópera muy exitosa durante su estreno en Bogotá, se ha introducido de nuevo recientemente en París y al público colombiano.

Grandes cantantes de ópera colombianos como la sensación del canto del cine de MGM Carlos Julio Ramírez, el mundialmente aclamado barítono Gonzalo Alora y el tenor Valeriano Lanchas, han estado encantando auditorios internacionales durante décadas.

Música clásica

La larga historia de la música de Bogotá se remonta al siglo XVI, un tiempo que atestiguó la vitalidad de los cantos gregorianos dar paso a compositores de la música clásica mundialmente conocidos, de música sacra y villancicos españoles, así como otros estilos progresivos. Los músicos colombianos también han escalado muy alto alrededor del mundo. El maestro Rafael Puyana, un protegido de Wanda Landowska, se hizo conocido como el clavicordista más importante de la segunda mitad del siglo veinte.

Música Coral

Algunos musicólogos del mundo nunca han comprendido el hecho de que Colombia ha heredado algunos de los mejores compositores y estilos musicales de comienzos del Renacimiento. Colombia fue la primera nación en recibir a la élite educada de ese tiempo de Europa, como los jesuitas, franciscanos y muchos eruditos judíos que huían de la Inquisición. De esta manera, la música sacra tuvo fuertes raíces en el Nuevo Mundo, especialmente en los virreinatos de Santa Fe de Bogotá y de Lima. Importantes personalidades de la independencia colombiana, como Antonio Nariño, amaron y apoyaron la música sacra, mientras el Custodio García Rovira fue un maestro del clavicordio. Hoy, la música folklórica colombiana conserva sus ecos del Renacimiento mediante el uso de mando-

Opera

"Opera in Colombia has a long tradition that started as musical 'soirees' after the Battle of Boyaca and continued through the nineteenth century with visiting European opera companies and in the twentieth century when Colombian opera companies made their appearance. Our aim is to produce opera at the highest standards giving the artists and public a taste of the best of the universal repertoire."
—Sylvia Ospina Henao, director of the Teatro Colón

Dating back to the mid-1700s, theater and opera presentations were performed at the Coliseum in Bogota, a central structure that was replaced by the Teatro Maldonado in 1871. The Maldonado venue was one of the first true opera houses in the new world, and it was at this location where Bogota's opera house, the Teatro Colón, was built. But dating back to 1874, Colombian composer Ernesto Ponce de León composed the nation's first opera, *Ester*. A highly successful opera during its Bogota premiere, it has been recently reintroduced in Paris and to the Colombian public.

Great Colombian operatic singers such as MGM film singing sensation Carlos Julio Ramírez, world acclaimed baritone Gonzalo Alora, and tenor Valeriano Lanchas have been delighting international audiences for decades.

Classical Music

Bogota's long history of music dates back to the sixteenth century, a time that witnessed the vitality of Gregorian chants giving way to world-renowned classical music composers, of musica sacra and Spanish Villancicos, as well as other progressive styles.

Colombian musicians have also reached great heights of artistry around the world. Maestro Rafael Puyana, a protégé of Wanda Landowska, became known as the most important harpsichordist of the second half of the twentieth century.

Choral Music

Few musicologists around the world have ever grasped the fact that Colombia inherited some of the best composers and musical styles from the early renaissance. Colombia was the first nation to receive the educated elite of that time from Europe, such as the Jesuits, Franciscans, and many Jewish scholars fleeing the Inquisition. In this manner, Música Sacra took strong roots in the new world, especially under the viceroyalties of Santa Fe de Bogota and of Lima. Important personalities of the Colombian independence such as Antonio Nariño loved and supported Música Sacra, while Custodio García Rovira was a master of the clavichord. Today, Colombian folk music retains its Renaissance echoes through the use of mandolins and harps. The Primary Cathedral of Bogota is said

linas y arpas. Se dice que tal vez la Catedral Primada de Bogotá albergue el mayor archivo descatalogado de música del período temprano en el Nuevo Mundo.

También se celebra un festival anual de coros internacionales en Bogotá; ver el listado de festivales en la página 46 para obtener más detalles.

Es también importante señalar que en un mundo en que las estaciones de música clásica están desapareciendo rápidamente, donde ahora solo muy pocas ciudades en el mundo tienen como máximo una estación de radio clásica, Bogotá ha mantenido sus tres estaciones de radio de alta calidad dedicadas a la música clásica, dos de las cuales son transmitidas a todo el mundo a través de *webcasts* en vivo (y esto no incluye otras estaciones de radio clásica más pequeñas a lo largo de Colombia). Solo París empata con Bogotá con sus tres estaciones clásicas. Las estaciones de radio son:

HJCK 89.9 FM – www.hjck.com

95.5 FM & 570 AM

HJUT 106.9 – www.streamingthe.net/Hjut-106.9-FM-Universidad-de-Bogota---Bogota/p/14140

Jazz

Bogotá tiene al menos dos grandes festivales de *jazz* por año: el Festival Internacional de Jazz —que incluye Jazz al Parque— y el Festival de Jazz de domingo (ver listado de festivales en la página 46).

La ciudad también alardea de sus innumerables locales de *jazz*, cantantes y músicos del más alto calibre, como del mundialmente conocido compositor, pianista, profesor y musicólogo del género, Ricardo Gallo (para más información sobre él, visita: www.ricardogallo.com).

Rock

Colombia es una de las primeras naciones en el mundo que ha promovido el rocanrol. El *rock* colombiano fue lanzado por grupos como Los Pelukas y Los Daro Boys. La primera y muy aclamada banda de rock, The Speakers grabó su álbum debut en Colombia en 1964.

De hecho, una de las cosas más fascinantes para descubrir de Bogotá es que, hasta la fecha, gran parte de su alma musical gira en torno al *rock*. Desde el pionero sonido punk-*rock* de Aterciopelados hasta los duros sonidos metálicos de Carbure Fenix y Pestilencia, esta sección nunca podría describir adecuadamente la gran historia del *rock* en Bogotá. Y no olvidemos los muchos festivales de *rock* celebrados aquí, incluyendo el más grande Concierto de Rock-en-el-Parque en Latinoamérica. Shakira no es más que un

to house perhaps the largest uncatalogued archive of early period music in the New World.

An annual festival of international choirs is also held in Bogota; see the Festivals listing on page 46 for details.

It is also important to note that in a world in which classical music stations are fast disappearing, where now only very few cities in the world have at most one classical radio station, Bogota has maintained its three high-quality radio stations dedicated to classical music, two of which are also transmitted throughout the world via live webcasts (and this does not include other smaller classical radio stations throughout Colombia). Only Paris ties Bogota with its three classical stations. The radio stations are:

HJCK 89.9 FM – www.hjck.com

Llanero music festival / Festival de música llanera

95.5 FM & 570 AM
HJUT 106.9 – www.streamingthe.net/Hjut-106.9-FM-Universidad-de-Bogota—Bogota/p/14140

Jazz

Bogota has at least two major jazz festivals per year: Festival Internacional de Jazz—which includes Jazz al Parque—and Festival de Jazz de domingo (see the Festivals listing on page 46).

The city also boasts countless jazz venues, singers, and musicians of the highest caliber, such as world-renowned composer, pianist, professor, and genre musicologist Ricardo Gallo (for more information on him, visit: www.ricardogallo.com).

indicio del gran talento colombiano de intérpretes de *rock* y pop, como Natalia Bedoya, Bomba Estereo, Cabas, Esteman, Monsieur Perina, Fonseca, Doctor Krapula, Skampida, Coffee Makers y Dafne Marahunta, por nombrar solo algunos.

Dada la ubicación y tamaño de rápido crecimiento de la capital colombiana, no debe sorprender que en un país que cuenta con más estilos musicales que la mayoría de las naciones en el mundo (dada la larga historia de inmigración y la diversidad étnica y racial de Colombia), la ciudad se haya convertido en la encrucijada musical para innumerables estilos de música, donde la cumbia, la salsa, el *reggaetón*, la música de cámara, la ópera, el *hip-hop*, el vallenato, el son, el *reggae*, el *ska*, la música clásica, el bambuco y muchos otros estilos viven y prosperan.

Cada estilo de música colombiana requeriría libros enteros para describir sus tesoros, pero debe decirse que de los muchos géneros que todavía tienen que ser descubiertos en el extranjero son los sonidos únicos y celestiales de la música llanera y el joropo —la música de los llanos colombianos y venezolanos. ¡Todo puede oírse en Bogotá!

Here is a small sampling of international music acts that have performed in Bogota:
A continuación se da una pequeña muestra de los actos de música internacional que se han realizado en Bogotá:

Guns N' Roses	Franz Ferdinand	**One Direction** will
Metallica	Sting	kick off their first
Marilyn Manson	Aerosmith	world tour in Bogota
Depeche Mode	The Cure	in 2014.
The Killers	Beastie Boys	**One Direction** comen-
Coldplay		zará su primera gira
Lady Gaga		mundial en Bogotá en
		2014.

Rock

Colombia is one of the first nations in the world to have also pioneered rock 'n' roll. Colombian rock was launched by groups such as Los Pelukas and Los Daro Boys. Colombia's first and widely acclaimed rock band, The Speakers, recorded their debut album (in Colombia) as far back as 1964.

In fact, one of the most fascinating things to discover about Bogota is that to this day, much of its musical soul revolves around rock. From the pioneering punk-rock sounds of Aterciopelados (the Velveteen-Kids) to the hard metal sounds of Carbure Fenix and Pestilencia, this section could never properly describe the vast history of rock in Bogota. And let's not forget the many rock festivals hosted here, including the biggest free Rock-in-the-Park Concert in Latin America. Shakira is but a hint of the vast talent of Colombian rock and pop performers, such as Natalia Bedoya, Bomba Estereo, Cabas, Esteman, Monsieur Perine, Fonseca, Dr. Krapula, Skampida, Coffee Makers, and Dafne Marahunta, to name just a few.

Given the location and fast-growing size of the Colombian capital, it should come as no surprise that in a country that boasts more music styles than most nations in the world (given Colombia's long history of immigration and ethnical and racial diversity) the city has become the musical crossroads to innumerable styles of music, where cumbia, chamber music, salsa, reggaeton, opera, hiphop, vallenato, son, reggae, ska, classical, bambuco, and many other styles live and thrive.

Each style of Colombian music would require entire books to describe their treasures, but it should be said that of the many genres that have yet to be discovered abroad, the unique, celestial sounds of the música llanera and joropo are the music of the Colombian and Venezuelan plains. It can all be heard in Bogota!

Café Espresso

In addition to the many live music venues, below are other useful resources:

Además de los muchos locales de música en vivo, a continuación se presentan otros recursos útiles:

www.teatromayor.com
www.teatrodebellasartesdebogota.com
www.bogotaesmusica.com

Music Shops
Tiendas de música

Blasting Records
Carrera 7 and Calle 24
Tel.: 281.7828

Escenario Tienda Musical
Carrera 7 No. 57 – 61
Tel.: 345.2385

Prodiscos
CC Gran Estación
Tel. 572.9092
Several locations. / Varias locaciones.

Rolling Disc
CC Vía Libre
Carrera 5 A No. 18 – 86

Local 206
Tel.: 286.0009

Sylphorium Records
Carrera 7 No. 22 – 31
Store/Local 124
Tel.: 286.68 39

Tango Discos
Carrera 15 No. 91 – 65
Tel.: 257.0496
Several locations. / Varias locaciones.

Tower Records
CC Atlantis
Carrera 11 No. 82 – 71
Tel.: 236.0020

Viuda Negra Store
Autopista Norte No. 150 A – 71
Tel.: 627.1901

© El Gato

Dance
Baile

What style of dance do you like to see? Classical ballet, hip-hop, contemporary, folkloric, flamenco, Middle Eastern—all can be enjoyed in Bogota. Following is a brief list of dance companies and institutions that you can contact directly for information on their current productions. Also see the Festivals listings on page 46 for dance-related events.

¿Qué estilo de baile le gusta ver? *Ballet* clásico, *hip-hop*, contemporáneo, folclórico, flamenco, del Medio Oriente, todos pueden disfrutarse en Bogotá. La siguiente es una breve lista de compañías de baile e instituciones con las cuales se puede poner en contacto directamente para obtener información sobre su producción actual. Asimismo, vea la sección de festivales en la página 46 para informarse acerca de eventos relacionados con el baile.

Dancer performing

Adra Danza
Diagonal 42 A No. 20 – 45
Tel.: 232.8748
www.adradanza.com

Ballet Ana Pavlova
Avenida Carrera 20 No. 83 – 58
Tel.: 236.2227
www.anadanzaexp.com

Compañía América Danza
Carrera 59 No. 45 A – 40
Tel.: 752.1062
www.americadanza.org

Concuerpos
Calle 64 No 7 – 61
Tel.: 479.1189/313.866.9586
http://concuerpos.com

Estrantres Danza
Tel.: 232.0607
www.estantresdanza.org

Fundación Espiral / La espiral
Carrera 68 D Bis No. 39 – 39 S
Tel.: 731.4711
www.fundacionlaespiral.org

Kalamo Danza Contemporánea
Tel.: 337.0646 / 312.304.0131
http://klamodanzacontemporanea
.blogspot.com

La Casona de la Danza
Calle 18 No. 1 – 05 Este
Tel.: 379.5750 ext. 340

L'Explose
Diagonal 109 No. 20 – 10
Tel.: 629.6949

OmutismO
http://omutismo.wix.com/omutis
mo#

Orkéseos
Tel.: 316.723.5299

Trevius Danza Contemporánea
Tel.: 284.2904 / 314.312.3355
http://trevius.wix.com/grupo
-trevius#!

Dancers at Galería Café Libro / Bailarines en la Galería Café Libro

Theater
Teatro

"Colombians are really into live performance. That's where I get my love of storytelling."
—John Leguizamo, Bogota-born actor, writer, and producer

Vibrant, vital, and integral to the city's identity, Bogota has displayed the rich heritage of many theatrical schools over the centuries, even as it has struggled to find its own dramatic voice.

Today, Bogota is fortunate to be the home of more than one hundred live theater venues. Traditional opera and zarzuela (a Spanish cousin to operetta) shine at the Grande Dame of Latin American theaters, El Teatro de Cristobal Colón (el Colón). Audiences can see large productions at venues such as the Teatro al Aire Libre La Media Torta and the Plaza de Santamaría bullfighting ring. Politically charged themes have been explored at Teatro la Candelaria since its founding by Santiago García in 1966. Beginning in 1968, Teatro Experimental La Mama—the Colombian sister company to New York's La Mama Theater (both founded concurrently)—has expanded its audiences' minds and artistic experience with intellectually experimental performances. French language productions are offered in the theater at Bogota's Alliance Français. Children's theater can be enjoyed at several venues including the Fundación Rafael Pombo and Fundación Jaime Manzur. Spectacular marionette shows are mounted at the Hilos Majicos and Fundación Jaime Manzur, while Libélula Dorada, founded in 1976 as a children's theater, is today one of the leading venues for music and dance festivals, in addition to staging an original repertoire.

Casa Ensemble, founded by Alejandra Borrero, one of Colombia's most celebrated actresses, houses performance spaces, a large theater, a school of drama, and an art gallery. Teatro R101 and others

"A los colombianos realmente les gusta la representación en vivo. De allí me viene el amor por la narración".

—John Leguizamo, actor, escritor y productor nacido en Bogotá

Vibrante, vital y esencial para la identidad de la ciudad, Bogotá ha mostrado el rico patrimonio de muchas escuelas teatrales durante siglos, incluso cuando ha luchado para encontrar su propia voz dramática.

Hoy, Bogotá tiene la suerte de ser sede de más de cien salas de teatro en vivo. La ópera y la zarzuela (un primo español de la opereta) tradicionales brillan en los teatros de la gran dama de Latinoamérica, El Teatro Cristóbal Colón (el Colón). El público puede ver grandes producciones en lugares como el Teatro al Aire Libre La Media Torta y la Plaza de Toros Plaza de Santamaría. Desde su fundación por Santiago García en 1966, se han explorado temas políticamente cargados en el Teatro la Candelaria. A partir de 1968, el Teatro Experimental La Mama —la hermana colombiana de la compañía Teatro La Mama de Nueva York (ambas fundadas concurrentemente)— ha ampliado la mente y experiencia artística de su público con actuaciones intelectualmente experimentales. Se ofrecen producciones de lengua francesa en el teatro Alianza Français de Bogotá. El teatro infantil puede disfrutarse en varios lugares, incluyendo la Fundación Rafael Pombo y la Fundación Jaime Manzur. Se montan espectaculares obras de marionetas en los Hilos Májicos y Fundación Jaime Manzur, mientras Libélula Dorada, fundada en 1976 como teatro para niños, es hoy uno de los principales lugares para festivales de música y danza, además de escenificar un repertorio original.

Casa Ensamble, fundada por Alejandra Borrero, una de las más célebres actrices colombianas, alberga espacios de actuación, un gran teatro, una escuela de teatro y una galería de arte. Teatro R101 y otros como el Astor Plaza y el Auditorio William Shakespeare ofrecen su espacio para festivales y compañías de teatro que no tengan su propio escenario. Las obras también pueden ser experimentadas en lugares no tradicionales, tales como centros comerciales, cafés y salas de estar privadas.

El Teatro Callejero, una de las primeras formas de expresión artística, puede ser experimentado a través de todas las zonas de Bogotá. Desde estatuas vivientes, a tragafuegos, malabaristas y magos quienes frecuentemente deleitan a los motoristas en los semáforos y espectadores en las ferias, o actores que representan personajes célebres del centro histórico La Candelaria, durante *tours* interactivos de fantasmas.

Pero la joya de la corona de la escena de teatro de Bogotá es el festival de teatro internacional más grande del mundo: el Festi-

such as Astor Plaza and the Auditorio William Shakespeare host festivals and theater companies that don't have their own stage. Works can also be experienced in nontraditional venues such as shopping centers, cafés, and private living rooms.

Teatro callejero, or street theater, one of the original forms of artistic expression, can be experienced in all areas of Bogota—from living statues, to the fire-breathers, jugglers, and magicians who often entertain motorists at stoplights and spectators at fairs, to festivals of street theater, or actors who portray famous denizens of the historic center, La Candelaria, during interactive ghost tours.

But the crowning glory of Bogota's theater scene is the world's largest international theater festival: the Festival Iberoamericano de Teatro de Bogotá (FITB). The Iberoamerican Theater Festival of Bogota is held biannually in March and April on even-numbered years. Founded in 1988 by Argentine immigrant Fanny Mikey, the event has since grown into a highly anticipated celebration of all the performing arts, in which most of Bogota becomes a stage. Though many performance troupes vie for participation, only the best are selected for this singular, world-class event, and close to 3 million attendees descend upon Bogota to revel in this spectacular experience.

The FITB occurs almost simultaneously with the Festival de Teatro Alternativo. Founded in 1973 by Patricia Ariza, also the founder and director of the festival's organizing body, the Corporación Colombiana de Teatro, the Alternative Festival presents works by 160 international performance companies over a two-week period. With a focus on the vitality of and trends in Colombian theater, the performances are mounted at many venues throughout Bogota. Master classes and workshops are also scheduled, in addition to special programming.

With the exception of zarzuelas, the musical theater genre as it is known in the United States, the United Kingdom, and elsewhere is relatively new to Colombia. Spanish-language versions of the classic *The Little Shop of Horrors* thrilled audiences at the Arlequin, Brecht's *Three Penny Opera* made a stunning turn, and *Chicago* arrived in Bogota with a bang. Bogota has also welcomed international touring companies of the Spanish-language versions of Cameron Macintosh's *Oliver!*, Andrew Lloyd Webber's *Cats*, and the wildly successful *High School Musical*. All shows were performed to very excited audiences and further demonstrated that companies must stop in Bogota when touring South America.

A Little Colombian Theater History

Leading up to the seventeenth century, Colombia's theatrical experience was largely limited to the influence of Spanish classical theater, as is illustrated by the first play known to be penned by a Colombian,

val Iberoamericano de Teatro de Bogotá (FITB). El Festival Iberoamericano de Teatro de Bogotá se celebra bianualmente en marzo y abril en años pares. Fundado en 1988 por la inmigrante argentina Fanny Mikey, el evento se ha convertido en una celebración muy esperada de todas las artes escénicas, en la cual casi toda Bogotá se convierte en un escenario. Aunque muchas compañías de actuación compiten por participar, solo los mejores son seleccionados para este evento de clase mundial y singular y cerca de tres millones de asistentes llegan a Bogotá para deleitarse con esta espectacular experiencia.

El FITB se produce casi simultáneamente con el Festival de Teatro Alternativo. Fundado en 1973 por Patricia Ariza, también fundadora y directora de la entidad organizadora del festival, la Corporación Colombiana de Teatro, el festival alternativo presenta obras de ciento sesenta compañías de actuación internacionales durante un período de dos semanas. Con un enfoque en la vitalidad y las tendencias del teatro colombiano, las actuaciones se montan en muchos lugares a lo largo de Bogotá. También se programan talleres y clases magistrales, además de una programación especial.

Con la excepción de las zarzuelas, el género de teatro musical tal cual se conoce en Estados Unidos, el Reino Unido y otros lugares es relativamente nuevo en Colombia. Las versiones en español del clásico *The Little Shop of Horrors* emocionó al público en el Arlequín, *La ópera de tres centavos* de Brecht tomó un sorpresivo giro y *Chicago* llegó a Bogotá con gran impacto. Bogotá también ha recibido a compañías de giras internacionales de las versiones en español de *Oliver!* de Cameron Macintosh, *Cats* de Andrew Lloyd Webber y el exitoso *High School Musical*. Todos los espectáculos realizados para audiencias muy emocionadas y además demostraron que las empresas deben detenerse en Bogotá cuando hacen gira por Sudamérica.

Un poco de historia del teatro colombiano

Hasta el siglo XVII, la experiencia teatral de Colombia se limitaba en gran parte a la influencia del teatro clásico español, como se desprende de la primera obra conocida escrita por un colombiano, *Laurea crítica (La Crítica Corona de Laurel)*, una sátira en un acto en verso barroco escrita en 1629 por Fernando Fernández de Valenzuela.

Con el tiempo, como los dramaturgos colombianos comenzaron a dar voz a ideas originales, se crearon escenarios teatrales para organizar sus trabajos. A principios del siglo XIX, el *burlesque* entró en el léxico teatral colombiano con la obra socialmente crítica *Las convulsiones* por Luis Vargas Tejada, un dramaturgo, también conocido por sus tragedias y dramas.

Laurea crítica (*The Critical Laurel Wreath*), a one-act satire in baroque verse written in 1629 by Fernando Fernández de Valenzuela.

Over time, as Colombian dramatists began to give voice to original ideas, theatrical venues were created to stage their works. At the beginning of the nineteenth century burlesque entered the Colombian theatrical lexicon with the socially critical play *The Convulsions* by Luis Vargas Tejada, a playwright also known for his tragedies and dramas.

Theater, always a lightning rod for political discourse and the exploration of social themes, was the perfect outlet for Colombian writers and politicians alike. In August 1885, purportedly to commemorate the 400th anniversary of the "discovery" of the New World by Christopher Columbus, president Rafael Nuñez announced that Bogota would be endowed with one of the finest theaters in the Americas: "A lively meeting was held at the Palace last night, the sole purpose of which was to agree on the basis for building a theater. I go away a bit from politics, merely to indulge in artistic matters inspired by my love for theater, as we will forget a little of our plight and contribute to the promotion of Colombian theater."

The project proceeded on a site destined to hold majestic theaters, having first been home to the Coliseo Ramírez (erected in 1793), followed by the Teatro Maldonado (opened in 1871), and culminating with El Teatro de Cristobal Colón (officially inaugurated in 1895).

While the Teatro Colón was reserved for the Colombian upper middle class and the politicians who represented them, the Teatro Municipal was the venue of choice for the lower and working classes. On any given night fiery speeches could be heard along with plays that reflected the audience's struggles and desires. The Municipal was also used by liberal presidential candidate Jorge Eliécer Gaitán for his Friday night political rallies. Gaitán's assassination in 1948 set off a wave of violence called the Bogotazo, which eventually led to the Municipal's demolition by the administration in power at the time.

In 1971, the 2,000-seat movie theater Teatro Colombia was purchased by the municipal government and named Teatro Jorge Eliécer Gaitán in honor of the slain leader. The theater underwent an extensive renovation, and installation of state-of-the-art technical equipment in 2010. Today, it is a regular host of a variety of performances.

From the dramatic to the fantastical, a clown spectacle or a musical extravaganza, from the comedic to the harrowing, intellectually challenging or light farce, Bogota theater has a seat waiting for you. For a listing of Theatre Festivals, go to the Festivals listing on page 46.

El teatro, siempre un pararrayos de discurso político y la exploración de temas sociales, fue la salida perfecta para escritores y políticos colombianos. En agosto de 1885, supuestamente para conmemorar el cuarto centenario del "descubrimiento" del Nuevo Mundo por Cristóbal Colón, el presidente Rafael Núñez anunció que Bogotá sería dotada de uno de los mejores teatros de las Américas: "Una animada reunión se celebró en el Palacio anoche, cuya única finalidad era ponerse de acuerdo sobre las bases para la construcción de un teatro. Me alejo un poco de la política, simplemente para disfrutar en materia artística inspirada por mi amor por el teatro, y vamos a olvidar un poco nuestra situación y contribuir con la promoción del teatro colombiano".

El proyecto procedió en un sitio destinado a sostener majestuosos teatros, habiendo sido primero hogar del Coliseo Ramírez (erigido en 1793), seguido por el Teatro Maldonado (inaugurado en 1871) y que culmina con El Teatro Cristóbal Colón (inaugurado en 1895).

Mientras que el Teatro Colón fue reservado para la clase media-alta colombiana y los políticos que la representaban, el Teatro Municipal fue el lugar elegido de las clases baja y trabajadora. Cualquier noche se podían escuchar los discursos ardientes junto con obras que reflejaban la lucha y los deseos de la audiencia. El Municipal también fue utilizado por el candidato presidencial liberal Jorge Eliécer Gaitán el viernes por la noche para sus reuniones políticas. El asesinato de Gaitán en 1948 provocó una oleada de violencia denominada el Bogotazo, que finalmente llevó a la demolición del Municipal por la administración de turno.

En 1971, el Teatro Colombia, un cine con capacidad para dos mil espectadores, fue comprado por el gobierno municipal y nombrado Teatro Jorge Eliécer Gaitán en honor del líder asesinado. El teatro experimentó una extensa renovación e instalación de equipos técnicos con tecnología de punta en 2010. Hoy, es habitual anfitrión de una variedad de interpretaciones.

Desde lo dramático a lo fantástico, un espectáculo de payasos o un musical, de lo cómico a lo angustiante, intelectualmente desafiante o liviana farsa, el teatro de Bogotá tiene un asiento esperándolo. Para obtener una lista de los festivales de teatro ir al listado de festivales en la página 46.

Theater Companies and Venues
Compañías de teatro y espacios de representación

Of the hundreds of theater companies and venues in Bogota, following are some of our recommendations. We suggest that you either call or visit the websites for a current schedule of performances.

De los cientos de compañías de teatro y espacios de representación, a continuación se enumeran algunas de nuestras recomendaciones. Sugerimos que llame o visite los sitios web para obtener un listado de representaciones actualizado.

Asociación Cultural Teatro y Marionetas Nestór Machecha
Children's theater and marionettes.
Teatro de niños y marionetas.
Carrera 16 No. 65 – 34
Tel.: 606.7091

Barraca Teatro
Producer of LGBTI-themed plays for more than fifteen years.
Productor de obras con temática LGBTI por más de quince años.
Carrera 17 No. 50 – 60
Tel.: 481.2945
www.barracateatro.com

Casa Ensamble
Progressive theatrical multiplex that includes an acting school.
Multiplex teátrico progresivo que incluye una escuela de actuación.
Carrera 24 No. 41 – 69
Tel.: 368.9268
www.casaensamble.com

Compañia Teatro Minuto Dios
Transversal 74 No. 82 A – 81
Tel.: 251.3599
www.facebook.com/teatrominuto

DECA Teatro
Calle 70 A No. 11 – 29 (Teatro R – 101)
Tel.: 604.8785
www.decateatro.com

Fundación Rafael Pombo
Children's theater.
Teatro para niños.
Calle 10 No. 5 – 22
Tel.: 281.4534
www.fundacionrafaelpombo.org

Gimnasio Moderno
A general theater venue hosting Colombian and international companies.
Un teatro anfitrión de compañías internacionales.
Carrera 9 No. 74 – 99
Tel.: 540.1888
www.gimnasiomoderno.edu.co

Los Funámbulos
Center of artistic expression.
Centro de expresión artística.
Calle 25 B No. 4 A - 15
Tel.: 805.4465
www.losfunambulos.net

Sala Seki Sano
Plays focused on human and women's rights.
Obras basadas en derechos humanos y de la mujer.
Calle 12 No. 2 – 65
Tel.: 342.9621

Teatro Colón
The theater is closed for renovation and is expected to reopen during the first quarter of 2014.
El teatro está cerrado por renovaciones y se espera que reabra el primer trimestre de 2014.
Calle 10 No. 5 – 32
Tel.: 341.0475

Teatro de Garaje
An alternative space for artistic exchange and coexistence.
Un espacio alternativo para el intercambio y la convivencia artística.
Carrera 10 No. 54 A – 27
Tel.: 310.205.5075
www.teatrodegaraje.co

Live theater in the park / Teatro en vivo en el parque

Teatro Experimental La Mama
Iconic theater founded in association with La Mama in New York City to produce experimental works.
Teatro icónico fundado en asociación con La Mama en New York para producir trabajos experimentales.
Calle 63 No. 9 – 60
Tel.: 211.2709
www.teatrolamama.com

Teatro La Barranda
Comedies.Comedias.
Carrera 6 No. 54 – 04
Tel.: 249.3174
www.teatrolabaranda.com

Teatro La Candelaria
Avant garde and politically charged themes.
Avant garde y temas cargados políticamente.
Calle 12 No. 2 - 59
Tel.: 286.3715 / 281.4814
www.teatrolacandelaria.org.co

Teatro Libélula Dorada
Puppets and a festival venue.
Títeres y sede de festivales.
Carrera 19 No. 51 – 69
Tel.: 345.0683
www.libeluladorada.com

Teatro Libre
Major Colombian and international productions.
Grandes producciones colombianas e internacionales.
Calle 13 No. 2 – 44
Tel.: 248.2772
www.teatrolibre.com

Teatro Municipal Jorge Eliecer Gaitán
An Art Deco venue for Colombian and international performance groups.
Un local art déco para grupos de actuación colombianos e internacionales.
Carrera 7 No. 22 – 47
Tel.: 334.6800 ext. 301
www.teatrojorgeeliecer.gov.co

Teatro Nacional Fanny Mikey
Major Colombian and international productions.
Grandes producciones colombianas e internacionales.
Calle 71 No. 10 – 25
Tel.: 217.4577
www.teatronacional.com.co

Teatro Petra
High-quality, exciting, original, and cutting-edge productions.
Producciones de alta calidad, excitantes, originales y vanguardistas.
www.petrateatro.com

Teatro Quimera
Producing innovative plays and festivals for more than twenty years.
Ha producido obras de teatro y festivales innovadores durante más de veinte años.
Calle 70 A No. 19 – 40
Tel.: 217.9240

Gastronomy

"Move over, Buenos Aires: South America's newest culinary darling is Colombia's comeback capital."

—*Conde Nast Traveler*, July 2013

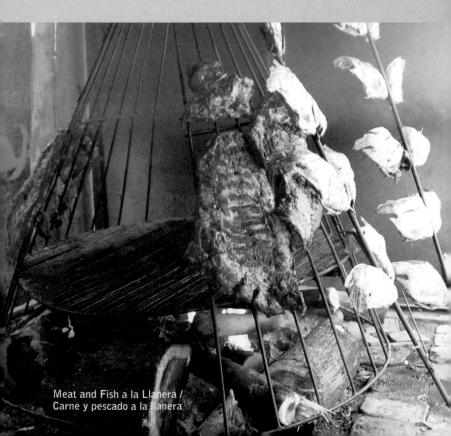

Meat and Fish a la Llanera /
Carne y pescado a la llanera

Dinner at Fusionario / Cena en Fusionario

Gastronomía

"Apártate, Buenos Aires:
la nueva adorada culinaria de
Sudamérica es la reemergente
capital colombiana".

—*Conde Nast Traveler*, julio 2013

Andrés D.C.

"Although at times it can be disorganized, chaotic, and frustrating, Bogota has a unique character with a variety of contrasting neighborhoods, interesting restaurants and cafés, and a dazzling nightlife that will keep you up until the early hours of the morning."
—Lachlan Page, Australian expat

One of the least known or understood treasures of Colombia is its long and rich history of culinary art. Given the fact that Colombia experienced diversity in immigration before most other countries in the hemisphere, few understand that Colombia has enjoyed a far richer cornucopia of recipes along with more food sources than most countries in the region, including neighboring Peru. But sadly for Colombia, recent decades witnessed a severe lack of tourism to the country and, worse yet, Colombians developed a lack of culinary interest that could uphold their traditions. This took place amidst a cosmopolitan population striving to learn the cooking styles of nations around the world, which caused a certain gastronomic amnesia that Colombia is only now beginning to overcome.

Great new Colombian chefs and culinary schools are now working hard to resurrect old recipes, and more importantly, to redefine them for our modern world. The centuries-old influences of Japanese cuisine near Cali, Lebanese food in Barranquilla, the rich indigenous and Castilian creations of the Boyaca altiplanos, and the Swiss and French food influences in Bogota are once again becoming apparent, as Bogota's restaurant scene flourishes into a gastronomic mecca like nowhere else in the region.

Part of the fun of traveling is the chance to learn about a culture through its gastronomic offerings, and Bogota has an impressive

"Aunque a veces puede ser desorganizada, caótica y frustrante, Bogotá tiene un carácter único con una variedad de barrios contrastantes, restaurantes y cafés interesantes y una vida nocturna deslumbrante que lo mantendrá festejando hasta las horas de la mañana".

—Lachlan Page, expatriado australiano

Uno de los tesoros menos conocidos o entendidos de Colombia es su larga y rica historia del arte culinario. Dado el hecho de que Colombia experimentó diversidad inmigratoria antes que la mayoría de los otros países del hemisferio, pocos entienden que Colombia ha gozado de una cornucopia más rica de recetas junto con más fuentes de alimentos que la mayoría de los países de la región, incluyendo el vecino Perú. Pero lamentablemente para Colombia, en las recientes décadas pasadas se vio una grave carencia de turismo hacia el país y, peor aún, los colombianos desarrollaron una falta de interés culinario que impidió conservar sus tradiciones. Esto ocurrió en medio de una población cosmopolita, tratando de aprender los estilos culinarios de otras naciones del mundo, lo que causó una cierta amnesia gastronómica que Colombia sólo ahora comienza a recuperar.

Grandes escuelas culinarias y nuevos chefs colombianos ahora están trabajando duro para resucitar viejas recetas y, más importante aún, redefinirlas para nuestro mundo moderno. Las influencias de siglos de antigüedad de la cocina japonesa cerca de Cali, la comida libanesa en Barranquilla, las ricas creaciones indígenas y castizas de los altiplanos de Boyacá y las influencias de la comida francesa y suiza en Bogotá, una vez más comienzan a ser aparentes, ahora que la panorámica de restaurantes de Bogotá se ha convertido en una meca gastronómica, como ninguna otra ciudad de la región.

Parte de la diversión de viajar es la oportunidad de aprender acerca de una cultura a través de su oferta gastronómica, y Bogotá tiene una impresionante variedad de restaurantes, nacionales e internacionales, para satisfacer cada presupuesto y gusto.

La sorprendente despensa colombiana ofrece una amplia variedad de productos lácteos, huevos, vegetales, pescado, aves y carnes. Bogotá está doblemente honrada, no solo por ser la capital de la nación, sino también como la capital de Cundinamarca, una de las principales productoras de papas y lácteos. Por esta razón, no debería sorprender, entonces, que el plato más típico de los bogotanos, el ajiaco, esté hecho con tres tipos de papas, pollo, una hierba llamada guascas (prima del perejil) la cual solo crece en esta región, y maíz con aguacate, arroz, crema de leche y acompañado con alcaparras.

El desayuno consiste típicamente de huevos a la carta. Dado el clima frío de las mañanas de Bogotá, los caldos calientes como

variety of national and international restaurants to satisfy every budget and taste.

The stunning Colombian larder offers a vast array of dairy products, eggs, produce, fish, poultry, and meat. Bogota is doubly honored by being not only the capital of the nation, but also the capital of Cundinamarca, a leading lactate and potato producing department. It should be no surprise then that the most typical Bogotano dish, ajiaco, is made with three types of potatoes, chicken, an herb called guascas (a cousin of parsley) that only grows in this region, and corn with avocado, rice, cream, and capers served alongside.

Breakfast typically consists of eggs to order. Given Bogota's cold morning weather, hot broths such as changua and caldo de costilla can be a good addition to a morning tamal and coffee or chocolate. Look for the signs posted outside the many breakfast restaurants for the day's choices.

During lunch, people from all walks of life and professions dine side-by-side to enjoy what is called the Menú Ejecutivo, Menú del Día, or Almuerzo Casero, a special pre-set menu that normally costs between COP$5,000 to COP$10,000 (about US$2.50 to US$5.00), that usually includes soup, salad, rice, vegetables, sweet plantain, or yucca, meat, and fresh juice. Some restaurants also serve buffet style. Vegetarian restaurants also offer a variety of freshly prepared selections. Look for the signs outside of the many lunch places for that day's options.

The traditional mid-afternoon snack, called onces, is most typically a selection from the bountiful Colombian bread basket at a panadería along with a hot drink.

The evening meal offers a plethora of choices with restaurants of all shapes, sizes, and cuisines prepared to serve you. Most upscale restaurants are concentrated in the Zona G (Gourmet Zone), Zona Rosa, Parque 93 District, the Financial District, Old Town Usaquén, La Macarena, and a few more in La Candelaria as well as throughout the middle-class northern parts of the city.

Beef dishes are readily available, especially at the many Colombian parrilladas and Argentine restaurants in Bogota. Pork is also commonly found, and visitors should not miss the chance to taste the Tolimense specialty lechona. Various sausages, such as butifara, chorizo, and morcilla (the Colombian version of black pudding or *boudin noir*) are also plentiful, and can be bought either from the grill of a street vendor or in a restaurant.

Seafood is not as foreign as one might think given that Bogota sits high in the Andes. Look for restaurants from the Pacific Coast where seafood is the main event. Fish and crustaceans from Colombia's rivers and oceans are in great supply; the most popular fish

la changua y el caldo de costilla pueden ser una buena adición a una mañana de tamal y café o chocolate. Busque los letreros fuera de muchos restaurantes para ver las opciones de desayunos del día.

A la hora del almuerzo, gente de todas las profesiones y oficios come junta para disfrutar de lo que se llama el *Menú Ejecutivo*, *Menú del Día* o *Almuerzo Casero*, un menú especial preestablecido que normalmente cuesta entre COP$5.000 y $10.000 (unos US$ 2,50 a US$ 5,00), que generalmente incluye sopa, ensalada, arroz,

Gateaux mousse aux chocolate at/en Grazia

verduras, plátano maduro o yuca, carne y jugo fresco. Algunos restaurantes también sirven al estilo *buffet*. Los restaurantes vegetarianos también ofrecen una variedad de selecciones recién preparadas. Busque los avisos afuera de los lugares de comida para elegir la opción del día.

La tradicional merienda a la media tarde, llamada "onces", es típicamente una abundante selección de la canasta de pan colombiano en una panadería junto con una bebida caliente.

La cena ofrece una plétora de opciones, con restaurantes de todas las formas, tamaños y platos preparados para servirle. La mayoría de los restaurantes exclusivos se encuentran concentrados en la Zona G (Zona Gourmet), en la Zona Rosa, en el distrito Parque 93, en el distrito financiero, en el antiguo Usaquén, en La Macarena y unos pocos más en La Candelaria, así como en los barrios acomodados del norte de la ciudad.

Los platos de carne están disponibles especialmente en la gran variedad de parrilladas colombianas y restaurantes argentinos en Bogotá. También hay gran oferta de cerdo, y los visitantes no deben perder la oportunidad de degustar la especialidad tolimense, lechona. Diversos embutidos, como butifarra, chorizo y morcilla (la versión colombiana de *boudin noir*) también son abundantes y se pueden comprar ya sea de la parrilla de un vendedor callejero o en un restaurante.

Los frutos del mar no son tan foráneos como uno podría pensar dado que Bogotá se encuentra tan alta en los Andes. Busque restaurantes de la costa del Pacífico donde los mariscos son la atracción principal. El pescado y los crustáceos de ríos y océanos

are trucha (sweet water trout), viudo de capaz, mojarra (a white fish usually served whole and fried —watch for the tiny bones!), tilapia, and bagre (catfish). Shellfish also make regular appearances on menus. In addition to the abundance of fine sushi establishments, such as Teriyaki, Osaki, and Wasabi, you can also sample wonderful paella and other Mediterranean delicacies at one of the many Spanish restaurants in the city, such as Pajares y Salinas, Gaudi, Sepúlveda, La Bodeguilla, or Jaquevi. Cevicherías can also be found throughout Bogota.

If time and budget permit, visit one of the seafood palaces in Bogota: Matiz, El Buque, La Fragata, and Pesquera Jaramillo. A surprising spot worth the trip is Los Almendros, an international gourmet fish market, sushi bar, and seafood restaurant all in one location.

Ázimos Café

While Bogota offers wonderful international dining choices, in recent years some Colombian chefs have emerged to showcase how traditional ingredients can be used in new and innovative preparations. Chefs such as: Valentina Builes, a graduate of Le Cordon Bleu, who with her restaurant La Herencia in Quinta Camacho has elevated very traditional recipes to gourmet status; Leonor Espinosa, whose establishment Leo's Cocina y Cava in La Macarena, was named one of the top restaurants in the world by Conde Nast Traveler for her fusion of the bold flavors of the Pacific Coast with those of the Colombian interior; Luz Beatriz Vélez at Abasto in Usaquén, whose singular herbed rotisserie chicken has gained a cult following, and who is also renowned for her usage of all-natural ingredients; and Eduardo Martínez at Minimal in Chapinero Alto, who has earned a fan base for introducing the intriguing seafood and fruits of the Amazon basin to Bogota.

There are also many quick and economic food choices such as succulent rotisserie chicken served at the many asaderos, and a vibrant street food scene. On any given street, especially on the main thoroughfares, you can sample arepas with cheese and stuffed with a variety of ingredients, mazorca, chorizos, pinchos (small meat skewers), empanadas, pizza, fruit, hamburgers, hot dogs, kibbes, and so much more.

Whatever your taste, and no matter your appetite or budget, Bogota is ready to serve you something fresh, exotic, familiar, extraordinary, and truly memorable.

de Colombia son muy abundantes; los peces más populares son la trucha (trucha de agua dulce), el viudo de capaz, la mojarra (un pescado blanco por lo general servido entero y frito —¡cuidado con las diminutas espinas!), la tilapia y el bagre. Los mariscos también aparecen regularmente en los menús. Además de la abundancia de establecimientos de buen *sushi*, como Teriyaki, Osaki y Wasabi también puede degustar la maravillosa paella y otros manjares mediterráneos en uno de muchos restaurantes españoles en la ciudad, como Pajares y Salinas, Gaudi, Sepúlveda, La Bodeguilla o Jaquevi. También se encuentran cevicherías en todas partes de Bogotá.

Si el tiempo y el presupuesto lo permiten, visite uno de los palacios de frutos del mar en Bogotá: Matiz, El Buque, La Fragata y Pesquera Jaramillo. Un sorprendente lugar que bien vale la pena el viaje es Los Almendros, un mercado de pescado *gourmet* internacional, *sushi* bar y restaurante de mariscos todo en un solo lugar.

Mientras que Bogotá ofrece maravillosas opciones de cocina internacional, en años recientes algunos chefs colombianos han surgido para demostrar cómo los ingredientes tradicionales se pueden usar en preparaciones nuevas e innovadoras; chefs como: Valentina Builes, graduada de Le Cordon Blue, que con su restaurante La Herencia en Quinta Camacho ha elevado a un nivel *gourmet* las recetas tradicionales; Leonor Espinosa, cuyo establecimiento Leo's Cocina y Cava en La Macarena, fue nombrado uno de los mejores restaurantes en el mundo por *Conde Nast Traveler* por su fusión de los audaces sabores de la costa del Pacífico con aquellos del interior colombiano; Luz Beatriz Vélez en Abasto en Usaquén, cuyo singular pollo *rotisserie* a la hierba ha ganado adeptos y creyentes y quien también es renombrada por su uso exclusivo de ingredientes naturales; Eduardo Martínez en Mini-mal en Chapinero Alto, que ha ganado admiradores por introducir intrigantes mariscos y frutas de la cuenca del Amazonas a Bogotá.

Hay muchas opciones de comida rápida y económica, como el suculento pollo servido en los muchos asaderos, y un animado paisaje de comida callejera. En cualquier calle, especialmente en las principales vías, usted podrá degustar las arepas con queso y rellenas con una variedad de ingredientes, maíz, chorizos, pinchos (brochetas de carne), empanadas, pizza, fruta, hamburguesas, perros calientes, *kibbes* y mucho más.

Cualquiera sea su gusto y sin importar su apetito o presupuesto, Bogotá está listo para servirle algo fresco, exótico, familiar, extraordinario y verdaderamente memorable.

IMPORTANT / IMPORTANTE

In order to better introduce the marvels of Colombian food to the world, distinctive in Latin America for its extreme freshness, diversity of ingredients, eclectic origins, and its embrace of foreign cuisines, there is an emerging effort to promote Colombia's gastronomy around the world as genuinely organic cuisine. This growing international grassroots movement will showcase the fresh ingredients, or "ingredientes frescos," of Colombia's gastronomy, under the operative brand: FresCo.

In other words, what other nations regard as organic food is, in fact, the food that is most often consumed in Colombia given the unmatched cornucopia of available ingredients and the well-developed delivery system into major cities. For updates on this exciting undertaking, please see www.bogotabrilliance.co.

Con el fin de mejor presentarle al mundo las maravillas de la comida colombiana, distintiva en Latinoamérica por su extrema frescura, diversidad de ingredientes, orígenes eclécticos y su acogida a cocinas extranjeras, hay un esfuerzo emergente para promover la gastronomía colombiana hacia el mundo como una cocina genuinamente orgánica. Este creciente movimiento popular e internacional servirá como vitrina de los ingredientes frescos de la gastronomía colombiana, bajo la marca operativa: FresCo.

En otras palabras, lo que otros países consideran comida orgánica, es en realidad la comida más consumida en Colombia dada su inigualable cornucopia de ingredientes disponibles y bien desarrollada infraestructura de distribución a las ciudades principales.

Para obtener más información sobre este apasionante proyecto, consulte: www.bogotabrilliance.co

Classic Colombian Fare
Dishes

Colombian gastronomy is perhaps best known for the freshness of its ingredients, which combine to create truly enhanced flavors. Following is a list of the most typical Colombian dishes that we recommend you try.

Asaderos: Not a plate, but a place for the famous rotisserie chicken and other typical dishes. Keep the following in mind when ordering: *Alitas* = Wings; *Pernil* = Leg/thigh; *Pechuga* = Breast; *Muslo* = Drumstick. *Asaderos* can be found on almost every block in every neighborhood throughout Bogota, and range from small operations to large national chains like Cali Vea and Brasa Roja.

Ajiaco santafereño: Considered by some to be the national dish of Colombia, this soup is made with three distinct varieties of potato—*pastusa, sabanera,* and *criolla*—each one offering a unique flavor and texture that creates depth and complexity, and an herb called *guasca* that adds a particular taste. *Mazorca*, a sweet corn on the cob, is also cooked in the broth, as is the chicken breasts, which is removed for shredding and added back to the soup before serving. *Ajiaco* is accompanied by avocado, white rice, capers, and cream to be added as you like. And you will like . . . to the last spoonful.

Comida clásica colombiana
Platos

La gastronomía colombiana quizás es mejor conocida por la frescura de sus ingredientes, que se combinan para crear sabores realmente realzados. La siguiente es una lista de los platos colombianos más típicos que recomendamos que pruebe:

Asaderos: No es un plato, sino un lugar para el famoso pollo asado y otros platos típicos. Los asaderos se pueden encontrar en casi todas las cuadras en cada barrio en Bogotá y van desde pequeñas operaciones a grandes cadenas nacionales como Cali Vea y La Brasa Roja.

Ajiaco santafereño: Considerado por algunos como el plato nacional de Colombia, esta sopa se hace con tres variedades distintas de papa —pastusa, sabanera y criolla— cada una ofreciendo un sabor único y textura que crea profundidad y complejidad y una hierba llamada guasca que agrega un sabor particular. Se cuece maíz dulce en mazorca en el caldo, al igual

Home-made Ajiaco / Ajiaco casero

que la pechuga de pollo que luego se extrae para desmecharla y se agrega a la sopa antes de servir. El ajiaco es acompañado de aguacate, arroz blanco, alcaparras y crema para ser añadidos como guste. Y les gustará... hasta la última cucharada.

Albóndigas: Albóndigas corrientes a veces servidas con salsa de tomate y cebollas llamada "salsa criolla".

Arroz con coco: Originalmente de la región del Pacífico colombiano, el arroz se mezcla con coco rallado y pasta de coco creando un ligeramente dulce, oscuro y delicioso complemento para carne o mariscos.

Arroz con pollo: Pollo desmenuzado y arroz mezclados con zanahorias y alverjas que generalmente se sirven con papas fritas.

Bandeja Paisa: Una bandeja de frijoles rojos, carne molida, arroz blanco, plátano maduro, morcilla, chorizo, chicharrón, un huevo frito, aguacate y una arepa antioqueña servida como el desayuno de los rancheros paisas; también considerado por algunos como el otro plato nacional de Colombia.

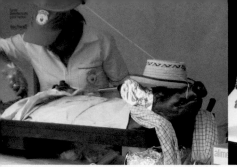

Lechona   Guiso de cola

Albondigas: Meatballs. Plain and simple meatballs sometimes served with a sauce of tomatoes and onions called *salsa criolla.*

Arroz con coco: Originally from the Colombian Pacific, rice is mixed with coconut paste and shredded coconut, creating a slightly sweet, dark, and delicious complement to meat or seafood.

Arroz con pollo: Shredded chicken and rice mixed with carrots and peas that is usually served with French fries.

Bandeja Paisa: A tray of red beans, ground beef, white rice, sweet plantain, blood sausage, chorizo, pork cracklings, a fried egg, avocado, and an *arepa antioqueña.* Originally served as the breakfast dish of Paisa ranchers, it is also considered by some to be another national dish of Colombia.

Carne llanera: The Llanos are the eastern plains, and are known as cowboy country in Colombia. The food from this region is very unique, with meat like *chigüire* and *mamona* commonly cooked on a vertical spit leaning over an open fire.

Carne de res: Many cuts of beef, such as rib eye, flank steak, skirt steak, filet mignon, T-bone, *chatas, punta de anca*, and *churrasco* are available in the majority of restaurants.

Chicharrón: Fried pork rinds that are sometimes small and hard, sometimes large and meaty, but always savory and flavorful.

Costillas de cerdo: Plump and delicious pork ribs usually smoked and served with tangy sweet barbecue sauce.

Envuelto or Bollo: Young, sweet cornmeal is formed into a paste-like consistency and steamed inside plantain leaves. Sometimes raisins are mixed in for extra flavor and texture.

Frijolada: A platter of red beans, sometimes served as a soup, and usually accompanied by at least one type of meat, if not more.

Frutos del mar: Shrimp, mussels, clams, calamari, and octopus are widely available in Bogota, especially in the delicious *Cazuela de mariscos.*

Fritanga: A variety of grilled meats, similar to a barbecue platter, that usually includes beef, chicken, ribs, sausages such as *morcil*

Bandeja Paisa

Carne llanera: Los Llanos son las llanuras del Este y se conocen como la tierra del vaquero en Colombia. La comida de esta región es única, con carne de chigüire (capibara) y mamona (ternera) comúnmente cocinada sobre un asador vertical ligeramente inclinado a fuego abierto.

Carne de res: Muchos cortes de carne, como el bife, el matambre, el churrasco, el *filet mignon*, el *t-bone*, las chatas, la punta de anca y el churrasco están disponibles en la mayoría de los restaurantes.

Chicharrón: Chicharrones de cerdo frito que en ocasiones son pequeños y duros, a veces grandes y carnosos pero siempre sabrosos.

Costillas de cerdo: Costillas de cerdo regordetas y deliciosas, generalmente ahumadas y servidas con salsa barbacoa dulce-picante.

Envuelto o Bollo: La harina de maíz dulce y tierna se amasa hasta obtener una consistencia pastosa y se cocina al vapor en hojas de plátano. A veces se mezclan pasas para darles una textura y sabor adicionales.

Frijolada: Una bandeja de frijoles rojos, a veces servida como sopa y generalmente acompañada de por lo menos un tipo de carne.

Frutos del mar: Camarones, mejillones, almejas, calamares y pulpo están ampliamente disponibles en Bogotá, especialmente en la deliciosa cazuela de mariscos.

Fritanga: Una variedad de carnes a la parrilla, similar a la bandeja de parrillada que generalmente incluye pollo, costillas, salchichas, morcilla, longaniza, chorizo, chunchillo (intestinos de vaca fritos), papas criollas, mazorca, arepas y jugo de lima.

Guiso de cola: Un rico estofado de cola de buey y vegetables.

Hígado encebollado: Hígado de res y cebollas grilladas.

Lechona: Se rellena una cerda entera con su propia carne mezclada de arroz y vegetales, luego es rostizada hasta que la piel se pone crocante. Este es un plato típico del Tolima.

Lengua: Lengua de res generalmente estofada.

Pescado: Los pescados de río son muy populares en Bogotá. Los más comunes son la mojarra, el robalo, la tilapia, la trucha, el viudo de capaz. Los de mar, como el salmón y el atún, también son

la (blood sausage), *longaniza*, chorizo, *chunchillo* (fried cow intestines), *papas criollas*, *mazorca* (sweet corn), *arepas*, and lime.

Guiso de cola: A rich stew of oxtails and vegetables.

Higado encebollado: Cow's liver with grilled onions.

Lechona: A whole pig is stuffed with its meat that has been mixed with rice and vegetables, and then roasted until the skin crackles. This is a typical dish from Tolima.

Lengua: Cow's tongue that is usually stewed.

Pescado: Fish from the rivers are very popular in Bogota. The most common fish are *mojarra*, *robalo*, tilapia, *trucha*, and *viuda de capaz*. Fish from the sea like salmon and tuna are also served in higher-end restaurants and available in the supermarket.

Sancocho: Every region of Colombia has its own version of this soul-satisfying soup, and fortunately in Bogota you are able to sample just about all of them. Perhaps the most common is *sancocha de pollo*, followed by the *sancocho de gallina*. A broth is created by stewing meat, herbs, and spices in water, and is fortified with green plantains, cassava or yucca, and potatoes. The flavors combine to create a magical stew. The broth is served separately from the meat, which is served on a plate with avocado, white rice, and an *arepa*.

Sobrebarriga: Flank steak either grilled or stewed with sauce. Be aware that this cut can be a little fatty, but it has a wonderful texture and flavor.

Tamal tolimense: Considered by many to be the best-tasting *tamal*, yellow cornmeal, peas, carrots, potatoes, rice, chicken, pork, and various spices blend inside plantain leaves as they steam for three to four hours. Typically, the *tamal* is eaten with hot chocolate and an *arepa* for breakfast.

Ternera llanera: Like the carne llanera mentioned on page 230, this also comes from the Llanos region of Colombia. *Ternera*, or veal, is a mainstay, and the simultaneous smoking and grilling of the tender meat creates a very special taste.

servidos en restaurantes elegantes y se encuentran en los super-mercados.

Sancocho: Cada región de Colombia tiene su versión de su sopa para el alma y afortunadamente en Bogotá usted puede probar casi todas. Quizás la más común sea el sancocho de pollo seguido del sancocho de gallina. Un caldo creado al estofar la carne, hierbas y especias en agua y fortificado con plátano verde, yuca y papas. Los sabores se combinan para crear el estofado mágico. El caldo se sirve separado de la carne, y se sirve con aguacate, arroz blanco y arepa.

Sobrebarriga: La falda se asa o se estofa con salsa. Tenga en cuenta que el corte puede ser grasoso, pero tiene una maravillosa textura y sabor.

Tamal tolimense: Considerado como el tamal de mejor sabor, masa de maíz amarillo, alverjas, zanahorias, papas, arroz, pollo, cerdo y varias especias se mezclan dentro de hojas de plátano mientras se cocinan al vapor por tres o cuatro horas. Típicamente el tamal se come con chocolate caliente y una arepa para el desayuno.

Ternera llanera: Al igual que la carne llanera mencionada en la página 231, esta también proviene de los Llanos de Colombia. La ternera o mamona está siempre presente y el ahumado y asado simultáneos de la tierna carne crean un sabor muy especial.

Condimentos
Ají: El condimento de mesa más común en Colombia, hecho con ají, cebolla, vinagre y hierbas. El grado de picor depende de la receta, pero generalmente la salsa es suave.

Chimichurri: La conocida salsa argentina de perejil fresco, orégano, ajo, aceite de oliva y vinagre también se sirve en Colombia típicamente con cortes de carne.

Crema de leche: Crema espesa típicamente servida con ensalada de frutas y ajiaco.

Guacamole: Una sencilla versión del clásico mexicano hecha con los cremosos aguacates colombianos y casi nada más.

Suero: Una fuerte crema agria de la costa del Pacífico colombiano.

Quesos
Quesos importados de Italia, Francia, Dinamarca y otros países están disponibles en tiendas especializadas. Empresas colombianas como ColFrance y Alpina también hacen deliciosos quesos estilo europeo, junto con muchos tipos de patés y embutidos

Condiments

Ají: The most common table condiment to be found in Colombia, made with *ají* pepper, onions, vinegar, and herbs. The degree of spiciness depends on the recipe, but generally the sauce is mild.

Chimichurri: The well-known Argentine sauce made of fresh parsley, oregano, garlic, olive oil, and vinegar is also served in Colombia typically with cuts of beef.

Crema de leche: Heavy cream, most typically served with fruit salads and *ajiaco*.

Guacamole: A simple version of the Mexican classic made with creamy Colombian avocadoes and little else.

Suero: A tangy sour cream from Colombia's Pacific coast.

Cheeses

Cheeses imported from Italy, France, Denmark, and other countries are available in specialty shops. Colombian companies such as ColFrance and Alpina also make delicious European-style cheeses, along with many kinds of *pâtés* and European sausages, all readily found in Bogota's markets. Following is a list of local cheeses not to be missed.

Costeño picado: Hard and salty.

Cuajada: Similar to ricotta, *cuajada* is usually served with a fruit syrup called *meloa*, or stuffed into *pan de bonos*.

Campesino: A pasteurized cow's milk cheese.

Doble crema: Sour and fresh milks are blended and spun into a yellow cheese that has great melting properties.

Paipano: Originally from Paipa, this is a semi-hard cheese that has different tastes depending on the region where it was developed.

Pera: A spun cheese that forms different layers and is molded into a pear-shaped package.

Breakfast dishes

Don't expect toast with jam, as most restaurants will serve *pan blandito* (a white bread roll), *pan de mantequilla* (similar to a mini-croissant) or an *arepa* without butter or jam. If you must have them, ask "*mantequilla y mermelada, por favor.*" Just don't be surprised if the response is a polite smile and "No." That said, most of the breads hardly need anything else since they are tasty unadorned.

Caldo de costilla: A broth flavored with rib-bone, boiled potatoes, and herbs.

europeos, todos fácilmente encontrado en los mercados de Bogotá. A continuación una lista de quesos de la zona que no se puede perder.

Costeño picado: Duro y salado.

Cuajada: Similar a la ricota, la cuajada generalmente se sirve con jarabe de azúcar llamado *melao* o como relleno del pan de bono.

Campesino: Queso pasteurizado de vaca.

Doble crema: Se mezclan leche agria y fresca y se enrollan hasta obtener un queso amarillo que tiene grandes propiedades de derretido.

Paipa: Originario de Paipa este queso semiduro tiene diferentes sabores dependiendo de la región sonde se elabore.

Pera: Un queso enrollado que forma diferentes capas y se moldea y empaqueta en forma de pera.

Platos para desayuno

No espere que le sirvan tostadas con el jamón ya que la mayoría de los restaurantes le servirán pan blandito (un bollo de pan blanco), pan de mantequilla (similar a un mini-croissant) o una arepa sin mantequilla o mermelada. Si tiene que comerlas, pida "mantequilla y mermelada, por favor". Simplemente no se sorprenda si la respuesta es una sonrisa amable y un "No". Dicho esto, la mayoría de los panes casi no necesitan nada más ya que son muy sabrosos por sí solos.

Caldo de costilla: Un caldo saborizado con costilla, papas hervidas y hierbas.

Changua: Un caldo hecho con agua, huevos, un poco de leche y cebollín.

Huevos al gusto: Huevos a la carta.

Huevos fritos

Huevos pericos: Revueltos o cocinados en una cacerola con cebolla y tomate salteados.

Huevos rancheros: Revueltos o cocinados en una cacerola con salchicha y/o jamón.

Huevos revueltos: Revueltos duros o blandos.

Sopas y Cremas

"Crema" frecuentemente significa una sopa espesa, y no una brema láctea. Pregunte si tiene dudas.

Ajiaquito: Caldo de ajiaco servido sin pollo y sus acompañantes.

Arroz: Sopa de pollo, vegetales y arroz.

Changua: A broth made of water, eggs, a bit of milk, and scallions.

Huevos al gusto: Eggs your way.

Huevos fritos: Fried eggs.

Huevos pericos: Scrambled or cooked in a casserole with sautéed onions and tomatoes.

Huevos rancheros: Scrambled or cooked in a casserole with sausage (*salchicha*) and/or ham (*jamón*).

Huevos revueltos: Scrambled hard or soft.

Sopas and Cremas

"*Crema*" usually signifies a puree soup rather than the use of cream, but always ask if in doubt.

Ajiaquito: *Ajiaco* broth, served without chicken and the accompaniments.

Arroz: A chicken, veggie, and rice soup.

Esparragos: Asparagus cream.

Avena: Veggie broth is fortified with oatmeal and potatoes.

Ahuyama: You will discover that pumpkin is served often either as a cream soup or side dish.

Cuchuco: A broth of carrots, peas, potatoes, pork bones, and a cereal such as wheat or corn.

Espinaca: Cream of spinach.

Menudencias: A soup made from chicken offal, vegetables and broth.

Mondongo: A thick soup/stew of beef intestines (tripe), pork, chorizo, potatoes, and herbs.

Plátano: Green plantains are boiled in a light broth with potatoes, carrots and *aracacha* (a slightly sweet root vegetable).

Puchero: Pork ribs, carrots, yucca, green plantains, potatoes, *mazorca*, pumpkin, and herbs are blended for this very flavorful and filling soup.

Tomate: Cream of tomato.

Drinks

Following is a brief listing of the many refreshing and stimulating cold and hot drinks you can enjoy in Bogota.

Cold Drinks

Juices: Fresh fruit juices, called *jugos naturales*, are served in most bars, restaurants, and cafés. Ask the server, *¿Qué clase de jugos naturales tienes hoy?* (What kinds of natural juices do you have today?),

Espárragos: Crema de espárragos.

Avena: Caldo de vegetales fortificado con avena y papas.

Ahuyama: Descubrirá que la calabaza se sirve a menudo como crema o sopa para acompañar.

Cuchuco: Un caldo de zanahorias, guisantes, papas, huesos de cerdo y un cereal como trigo o maíz.

Espinaca: Crema de espinaca.

Menudencias: Sopa hecha de despojos de pollo, vegetales y caldo.

Mondongo: Una espesa sopa/estofado de intestinos de carne de res (callos), carne de cerdo, chorizo, papas y hierbas.

Plátano: Plátano verde hervido en un caldo con papas, zanahorias y arracacha (un vegetal de raíz ligeramente dulce).

Puchero: Costillas de cerdo, zanahoria, yuca, plátanos verdes, patatas, mazorca, calabaza y hierbas se mezclan para esta sopa muy sabrosa y sustanciosa.

Tomate: Crema de tomate.

Bebidas

A continuación una breve lista de las muchas refrescantes y estimulantes bebidas calientes y frías que se pueden disfrutar en Bogotá.

Bebidas frías

Jugos: Zumos de fruta fresca, jugos naturales, se sirven en la mayoría de los bares, restaurantes y cafés. Pregunte al mesero: "¿Qué clase de jugos naturales tiene hoy?", y prepárense para escuchar una lista de frutas tropicales, descrita en la página 241.

CONSEJOS ESENCIALES: Al realizar el pedido de un jugo, se le preguntará si desea que sea con leche o agua con la excepción de naranja, mandarina y toronjil (toronja), que se exprimen y no se mezclan con nada. Usted también puede pedir el jugo con o sin azúcar, pero algunos de los frutos deben tener por lo menos un poco de azúcar para cortar la acidez.

Limonada: Hecha fresca con limas.

Masato: Hay varias formas de hacer esta bebida no alcohólica, pero la más común es elaborada con harina de arroz, panela (azúcar sin refinar), clavo y canela.

Avena: Una bebida cremosa a base de avena.

Chicha: Es una bebida alcohólica más comúnmente hecha de maíz fermentado.

and be prepared to hear a list of tropical fruits, described on page 241.

ESSENTIAL TIPS: When ordering a juice, you will be asked if you want it made with milk or water with the exception of *naranja*, *mandarina*, and *toronjil* (orange, mandarin, and grapefruit), which are squeezed and not mixed with anything. You can also ask for the juice to be made with (*con*) or without (*sin*) sugar (*azúcar*), but some of the fruits should definitely have at least a little sugar to cut the tartness.

Limonada: Freshly made limeade.

Masato: There are several varieties of this non-alcoholic drink, but the most common is made with rice meal, *panela* (unrefined brown sugar), cloves, and cinnamon.

Avena: A creamy drink made from oats.

Chicha: An alcoholic drink most commonly made from fermented corn.

Forcha: An alcoholic drink from the coffee-growing region made with fermented sugar cane that is sold by street vendors.

Hot Drinks
Aromática: A uniquely Colombian creation of hot water infused with fresh herbs and fruit—mint and strawberries are the most common. Not only are they beautiful, they are also a very refreshing and soothing choice. The word aromática is also used for herbal tea.

Cajarillo: Black coffee with a shot of brandy or aguardiente.

Canelazo: An aromática made of pure brown sugar cane (*panela*), herbs, and a shot of an anise-based liquor called *aguardiente*.

Chocolate: Hot chocolate is very popular and can be made with milk or water.

Café: Being one of the leading coffee producers in the world, coffee is naturally consumed in mass quantities in Colombia. Until recent times, the best coffee was exported, but that has changed and very good quality coffee is served in Bogota. In addition to the traditional *tinto* (black coffee sometimes served sweetened) and *café con leche*, espresso drinks are also very popular.

ESSENTIAL TIPS: If you order "café" the server will assume that you want coffee with milk. If you want it black, be sure to ask for *un tinto* (also known as an *americano*), which you ask for either *clarito* (light) or *oscuro* (strong).

Forcha: Una bebida alcohólica de la región cafetalera con caña de azúcar fermentada que comercializan vendedores ambulantes.

Bebidas calientes

Aromática: Una creación colombiana única de agua caliente como infusión con hierbas frescas y fruta —la menta y las fresas son lo más común. No solo son hermosas, también son una opción muy refrescante y calmante. La palabra aromática también se usa para el té de hierbas.

Cajarillo: Café negro con un trago de brandy o aguardiente.

Canelazo: Una aromática de pura caña de azúcar morena (panela), hierbas y un trago a base de licor de anís llamado aguardiente.

Chocolate: El chocolate es muy popular y se puede hacer con leche o agua.

Café: Siendo de los principales productores de café en el mundo, el café es naturalmente consumido en enormes cantidades en Colombia. Hasta hace poco, el mejor café se exportaba, pero eso ha cambiado y en Bogotá se sirve café de muy buena calidad. Además del tradicional tinto (café negro a veces endulzado) y del café con leche, los expresos también son muy populares.

CONSEJOS ESENCIALES: Si pide "café", el mesero asumirá que usted quiere café con leche. Si lo quiere negro, asegúrese de pedir un "tinto" (también conocido como un "americano"), el cual puede pedir clarito u oscuro (fuerte).

Panela: El agua de panela está hecha con azúcar morena no refinada y tiene muchas vitaminas naturales y minerales. A pesar de

Panela: *Agua de panela* is made with unrefined brown sugar, and it has many natural vitamins and minerals. Even though it is sugar-like, the drink is not overly sweet and tastes a bit like honey or molasses.

Tea: Most cafés and restaurants will have at least standard Lipton black tea. But many now have a variety of brands and flavors, such as Stash, Harney & Sons, and Twinings. Tea houses are also popping up in Bogota, where you can order from a selection of fine loose-leaf teas.

Vino Caliente: Hot, spiced, red wine is perfect to chase the sometimes chilly Bogota weather away.

Fruits

Bogota, capital of the most biodiverse nation in the world per square meter, is very fortunate to boast a stunning variety of fruit year-round.

Many *fruterías* (fruit shops) also serve *ensalada de fruta*, freshly prepared fruit salad typically made with cream, cheese, and coconut; street vendors specialize in freshly sliced fruits, real orange, mandarin, and carrot juices, and *agua de coco* (coconut milk sipped through a straw in the coconut husk).

Following is a list of the fruit that you will find at most fruit stalls, street vendors, supermarkets, and huge distribution centers such as Paloquemao. The majority of restaurants, whether large or small, also make *jugos naturales*, fresh juice made from fruit pulp blended with either milk or water with sugar—unless otherwise requested—so be sure to ask: "*¿Qué jugos tienen hoy?*"

Araza: A bright yellow fruit with a highly acidic taste that is mixed with water and sugar or honey for a refreshing drink.

Banano: Bananas!

Chirimoya: Also known as the custard apple, the exterior of this fruit, with its fleshy spikes, might be a bit imposing, but a silky white fruit surrounds the seeds and lines the inside of the skin. Hints of pineapple, strawberry, papaya, and banana meld together, offering a truly unique taste sensation.

Chontaduro: Known as an aphrodisiac and performance enhancer, this round and somewhat meaty seasonal fruit is usually covered with a bit of honey or served as a juice by street vendors.

Ciruela: Small, red plums that can be found year-round. The fruit is also used in the delectable *torta de ciruela*, a dark cake made with semi-dried plums, wine, and nuts.

Coco: Shredded, milked, creamed, candied, or riced coconut is so divine.

que es similar al azúcar, la bebida no es demasiado dulce y sabe un poco como la miel o melaza.

Té: La mayoría de los cafés y restaurantes tienen por lo menos té Lipton negro estándar. Pero muchos tienen ahora una gran variedad de marcas y sabores, como Stash, Harney & Sons y Twinings. Casas de té también están abriendo en Bogotá, donde podrá elejir de una selección de tés finos de hojas sueltas.

Vino caliente: Caliente, condimentado, el vino tinto es perfecto para ahuyentar el a veces frío clima de Bogotá.

Frutas

Bogotá, la capital de la nación con más biodiversidad por metro cuadrado en el mundo, tiene la gran suerte de alardear de una variedad deslumbrante de fruta todo el año.

Muchas fruterías también sirven ensalada de fruta, ensalada preparada fresca típicamente hecha con crema, queso y coco; los vendedores callejeros se especializan en fruta fresca cortada, zumos de pura naranja, mandarina y zanahoria y agua de coco (leche de coco bebida a sorbos a través de una pajilla en la cáscara de coco).

La siguiente es una lista de frutas que encontrará en la mayoría de los puestos de fruta, vendedores callejeros, supermercados y enormes centros de distribución como Paliqueado. La mayoría de los restaurantes, grandes o pequeños, también hace jugos naturales, el zumo fresco hecho de la pulpa de la fruta mezclado con leche o agua con azúcar —a menos que lo pida de otra forma— así que asegúrese de preguntar: "¿Qué jugos tienen hoy?".

Araza: Un fruto amarillo brillante con un sabor muy ácido que se mezcla con agua y azúcar o miel para obtener una bebida refrescante.

Banano: ¡Bananas!

Chirimoya: También conocida como "cherimoya" o "chirimoyo", el exterior de esta fruta, con sus picos carnudos, podría ser un poco imponente, pero una fruta blanca y sedosa rodea las semillas y recubre el interior de la piel. Toques de piña, papaya, fresa y plátano se funden juntos, ofreciendo una sensación de sabor único.

Chontaduro: Conocido como un afrodisíaco o potenciador y que mejora el rendimiento, a esta redonda y algo carnosa fruta de temporada generalmente los vendedores ambulantes la bañan con un poco de miel o se sirve como jugo.

Ciruela: Ciruelas rojas, pequeñas que se pueden encontrar durante todo el año. La fruta se utiliza también en la deliciosa torta de ciruela, una oscura torta hecha con nueces, ciruelas semideshidratadas y vino.

Strawberries from street vendors
Fresas de vendedores callejeros

Curuba: Don't be fooled by the "cucumberesque" appearance; the taste of this vitamin- and mineral-rich fruit is a soothing blend of banana and passion fruit that is used for juice, desserts, sauces, and more.

Durazno: Just peachy! That's how you'll be when tasting this fuzzy fruit either fresh, or in a multitude of amazing pastries.

Feijoa: This green, egg-shaped fruit's sweet and juicy pulp is surrounded by a slightly gritty flesh. Typically you will find it on juice menus in Bogota, and it froths up beautifully when blended with water.

Frambuesa: Raspberries are most commonly found frozen and blended with water or milk and sugar for a fantastic juice.

Fresa: Strawberries are cultivated year-round near Bogota and the large, bright red, sweet-tart fruit is sold in fruit shops and by street vendors. Fresas con crema (strawberries and fresh whipped cream) is a mainstay in many fruterías and pastelerías. Jugo de fresa (strawberry juice) is a true delight that can be found almost anywhere fresh juice is prepared.

Granadilla: The orange-yellow skin cracks a bit like an egg, and gives way to a white membrane that protects the sweet "jellyish" opaque fruit and edible seeds.

Guama: Look for a long, hard, green pod casing that has to be opened along the seam for the soft, white, fuzzy flesh encasing the black seeds of this seasonal delicacy.

Guanabana: Also known as Soursop, this fruit is big, green, and spiky on the outside and white, creamy, and pitty on the inside. It's a smooth and refreshing treat served either in a cup to be eaten like custard or blended for juice.

Guayaba: This fruit packs more vitamin C than oranges and can be prepared as a juice, with queso campesino (a white cheese), or as a sweet pastry called bocadillo.

Lulo: Yellow-orange flesh covers green fruit and seeds. Most commonly, the fruit is used for juice or another wonderfully frothy and unique drink called *lulado*.

Coco: Rallado, como leche, como crema, confitado o en arroz, el coco es tan divino.

Curuba: No se deje engañar por su apariencia "pepinezca"; el sabor de esta fruta rica en vitaminas y minerales es una mezcla relajante de banana y fruta de la pasión que se utiliza para jugos, postres, salsas y mucho más.

Durazno: Sentirá un gran placer al degustar esta fruta sedosa bien sea fresca, o en una multitud de increíbles pasteles.

Feijoa: La pulpa dulce y jugosa de esta fruta verde y ovoide está rodeada por una carne ligeramente arenosa. Típicamente la encontrará en menús de zumo en Bogotá y espuma maravillosamente cuando se mezcla con agua.

Frambuesa: Las frambuesas comúnmente se encuentran congeladas y mezcladas con agua o leche y azúcar hacen un jugo fantástico.

Fresa: Las fresas se cultivan todo el año cerca de Bogotá y la gran fruta agridulce, de un rojo vivo se vende en fruterías y por vendedores callejeros. Las fresas con crema (fresas y crema batida fresca) son un pilar en muchas fruterías y pastelerías. El jugo de fresa es un verdadero deleite que se puede encontrar casi en todas partes donde se prepara jugo fresco.

Granadilla: La piel naranja-amarilla se rompe casi como un huevo y da paso a una membrana blanca que protege la dulce, "gelatinosa", opaca fruta y sus semillas comestibles.

Guama: Busque una vaina larga, dura y verde que se abre a lo largo de la unión para encontrar la carne suave, blanca, sedosa que guarda las semillas negras de este manjar estacional.

Guanabana: Grande, verde y con puntas en el exterior, blanca, cremosa y llena de semillas en el interior. Esta fruta es suave y refrescante servida en taza para ser comida como flan o licuada para jugo.

Guayaba: Esta fruta contiene más vitamina C que las naranjas y puede ser preparada como un jugo, comida con queso campesino (un queso blanco) o como un dulce llamado bocadillo.

Lulo: Una piel de color amarillo-naranja cubre la fruta verde y las semillas. La fruta se utiliza más comúnmente para jugo u otra bebida maravillosamente espumosa y única llamado "lulado".

Mango: Hay distintas variedades de mango en Bogotá, una de las más populares es el pequeño mango de azúcar, una potencia concentrada de "mango-delicia". El jugo fresco de mango también es muy popular.

Mango: Several varieties of mangos are available in Bogota. One of the most popular is the smaller *mango azúcar*, a concentrated powerhouse of "mangolicousness." Fresh mango juice is also very popular.

Maracuyá: Passion fruit, so tangy, a bit tart, and sweet, typically used for juice or desserts.

Manzana: Golden, green, and red, an apple a day never tasted so good.

Mandarina: The smaller, sweet, delectable mandarin orange.

Mamoncillo: Small and green, this fruit can taste like a lime or a lychee.

Mora: Blackberry, one the most readily found fruits in Colombia given the nation's alpine-type landscape, can also be found frozen and blended with water or milk and sugar for a fantastic juice.

Naranja: The larger, sweet, delicious navel orange.

Papaya: Bigger than what is usually seen in the United States and Europe, this bright coral fruit is slightly sweet. The little black seeds can also be eaten for a peppery treat.

Piña: Sweet and tangy, freshly peeled pineapple can be found in fruit shops and from street vendors.

Pitaya: A pliant, spiky flesh protects a slightly sweet white seedy fruit. Pitaya is renowned for its diuretic and energy-inducing properties.

Sandía/Patilla: Red, juicy, and refreshing watermelon.

Tomate de árbol: A cross between a green tomato and passion fruit, this tree climber is used primarily for a slightly tangy juice.

Uchuva: Also known as gooseberry, these small, round, orange delights pack a lot of pungent flavor and a high fiber content.

Uva: Plump, juicy, delicious green, black, and purple grapes.

Zapote: What do you get when you cross a pumpkin, a sweet potato, and a lot of natural sugar? It's *zapote*, or *mamey*, or *sapote*. The brown flesh gives way to a wonderful orange fruit that can be either eaten or added to milk for a lovely batido.

When in Bogota or traveling across Colombia, be sure to enjoy as many of these wonderful fruits as you can, and you will add a flavorful sensation to your memories.

Maracuyá: La fruta de la pasión, tan fuerte y un poco ácida generalmente se utiliza para jugos y postres.

Manzana: Amarilla, verde y roja, una manzana al día nunca supo tan bien.

Mandarina: La pequeña, dulce y deliciosa mandarina.

Mamoncillo: Pequeño y verde. Esta fruta puede saber a lima o a lichi.

Mora: Una de las frutas más fácilmente encontradas en Colombia dado el paisaje nacional tipo alpino, también se puede encontrar congelada y mezclada con agua o leche y azúcar para un jugo fantástico.

Naranja: La naranja sin semilla más grande, dulce, deliciosa.

Papaya: Más grande de lo que generalmente se observa en Estados Unidos y Europa, la fruta coral brillante es ligeramente dulce. También se pueden comer las semillas negras para un convite picante.

Piña: Dulce y agria, la piña recién pelada puede encontrarse en fruterías y con vendedores ambulantes.

Pitaya: Una piel flexible y con puntas protege a esta fruta blanca, ligeramente dulce y llena de semillas. La pitaya es renombrada por sus propiedades diuréticas y energéticas.

Sandía/Patilla: Roja, jugosa y refrescante.

Tomate de árbol: Un cruce entre un tomate verde y fruta de la pasión, la fruta de esta planta trepadora se utiliza principalmente para un jugo algo agrio.

Uchuva: Estas pequeñas y redondas delicias de naranja tienen un montón de sabor y un alto contenido en fibra.

Uva: Regordetas, jugosas, deliciosas, verdes, negras y moradas.

Zapote: ¿Qué se consigue cuando se cruzan una calabaza, una batata y mucha azúcar natural? Un zapote, o mamey o sapote. La piel marrón cede el paso a un maravilloso fruto de color naranja que puede tanto comerse como añadirse a la leche para un maravilloso batido.

Cuando se encuentre en Bogotá, o viajando por Colombia, asegúrese de disfrutar tantas de estas frutas maravillosas como pueda y agregará una sensación de sabor a sus recuerdos.

Panadería

Panadería and Pastelería Pandemonium

Don't miss out on trying typical Colombian breads and pastries at one of the many *panaderías* and *pastelerías* in Bogota. Don't be surprised if when the baker brings out a hot-from-the-oven batch, a swarm of devotees suddenly appears out of nowhere. One taste and you will understand the frenzy. Delicious *arepas* and empanadas can also be bought from street vendors who prepare them regularly for a fresh, quick snack or meal. Try not to be dazed by the beautiful cakes and cookies displayed so temptingly at the *pastelería*; you will doubtlessly enjoy whatever selection you make — just be prepared to want another taste, and more after that.

Gluten-intolerant visitors will be happy to know that there are many treats that they can enjoy, such as *pan de* yucca, *buñuelos,* and *pan de bono*. Some *panaderías*, such as Pan y Soya and Fondant Cakes, have been specializing in delicious gluten-free baking for decades.

Following is a sampling of some of the amazing bread, snack, and pastry choices that can be found in most *panaderías* and *pastelerías*:

Almojabona: A spongy disc-shaped bread/biscuit made from yucca starch, white corn flour, and cheese. This bread is amazing when eaten warm.

Arepas: Primarily made with white or yellow cornmeal (some have a little wheat flour added), there are many kinds of arepas; we suggest that you try as many as possible:

...paisa blanca: A Colombian staple that is served with many dishes at restaurants as opposed to white bread or crackers.

Pandemonio de panadería y pastelería

No se pierda la oportunidad de probar los típicos panes y pasteles colombianos en una de las muchas panaderías y pastelerías de Bogotá. No se sorprenda si cuando el panadero saca una bandeja caliente del horno, un enjambre de devotos de repente aparece como de la nada. Una probadita y usted entenderá el frenesí. Deliciosas arepas y empanadas también se pueden comprar a vendedores callejeros que las preparan con regularidad para un bocado o comida fresca y rápida. Trate de no dejarse aturdir por los hermosos pasteles y galletas presentados tan atractivamente en la pastelería; sin duda disfrutará de cualquier selección que haga, solo prepárese para querer probar otro sabor y más después de ello.

Los intolerantes al gluten se alegrarán de saber que hay muchos bocadillos de los cuales pueden disfrutar, como pan de yuca, buñuelos y pan de bono. Algunas panaderías, como Pan y Soya y Fondant Cakes se han especializado en el delicioso horneado sin gluten durante décadas.

Lo que sigue es una prueba de algunos asombrosos panes, bocadillos y opciones de pastelería que se pueden encontrar en la mayoría de las panaderías y pastelerías:

Almojabana: Un esponjoso disco de pan hecho de almidón de yuca, harina de maíz blanco y queso. Este pan es increíble cuando se come caliente.

Arepas: Principalmente hechas con harina de maíz blanco o amarillo (a algunas se les agrega un poco de harina de trigo), hay muchas clases de arepas; le sugerimos que pruebe tantas como le sea posible:

...*paisa blanca*: Un emblema colombiano que se sirve con muchos platos en los restaurantes en lugar de pan blanco o galletas.

...*santandereana*: Grandes y planas, como una galleta, estas son hechas a la parrilla y saben increíble con un poco de mantequilla y sal. Dulces o saladas con el queso de su elección.

...*con huevo*: En este caso a la arepa de maíz se le da forma, se corta, y el huevo crudo se envuelve en su nuevo caparazón. La arepa es entonces frita en mucho aceite, cocinando el huevo y la arepa hasta que se forma una corteza crujiente. Algunas también están rellenas de carne de res molida además del huevo. Son identificadas fácilmente por la dura superficie.

...*rellena*: Comúnmente rellenas de pollo, pollo y champiñones, carne mechada o una combinación de estas. Después de comer una, usted sabrá lo que se siente comer una arepa rellena (y querrá otra).

...santandereno: Large and flat, like a cracker, these are grilled and taste amazing with a little butter and salt.

...con queso: Sweet or savory cheese, your choice.

...con huevo: In this case, the corn arepa is formed, then split, and the raw egg is dropped into its new shell. The arepa is then deep fried, cooking the egg and arepa until a crisp crust forms. Some are also filled with ground beef in addition to the egg. They are easily identified by the rotund surface.

...relleno: Most commonly stuffed with either chicken, chicken and mushrooms, shredded beef, or a combination. After you eat one, you'll know what a stuffed arepa feels like (and you'll want another one).

...de choclo: Made with the yellow meal from sweet, baby corn. Typically ham and cheese are added during the cooking process, and the arepa is rolled like a crepe. You can always ask for it "sin jamón" or "sin queso" or both, if that is to your taste.

Buñuelo: Once a treat reserved for Christmas festivities, these slightly sweet round balls made of yucca starch, finely ground white corn flour, and cheese are deep-fried until crispy on the outside and soft on the inside.

Corazone: Call them hearts, butterflies, or elephant ears, corazones can be found small or large, dipped in chocolate or plain, but always buttery and very flaky.

Croissants: Usually stuffed with cheese, or ham and cheese; however, the most delectable and flaky plain, chocolate, or almond-filled croissants can also be found.

Empanada: Beef, chicken, and cheese are the most common fillings encased in a golden corn crust. Usually served with a slice of lime and ají (a sometimes spicy and herby condiment).

Lacteos: Colombians love dairy and this is evidenced by the number and variety of creamy desserts such as mousses, tiramisu, cheesecake, *tres leches* cake, *leche asada,* and choco-flan.

Mantecada: Buttery, crumbly, golden-brown cakey goodness.

Milhojas: This delicacy with flaky pastry leaves supporting creamy custard and indulgent icing is Colombia's answer to the French napoleon.

Mogollas: Dark brown, dense, and a little sweet, or whole wheat with grains, mogollas can taste like a cross between a roll and a cake.

Palette de queso: A soft and dense Colombian cheese stick.

...de choclo: Hecha con harina de tierno maíz dulce. Típicamente se añaden jamón y queso durante el proceso de cocción, y la arepa se enrolla como una *crepe*. Siempre puede pedirla sin jamón o sin queso o sin ambos, si es de su gusto.

Buñuelo: Alguna vez un deleite para las festividades navideñas, estas bolas ligeramente dulces hechas de almidón de yuca, harina de maíz finamente molida y queso se fríen hasta lograr una capa tostada y una textura suave en el interior.

Corazones: Ya sea que los llame corazones, mariposas u orejas de elefante, los corazones puede encontrarlos pequeños o grandes, con una cobertura de chocolate o solos, pero siempre llenos de mantequilla y crujientes.

Croissants: Usualmente rellenos de queso o jamón y queso; sin embargo también se consiguen deliciosos y crujiente sin relleno, rellenos de chocolate y rellenos de almendra.

Empanada: Los rellenos más comunes son carne, pollo y queso cubiertos por una masa de maíz dorada y crujiente. Usualmente se sirven con una tajada de lima y ají (un condimento de hierbas que puede ser picante).

Lácteos: Los colombianos adoran los lácteos; evidencia de esto es el número y la variedad de postres cremosos como la *mousse*, el tiramisú, la torta de queso, la torta de tres leches, la leche azada y el flan de chocolate.

Mantecada: Una delicia de torta mantecosa y dorada. Se deshace en la boca.

Milhojas: Este delicado postre en laminillas unidas por centros de natilla y una indulgente mezcla de azúcar es la versión colombiana del Napoleón francés.

Mogollas: Marrón oscuro, densas y un poco dulces, de trigo entero o con granos, las mogollas pueden tener un sabor intermedio entre un pan y una torta.

Palo de queso: Un palo de queso colombiano que es suave y denso.

Pan francés: El típico pan francés que es tostado afuera y suave por dentro.

Pandebono: Harina de maíz y yuca mezcladas con queso de cuajada y huevos, para crear un ligero y delicioso hermano de la almojábana. Los pandebonos a veces también se rellenan con pasta de guayaba.

Pan de coco: Pequeño y macizo, la masa es mezclada con coco y horneada con coco rallado por encima.

Pan Francaise: A typical French roll, crunchy on the outside and soft on the inside.

Pandebono: Corn flour and yucca flour are mixed together with cuajada cheese and eggs to create a light and delicious sibling to the almojabona. Pandebonos are also sometimes filled with guava paste.

Pan de coco: Little and rotund, the dough is mixed with coconut and baked with a sprinkling of shredded coconut on top.

Pan de queso: A French-style roll is split on top and cheese is melted over it. These breads are almost impossible to stop dreaming of after you have eaten one hot and fresh!

Pan de yucca: Usually long and rounded at the ends, this bread is made from yucca flour mixed with a little cheese and then baked until puffy. Some are crunchy while others are extremely soft.

Pan de chicharrón: A whole new meaning for "pigs in a blanket," as savory *chicharrón* (pork crackling) is wrapped inside a warm pastry crust.

Pasabocas: Bite-sized snacks such as puff pastry filled with guava paste.

Pasteles: Very much like a puff pastry filled with either savory or sweet ingrdients.

...*de carne*: Puff pastry filled with savory ground beef.

...*de pollo*: Puff pastry filled with shredded chicken (sometimes mixed with mushrooms).

...*Gloria*: Puff pastry filled with guava paste.

...*de yuca*: Like a croquette, mashed yucca is mixed with rice and ground beef, and then fried until golden brown.

Ponque: Spongy cake flavored with anise or liquor; some are topped with fruit or crumble, while others are bare. Any way you slice it, pound cake will never look, or taste, the same way again!

Roscones: Usually filled with *arequipe* (think caramel) or guava paste and topped with sugar, these giant doughnuts are sure to satisfy your sweet tooth.

Torta de ciruela: A cake darkened by wine and the wonderful little Colombian plums in and on top of the cake; sometimes walnuts are baked in for extra flavor.

Pan de queso

Pan de queso: Un pan al estilo francés, rajado en la mitad, cubierto de queso derretido. ¡Es casi imposible parar de soñar con ellos una vez que se prueban calientes y frescos!

Pan de yuca: Usualmente largo y redondeado en las puntas, este pan es hecho de harina de yuca, mezclada con un poco de queso y luego horneado hasta que se infla. Algunos son crocantes y otros son extremadamente suaves.

Pan de chicharrón: Redefiniendo los "cerdos enmantados" (*pigs in a blanket*), el chicharrón (piel de cerdo) lleno de sabor es cubierto por una masa caliente y crujiente.

Pasabolas: Bocadillos pequeños como pastelitos esponjados rellenos de pasta de guayaba.

Pasteles: Similares a un pastel de hojaldre relleno tanto con ingredientes salados o dulces.

...de carne: Pastel de hojaldre relleno con carne molida.

...de pollo: Pastel de hojaldre relleno con pollo desmechado (a veces mezclado con champiñones).

...Gloria: Pastel de hojaldre relleno con pasta de guayaba.

...de yuca: Parecido a una croqueta, la yuca hecha puré se mezcla con arroz y carne molida, y luego se fríe hasta obtener un tono dorado café.

Ponqué: Una torta esponjosa, con sabor a anís o licor, algunas cubiertas de fruta en trocitos, mientras que otras son simples. ¡Como sea que lo corte, el ponqué nunca se verá ni sabrá de la misma manera nuevamente!

Roscones: Usualmente rellenos de arequipe (dulce de leche) o pasta de guayaba, cubiertos de azúcar, estas rosquillas gigantes satisfacen a los amantes del dulce.

Torta de ciruela: Una torta oscurecida con vino con pequeñas y exquisitas ciruelas colombianas dentro y fuera de la torta; algunas veces contiene nueces concediéndole un sabor adicional en el horneado.

Market vegetable stand / Puesto de verduras en el mercado

There is absolutely no shortage of food markets in Bogota. Supermarket chains abound as do big box stores. Add up the thousands of independently-owned and operated markets, specialty food shops, convenience stores, fruit stands, butchers, bakers, and candlestick makers, and you start to get a picture of the abundance available in Bogota for all budgets and tastes. Indeed, it seems that there is more than one place to pick up a quick snack, groceries, fruit, fish, and meat on most blocks.

No hay ningún tipo de escasez de mercados para comida en Bogotá. Las cadenas de supermercados y las macrocadenas abundan. Si se suman los miles de mercados independientes dirigidos por su dueño, las tiendas de comida artesanal, las tiendas de conveniencia, los puestos de frutas, las carnicerías, las pastelerías y las tiendas de velas, se puede empezar a tener una idea de la abundancia de oferta disponible en Bogotá para todos los presupuestos y gustos. De hecho, parecería haber más de un lugar por cuadra en donde se pueden conseguir tentempiés, comestibles, frutas, pescado y carne.

General Groceries
Víveres en general

Carulla
Everything you would expect from an average supermarket, including good wine and cheese sections. Some locations also sell kosher meats and products.
The plaza in front of the first location listed turns into party central for college students on the weekends.
Todo lo que usted podría esperar de un supermercado promedio, incluyendo buen vino y secciones de quesos. Algunas de sus sucursales venden carnes y productos *kosher*.
La plaza frente a la primera locación mencionada se convierte en una gran fiesta para estudiantes universitarios los fines de semana.

Calle 70 No. 10 – 70
Calle 72 No. 5 – 33
Calle 125 A No. 53 – 86
Calle 63 No. 7 – 09
Open twenty-four hours. / Abierto las veinticuatro horas.
Calle 85 and/con Carrera 15
Carrera 15 No. 114 A – 33
Open twenty-four hours. / Abierto las veinticuatro horas.

Olímpica/SAO
A mid-range market where their supertiendas offer the same amount of products as big box stores.
Un mercado de clase media donde sus supertiendas ofrecen la misma cantidad de productos que los hipermercados.

Calle 14 No. 9
Called 63 A No. 16 – 55
Avenida Calle 80 No. 100 – 52
Store/Local 1002

Tomatoes / Tomates

Big Box Stores
Hipermercados

The following stores offer home shopping and delivery services. When checking out you will be asked if you are afiliado (affiliated), and you will be asked for your tarjeta supercliente (super customer card) or for your tarjeta puntos (points card), which entitles you to select discounts on different days. It is a good idea to sign up if you are going to be staying in Bogota for an extended period of time.

Las siguientes tiendas ofrecen servicios de pedido y entrega a domicilio. Al pagar se le preguntará si está afiliado y se le pedirá el número de su tarjeta supercliente o su tarjeta de puntos, que le dan derecho a descuentos en diferentes días. Es una buena idea inscribirse si se va a quedar en Bogotá por un largo período de tiempo.

Éxito

The big Colombian brand merged with France's Casino brand, offering everything your household might need. Éxito Express convenience shops can also be found around Bogota. Open twenty-four hours.

La gran marca colombiana se fusionó con la marca Casino de Francia, ofreciendo todo lo que su hogar puede necesitar. Las tiendas de conveniencia Éxito Express también pueden encontrarse alrededor de Bogotá. Abierto veinticuatro horas.

Avenida 15 No. 123 – 30
Store/Local 1233
Calle 52 No. 13 – 70
Carrera 15 No. 51 – 45
Avenida Calle 145 No. 105 B – 58

Jumbo

Formerly the French chain Carrefour, the Latin American division has been sold to Chilean-based company Jumbo.

Anteriormente la cadena francesa Carrefour, la división de Latinoamérica ha sido vendida a la empresa Consesud de Chile.

Carrera 54 A No. 98 A – 51
Store/Local 102
CC Santa Ana
Carrera 9 and/con Calle 110
Avenida Ciudad de Cali
Calle 146 A No. 106 – 20
Calle 170 No. 64 – 47

ESSENTIAL TIPS
CONSEJOS ESENCIALES

Payments can be made with cash, a store card, or major credit card. If using a card, you will be asked, "¿Cuántas cuotas (How many installments)?" When using a Colombian-issued card, you are able to pay the credit card company off with installments; when using a foreign-issued card just say: una cuota (one installment).

Los pagos pueden hacerse en efectivo, tarjeta de la tienda o tarjeta de crédito. Si usa una tarjeta, se le preguntará: "¿Cuántas cuotas?". Cuando usa una tarjeta emitida en Colombia, usted puede pagarle a la compañía de tarjetas de crédito en cuotas; al usar una tarjeta del extranjero simplemente diga: "Una cuota".

Produce
Frutas y vegetales

A wonderful variety of delectable fruits and vegetables are grown in Colombia year-round (see the guide to Colombian Fruits on page 241), and you will find this bounty not only in supermarkets, but also in small fruit stands, from street vendors, and in large markets called Frutiver or Surtifriver. You can also shop at the major distribution points listed below; it is worth the trip as these are the areas where restaurant and shop owners source most of their supplies, and the sheer abundance of products and the prices are amazing.

En Colombia se cultiva una maravillosa variedad de deliciosas frutas y verduras durante todo el año (ver la guía de frutas colombianas en la página 241) y usted encontrará este botín no sólo en los supermercados, sino también en pequeños puestos de frutas, con vendedores ambulantes y en los grandes mercados llamados Frutiver o Surtifruver. También puede comprar en los grandes puntos de distribución enumerados a continuación; merece la pena el viaje ya que son las áreas donde los dueños de restaurante y tiendas adquieren la mayoría de sus productos; la enorme abundancia de producto y los precios son increíbles.

Corabastos
Avenida Carrera 80 No. 2 – 51

La Plaza de Mercado de Paloquemao
Calle 19 and/y Carrera 27

20 de Julio
Farmers from Cundinimarca set up stalls to sell their fresh produce on the weekends.
Los agricultores de Cundinamarca instalan puestos para vender sus vegetales y frutas frescos los fines de semana.
Carrera 6 No. 24 – 60 SUR

ESSENTIAL TIPS
CONSEJOS ESENCIALES

Corabastos has a reputation for being rougher than Paloquemao, which is the preferred market. It is best to go earlier in the day to these markets when you can enjoy breakfast at one of the restaurants, and you will find all of the stalls brimming with incredible colors, aromas, and tastes. Fresh flowers are delivered on Thursday mornings to Paloquemao.

Corabastos tiene reputación de ser más duro que Paloquemao, que es el mercado preferido. Es mejor ir temprano en el día a estos mercados cuando podrá disfrutar del desayuno en uno de los restaurantes y encontrará todos los puestos repletos de sabores, aromas y colores increíbles. Las flores frescas llegan el jueves por la mañana a Paloquemao.

Above: Colombian Fruit Stand
Arriba: Puesto de frutas colombianas

Specialty Food & Wine Shops
Comidas especiales y bodegas de vino

La Bodega de Abasto

★**Abasto despensa**
Located at the back of the restaurant, this shop offers fine wines, cheeses, olives, cured meats, and fresh and marinated vegetables, as well as bulk items.
Situado en la parte trasera del restaurante, esta tienda ofrece vinos, quesos, aceitunas, carnes curadas, vegetales frescos y marinados, así como artículos al por mayor.
Carrera 6 No. 119 B – 52
Tel.: 215.1286

Amarte
A fruit and ice-cream shop with more than 140 combinations of natural juices.
Frutería y heladería con más de ciento cuarenta combinaciones de jugos naturales.
Carrera 4 No. 16 – 37
Tel.: 282.7424

Amrit
Organic products.
Productos orgánicos.
Calle 97 No. 10 – 40

Anchettas & Chesttas
European cakes, cookies, chocolates, and beer.
Tortas europeas, galletas, chocolates y cerveza.
Avenida Carrera 24 No. 86 – 11
Tel.: 256.1597

Arflina Delikatessen
International selection of fine meats, chocolates, liquors, preserved fruits, and more.
Selección internacional de carnes finas, chocolates, licores, conservas de frutas, y más.
Avenida Cra. 68 No. 17 – 76
Tel.: 447.0184
Several locations. / Varias locaciones.

★**Ázimos**
Natural foods, select spices, fine honey, tofu, exotic dried mushrooms, and wine.
Alimentos naturales, especias selectas, miel fina, tofu, setas exóticas secas y vino.
Carrera 5 No. 26 A – 64
Tel.: 342.5296

Balu
Organic products.
Productos orgánicos.
Calle 121 No. 7 A – 33
Usaquen

Beirut
Middle Eastern products.
Productos del Medio Oriente.
Calle 117 No. 6 – 30
Tel.: 213.3642

★**Bioplaza**
Shop and café with a selection of organic, gluten-free, and kosher products.
Tienda y cafetería con una selección de productos orgánicos, libres de gluten y productos kosher.
Calle 79 B No. 7 – 90
Tel.: 307.8005
Several locations.
www.bioplaza.org

Boccato Di Nardi
Freshly made fine Italian meats and gourmet food.
Carnes italianas frescas y comida *gourmet*.
Calle 95 No. 69 B – 57
Tel. 613.9361

Casa Lis Cigarrería
Fine wines, cheese, chocolates, and delicatessen.
Finos vinos, quesos, chocolates y *delicatessen*.
Carrera 7 No. 17 – 10
Tel.: 342.3107

Casa Mexicana Express
Chiles, moles, tortillas, and more.
Chiles, moles, tortillas y más.
Carrera 14 No. 80
Tel.: 256.4976

Casa del Queso
Special selection of Italian wines, cheeses, and charcuterie.
Selección especial de vinos italianos, quesos y charcutería.
Calle 90 No. 15 – 51
Tel.: 635.4264

Cava de Quesos
Imported cheeses, charcuterie, and olives.
Quesos importados, charcutería y aceitunas.
Carerra 19 No. 78 – 55
Store/Local 52
Tel.: 257.3470
Several locations. / Varias locaciones.

El Aldeano
Serrano ham and sausages.
Jamón serrano, chorizos y salchichas.
Carrera 33 No. 15 – 37
Tel.: 723.3263

El Bohemio
German and Swiss sausages and meats.
Chorizos, salchichas y carnes alemanes y suizos.
Carrera 9 No. 21 – 71
Tel.: 341.1469
Several locations. / Varias locaciones.

El Glotón
Freshly roasted turkey and pork.
Pavo y cerdo recién rostizado.
Carrera 23 No. 71 – 65

Tel.: 235.1254
Several locations. / Varias locaciones.

Fondant Cakes
Gluten-free breads, puff pastries, and cakes.
Panes, pastelería y tortas libres de gluten.
Calle 148 No. 19 – 20
Tel.: 615.2803
Also located in some Surtifruver stores.
También se encuentran en algunos locales de Surtifruver.

Fractales
Organic eggs, vegetarian ingredients, all natural snacks.
Huevos orgánicos, ingredientes vegetarianos, bocadillos 100% naturales.
Carrera 18 No. 116 – 62
Tel.: 213.1928

Friogan
Fine cuts of meat.
Finos cortes de carne.
Carrera 15 No. 106 – 18
Tel.: 742.7732
Several locations. / Varias locaciones.

Germinario
Organic produce.
Vegetales y frutas orgánicos.
Calle 10 A No. 10 A – 38
Tel.: 235.5198

★Global Gourmet
Oriental ingredients, utensils, and cooking classes.
Ingredientes orientales, utensilios y clases de cocina.
Carrera 14 No. 90 – 12
Tel.: 256.7911
http://globalgourmetmarket.com

Green Market
Eco-Cert certified organic fruits, vegetables, meat, dairy products, and more.
Frutas y vegetales, carne, productos lácteos orgánicos y más certificados por Eco-Cert.
Calle 91 No. 13 A – 14
Tel.: 530.1617

Il Filetto Gourmet

Hipermar

Fresh and frozen seafood products from international waters, including herring, smoked salmon, and caviar.
Frutos de los mares internacionales frescos y congelados, incluyendo arenque, salmón ahumado y caviar.
Calle 69 No. 17 – 60
Tel.: 217.3109

Huerta Cajica Supermercado

Fine wines, liquors, cheeses, olive oil, and more.
Vinos y licores finos quesos, aceite de oliva y más.
Calle 125 Bis No. 20 – 20
Tel.: 213.9132

Il Filetto Gourmet

Fine meats, fish, chocolates, wines, and Italian ingredients.
Finas carnes, pescado, chocolates, vinos e ingredientes italianos.
Calle 120 A No. 6 A – 04
Tel.: 620.4156

Il Pomodoro Gourmet

Freshly made pastas, sauces, antipasti, cured Italian meats, and olive oils.
Pasta fresca, salsas, *antipastos*, embutidos italianos y aceites de oliva.
Carrera 6 No. 116 – 74
Tel.: 214.3555

★Koller

Excellent selection of prime cut meats.
Excelente selección de cortes de carne de primera.
www.koyomad.com.co

Several locations. / Varias locaciones.

KUSI

All natural chutneys, dressings, and ajies.
Chutneys naturales, aderezos y picantes.
Calle 69 No. 73 A – 23
Tel.: 291.7602

Kyoto Oriental Groceries

Japanese food importers.
Importadores de comida japonesa.

Carrera 11 No. 97 – 32
Tel.: 257.2728

La Bodega de Abasto
Organic products, freshly roasted coffee, aromatic plants, natural honey, and specialty cheeses.
Productos orgánicos, café recién tostado, plantas aromáticas, miel natural y quesos de especialidad.
Calle 120 A No. 3 A - 05
Tel.: 620.5262

La Boutique de las Carnes
Fine meat and related products.
Finas carnes y productos afines.
Calle 80 No. 11 – 30
Tel.: 257.5400

La Ecotienda
Teas, milks, honey, organic wine, soy products, flours, and more.
Tés, leches, miel, vino orgánico, productos de soya, harinas y más.
Calle 93 B No. 11 A – 84
Tel.: 622.3600

Lácteos Levelma
Freshly made beautiful dairy products.
Productos lácteos frescos y hermosos.
Carrera 7 A No. 140 – 31
Several locations. / Varias locaciones.

La Flor de la Vida
Vegetarian products and cooking classes.
Productos vegetarianos y clases de cocina.
CC Pasadena
Carrera 53 No. 104 B – 58
Store/Local 21
Tel.: 610.1481

La Monferrina
Handmade pastas.
Pastas hechas a mano.
Carrera 4 No. 26 – 29
Tel.: 342.0882

Las Margaritas
Dried and conserved fruits and nuts, as well as other bulk items and cheeses.
Frutos frescos y en conserva, nueces así como otros productos y quesos a granel.
Avenida 19 No. 154 – 65
Tel.: 274.5547

La Viña
Fine wines and liquors.
Vinos y licores finos.
Carrera 15 No. 83 – 24
Tel.: 236.7149

La Zamorana
Gourmet sandwiches, paella, Spanish tapas, cheese trays, wines, and liquors.
Sándwiches *gourmet*, paella, tapas españolas, tablas de quesos, vinos y licores.
Calle 95 No. 11 A – 98
Tel.: 611.5648

Luna Dorada
All natural food products.
Productos alimenticios naturales.
Carrera 9 No. 70 – 55
Tel.: 249.3493

Maki Roll
Oriental foods.
Comidas orientales.
Calle 95 No. 11 – 10
Tel.: 218.0103

Medio Oriente Supermercado
Middle Eastern spices and products.
Especias y productos de Medio Oriente.
Carrera 15 No. 95 – 07
Tel.: 618.3095

Melange Gourmet
High quality teas, herbs, spices, and dried fruits.
Tés, hierbas, especias y frutos secos de primera calidad.
Calle 90 No. 13 – 44
Tel.: 466.0129

Morenos Limitada
Fresh and dried herbs, specialty teas, and imported items.
Hierbas frescas y deshidratadas, tés especiales y productos importados.
Calle 74 No. 63 – 41
Tel.: 630.3930

★Ofresco's
All organic produce, eggs, and dairy products. Home delivery is also available.
Vegetales y frutas 100% orgánicos, productos lácteos y huevos. Tienen entrega a domicilio.
Calle 106 No. 8 A – 48
Tel.: 215.8259
www.ofrescos.com

OPA'S
One hundred percent natural jams, preserved/pickled vegetables, and baked goods.
Mermeladas 100% naturales, vegetales en conserva y encurtidos y productos horneados.
KM 20 Autopista Medellin
El Rosal
Tel.: 310.217.5043

Pan Vivo
Vegetarian and gluten-free baked goods and cooking classes.
Productos vegetarianos horneados y libres de gluten y clases de cocina.
Calle 103 B No. 49 – 05
Tel.: 317.404.3563

Pastaio
Specialty pastas and sauces.
Pastas y salsas especiales.
Calle 85 No. 9 – 71
Tel.: 218.3347

Several locations. / Varias locaciones.

Pastas L'Estragon
Gourmet handmade pastas and sauces.
Pastas y salsas hechas a mano.
Carrera 9 No. 24 – 39
2nd Floor / Piso 2
Tel.: 566.2087

Piccolo Caffé
Fresh and dried pastas.
Pastas frescas y secas.
Carrera 15 No. 96 – 55
Tel.: 257.3394

Rialto Delikatessen
Imported Italian food products, conserved fruits, and vegetables.
Alimentos italianos importados, frutas y verduras en conserva.
Park Way No. 39 B – 41

Sagal
Fine meats.
Carnes finas.
Calle 69 A No. 6 – 19
Tel.: 313.0652

Salud Vibrante
Natural food products.
Productos de alimentos naturales.
Avenida Caracas No. 48 – 12
Tel.: 245.7431

San Lorenzo Express
Italian delicacies and international imports.
Manjares italianos e importados internacionales.
Calle 93 A No. 13 A – 31
Tel.: 610.2900

Sibaris
Fine wines, imported meats, cheeses, olive oil, and specialty baskets.
Vinos finos, carnes, quesos y aceite de oliva importados. Cestas especiales.
Carrera 15 No. 91 – 24
Tel.: 320.833.5028

Stragos
Fine wines and liquors, imported products from Europe and the United States.
Vinos y licores finos, productos importados de Europa y Estados Unidos.
Calle 95 No. 13 – 09
Store/Local 101
Tel.: 610.6390

Supermercado Naturista
Gluten-free cookies and flours, floral essences, vitamins, and more.
Galletas y harinas libres de gluten, esencias florales, vitaminas y más.
Avenida Carrera 15 No. 118 – 50
Tel.: 214.0824

Vittis
Specially selected international wines.
Vinos internacionales seleccionados.
Carrera 11 No. 84 – 40
Interior 5
Tel.: 488.4908

The Wine Store
High-end liquors, wines, dried fruits, and cheeses.
Licores de alta gama, vinos, frutos secos y quesos.
Calle 81 No. 10 – 50
Tel.: 610.4240

Zukini
Gluten-free groceries, raw honey, and natural food products.
Alimentos libres de gluten, miel cruda y comidas naturales.
Calle 24 No. 7 – 12
Tel.: 334.3825

Restaurants
Restaurantes

Entrepeus restaurant / Restaurante Entrepues

General Gastronomy
Gastronomía en general

Brunch Places
Lugares para brunch

★Abasto
A favorite of expats in a cozy setting, serving field-to-table creative dishes. It gets quite busy on Sundays.
Un favorito de los expatriados en un ambiente de servicio acogedor que sirve platos creativos de la granja a la mesa. Se llena los domingos.
Carrera 6 No. 119 B – 52
Tel.: 215.1286

Bagatelle
Calle 82 No. 9 – 09
Tel.: 621.2614

Several locations. / Varias locaciones.
http://bagatelle.com.co

Club Colombia
Avenue 82 No. 9 – 11
Tel.: 249.5681

Cónclave Bistro y Pub
Carrera 6 A No. 116 – 17
Tel.: 612.7449

Crepes & Waffles
Carrera 6 No. 119 – 56
Tel.: 676.7600 ext. 733

Criterion
Calle 69 A No. 5 – 75
Tel.: 310.2810

Daniel
Calle 73 No. 9 – 70
Tel.: 249.3404

Divino
Calle 70 No. 11 – 29
Tel.: 313.0595

GiGi's
Calle 118 No. 5 – 63
Tel.: 702.8782

ESSENTIAL TIPS
CONSEJOS ESENCIALES

Because price ranges are subject to change, we suggest that you contact the restaurant directly for its current pricing information.

Como los precios están sujetos a cambios, sugerimos que contacte directamente al restaurante para obtener la información de precios actualizada.

★Grazia
Creative contemporary French dishes.
Platos franceses creativos contemporáneos.
Calle 69 No. 05 – 04
Tel.: 702.1115

JW Marriott
Calle 73 No. 8 – 60
Tel.: 481.6000

★La Herencia
The best Colombian-style buffet brunch in Bogota, serving classics and new favorites in a lovely setting.
El mejor brunch estilo buffet colombiano en Bogotá que sirve favoritos clásicos y nuevos en un entorno encantador...
Carrera 9 No. 69 A – 26
Tel.: 249.5195

★Lula Pastelería
Cozy brunch inside a lovely salon de thé on the Ciclovía route.
Acogedor brunch dentro de un encantador salón de té en la ruta de de la ciclovía.
Avenida Calle 116 No. 15 B – 78
Tel.: 629.4072

www.facebook.com/lula
restaurante#!/lularestaurante

Masa
Calle 70 No. 4 – 83
Tel.: 211.0899

Myriam Camhi
Calle 81 No. 8 – 08
Tel.: 345.1819

Several locations. / Varias locaciones.
www.myriamcamhi.com

Cafés and Salons de Thé
Cafés y salones de té

There are many cafés and salons de thé throughout Bogota; this list represents only a few of the stimulating choices.
Hay muchos cafés y salones de té por toda Bogotá; esta lista representa solo unas pocas de las estimulantes opciones.

★Alice's Cherries
You will feel like you are in Wonderland when you enter into this purple land of sweet delights.
Se sentirá en el País de las Maravillas cuando entre a esta morada tierra de delicias dulces.
Calle 95 No. 13 – 77
Tel.: 456.7890
www.alicescherries.com

Andante Pan y Café
Carrera 3 A No. 10 -22
Tel.: 342.3237

Several locations. / Varias locaciones.

ArtTé
Carefully sourced loose-leaf teas. Special tea tastings can also be scheduled.
Online ordering and delivery only:
Tés de hojas sueltas cuidadosamente escogidos. También se programan degustaciones de té especiales.
Pedido a domicilio:
www.artteorganico.com.

ázimos
Carrera 5 No. 26 A – 64
Tel.: 342.5296

Bagatelle
Calle 82 No. 9 – 09
Tel.: 621.2614
http://bagatelle.com.co

Several locations. / Varias locaciones.

Brot
Calle 97 No. 11 A – 52
Tel.: 636.6067

The Bubble Tea Bar
Inside Container City.
Dentro de Container City.
Calle 93 and/con Carrera 12
Tel.: 466.1173

Café & Crepes
Carrera 16 No. 82 – 17
Tel.: 236.2688

Brunch at Abasto / *Brunch* en Abasto

Café Etniko
Carrera 7 A No. 44 – 01
Tel.: 245.8111

Café de Las Letras
Calle 26 No. 25 – 50
Tel. 343.2617/1899

Café Pasaje
Plazoleta del Rosario, opposite the Museo del Oro.
Plazoleta del Rosario, frente al Museo del Oro.

Café de la Peña - Pastelería Francesa
A lovely spot in La Candelaria for French delicacies and coffee.
Un encantador local en La Candelaria para *delicatessen* francesas y café.
Carrera 3 No. 9 – 66
Tel. 336.7488

Café Quindio
Coffee from the heart of Colombia.
Café del corazón de Colombia.
Carrera 19 No. 33 N – 41
Tel.: 749.5970

Café Sabio
Calle 71 No. 12 – 67
Tel.: 235.3057
www.cafesabio.com

Café Samba
Carrera 7 No. 58 – 48
Tel. 348.1697

Café San Moritz
Calle 16 No. 7 – 91

Camino del Café
Carrera 6 A No. 117 – 26
Tel.: 637.5152

Casa 53*76
Carrera 6 No. 53 – 76
Tel.: 574.5444

Casa de Letras y Café
Calle 35 No. 14 – 84
Tel.: 343.2617

Casa Rosa
A delectable selection of pastries and coffee drinks.
Una deleitable selección de pastelería y cafés.
Carrera 6 No. 58 – 63
Tel.: 345.2390

★Castellana 104
A must-taste while in Bogota for its wide selection of traditional Colombian pastries, European inspired choices, and organic gelatos.
Un punto de degustación obligatoria cuando se está en Bogotá por su gran selección de pastelería tradicional colombiana, opciones

"What I really love about Bogota are the cafés you have here. My favorite ones are the new Juan Valdez in Andino and the one in La Candelaria. When I want to write and simply disconnect or meet with friends, I go there."

—Fahad Khan, Pakistani expat and Reiki Master

"Lo que me encanta de Bogotá son los cafés que tienen aquí. Mis favoritos son el nuevo Juan Valdez en el Andino y el de La Candelaria. Voy allí cuando quiero escribir y simplemente desconectarme o reunirme con amigos".

—Fahad Khan, expatriado pakistaní y maestro de reiki

inspiradas en Europa y gelatos orgánicos.
Avenida 19 No. 104 – 49
Tel.: 214.1475
www.castellana104.com

Ceylon Tea Room
Loose-leaf teas to prepare at home.
Tés de hojas sueltas para preparar en casa.
CC Cedritos
Store/Local 1 – 119
Tel.: 520.6899

Chez Jacques
An authentic piece of Paris in Bogota, decorated with gilding, oil paintings, sumptuous furnishings, and a delightful selection of French pastries with a Colombian touch.
Un auténtico pedazo de París en Bogotá, decorado en dorado, pinturas al óleo, suntuoso mobiliario y una deliciosa selección de pastelería francesa con un toque colombiano.
Calle 109 No. 15 – 48
Tel. : 620.9458

Devachan
Serving light meals, wonderful coffee drinks, hot wine, and cocktails in a mesmerizing interior that evokes a circus tent, a chapel, and a trip to Middle Earth.
Sirven comidas ligeras, maravillosas bebidas de café, vino caliente y cócteles en un fascinante interior que evoca una carpa de circo, una capilla y un viaje a la Tierra Media.
Carrera 9 No. 69 – 16
Quinta Camacho
Tel.: 313.1542

★Devotion Café
The devotion here is to gourmet coffees from the different Colombian regions prepared with special care and served in a very European environment. Try the Kyoto for something cool and truly unique.
Aquí la devoción es hacia el café *gourmet* de las diferentes regiones colombianas preparado con esmero y servido en un ambiente muy europeo. Pruebe el Kyoto para saborear algo genial y único.
Hilton Hotel
Carrera 69 B No. 17 A – 22
Tel.: 411.1523

Dilleto's at Authors Bookstore
Calle 70 No. 5 – 23
Tel.: 217.7788

Doña Dicha
Calle 120 No. 7 – 96
Tel.: 629.7452
Several locations. / Varias locaciones.

Dulcinea
A Swiss-style Colombian bakery serving excellent pastries.
Una panadería colombiana al estilo suizo donde sirven excelente pastelería.
Calle 71 No. 5 – 97
Tel.: 710.1968
Several locations. / Varias locaciones.

E&D Cafés
A coffee "lab" where visitors can learn about the world of coffee, starting from the bean's origin to enjoying it in the cup.
Un "laboratorio" donde los visitantes pueden aprender sobre el mundo del café a partir del origen del grano hasta disfrutarlo en la taza.

Carrera 4 No. 66 – 46
Tel.: 248.6955

El Cafecito
Carrera 6 No. 34 – 70
Tel.: 285.8308

El Deseo Café
Calle 94 A No. 11 A – 08
Tel.: 621.3080

El Gato Gris
A romantic, festive, and artistic
institution in La Candelaria.
Una institución artística, romántica
y festiva en La Candelaria.
Carrera 1 A No. 12 B – 12
www.gatogris.com

El Kiosco
Carrera 11 No. 144 – 75
Tel.: 216.4475

Also in Chia. / También en Chia.

Gaira Café
Carrera 13 No. 96 – 11
Tel.: 636.2696

Germinario
Calle 10 A No. 10 A – 38
Tel.: 235.5198

★Grazia
Exquisite French pastries and choc-
olate bonbons in a bright and sleek
space created by Raphael Haasz, the
former executive pastry chef of the
famed Daniel Boulud in New York
City, and savory chef Claudia Oyuela.
Exquisita pastelería francesa y
bombones de chocolate en un espa-
cio luminoso y elegante, creado por
Raphael Haasz, el ex chef ejecutivo
de pastelería del famoso Daniel
Boulud en Nueva York, y la chef
Claudia Oyuela.
Calle 69 No. 05 – 04
Tel.: 702.1115

**Hobany Velasco Patisserie and
School**
Colombia's master pastry chef will
surprise any discerning palate.
Chef pastelero de Colombia sor-
prenderá a cualquier paladar cono-
cedor.
Calle 119 No. 11 A – 61
Tel.: 612.5399
http://hobanyvelasco.com/index.html

★Il Pomeriggio
The quintessential European style
café in which to see and be seen.
El café estilo europeo por excelen-
cia para ver y ser visto.
Carrera 11 No. 82 – 00, Local 158
Tel.: 616.8616

★IXCACAU
A charming salon de thé serving traditional high tea, amazing
macaroons, chocolates, and other
delights.
Un encantador salón de té que
sirve el tradicional té de la tarde,
increíbles mostachones, chocolates y
otras delicias.
Calle 70 No. 8 – 93
Tel.: 321.7434

www.ixcacau.com

Juan Valdez
Calle 70 No. 6 – 09
Tel.: 217-7501

Several locations. / Varias locaciones.

Kaldivia Café
Museo del Oro
Carrera 5 No. 16 – 34
Tel.: 243.8403

Several locations. / Varias locaciones.

Kaprichos
A Parisian-style teahouse.
Una casa de té al estilo parisino.
CC Hacienda Santa Bárbara
Carrera Séptima No. 115 – 60
Tel.: 520.0967

Lalocalidad
Calle 118 No. 5 – 33
Tel. 620 6246

La Austriana
A truly Viennese-style grand café.
Un verdadero gran café al estilo
vienés.
Calle 85 No. 16 A – 40
Tel.: 256.2914

La Baguette du Chef
French-owned café/restaurant
serving excellent lunch fare with a
cabaret theater.
Cafetería/restaurante propiedad
de un francés, sirve una excelente
comida liviana para el almuerzo con
un teatro de cabaret.
Calle 67 No. 7 – 38
Tel.: 235.6490

La Tarta

La Florida
Quintessential Bogota café and restaurant famous for its hot chocolate and tamales.

El restaurante-café bogotano por excelencia, famoso por su chocolate caliente y tamales.

Carrera 5 No. 13 – 46
Tel.: 616.0385

La Marsellesa
Calle 67 No. 10 A – 06
Tel. 255.6212

★La Tarteria
A lovely French spot in La Candelaria serving light fare, lunches, savory crepes, and decadent desserts.

Un lugar encantador francés en La Candelaria, que sirve comidas ligeras, almuerzos, crepes saladas y postres decadentes.

Carrera 4 No. 12 – 34
Tel.: 341.7688

★La Tarta
Beautiful setting with beautiful food and well-prepared French pastries.

Hermoso entorno con atractiva comida y pastelería francesa bien preparadas.

Calle 117 No. 5 A – 14
Tel.: 619.1886

La Madeleine
Carrera 16 No. 35 – 19
Tel.: 285.8798

Lina's
Upscale international café.
Elegante café internacional.

CC Andino
Carrera 11 No. 82 – 01
Tel.: 616.8585

Several locations. / Varias locaciones.

★Lula Pastelería
A lovely salon de thé and restaurant.
Un encantador salón de té y restaurante.

Avenida Calle 116 No. 15 B – 78
Tel.: 629.4072

www.facebook.com/lula restaurante#!/lularestaurante

Luziernaga
Calle 70 No. 10 A – 25
Tel.: 249.3211

Madamia Pasteleria Café
Calle 161 No. 7G – 54
Tel.: 671.2550

Several locations. / Varias locaciones.

Masa
Calle 70 No. 4 – 83
Tel.: 211.0899

Magisterio Librería
Diagonal 36 Bis No. 20 – 70
Tel.: 338.3605

Maxli
A German-style café/bakery.
Un café/panadería estilo alemán.

Calle 78 No. 12 – 45
Tel.: 217.5962

Mercado Jonas - Bakery Café
Calle 94 No. 13 – 11
Tel.: 691.8292

Michel Patisserie
Carrera 13 No. 83 – 96
Tel.: 236.9168

Several locations. / Varias locaciones.

Mini-mal café
One of Bogota's finest artisanal pastry shops and café gems.
Una de las mejores pastelerías artesanales y joyas del café de Bogotá.
Carrera 57 No. 4 – 09
Tel.: 347.5464

www.mini-mal.org

Mitho Café
Carrera 2 No. 14 – 83
Tel.: 243.3431

Museo del Siglo XIX
Carrera 8 No. 7 – 93
Tel.: 282.1439

Myriam Camhi
A popular upscale café/restaurant known for decadent desserts, fine coffee drinks, and bistro style food.
Un popular café/restaurante de lujo conocido por sus postres decadentes, bebidas de café y comida estilo *bistró*.
Calle 81 No. 8 – 08
Tel.: 345.1819

www.myriamcamhi.com

Several locations. / Varias locaciones.

★Nicolukas
Perhaps the best Colombian pastry chain, offering cakes, tropical fruit mousses, cookies, and coffee drinks.
Tal vez la mejor cadena de pastelerías colombiana, ofrece pasteles, mousse de frutas tropicales, galletas y bebidas de café.
Centro Internacional
Carrera 11No. 71 – 43
Tel.:863.6534
www.nicolukas.com

Several locations. / Varias locaciones.

Oma
One of our preferred large Colombian café chains.
Una de nuestras grandes cadenas de café colombiano preferidas.
Parque 93
Tel.: 640.0215

Several locations. / Varias locaciones.

★Philipe Pastelería Light
Perhaps the only upscale French pastry shop chain in the world dedicated to creating sugar-free temptations for diabetics.
Tal vez la única cadena de pastelería francesa de lujo en el mundo dedicada a la creación de tentaciones sin azúcar para los diabéticos.
Calle 109 No. 17 – 10
Tel. 612.8221

www.philippe.com.co/web

Several locations. / Varias locaciones.

★Pan Pa'Ya!
Simply the best typical-style Colombian bread shop that also serves sandwiches, salads, and pizza.
Simplemente la mejor panadería estilo típico colombiano que también sirve sándwiches, ensaladas y pizza.
Carrera 11 No. 116 – 10
Tel.: 612.6585
www.panpaya.com.co/beta

Several locations. / Varias locaciones.

Salvo Patria
A specialty coffee brewer paying meticulous attention to selection and preparation.
Una cafetera especializada que presta atención detallada a la selección y preparación.
Carrera 4 No. 57 – 28
Tel.: 702.6367
www.salvopatria.com

San Fermin
A very traditional Spanish-Colombian bakery serving wonderful pastries and light fare.
Una panadería tradicional hispano-colombiana que sirve maravillosos pasteles y comidas ligeras.
Calle 63 No. 11 – 53
Tel.: 235.2594

San Francisco Café
This café roasts and serves coffee that is grown in small plots under the Programa de Desarrollo. It is located inside the shop called Walking Closet.
Este café tuesta y sirve café cultivado en pequeñas parcelas bajo el Programa de Desarrollo. Está

MacarOons at Grazia / Macarrones en Grazia

ubicado dentro de la tienda llamada Walking Closet.
Carrera 10 No. 80 – 12
Tel.: 616.3587

San Marcos
Italian inspired breads, homemade pastas, and pastries.
Panes, pastas de la casa y pastelería inspiradas en Italia.
Carrera 13 and/con Calle 39
Tel.: 244.3700

Sanalejo
Avenida Jiménez No. 3 – 73
Tel.: 334.6171

Sharmei
Centro Empresarial Tel.port
Calle 113 No. 7 – 45, Torre B
Store/Local 120
Tel.: 629.5234

Siuka
Calle 79 A No. 8 – 82
Tel.: 248.3765

Stragos
Calle 95 No. 13 – 09

Store/Local 101
Tel.: 610.6390

Sucre Patisserie
Carrera 11 A No. 95 – 39
Tel.: 691.0562

Taller de Té
Passionate about all things tea-related.
Apasionado por todo lo que tiene que ver con el té.
Calle 60 A No. 3 A – 38
Tel.: 255.4128

http://tallerdete.com

★Teoria
A charming and intimate space for select loose-leaf teas and light food.
Un espacio encantador e íntimo para degustar tés de hojas y comida liviana
Carrera 13 A No. 78 – 59
Store/Local I
Tel.: 225.5970

Teatopia
Enjoy a perfect cup of tea and light food either inside or on the terrace.

Disfrute de una perfecta taza de té y comida ligera adentro o en la terraza.
Calle 93 B No. 13 – 92
Tel.: 622.8073

Tery-Ly
Carrera 15 No 91 – 35
Tel.: 236.1984

Several locations. / Varias locaciones.

The Tea House
Loose-leaf teas to prepare at home, tea pots, and accessories.
Té de hojas sueltas para preparar en casa, teteras y accesorios.
Carrera 14 No. 80 – 75
Tel.: 616.3289

Several locations. / Varias locaciones.

Tienda de Café
Calle 119 No. 6 – 16
Tel.: 213.3118

Trementina, artes y libros
A café located inside an interesting multi-discipline arts space.
Un café dentro de un interesante espacio multidisciplinario de las artes.
Avenida Carrera 24 No. 37 – 44 (Park Way)
Tel.: 695.3707

Urania
Carrera 10 A No. 70 – 20
Tel.: 606.2842

Yakary
CC Hacienda Santa Bárbara
Carrera Séptima No. 115 – 60
Tel.: 214.8931

Chocolate Shops
Chocolatería
Ázimos
Carrera 5 No. 26 A – 64
Tel.: 342.5296

Blue Moon
Unique combinations of chocolate and exotic flavors.
Combinaciones únicas de chocolate y sabores exóticos.
Carrera 14 No. 85 – 73
Tel.: 691.1718

Bocada Dulce
Avenida 22 No. 39 A – 10
Tel.: 245.9878

Café de la Peña - Pastelería Francesa
Carrera 3 No. 9 – 66
Tel. 336.7488

Canela Bakery
Calle 95 No. 16 – 04
Tel.: 616.7942

Dulce Galette
CC Santafe
Carrera 71 C No. 116 A – 71
Store/Local 371
Tel.: 702.0863

Fantasías en Chocolate
Carrera 10 A No. 67 – 88
Tel.: 608.1559

Felipan
Calle 51 No. 9 – 73
Tel.: 235.8810

★Grazia
Exquisite French pastries and chocolate bonbons in a bright and sleek space created by Raphael Haasz, former executive pastry chef of the famed Daniel Boulud in New York City and savory chef Claudia Oyuela.
Pastelería francesa y exquisitos bombones de chocolate en un espacio luminoso y elegante creado por Raphael Haasz, ex pastelero ejecutivo del famoso Daniel Boulud en Nueva York, y la chef Claudia Oyuela.
Calle 69 No. 05 – 04
Tel.: 702.1115

Hobany Velasco
Calle 119 No. 11 A – 61
Tel.: 612.5399

★IXCACAU
Expertly prepared truffles and chocolate ganache.
Trufas y ganache de chocolate preparados por expertos.
Calle 70 No. 9 – 83
Tel.: 321.7434

La Chocolatera
Delightful truffles, chocolate fondue, and delectable hot chocolate.
Deliciosas trufas, fondue de chocolate y delicioso chocolate caliente.
Carrera 4 A No. 26 – 12
Tel.: 282.1738

La Marsellesa
Calle 67 No. 10 A – 06
Tel. 255.6212

La Tarta
Calle 117 No. 5 A – 14
Tel.: 619.1886

Truffles and hot chocolate at Serge Thirry / Trufas y chocolate caliente en Serge Thirry

Le Bon Bon
Calle 96 No. 9 A – 30
Office/Oficina 204
Tel.: 218.1702

Leonidas Café Chocolaterie
Fine Belgian chocolates.
Finos chocolates belgas.
Calle 122 No. 18 C – 56
Store/Local 1
Tel.: 475.5048

Luisa Brun
Carrera 11 A No. 93 A – 18
Tel.: 611.5434

Maxli
Calle 78 No. 12 – 45
Tel.: 217.5962

Naza
Calle 71 No. 5 – 75
Tel.: 317.7410

San Fermín
Calle 63 No. 11 – 53
Tel.: 235.2594

★Serge Thirry
Very fine Belgian chocolates accented with Colombian fruits, lovely pastries, and incredible hot chocolate created by a master Belgian chocolatier.
Chocolates belgas muy finos acentuados por frutas colombianas, encantadora pastelería y un increíble chocolate caliente creado por un maestro chocolatier.
Carrera 17 No. 53 – 28

Tel.: 248.1927
and/y
Calle 90 No. 13 – 40
Tel.: 610.6952

Tarantella
Calle 142 No. 15 – 55
Store/Local 2
Tel.: 528.5541

Tropical Passion
Intriguing combinations of Colombian fruit and chocolate.
Intrigantes combinaciones de fruta colombiana y chocolate.
Diagonal 115 A No. 60 – 21
Tel.: 533.8263

Truffelinos
Calle 95 No. 13 – 34 Bis
Tel.: 610.6952
Several locations. / Varias locaciones.

Xoco puro chocolate
Hand-crafted chocolates with intriguing flavors and intricate designs.
Chocolates hechos a mano con intrigantes sabores e intrincados diseños.
CC Hacienda Santa Bárbara
Carrera Séptima No. 115 – 60
Tel.: 612.7935
Several locations. / Varias locaciones.

Yanuba
Calle 122 17 A – 17
Tel.: 612.4311
Several locations. / Varias locaciones.

Creperies

It is interesting to note that there are probably more creperies in Bogota than in any other city outside of Paris!

Es interesante notar que probablemente hay más creperías en Bogotá que en ninguna otra ciudad fuera de París.

★Bonaparte

Owned by a French chef who prepares perhaps the best crepes in Bogota in an intimate, upscale setting.

Propiedad de un chef francés que prepara quizás las mejores crepes de Bogotá en un ambiente elegante e íntimo.

Carrera 8 No. 11 – 29
Tel.: 283.8788

Café Etniko

Carrera 7 A No. 44 – 01
Tel.: 245.8111

Café para dos

Calle 14 No. 3 – 12
Tel.: 600.5702

Cavacalabaza

Avenida Suba No. 114 – 41
Tel.: 534.0152

★Crepes & Waffles

The ubiquitous Colombian chain, so popular that they can now be found in other countries, serving wonderfully fresh savory and sweet crepes and incredible ice cream.

La ubicua cadena colombiana, tan popular que ahora se puede encontrar en otros países. Sirven maravillosas crepes saladas y dulces y un helado increíble.

Carrera 12 A No. 83 – 40
Tel.: 611.4440

Several locations.

Café & Crepes

Carrera 16 No. 82 – 17
Tel. 236.2688

★Devechan Café Mágico

Choose from one of four distinct ambiences and enjoy the drinks and food in this tripped-out Hobbit Land accented with overflowing candle wax, ornately carved wood panels, depictions of angels, and low romantic tables. Tarot card readings are also available.

Elija uno de los cuatro ambientes distintos y disfrute de las bebidas y comida en esta fantástica Tierra Hobbit acentuada con cera de vela desbordante, paneles de madera ornamentadamente esculpidos, pinturas de ángeles y románticas mesas bajas. También ofrecen lecturas del tarot.

Carrera 9 No. 69 – 16
Tel.: 313.1542
www.devachancafemagico.com

El Gato Gris

A romantic, festive, and artistic institution in La Candelaria.

Una festiva y artística institución en La Candelaria.

Carrera 1 A No. 12 B – 12
www.gatogris.com

Itzel Postres

Calle 28 No. 13 – 28
Tel.: 350.9212

L'Atelier Gourmand

Calle 97 A No. 9 – 91
Tel.: 256.5675

L'Etoile

Carrera 4 No. 13 – 57
Tel.: 301.565.3112

La Baguette du Chef

French-owned and operated with great value.

Propiedad de franceses que ofrecen excelente calidad y precio.

Calle 67 No. 7 – 38
Tel.: 235.6490

La Chabatta

Carrera 15 No. 86 A – 44
Tel.: 256.2100

La Crepe

Carrera 4 A No. 26 – 72
Tel. 342.1367

★La Tartería

Well prepared savory crepes and French pastries.

Crepes bien preparadas y pastelería francesa.

Carrera 4 No. 12 – 34
Tel.: 334.8312

Les Crepes

CC Los Ángeles
Calle 19 No. 4 – 7 3
Store/Local 126
Tel.: 286.8170

Le Voltaire
Calle 49 No. 8 – 15
Chapinero Alto
Tel.: 487.7984

Madame Marie
Cozy, casual, and romantic.
Acogedor, informal y romántico.
Carrera 14 No. 82 – 82
Tel.: 691.3736

Muffins & Crepes
Reliable Colombian food meets
French affordable fare.
La confiable comida colombiana se en-
cuentra con comida francesa accesible.
Carrera 9 No. 52 A – 35
Tel.: 347.4544

Pompelmo
Carrera 55 No. 171 – 23
Tel.: 671.1082

Sanalejo Café Restaurante
Avenida Jiménez No. 3 – 73
Tel.: 334.6171

Sofi Creps
Calle 159 No. 19 – 03
Tel.: 702.8206

Una Crepería
Fun, savory, and sweet flavors from
throughout the world.
Divertida, sabores salados y dulces
de todo el mundo.
Calle 90 No. 14 – 45
Tel.: 256.4742

**Dietetic and Gluten-Free/
Dietético y libre de gluten**

★**Fondant Cakes**
Gluten-free breads, puff pastries,
and cakes.
Panes, pastelería y tortas libres de
gluten
Calle 148 No. 19 – 20
Tel.: 615.2803

Also located in Surtifruver stores.
También se encuentran en las tiendas Surtifruver.

Frambuesa Restaurants
Carrera 13 A No. 93 – 17
Tel.: 601.9718
Several locations. / Varias locaciones.

★**Naza Food Concepts**
Calle 71 No. 71 5 – 75
Tel.: 317.7410

Nirvana Vegetariano
Transversal 25 No. 60 – 10
Tel.: 310.2392

**ESSENTIAL TIPS
CONSEJOS ESENCIALES**

In addition to the amazing selection of fruit and fruit salads, many
products in the panaderías and
pastelerías are also gluten-free.
Please see the descriptions in the
Panadería and Pastelería Pande-
monium section on page 249, and
be sure to ask if something has
been made with *harina de trigo*
(wheat flour) if you are unsure.

Además de la increíble variedad
de frutas y ensaladas de frutas,
muchos de los productos en las
panaderías y pastelerías también
son libres de gluten. Por favor,
vea las descripciones de la sección
del Pandemonio de panadería y
pastelería en la página 249, y no
se olvide de preguntar si hay algo
que está hecho con harina de
trigo si no está seguro.

★**Philipe le Pâtissier**
Perhaps the only upscale French
pastry shop chain in the world dedicated to creating sugar-free temptations for diabetics.
Tal vez la única cadena de pastelería francesa de lujo en el mundo
dedicada a la creación de tentaciones sin azúcar para diabéticos.
Calle 109 No. 17 – 10
Tel. 612.8221
www.philippe.com.co/web

Several locations. / Varias locaciones.

Dinner Shows / Cena shows
★**Bar Rodizio Restaurant Viva
Brasil**
One of the best Brazilian places in
Bogota with live samba, capoeira,
and music shows on the weekend.
Uno de los mejores lugares brasile-
ros en Bogotá con samba, capoeira,
y espectáculos musicales en vivo los
fines de semana.
Avenida 19 No. 114 A – 27
Tel.: 213.7686
www.brasabrasil.com

Cabalgatas Carpasos
Vía La Calera
Km. 7
Tel.: 521.9349

Cabaret
CC Hacienda Santa Bárbara
Carrera Séptima and/con Calle 116
Store/Local 335 D
Tel.: 629.0235

Che Bandoneón
Carrera 4 A No. 27 – 10
Tel.: 334.6805

★El Árabe
An incredible belly dancing show on
the weekends.
Un increíble espectáculo de danza
del vientre los fines de semana.
Calle 69 A No. 6 – 41
Tel.: 310.5209
www.restauranteelarabe.com

★Gaira Café
Owned by Vallenato King Carlos
Vives, great food and entertainment
are served every night.
Propiedad del rey del vallenato,
Carlos Vives, se sirven entreteni-
miento y comida todas las noches.
Carrera 13 No. 96 – 11
Tel.: 636.2696

Hacienda La Margarita
Calle 222 No, 46 – 03
Tel.: 676.0030

La Barraca Restaurante Show
Calle 90 and/con Carrera 18
Tel.: 257.0255

★La Pampa Gaucha
Argentine-style barbecue, live
orchestra, tango, and flamenco
dancers.
Parrillada argentina, orquesta en
vivo, tango y bailaores de flamenco.
Calle 69 A No. 10 – 16
Tel.: 248.0468

La Paloma
Vía La Calera
Km. 1
Tel.: 521.9383

Las Acacias
Strolling musicians playing tradi-
tional Colombian songs.
Músicos andantes que tocan cancio-
nes tradicionales colombianas.
Carrera 16 and/con Calle 32
Tel.: 314.5441
Several locations. / Varias locaciones.

Sansai
Teppanyaki show.
Show teppanyaki

Calle 90 No. 19 – 29
Tel.: 236.4291

Pizza
There are many neighborhood pizza shops in Bogota. You can enjoy
gourmet pizzas in a restaurant
setting at the following locations.
Hay muchas pizzerías de barrio
en Bogotá. Se puede disfrutar de
pizzas *gourmet* en un ambiente de
restaurante en las siguientes locaciones.

Archie's
One of the most popular Ital-
ian-style restaurants in Colombia.
Uno de los más populares restauran-
tes de estilo italiano en Colombia.
Calle 82 No 13 – 07
Tel.: 610.9162

Several locations. / Varias locaciones.

★Buenos Muchachos
Carerfully selected ingredients atop
expertly created wood-oven pies
served in a funky setting.
Ingredientes seleccionados cuidadosamente sobre pizzas creadas por
manos expertas en horno de leña,
las pizzas se sirven en un moderno
establecimiento.
Carrera 13 No. 78 – 62
Tel.: 691.5857

FX Pizza Gourmet
Calle 40 No. 22 – 38
Tel.: 287.1082

Several locations. / Varias locaciones.

GÜD Pizza
Classic and creative toppings cooked
in a wood oven or over the grill.
Ingredientes clásicos y creativos
cocinados en horno de leña o a la
parrilla.
Calle 80 No. 12 A – 29
Tel.: 622.5409

Julia
An intimate space serving lovely
personal pies with bold flavors.
Un espacio íntimo que sirve encan-
tadoras pizzas personales con auda-
ces sabores.
Carrera 5 No. 69 A – 19
Tel.: 313.482.835

Pizza and champignons in garlic / Pizza y champiñones en ajo

Karen's Pizza

A variety of pies served inside a huge space with a kid's playground on the top floor.
Una variedad de pizzas servidas dentro de un gran espacio con un patio de recreo en el piso superior.
Calle 94 and/con Carrera 13
Tel.: 218.7488

Mikele

Calle 136 No. 18 – 19
Tel.: 633.3629

Oliveto

Carrera 6 A No. 118 – 57
Tel.: 213.4124

and/y
Carrera 5 No. 70 – 26
Tel.: 212.6570

★Piola

A large selection of freshly prepared pies sure to satisfy any craving.
Una amplia selección de pizzas recién preparadas para satisfacer cualquier capricho.
Calle 93 No. 11 A – 11
Store/Local 103
Tel.: 642.1073

★Piatto

A cozy neighborhood haunt serving excellent pizzas and *osso buco.*
Un refugio acogedor de barrio que sirve excelentes pizzas y osobuco.
Calle 119 No. 11 D – 05
Tel.: 637.2538

Stromboli

Chicago-style, deep-dish pizza.
Pizza estilo Chicago.
Calle 116 No. 15 – 73
Tel.: 612.4756

Seafood / Frutos del mar

Bogota has a wonderful selection of seafood restaurants, including an area that could be called "Seafood Row" on Carrera 8 between Calles 22 and 23 (most of those restaurants are open for lunch only).
Bogotá tiene una magnífica selección de restaurantes de frutos del mar, incluyendo un área que podría ser llamada "Vía Frutos del Mar" en la Carrera 8 entre Calles 22 y 23 (la mayoría de los restaurantes está abiertos solo para el almuerzo).

59 Mares

Calle 59 No. 6 – 11
Tel.: 211.7557

80 Sillas

Calle 118 No. 7 – 09
Tel.: 619.2472

Acuamares

Calle 30 No. 95 – 94
Tel.: 541.4217

Ancla y Viento Fish Place

Carrera 19 A No. 79 – 37
Tel.: 636.9498

Central

Famous for their various ceviches.
Famoso por sus diferentes ceviches.

Trucha al ajillo

Carrera 13 No. 85 – 14
Tel.: 218.4163

Chambaku
Calle 63 No. 7 – 64
Tel.: 312.9507

Coctel del Mar Restaurant
Sushi bar and market.
Sushi bar y mercado.
Calle 69 No. 17 – 60
Tel.: 217.3109

Darius
Calle 116 No. 17 A – 54
Tel.: 612.0974

★El Buque
Savor the chef's amazing creations
in the ambience of a romantic
1930s cruise ship.
Disfrute de las increíbles creaciones
del chef en el ambiente de un romántico crucero de los años treinta.
Calle 101 No. 17 A – 18
Tel.: 218.6181

El Caracol Rojo
Calle 100 No. 34 – 57
Tel.: 533.1435

El Camarón Rojo
Calle 93 No. 13 A – 10
Tel.: 610.2128

**★Exxus Oyster Bar – Un Mar
de Arte**
The freshest oysters and fish from
international waters.
Las más frescas ostras y peces de
aguas internacionales.

Avenida Calle 116 No. 71 - 39
Tel.: 533.1114

Fish Bar
Carrera 9 No. 81 A – 09
Tel.: 212.0482

Fish Market Carrera 9
Carrera 9 No.: 77 – 19
Tel.: 313.3030

Fish Market La Fragata
Carrera 13 No. 83 – 18
Tel.: 691.2419

Several locations. / Varias locaciones.

Gostinos
Calle 28 No. 6 – 77
Tel.: 285.2229

Hipermar
Calle 69 No. 17 – 60
Tel.: 217.3109

Isla del Mar
Carrera 16 No. 58 A – 88
Tel.: 210.3127

Several locations. / Varias locaciones.

La Esquina
Carrera 4 A No. 26 A – 04
Tel.: 283.8685

★La Fragata Giratoria
Offering a truly world-class seafood
dining experience with an unparalleled city view in a revolving dining
room.

Ofreciendo mariscos y una experiencia verdaderamente de clase mundial, un restaurant con una vista inigualable de la ciudad en un comedor giratorio.

World Trade Center
Calle 100 No. 8 A – 55
12th Floor / Piso 12
Tel.: 616.7461

La Gloria
Specializes in mussels.
Nos especializamos en frutos del mar.
Calle 26 A No. 4 – 48
Tel.: 479.3704

La Orilla
Carrera 5 No. 26 – 04
Tel.: 282.4703

La Trucha
Calle 33 No. 13 A – 52
Tel. 245.5809

Los Almendros Restaurant and Market
Calle 59 No. 8 – 36
Tel.: 248.8538

Los Cabos
Calle 71 No. 5 – 65
Tel.: 321.8810

Mamadasi Comida Caribeña
Calle 12 No. 3 – 83
Tel.: 283.3732

Mar de La Candelaria
Carrera 6 No. 10 – 27
Tel.: 284.9816

★Matiz
Located in a beautiful house, the young chef's creative fish dishes have won him international acclaim.
Situado en una hermosa casa, los platos de pescado creativos del joven chef le han ganado reconocimiento internacional.
Calle 95 No. 11 A – 17
Tel.: 520.2003

Océanos Pescadería Gourmet
Calle 77 No. 14 – 24
Tel.: 257.8774

Pasadena Mar
Carrera 53 No. 103 B – 29
Tel.: 623.2777

Pescadería Alférez la Soledad
Calle 39 A No. 22 – 21
Tel.: 244.4793

Pescadero Isla del Mar
Carrera 16 No. 58 A – 92
Tel.: 210.3127

Pescadero La Subienda
Calle 33 A No. 13 – 72
Tel.: 338.4942

Pesquera Jaramillo
Consistent and reliable purveyor of seafood from international waters for over seventy-five years.
Proveedor consistente y confiable de productos del mar de aguas internacionales por más de setenta y cinco años.
Calle 93 A No. 11 A – 31
Tel.: 256.5494

Several locations. / Varias locaciones.

Restaurante San Gabriel
Avenida Boyacá No. 130 – 46
Tel.: 613.2060

Restaurante Rincón de Teusaca
Vía La Calera
1 Km
Tel.: 323.5157

Varadero
Cuban-inspired fine seafood dishes.
Platos de frutos del mar inspirados en la comida cubana.
Carrera 13 No. 83 – 47
Tel.: 256.6536

Vegetarian / Vegetariano
Bogota was one of the first Western cities to introduce vegetarian dining establishments, and now many options are available.
Bogotá fue una de las primeras ciudades occidentales en introducir establecimientos de comida vegetariana y ahora hay muchas opciones disponibles.

Ajonjolí
Calle 59 No. 10 – 59
Tel.: 249.7673

Bhakti
Calle 12 No. 1 – 60
Tel.: 562.4119

Boulevard Sésamo
Avenida Jiménez No. 4 – 64
Tel.: 286.8812

Chatul
Calle 93 No 13 A – 28
Tel.: 530.4376

Vegetable Terrine at Grazia / Terrine de vegetales en Grazia

Chez Pierre
Carrera 10 No. 64 – 27
Tel.: 345.7905

Común y Silvestre
Carrera 16 No. 88 – 88
Tel.: 256.4152

El Tomate Frito
Carrera 24 No. 39 A – 44 (Park Way)
Tel.: 510.8300

★Felipan
Calle 51 No. 9 – 73
Tel.: 235.8810

Flor de Liz
Calle 39 No. 39 – 81
Tel.: 244.3971

Fractales
Café and restaurant.
Café y restaurante.
Carrera 18 No. 116 – 62
Tel.: 213.1928

Gengibre
Calle 14 Sur No. 19 – 44
Tel.: 239.4637

Govindas
Carrera 9 A No. 60 – 44
Tel.: 540.0062

IMAYMANA
Calle 13 No. 78 – 09
Tel.: 236.6451

Itzel Postres
Calle 28 No. 13 – 28
Tel.: 350.9212

La Ecotienda
Natural juices, batidos, shakes, teas, organic coffee, and baked goods.
Zumos naturales, batidos, tés, café orgánico y productos horneados.
Calle 93 B No. 11 A – 84
Tel.: 622.3600

La Esquina Vegetariana
Carrera 11 No. 69 – 26
Tel.: 235.7418

La Flor de la Vida
Gourmet vegetarian cooking classes.
Clases gourmet de comida vegetariana.
CC Pasadena
Carrera 53 No. 104 B – 58
Store/Local 21
Tel.: 610.1481

La querica
Vegan and vegetarian Italian fare.
Feria de comida vegetariana e italiana.
Calle 70 A No. 7 – 26
Tel.: 210.3128

Lotoazul: Restaurante Vegetariano y Centro Cultural
More than a restaurant, this vegetarian eatery also doubles as a cultural center and offers cooking classes.
Más que un restaurante, este restaurante vegetariano también funciona como un centro cultural y ofrece clases de cocina.

Carrera 5 A No. 14 – 00 B
Tel.: 282.8686

★Loving Hut
Economic yet creative vegan dishes.
Económicos y creativos platos vege-
tarianos.
Calle 100 No. 60 – 04 (Avenida
Suba)
CC Master Center
Store/Local 118
Tel.: 271.5253

Luna Dorada
Carrera 9 No. 70 – 55
Tel.: 249.3493

MAHA
Carrera 7 No. 46 – 42
Tel.: 323.2448

MAU
Carrera 8 A No. 108 – 25
Tel.: 400.9582

Nirvana Vegetariano
Transversal 25 No. 60 – 10
Tel.: 310.2392

Novilunio
Carrera 9 No. 70 – 55
Tel.: 249.3493

Pan Vivo
Calle 103 B No. 49 – 05
Tel.: 317.404.3563

Quinua y Amaranto
One of the most established vegetar-
ian options in Bogota.
Uno de los mejores restaurantes
vegetarianos de Bogotá.
Calle 11 No. 2 – 95
Tel.: 565.9982

Restaurante Casa Quevedo
Vegetarian gourmet restaurant.
Restauran vegetariano *gourmet*.
Carrera 1 A No. 13 – 39
Tel.: 281.2526

Plazoleta Chorro de Quevedo
La Candelaria
Tel.: 281.2526

Restaurante Horizonte
Calle 20 No. 6 – 35
Tel.: 337.5860

Restaurante Lis
Carrera 7 No. 17 – 10
Tel.: 334.2977

Restaurant Vegetariano Ajonjoli
Calle 59 No. 10 – 59
Tel.: 249.7673

ESSENTIAL TIPS
CONSEJOS ESENCIALES
Bogota is full of vegetarian restaurants, but veggie-only options
are also available at the numerous
Crepes & Waffles, Middle Eastern,
and Oriental restaurants.

Bogotá está llena de restaurantes
vegetarianos, pero las opciones
de platos vegetarianos también
se encuentran en los numerosos
restaurantes Crepes & Waffles, en
los restaurantes de Medio Oriente
y en los orientales.

★Revolución de la Cuchara
One of the true pioneers in the world
of vegetarian dining and still leading
the charge.
Uno de los verdaderos pioneros en el
mundo de la comida vegetariana y
sigue liderando.
Carrera 9 A No. 60 – 44
Tel.: 606.3488

Suati
Carrera 16 No. 35 – 11
Tel.: 605.5477

Trópicos
Carrera 8 No. 17 – 72
Tel.: 283.5303

★Uva
Fresh and organic ingredients are
used to create delicious soups, salads, sandwiches, and smoothies.
Se utilizan ingredientes frescos y orgánicos para crear deliciosas sopas,
ensaladas, sándwiches y batidos.
Carrera 13 No. 94 A – 26
Tel.: 703.1097

Zukini
Calle 24 No. 7 – 12
Tel.: 334.3825

Restaurants – All Nations
Restaurantes – De todas las nacionalidades

Argentine / Argentinos
Aires Argentinos
Avenida Caracas No. 42 – 42
Tel.: 245.3260

★Cachafaz
A very homey and authentic Argentine spot with wonderful dishes and special imported wines and yerba mate.
Un sitio argentino muy acogedor y auténtico con maravillosos platos y vinos especiales y yerba mate importados.
Avenida Calle 116 No. 71 B – 33
Tel.: 644.2270
www.cachafaz.amawebs.com

★Casa Fuego
Specialists in beef cuts imported from Argentina and Uruguay slow-cooked on an open wood fire.
Especialistas en cortes de carne importados de Argentina y Uruguay cocidos a fuego lento sobre leña.
Calle 118 No. 5 – 41
Tel.: 637.6054

El Boliche
Calle 69 A No. 10 – 23
Tel.: 321.7447

El día que me quieras
Calle 69 A No. 4 – 26
Tel.: 540.4585

La Pampa Gaucha
Argentine-style barbecue.
Parrillada argentina.
Calle 69 A No. 10 – 16
Tel.: 248.0468

Mi Viejo
Calle 11 No. 5 – 31
Tel.: 341.0971

Solomillo
CC Santa Ana
Store/Local 309
Carrera 9 and/con Calle 110
Tel.: 629.3477

Belgian / Belgas
Klass
Sumptuous dishes inspired by the Flemish and French cantons of Belgium.
Divinos platos inspirados en los cantones flamencos y franceses de Bélgica
Calle 77 A No. 12 – 26
Tel.: 346.1404

Brazilian / Brasileros
Alo Brasil
Carrera 4 A No. 26 – 88
Tel.: 337.6015

★Bar Rodizio Restaurant Viva Brasil
One of the best Brazilian places in Bogota with live Samba, Capoeira, and music shows on the weekend.
Uno de los mejores lugares de Brasil en Bogotá con samba, *capoeira* y espectáculos de música en vivo los fines de semana.
Avenida 19 No. 114 A – 27
Tel.: 213.7686
www.brasabrasil.com

Brasa Brasil Rodizio
Calle 118 No. 19 – 12
Tel.: 214.8064

El Rodizio
Calle 119 No. 5 – 08
Tel.: 620.1963

Rio d'Enero Restaurante Bar
Calle 104 No. 20 A – 18
Tel.: 522.0182

Viva Brasil
Avenida 19 No. 114 A – 27
Tel.: 213.7686

British
★Britannia
Reputed to have the best fish and chips in Bogota, along with other tasty Brit dishes.
Famoso por tener el mejor pescado y patatas fritas en Bogotá, junto con otros platos sabrosos británicos.

Calle 26 No. 69 B – 53
Store/Local 1
Tel.: 410.3738

El Inglés Gastro Pub
Carrera 11 No. 69 – 40
Tel.: 255.5524

London Calling
Calle 93 A No. 11 – 50
Tel.: 257.6650

The Monkey House
Calle 70 A No. 8 – 55
Tel.: 805.8648

Caribbean / Caribeños
Carmen de Bolívar
Calle 80 No 13 A – 01
Tel.: 805.0505

Chambaku
Calle 63 No. 7 – 64
Tel.: 312.9507

El Rey del Mar
Carrera 21 No. 9 A – 59
Store/Local 239
Tel.: 409.6701

Gostinos
Carrera 5 No. 69 A – 30
Tel.: 287.1382

Kosta Mar Sea Food
Transversal 48 No. 96 – 96
Tel.: 533.8468

La Bonga del Sinu
Superb beef from Colombia's Caribbean coast.
Carne magnífica de la costa caribeña de Colombia.
Calle 116 No. 16 – 89
Tel.: 521.9494
http://labongadelsinu.co

Lemaitre Terraza
Carrera 11 A No. 93 B – 50
Tel.: 622.6191

★Leo Cocina y Cava
Famous for marrying the flavors of Colombia's Caribbean with the interior.
Famoso por combinar los sabores del Caribe de Colombia y el interior.
Calle 27 B No. 6 – 75
Tel.: 286.7091

Mamadasi Comida Caribeña
Calle 12 No. 3 – 83
Tel.: 283.3732

Narcobollo 3
Carrera 20 No. 116 – 14
Tel.: 213.6792

Nueve 99 Restaurante Lounge
Carrera 6 No. 117 – 44
Tel.: 213.4504

Puerto Colombia Café Caribe
Carrera 9 No. 73 – 07
Tel.: 211.3004

Restaurante La Vitualla
Transversal 10 No. 104 – 11
Tel.: 214.8621

Ricuras Marinas
Carrera 15 No. 83 – 37
Tel.: 530.0963

Chilean / Chilenos
Panedería PinPonPan
Carrera 159 No. 23 – 45

Sabor Chileno
Carrera 4 No. 27 – 03
Tel.: 341.5060

Zaza
Carrera 4 A No. 26 –55
Tel.: 566.8240

Chinese / Chinos
★Alice's Chinese Restaurant
A Bogota institution serving Chinese classics.
Una institución en Bogotá que sirve clásicos de la comida china.
Calle 69 A No. 5 – 18
Tel. 217.0841

Bong Kong
Calle 140 No. 19 – 16
Tel.: 615.2270

Casa China
Calle 109 No. 25 – 41
Tel.: 619.9126

★Cooking Taichi
The best upscale Chinese (owned) restaurant in Colombia.
El mejor restaurante chino (de dueños chinos) de lujo en Colombia.
Carrera 14 No. 93 – 14
Tel.: 213.8068
www.cookingtaichi.com

Gran China Restaurante
Calle 77-A No. 11 – 70
Tel..: 249.5938

KONG
Calle 69 No. 5 – 36
Tel.: 235.9229

Mr. Lee
Calle 127 and Avenida 19

Owner of La Herencia / Dueña de La Herencia

Tel.: 258.3139

Several locations. / Varias locaciones.

P.F. Changs
The popular U.S. chain opened in Bogota in May 2013 to great reviews.
La popular cadena de Estados Unidos abrió en Bogotá en mayo de 2013 con excelentes críticas.
Carrera 9 No. 82 – 19
Tel.: 743.0221

Republik Asian Food
CC Metro 127
Carrera 15 No. 125 – 73
Store/Local 209
Tel.: 755.7199

Restaurante Casa Cocina China
Avenida Suba No. 125 – 69
Tel.: 480.4346

Restaurante Chung Wa
Calle 71 No. 5 – 17
Tel.: 235.9679

Sr. Choo
A pan-Chinese experience, offering classic plates like Dim Sum and Peking Duck.
Una experiencia de pan-china, que ofrece platos clásicos como el Dim Sum y el pato de Pekín.
Carrera 13 No. 83 – 34 82 and/con Calle T
Tel.: 218.5234

Toy Wan
Calle 100 No. 13 – 83
Tel. 236.3369

WOK
Carrera 13 No. 82 – 74
Tel.: 218.9040
www.wok.com.co

Several locations. / Varias locaciones.

Zhang
Carrera 6 A No. 119 – 01
Tel. 213.3979

Colombian – Contemporary / Colombianos – Contemporáneos

★Abasto
Farm-to-table freshness, a signature artisanal fine restaurant.
Frescura total de la granja a la mesa, un distintivo restaurante *gourmet* artesanal.
Carrera 6 No. 119 B – 52
Tel.: 215.1286

★Fusionario
Traditional Colombian tastes with new flavors that surprise.
Sabores colombianos tradicionales con nuevos toques que sorprenden.
Carrera 6 No. 55 – 59
Tel.: 540.7488

Germinario
All natural and organic when possible.
Todo es natural y orgánico de ser posible.
Calle 70 A No. 10 A – 38
Tel.: 235.5198

★La Herencia
The best traditional Colombian recipes created with modern techniques and presentations.
Las mejores recetas tradicionales colombianas creadas con técnicas y presentaciones modernas.
Carrera 9 No. 69 A – 26
Tel.: 249.5195

★La Leo, cocina mestiza
Located inside the BOG Hotel, this sleek space serves creative preparations of amazing Colombian flavors.
Situado en el interior del hotel BOG, este espacio sirve preparaciones creativas de sorprendentes sabores colombianos.
Carrera 11 No. 86 – 74
Tel.: 639.9975

La Perla
Peruvian tastes meet Colombian
accents.
Los sabores peruanos se unen con el
acento colombiano.
Calle 95 No. 11 A – 67
Tel.: 636.3734

Local
Inventive takes on classic recipes.
Un toque moderno a los platos
clásicos.
Calle 69 A No. 9 – 09
Tel.: 211.8285

Leo Cocina y Cava
Melding flavors of the Pacific coast
with the interior.
Fusión de sabores de la costa del
Pacífico con el interior de Colombia.
Calle 27 B No. 6 – 75
Tel.: 286.7091

Mini-mal
Bringing fish, fruits, and vegetables
of the Amazon to the Andes.
Llevando pescado, frutas y verduras
de la Amazonía a los Andes.
Carrera 4 A No. 57 – 52
Tel.: 347.5464
www.mini-mal.org

Puerta Colombia
Calle 117 No. 6 – 30
Tel.: 612.3179

★Salvo Patria
Interesting and creative international dishes with a definite Colombian
base and point of view.
Platos internacionales interesantes y
creativos con una base colombiana.
Carrera 4 No. 57 – 28
Tel.: 702.6367
www.salvopatria.com

Santo Pecado
Nuevo Colombian food served in a
unique space.
Comida colombiana servida en un
hermoso espacio.
Carrera 5 No. 119 – 47
Tel.: 629.5700

Sr. Casao
A wide selection of *arepas* and
soups that are mixed and matched.
Una amplia selección de arepas y
sopas para mezclar y combinar.
Avenida 19 No. 138 – 40
Tel.: 648.3038

Andrés D.C.

**Colombian – Traditional /
Colombianos – Tradicionales**

Accento
Calle 81 No. 8 – 60
Tel.: 312.9849

★Andrés Carne de Res
Think Cirque du Soleil in a steak-
house, then triple it. A huge menu of
traditional Colombian fare is served,
but beef is the true star. Reservations are a must in this deservedly
world-famous restaurant.
Imagine Cirque du Soleil en un
asador, y luego triplíquelo. Un gran
menú de comida tradicional colombiana, pero la carne es la verdadera
estrella. Es indispensable hacer
reservas en este famoso restaurante merecidamente conocido por el
mundo.
Calle 3 No. 11 A – 56
Chia
Tel.: 863.7880

★Andrés Carne de Res D.C.
The Bogota location of perhaps
Colombia's most iconic restaurant.
Expect the same fun and kookiness
of the original, but in a seven-floor
space inspired by Dante's *Inferno*.
Reservations are a must. There is a
COP$20,000 cover after 8:00 p.m.
on weekends.
La sucursal en Bogotá del quizá
más emblemático restaurante de
Colombia. Espere la misma diver-
sión y originalidad del original,

Casa Santa Clara

pero en un espacio de siete pisos inspirado en *El Infierno* de Dante. Las
reservas son indispensables. Hay un
costo de entrada de COP$20.000
después de las 8:00 pm los fines de
semana.
Calle 82 No. 12 – 27
Tel.: 863.7880

Aquí Lechonería Flandes
Calle 74 Bis 83 – 69
Tel.: 491.5001

Arcanos Mayores
Carrera 5 A No. 119 – 11
Tel.: 214.2678

Barichara Restaurante
Carrera 31 No. 25 B – 29
Tel.: 337.9429

Belalcazar
Carrera 8 No. 20 – 25
Tel.: 284.6631

Brasas & Carnes El Campeón
Carrera 33 No. 25 D – 01
Tel.: 268.8120

Café Espresso
Calle 75 No. 14 – 26
Tel.: 321.7289

Caldo Parao
Casual but filling food, especially late
at night. Open twenty-four hours.
Comida informal pero abundante,
especialmente por la noche tarde.
Abierto las veinticuatro horas.
Calle 161 No. 35 A – 35
Tel.: 674.5950

Canela Bakery
Calle 95 No. 16 – 04
Tel.: 616.7942

★Carbon de Palo
Famous for their excellent steaks
and grilled meats.
Famoso por sus excelentes carnes.
Avenida Carrera 19 No. 106 – 12
Tel.: 214.0450

Casa Country
Calle 134 No. 9 – 14
Tel.: 614.4237

Casa Martínez
Calle 52 A No. 25 – 28
Tel.: 347.5577

Casa Santa Clara
Cerro de Monserrate
Tel.: 281.9309

Casa Vieja
Serving very traditional dishes from
different Colombian regions in a
countryside setting.
Platos muy tradicionales de diferentes regiones de Colombia en un
entorno rural.
Carrera 10 No. 26 – 60
Tel.: 284.7359

Several locations. / Varias locaciones.

Castellana 104
Avenida 19 No. 104 – 49
Tel.: 214.1475

★Club Colombia
A beautiful mansion where a grand
fireplace sets the tone for a wonderful dining experience.
Una hermosa mansión donde una
gran chimenea crea el ambiente
propicio para una experiencia maravillosa.
Avenida 82 No 9 – 11
Tel.: 249.5681

Comida Típica Antigua Santa Fe
Calle 11 No. 6 – 20
Tel.: 566.6948

Criolla
Calle 26 A No. 4 – 42
Tel.: 560.7107

Criollas
Barbecue and bar.
Parrilla y bar.
Calle 118 No. 5 – 23
Tel.: 213.3106

Doña Elvira
Calle 50 No. 20 – 26
Tel.: 235.8275

Donostia
Calle 29 Bis N° 5 – 84
Tel.: 287.3943

Donde Yiya Sazón y Amor
Excellent lunch specials in a romantic setting (including a wonderful
stewed goat).
Excelentes ofertas de almuerzo en
un ambiente romántico (incluyendo
una maravillosa cabra guisada).
Calle 54 A No. 15 – 64
Tel.: 349.1850

El Consulado Paisa
Carrera 11 No. 70 A – 44
Tel.: 249.6810

El Fhorno de las Carnes
Carrera 23 No. 51 – 32
Tel.: 249.1143

El Gran Musiu Santandereana
Calle 9 S No. 8 A – 44
Tel.: 246.3588

El Mercadito
Carrera 9 No. 24 – 39
Tel.: 313.387.4501

El Portal de la Antigua
Carrera 11 No. 89 – 43
Tel.: 530.1710

El Sabor Valluna
Carrera 27 No. 68 – 28
Tel.: 250.3889

El Son de los Grillos
Calle 10 No. 3 – 60
Tel.: 284.8662

El Viejo Rancho Tolimense
Calle 11 No. 28 – 96
Tel.: 247.5631

★Entrepues
An institution that has been serving
incredible food from the Department of Antioquia to happy diners
and revelers for decades—a favorite
in the city's outskirts.
Una institución que ha estado sirviendo comida increíble en el departamento de Antioquia a comensales
felices y juerguistas durante décadas
—uno de los favoritos en las afueras
de la ciudad.
KM 9 Carretera Central del Norte
– Chia
Tel.: 865.0020

Fulanitos
Carrera 3 No. 8 – 61
Tel.: 352.0173

Gaira Café
Owned by famed Vallenato King
Carlos Vives, big crowds gather to
enjoy the traditional food, good
drinks, and fun music.
Propiedad del famosos rey del vallenato, Carlos Vives, grandes multitudes se reúnen para disfrutar de la
tradicional comida, buenas bebidas
y música divertida.
Carrera 13 No. 96 - 11
Tel.: 636.2696

Hacienda la Margarita
Classic Colombian fare, horse show
and live music.

Picada at/en Entrepues

Comida típica colombiana, espectá-
culo ecuestre y música en vivo.
Calle 222 No. 46 – 03
Tel. 676.0030

La Bonga del Sinu
Calle 116 No. 16 – 89
Tel.: 521.9494
Several locations. / Varias locaciones.

La Carbonera
Calle 30 No. 5 – 51
Tel.: 285.0278

La Cancillería Paisa
Restaurante Bar
Carrera 6 No. 10 – 23
Tel.: 283.6167

La Corbata Parrilla Bar
Carrera 12 A No. 79 – 46
Tel.: 478.4777

La Gran Llanera
Autopista Norte No. 196 – 90
Tel.: 678.8843

**La Gustosita Lechonería
Tolimense**
Calle 163 No. 20 – 22 Autopista Norte
Tel.: 677.6388

La Llanerita
Carrera 8 No. 17 – 14
Tel.: 334.7004

La Mansión
Avenida Calle 33 No. 13 A – 64
Tel.: 245.4563

La Puerta Falsa
Serving their famous tamales and
hot chocolate for centuries.
Sirviendo sus famosos tamales y
chocolate caliente durante siglos.
Calle 11 No. 6 – 50
Tel.: 286.5091

La Puerta Real
Serving very traditional dishes and
cocktails inside a museum-like setting
showcasing Bogota's classic past.
Sirviendo platos y cócteles muy tradicionales dentro de un museo-res-
taurant mostrando el pasado clásico
de Bogotá.
Calle 10 No. 2 – 82
Tel.: 283.0563

La Sociedad
Calle 11 No. 6 – 42
Tel.: 336.5849

Las Acacias
Traditional dishes from the
coffee-growing region.
Platos tradicionales de la región de
cultivo de café.
Carrera 16 and/con Calle 32
Tel.: 314.5441
Several locations. / Varias locaciones.

Las Bandejitas
Calle 14 S No. 19 – 41
Tel.: 239.2872

Las Cazuelas de la Abuela Rosa
Calle 59 No. 9 - 16
Tel.: 217.0775

Las Ojonas
Carrera 27 A No. 24 – 12
Tel.: 244.0555

Lechonería La Especial de Tolima
San Andresito
Carrera 38 No. 8 A – 60, and/con
Carpincho
Tel.: 202.0147

Leña y Fuego
Calle 150 No. 17 – 32
Tel.: 258.7729

M & M
Carrera 11 No. 97 A – 38
Tel.: 610.3742

Mango Charanga
Calle 119 B No. 6 – 31
Tel.: 213.3096

María Mulata
Carrera 13 No. 82 – 85
Tel.: 257.6722

Monte & Mar
Calle 161 No. 18 – 25
Tel.: 671.9169

Pastelería Florida
More than seventy years of serving
their famous hot chocolate, tamales,
and pastries; a full-service dining
room is located on the second floor.
Más de setenta años sirviendo su
famoso chocolate caliente, tamales
y pasteles; en el segundo piso hay un
comedor de servicio completo.
Carrera 7 No. 21 – 46
Tel.: 341.0340

Patria
Avenida Calle 26 No. 69 B – 33
Store/Local 102
Tel.: 295.9476

Piqueteadero Donde Manuel
Carrera 21 No. 163 A – 22
Tel.: 678.9947

Recinto Caverne
Avenida Carrera 24 No. 37 – 20
(Park Way)
Tel.: 320.3445

Restaurante Ajiaco Company
Calle 94 A No. 13 – 94
Tel.: 618.0476

Restaurante La Quinta
Carrera 5 No. 119 – 21
Tel.: 213.2992

Restaurante Virrey Gourmet
Carrera 19 B No. 86 A – 25
Tel.: 236.8857

Rico
Carrera 36 No. 25 F – 14
Tel.: 244.0251
Several locations. / Varias locaciones.

Rosita Restaurante
Calle 13 A No. 1 A – 26
Tel.: 283.6737

Sabor Barranquilla
Calle 80 No. 13 (at the corner / en la esquina)
Tel.: 805.0132

Sanalejo
Avenida Jiménez No. 3 – 73
Tel.: 334.6171

Salto del Ángel
Carrera 13 No. 93 A – 45
Tel.: 622.6427

Santa Costilla
Delicious ribs with house-made sauces.
Deliciosas costillas con salsas hechas en casa.
Carrera 6 A No. 119 B – 68
Tel.: 214.6778

Santo Pecado
Regional Colombian cuisine.
Comida colombiana tradicional.
Carrera 5 No. 119 No. 119 – 47
Tel.: 629.5700

★S & B
Traditional Colombian soups like *ajiaco* and *sancocho*, *cazuelas*, grilled meats and fish at affordable prices.
Sopas colombianas tradicionales como el ajiaco y el sancocho, cazuelas, carnes a la brasa y pescado a precios asequibles.
Calle 40 No. 21 – 35
Tel.: 287.5469

Sopas & Brasas
Food from Santander, Antoquia, and Boyacá.
Comida santandereana, antioqueña y boyacense.
Carrera 22 No. 40 – 94
Tel.: 232.0898

Sopas de mamá y Postres de la abuela
Dependable and consistent selection of Colombian favorites.
Selección fiable y consistente de los favoritos colombianos.
Carrera 13 No. 27 – 98
Store/Local 241
Tel.: 658.4891
Several locations. / Varias locaciones.

Terraza Parrilla
Carrera 15 A No. 119 – 61
Tel.: 493.0370

Tienda de café
Calle 119 No. 6 – 16
Tel.: 213.3118

Tinaja y Tizón
Calle 119 No. 6 – 06
Tel.: 213.3874

Tomatillos
Carrera 18 No. 78 – 92
Tel.: 256.2723

Yanuba
Calle 122 17 A – 17
Tel.: 612.4311

Several locations. / Varias locaciones.

Cuban / Cubanos
Babalao
Carrera 12 No. 93 – 43
Store/Local 1
Tel.: 236.3202

Bodegón Cubano
Carrera 14 No. 93 A – 66
Tel.: 218.8703

Comida y Tertulia Cubano Express
Carrera 5 No. 30 – 25
Tel.: 287.1576

★ Cuban Jazz Café
Funky, underground club and restaurant with fabulous sounds and food.
Divertido club subterráneo y un restaurante con excelentes sonidos y alimentos.
Carrera 7 A No. 12 C – 36
Tel.: 341.3714

El Bembe
Decor recalls Havana in the 1950s—2 for 1 mojitos every Thursday night and live salsa on the weekends.
La decoración rememora La Habana de los años cincuenta —todos los jueves por la noche, 2 mojitos por 1, y salsa en vivo los fines de semana.
Calle 27 B No. 6 – 73
Tel.: 286.0539

Habana Caribe
Carrera 14 No. 87 – 86
Tel.: 531.0814

★ Habana Mamas
Delightful and festive ambience with live music and wonderful food.
Ambiente encantador y festivo con música en vivo y comida maravillosa.
Calle 93 A No. 11 A – 47
Tel.: 635.0630

Ilhé Habana
Carrera 3 A No. 26 – 74
Tel.: 284.8169

La Cuba Mía
Carrera 14 No. 95 – 21
Tel.: 617.1811

Moros y Cristianos
Calle 9 No. 3 – 11
Tel.: 243.9071

Otoño Cubano
Avenida Carrera 24 No. 39 A – 44
(Park Way)
Tel.: 285.8082

Sanduchón Cubano
Calle 24 No. 7 – 44
Tel.: 284.7395

Varadero
Specialists in seafood accented with Cuban flavors.
Especialistas en mariscos con un toque cubano.
Carrera 13 No. 83 – 47
Tel.: 256.6536

French / Franceses
A Seis Manos
A stripped-down French restaurant/bar/café serving great French fare, this is also a cultural center that screens obscure foreign films and vintage films, along with socially related documentaries and projects.
Restaurante francés/bar/cafetería que sirve excelente cocina francesa. También es un centro cultural que proyecta películas extranjeras y películas de época, además de documentales y eventos de temas artísticos y sociales.
Calle 22 No. 8 – 60
Tel.: 282.8441

http://aseismanos.wix.com/web2#

Azerty
Calle 97 A No. 9 – 90

Bagatelle
Calle 82 No. 9 – 09
Tel.: 621.2614

http://bagatelle.com.co

Several locations. / Varias locaciones.

Baguette & Tradition
Calle 97 A No. 9 – 91
Tel.: 256.5675

★ Balzac
One of the finest French restaurants in Bogota, serving everything from oysters to well-prepared steak frites.
Uno de los mejores restaurantes franceses en Bogotá, que sirve de todo, desde ostras a carnes bien preparadas.

Calle 83 No. 12 – 19
Tel. 610.5210

Barandas del Nogal
Calle 77 A No. 12 – 26
Tel.: 346.1404

Basilic
Sofitel Regina Hotel
Carrera 13 No. 85 – 80
Tel.: 621.2666

Bistro
Cité Hotel
Carrera 15 No. 88 – 10
Tel.: 646.7777

Bistronomy Usaquén
Eclectic French and international
dishes.
Platos eclécticos franceses e inter-
nacionales.
Carrera 6 A No. 119 – 24
Tel.: 629.2591

Bistronomy Zona G
Eclectic French and international
dishes.
Platos eclécticos franceses e inter-
nacionales.
Calle 70 No. 6 – 37
Tel.: 313.1196

★Bonaparte
The best French-owned and operat-
ed restaurant in La Candelaria.
Indudablemente el mejor restauran-
te francés, con dueños franceses, de
La Candelaria.
Carrera 8 No. 11 – 29
Tel.: 283.8788

Bric a Brac
Calle 145 No. 16 – 90
1st Floor / Piso 1
Tel.: 633.4673

Café Chamois
Calle 85 No. 11 – 69
Tel.: 218.3285

Casa San Isidro
Upscale and popular with tourists
for its extraordinary city view.
Exclusivo y popular entre los turis-
tas por su extraordinaria vista de la
ciudad.
Cerro de Monserrate
Tel.: 281.9309

Chez Jack
Rustic French food served in a
romantic country setting at a great
value.

Comida francesa servida en un am-
biente campestre y romántico.
Calle 123 No. 7 – 57
Tel.: 620.7186

Chez Jacques
An authentic piece of Paris in
Bogota, decorated with gilding, oil
paintings, sumptuous furnishings,
and a delightful selection of French
pastries with a Colombian touch.
Un auténtico pedazo de París en
Bogotá, decorado con pinturas al
óleo, muebles suntuosos y una deliciosa selección de pastelería francesa con un toque colombiano.
Calle 109 No. 15 – 48
Tel.: 620.9458

Chez Pascal
Carrera 8 No. 15 – 61
Tel.: 341.1587

Chez Pierre
Carrera 10 No. 64 – 27
Tel.: 345.7905

Cities
Carrera 84 No. 13 – 54
Tel.: 622.3111

Criterion
French-style fine dining in a modern
space.
Alta cocina francesa en un restau-
rante muy moderno y elegante.
Calle 69 A No. 5 – 75
Tel.: 310.2810

★Donde Gilles
Perhaps the best truly French
(owned) fare in the north of the
city; what it lacks in ambience it
makes up in fine cuisine.
El mejor restaurant francés, de
dueños franceses, con un carismá-
tico espacio para disfrutar de sus
comidas.
Carrera 13 No. 94 – 61
Tel.: 636.1694

★El Bandido Bistro
An absolute favorite bistro, delivering excellent unpretentious dishes
in one of the trendiest restaurants
in Bogota with excellent live music
Wednesdays through Saturdays.
Reserve well in advance.
Un restaurante bogotano favorito
que presenta excelentes platos sin
pretensiones en uno de los restaurantes más de moda en Bogotá

con excelente música en vivo de miércoles a sábado. Reserve con anticipación.
Carrera 7 No. 79 B – 15
Tel.: 212.5709

El Bistro de la Catedral
Carrera 6 No. 10 – 82
Tel.: 609.6158

Flores German
Calle 77 A No. 12 – 26
Tel.: 346.1404

L'Atelier Gourmand
Calle 97 A No. 9 – 91
Tel.: 256.5675

L'Avenue Restaurante
Carrera 14 No. 75 – 01
Tel.: 317.9476

La Baguette du Chef
French-owned café/restaurant serving excellent lunch fare with a cabaret theater.
Café/restaurante de dueños frances, sirve comidas y excelentes almuerzos con un teatro cabaré.
Calle 67 No. 7 – 38
Tel.: 235.6490

La Brasserie
One of the most popular upscale French restaurants in the city, as cozy as it is reliable.
Uno de los más populares restaurantes franceses de lujo de la ciudad, tan acogedor como es fiable.
Carrera 13 No. 85 – 35
Tel.: 618.4577

La Cigale
Belgian-owned, providing a great value.
Excelentes comidas por el precio, en un restaurante de dueños belgas.
Calle 69 A No. 4 – 93
Tel.: 400.9906

La Crepe
Carrera 4 A No. 26 – 72
Tel. 342.1367

La Gloria
Mussels are the star attraction at this intimate spot.
Los mejillones son la atracción principal en este lugar íntimo.
Calle 26 A No. 4 – 48
Tel.: 479.3704

La Petite Alsace
About an hour outside of Bogota, famous for its Alsacian-style cuisine and house-made cheeses. Reservations only.
Alrededor de una hora a las afueras de Bogotá, famoso por su cocina de estilo alsaciano yqueso hecho en casa. Solo con reservación.
Carretera Via Guasca; Km 42
Tel. 301.397.2020

La Poularde
Singularly frozen in time like a piece of Paris in the 1950s, romantic and still delivering that special meal.
Singularmente congelado en el tiempo como un pedazo de París en la década del cincuenta, romántico y siempre brindando esa comida especial.
Carrera 4 No. 54 – 88
Tel.: 249.6156

La Table de Michel
Calle 69 A No. 4 – 15
Tel.: 347.7939

★La Tartería
Well-prepared savory crepes, light dishes, and French pastries at a great value.
Crepes bien preparadas y deliciosas, platos ligeros y pasteles franceses con un gran sabor.
Carrera 4 No. 12 – 34
Tel.: 334.8312

La Tartine
Bohemian and romantic, French-owned, delivering savory *tartines* and lasagnas.
Restaurant bohemio y romántico, de dueños franceses, donde se preparan lasañas y tartaletas llenas de sabor.
Calle 12 No. 3 – 88
Tel.: 314.257.0201

Le Grillon
Edificio Percales
Carrera 14 No 77 – 21
5th Floor / Piso 5
Tel.: 257.6452

Le Marais
Calle 59 A No. 8 – 45
Tel.: 543.4634

Le Voltaire
Calle 49 No. 8 – 15
Tel.: 287.0215

Liberty
There is a reason why the steak is famous here!
¡Hay una razón por la cual las carnes son famosas aquí!
Carrera 4 No. 27 – 42
Tel. 566.1709

Madame Marie
A cozy, casual, and romantic charcuterie and creperie.
Una acogedora, romántica e informal charcutería y crepería.
Carrera 14 No. 82 – 82
Tel.: 691.3736

María Tomasa
Carrera 6 No. 10 – 82
Tel.: 342.3067

Michellennia
Calle 83 No. 12 – 19
Tel.: 610.5210

Monet Brasserie
Classic and fine French dining located inside the JW Marriott.
Clásica gastronomía francesa *gourmet* situada en el interior del JW Marriott.
Calle 73 No. 8 – 60
Tel.: 481.6000 ext. 6404

Mr. Simon
Serving a superb *entrecôte* with a special house sauce and other French classics.
Sirve un excelente entrecot con salsa especial de la casa y otros clásicos franceses.
Carrera 14 No. 97 – 09
Tel.: 616.3400

Paseo de Cantores
Serving French-inspired classics like Onion Soup and Steak Bordelaise in a romantic and eclectically decorated setting.
Sirviendo clásicos de inspiración francesa, como sopa de cebolla y carne bordelesa en un ambiente romántico y eclécticamente decorado.
Calle 120 A No. 5 – 61
Tel.: 612.9940

Refugio Alpino
Calle 23 No. 7 – 49
Tel.: 284.6515

Restaurante Chateaubriand
Vía Calera 92 – 24
Tel.: 236.8771

Saint Just Traiteur
Delicous cured meats, quiches, sausages, pastries, and daily specials.
Deliciosas carnes curadas, quiches, salchichas, pasteles y platos del día.
Calle 16 A No. 2 – 73
Tel.: 477.7555

French Patisseries / Patisseries francesas

Bagatelle
Artfully created French pastries and light fare that make this the best French-style chain in Bogota.
Pastelería francesa con postres ingeniosamente creados y comidas ligeras que hacen de esta la mejor cadena de estilo francés en Bogotá.
Calle 82 No. 9 – 09
Tel.: 621.2614
http://bagatelle.com.co

Several locations. / Varias locaciones.

Baguette & Tradition
Calle 97 A No. 9 – 91
Tel.: 256.5675

Café de la Peña - Pastelería Francesa
Carrera 3 No. 9 – 66
Tel.: 336.7488

Chez Jacques
An authentic piece of Paris in Bogota, decorated with gilding, oil paintings, sumptuous furnishings, and a delightful selection of French pastries with a Colombian touch.
Un auténtico pedazo de París en Bogotá, pinturas al óleo, muebles suntuosos y una deliciosa selección de pastelería francesa con un toque colombiano.
Calle 109 No. 15 – 48
Tel.: 620.9458

Dulce Galette
CC Santafe
Carrera 71 C No. 116 A – 71
Store/Local 371
Tel.: 702.0863

★Grazia
Exquisite French pastries and chocolate bonbons in a bright and sleek space created by Raphael Haasz, the former executive pastry chef of the famed Daniel Boulud in New York City, and savory chef Claudia Oyuela.

Pastelería francesa y exquisitos bombones de chocolate en un espacio luminoso y elegante creado por Raphael Haasz, ex pastelero ejecutivo del famoso Daniel Boulud en Nueva York y la chef Claudia Oyuela.
Calle 69 No. 05 – 04
Tel.: 702.1115

Hobany Velasco
Calle 119 No. 11 A – 61
Tel.: 612.5399

L'Atelier Gourmand Caterer
Calle 97 A No. 9 – 91
Tel.: 256.5675

La Baguette du Chef
Calle 67 No. 7 – 38
Tel.: 235.6490

La Folie
Carrera 11 No. 80 – 27
Several locations. / Varias locaciones.

La Madeleine
Carrera 16 No. 35 – 19
Tel.: 285.8798

La Marsellesa
Calle 67 No. 10 A – 06
Tel. 255.6212
Several locations. / Varias locaciones.

La Tarta
Calle 117 No. 5 A – 14
Tel.: 619.1886

La Tartería
Carrera 4 No. 12 – 34
Tel.: 341.7688

L'Atelier Gourmand
Calle 97 A No. 9 – 91
Tel.: 256.5675

Masa
French-style breads and pastries— and some of the best olive breads and almond croissants in Bogota. Panes y pastelería de estilo francés —y uno de los mejores panes de aceitunas y *croissants* de almendra en Bogotá.
Calle 70 No. 4 – 83
Tel.: 211.0899

Mi amigo El Pastelero!
Carrera 14 No. 94 A – 57
Tel.: 318.517.2029

Michel Pastelería
Carrera 13 No. 83 – 96
Tel.: 236.9168
Several locations. / Varias locaciones.

Panettiere!!!
Boulangerie—bread shop.
Boulangerie —panadería.
Calle 79 No. 18 – 50
Store/Local 4
Tel.: 257.6742
Several locations. / Varias locaciones.

Pastelería Rincón Francés
Calle 14 No. 3 – 64
Tel.: 313.223.4346

Pâtisserie Française Pèche Mignon
Calle 9 No. 1 – 95
Tel.: 284.1065

Petits-fours
French snacks.
Aperitivos franceses.
Calle 97 A No. 9 – 90
Tel.: 616.0503

★Philipe le Pâtissier
Perhaps the only upscale French pastry shop chain in the world dedicated to creating sugar-free temptations for diabetics.
Tal vez la única cadena de pastelería francesa de lujo en el mundo, dicada a la creación de tentaciones sin azúcar para los diabéticos.
Calle 109 No. 17 – 10
Tel. 612.8221
www.philippe.com.co/web

Several locations. / Varias locaciones.

Pimienta & Cafè
Carrera 3 No. 9 – 27
Tel.: 341.6805

★Serge Thirry
Very fine Belgian chocolates accented with Colombian fruits, lovely pastries, and incredible hot chocolate created by a master Belgian chocolatier.
Chocolates muy finos de Bélgica acentuados con frutas colombianas, pasteles encantadores y un increíble chocolate caliente creado por un maestro chocolatero belga.
Carrera 17 No. 53 – 28
Tel.: 248.1927

and/y

Calle 90 No. 13 – 40
Tel.: 610.6952

Sucre Pâttiserie
Carrera 11 A No. 95 – 39
Tel.: 691.0562

German / Alemanes
★Restaurante Alemán Harald
An institution serving authentic and affordable German fare in a residential area.
Una institución que sirve comida alemana auténtica en un área residencial.
Calle 116 No. 70 C – 69
Tel.: 696.6246

★Die Glocke
One of the best Swiss-German restaurants in the city.
Uno de los mejores restaurants suizo-alemanes de la ciudad.
Carrera 12 No. 98 – 61
Tel.: 634.8600

Doner Kebab Euro-Snack
German-style sausages and kebabs.
Salchichas y brochetas al estilo alemán.
Calle 82 No. 19 A – 24
Tel.: 312.306.3697

Edelweiss
Set up like an Alpine village in the outskirts of Bogota, perfect for the family.
Decorado como un pueblo alpino en las afueras de Bogotá, ideal para toda la familia.
Km 1 vía Cajica - Zipaquira
Tel.: 866.1691

Imbiss & Kaffe Bei Ulns
Carrera 7 No. 42 – 11
No.: 481.3914

Intermezzo
Calle 69 No. 10 A – 35
Tel.: 313.4171

Marrionito Ferquel
Calle 119 No. 14 – 15
Tel.: 215.3075

Salchichas Típicas Alemanas
Calle 170 No. 20 A – 08
Store/Local 1

Zuhause
Calle 66 No. 77 – 65
Tel.: 252.1575

Open weekends and holidays only.
Abierto solo los fines de semana y días feriados.

Greek / Griegos
OPA! Gyros
Carrera 14 No. 90 – 80
Tel.: 218.9682

Teo Estiatorio
An upscale restaurant serving Greek classics.
Un restaurant elegante que sirve clásicos griegos.
Avenida 19 No. 114 – 06
Tel.: 378.8300

Indian / Indios
★Dhaba
Inspired by typical Indian roadside eating places to serve truly authentic tastes.
Inspirado por típicos lugares para comer en las carreteras indias, para brindar gustos verdaderamente auténticos.
Avenida 28 No. 24 – 27
Store/Local 2
Tel.: 318.669.1167

Flor de Loto
The oldest Indian restaurant in Bogota, satisfying clients with tandooris, curries, bhartas, and more.
El restaurante indio más antiguo de Bogotá, satisface a los clientes con tandooris, curry, bhartas y más.
Calle 90 No. 17 – 31
Tel.: 617.0142

★India Gourmet
Authentic Indian recipes served in a modest space.
Recetas indias auténticas que se sirven en un espacio modesto.
Carrera 19 B No. 92 – 52
Tel.: 621.7923

Little India Superstar
A cool lounge serving traditional Indian dishes like chicken tikka and lamb samosas, backed up by a DJ and top-shelf cocktails.
Un salón moderno que sirve platos tradicionales de la India como el pollo tikka y samosas de cordero acompañado por un DJ y cócteles de élite.
Calle 82 No. 12 A – 23
Tel.: 320.200.4820

The Monkey House
Amazing curries like you would find in London.

Currys increíbles como los que encontrarías en Londres.

Calle 70 A No. 8 – 55
Tel.: 805.8648

Taj Mahal
Serving pan-Indian dishes, including Tandoori delights and rich curries.
Sirviendo platos pan-indios, incluyendo delicias tandoori y currys sabrosos.

Calle 119 B No 6A – 34
Tel.: 300.2790

International / Internacional
★7:16
Something for everyone, from hot dogs to Kobe beef in a plush, idyllic setting.
Para todos los gustos, desde perros calientes hasta carne de Kobe en un entorno de lujo, ideal.

Calle 119 B No. 6 – 28
Tel.: 213.4271

95DC Cocina & Bar
Calle 95 No. 13 – 35 Torre A
Tel.: 489.4381

Andante Ma Non Tropo
Carrera 3 No. 10 – 92
Tel.: 342.3237

Armadillo
An expat favorite serving excellent eclectic dishes.
Un favorito de todos que sirve excelentes platos eclécticos.

Carrera 5 No. 71 A – 05
Tel.: 345.9994

Arroces de Colombia y el Mundo
Calle 170 and/y 63
Tel.: 615.7800

Café de las Letras
Carrera 24 No. 62 – 50
Tel.: 343.2617

Café Renault
A beautiful and upscale modern dining room overlooking Parque 93, frequented by Bogota's celebrity set.
Un hermoso y elegante comedor moderno con vista al Parque 93, frecuentado por celebridades de Bogotá.

Calle 93 B No. 11 A – 84
Tel.: 621.1538

★Casa
A superb dining experience in a beautiful home setting.
Una experiencia magnífica en un ambiente hogareño hermoso.

Carrera 13 No. 85 – 24
Tel.: 236.3755

Casa 53*76
Carrera 6 No. 53 – 76
Tel.: 574. 5444

Cazuelitas de Suramérica
An offering of international soups.
Ofrecen todo tipo de sopas internacionales.

Calle 93 No. 18 – 25
Tel.: 530.0885

Ciboulette
Calle 93 No 11 A – 11
Store/Local 102
Tel.: 642.1375

Cocina Europea
Classic Eastern European dishes.
Platos clásicos de Europa del este.

CC Portoalegre
Carrera 58 No. 137 B – 61
Store/Local 69
Tel.: 624.6261

Cónclave Bistro & Pub
Specialists in cuts of Black Angus beef.
Especialistas en cortes de carne de Angus Negro.

Carrera 6 A No. 116 – 17
Tel.: 612.7449

Da Portare
International dishes for delivery only.
Platos internacionales; solo entrega a domicilio.

Carrera 10 No. 70 – 37
Tel.: 214.1025

Daniel
Good value for European flavors amidst artistic spaces.
Buenos precios para degustar sabores europeos en medio de espacios artísticos.

Calle 73 No. 9 – 70
Tel.: 249.3404

Diana García
Delicious, carefully prepared dishes (open for weekday breakfast and lunch only).

Deliciosos platos cuidadosamente preparados (abierto de lunes a viernes para el desayuno y almuerzo solamente).

Carrera 7 No. 70 – 94
Tel.: 321.3431

El Patio
Carrera 4 A No. 27 – 80
Tel.: 282.6121

Fornalla Gourmet
Transversal 17 A Bis No. 36 – 60
Tel. 803.7380

Fusión Bogotá
Calle 69 A No. 4 – 79
Tel.: 317.5912

Fusionario
A bit of Asian, a dash of Colombian, a touch of European, all made with the freshest ingredients in a soothing space.
Un poco de Asia, una pizca de Colombia, un toque europeo, todo hecho con los ingredientes más frescos en un espacio relajante.

Carrera 6 No. 55 – 59
Tel.: 540.7488

GiGi's Restaurant and Wine Market
Calle 118 No. 5 – 63
Tel.: 702.8782

Gretta
Good cocktails and food.
Buenos cócteles y comida.

Calle 69 A No. 6 – 17
Tel.: 255.5887

Harry Sasson
One of Bogota's most beautiful restaurants and a fine-dining institution.
Uno de los restaurantes más bellos de Bogotá y una institución de alta cocina.

Carrera 9 No. 75 – 70
Tel.: 347.7155

Indigo Restaurante
Carrera 11 No. 93 B – 27
Tel.: 691.5004

★Kottbullar
A beautifully decorated, intimate, and homey place that specializes in various types of meatballs, sauces, and sides.
Un lugar muy bien decorado, íntimo y acogedor que se especializa en di-

Chef at /en Fusionario

ferentes tipos de albóndigas, salsas y acompañamientos.

Calle 26 C No. 3 – 05
Tel.: 704.2196

La Galerie
A wide selection of delicious small plates in an artistic ambience.
Una amplia selección de deliciosos platos pequeños en un ambiente artístico.

Calle 81 No. 8 – 72
Tel.: 312.586.1558

Lina's
An international institution serving bistro fare.
Una institución internacional que sirve comida bistró.

Carrera 7 No. 72 – 71
Tel.: 310.7806

Several locations. / Varias locaciones.

Magnolio
Lushly furnished and opulent, the stunning second-floor bar is the main attraction, where you will encounter some of Bogota's jet-setting crowd.
Con un amueblado exhuberante y opulento, el impresionante bar del segundo piso es la atracción principal, donde se encontrará con algunos integrantes del *jet set* de Bogotá.

Calle 69 A No. 5 – 19
Tel.: 211.0627

Marmara
Calle 93 A No. 12 – 73
Tel.: 640.0387

N.N.
A bar/restaurant that evokes the speakeasies of the United States in the 1930s, with a definite upscale and stylish flare serving international dishes with a French accent.
Un bar/restaurante que evoca las tabernas de Estados Unidos en la década del treinta, con un toque de lujo y con estilo definido que sirve platos internacionales con acento francés.
Calle 71 No. 5 – 65
Tel.: 321.433.9759

Panthalassa
Nice dining room and good food.
Hermoso espacio y buena comida.
Carrera13 No. 40 B – 74
Tel.: 232.0881

★Plaka
A very high-end Mediterranean dining experience in a beautiful setting—and a great place for power lunchers.
Una experiencia de comida mediterránea muy exclusiva en un entorno precioso y un gran lugar para almuerzos de negocios.
Carrera 11 B No. 97 – 79
Tel.: 256.1755

SOCO
Mediterranean/Middle Eastern, charming and romantic for a unique dining experience.
Encantador y romántico restaurante mediterráneo/medio oriente para una experiencia gastronómica única.
Calle 71 No 5 – 75
Tel.: 317.7410

Stragos
A light meal with good cocktails.
Una comida ligera con excelentes cócteles.
Calle 95 No. 13 – 09
Store/Local 101
Tel.: 610.6390

Upper Side
An eclectic menu offering gyozas, shrimp pizza, lamb chops, pastrami sandwiches, and more. Top-shelf cocktails are also expertly prepared.
Un menú ecléctico que ofrece gyozas, pizza de camarones, chuletas de cordero, sándwiches de pastrami y más. Cócteles de primera que se preparan expertamente.
Carrera 13 No. 81 – 24
4th Floor / Piso 4
Tel.: 530.4490

Yakary
CC Hacienda Santa Bárbara
Carrera Séptima No. 115 – 60
Tel.: 214.8931

Iranian / Iraníes
Café Sharzad
Carrera 16 No. 48 – 79
Tel.: 285.5716

Irish / Irlandeses
The Pub Usaquén
Carrera 6 A No. 117 – 45
Tel.: 691.6391

The Pub Zona T
Carrera 12 A No. 83 – 48
Tel.: 691.8711

Israeli / Israelíes
L'Jaim
Carrera 3 No. 14 – 79
Tel.: 281.8635

Italian / Italianos
4D Food Store
Amazing gelatos and Italian-style pastries.
Helados increíbles y postres de estilo italiano.
CC Hacienda Santa Bárbara
Carrera Séptima No. 115 – 60
Store/Local A219
Tel.: 612.5659

Andante Pan y Café
Carrera 3 A No. 10 – 22
Tel.: 342.3237

Several locations. / Varias locaciones.

Boca
Carrera 10 No. 27 – 51
Store/Local 174
Tel.: 596.7999

Brandoletti Restaurante
Carrera 20 No. 92 – 62
Tel.: 236.9995

★Bellini
Carrera 13 No. 83 – 54
Tel.: 636.9003

Da Vinci Il Ristorante
Calle 10 No. 3 – 48
Tel.: 334.0624

Dolcezza
Carrera 11 No. 76 – 14
Store/Local 102
Tel.: 211.6277

Dolce Amaro
Real Tuscan recipes.
Recetas originales de la toscana.
Carrera 21 No. 48 – 08
Tel.: 479.9312

★Di Luca
A classic Italian eatery and a favorite amongst Bogotanos.
Un clásico restaurante italiano y uno de los favoritos entre los bogotanos.
Carrera 13 No. 85 – 32
Tel.: 257.4269

El Boliche
Calle 69 A No. 10 – 23
Tel.: 321.7447

El Pozetto
Carrera 7 A No. 61 – 24
Tel.: 255.1160

Enoteca
Calle 83 No. 12 – 43
Tel.: 611-0115

Giordanelli
Avenida 116 No. 18 – 69
Tel.: 520.6099

Giuseppe Verdi
More than forty years of serving classic Italian dishes.
Más de cuarenta años sirviendo auténticos platos italianos.
Calle 58 No. 5 – 35
Tel.: 211.5508

Il Filetto Gourmet
Calle 120 A No. 6 A – 04
Tel.: 620.4154

★Il Pomeriggio
The quintessential European style café to see and be seen.
El mejor café estilo europeo para ver y ser visto.
Carrera 11 No. 82 – 00
Store/Local 158
Tel.: 616.8616

Il Pomodoro
Calle 117 No. 6 – 16
Tel.: 620.6820

Il Ristorante Trattoria Da Vinci
Calle 83 No. 14 A
Tel.: 301.403.8985

Il Tinello
Calle 79 B No. 8 – 61
Tel.: 347.9101

Julia
Carrera 5 No. 69 A – 19
Tel.: 313.482.835

La Chabatta
Carrera 15 No. 86 A – 44
Tel.: 256.2100

La Famiglia
Carrera 5 No.: 69 – 34
Tel.: 248.1053

La Monferrina
Carrera 4 No. 26 – 29
Tel.: 342.0882

La Pasteria
Calle 121 No. 7 A – 65
Tel.: 637.0198

La querica
Calle 70 A No. 7 – 26
Tel.: 210.3128

★Luna
Excellent and reasonably priced Italian cuisine serving exceptional brick oven breads and pizzas, in addition to classic dishes.
Excelente y a un precio razonable se sirven platos italianos excepcionales, panes y pizzas hechos en horno de ladrillo, además de platos clásicos.
Calle 83 No. 12 – 20
Tel.: 257.20898

Mauros de la casa del Florero Rialto
Calle 11 No. 6 – 94
Tel.: 283.8662

★Piatto
A cozy neighborhood haunt serving excellent pizzas and *osso buco*.
Un lugar de barrio muy frecuentado que sirve excelentes pizzas y osobuco.
Calle 119 No. 11 D – 05
Tel.: 637.2538

Piccolo Caffé
Carrera 15 No. 96 – 55
Tel.: 616.1812

Pietra
Calle 118 No. 5 – 63
Tel.: 612.5686

Pontevecchio Trattoria Toscana
Calle 85 No. 12 – 13
Tel.: 256.5462

Ragazzi
Calle 69 A No. 4 – 40
Tel.: 212.7748

Restaurante La Piazzetta
Calle 109 No. 15 – 56
Tel.: 523.1211

Restaurante ProntÍtalia
Calle 166 No. 19 B – 08
Tel.: 669.5797

Rialto Delikatessen
Park Way No. 39 B – 41

Ristorante Tipico Italiano
Avenida 19 No. 123 – 72
Tel.: 213.6148

San Giorgio
Calle 81 No. 8 – 81
Tel.: 212.3962

San Lorenzo Express
Calle 93 A No. 13 A – 31
Tel.: 610.2900

San Marcos
Carrera 13 and/y Calle 39
Tel.: 244.3700

Spoleto Gelato
CC Santa Ana
Carrera 9 and/con Calle 110

Trento Centro Internacional
Calle 28 No. 6 – 83
Tel.: 341.5395

Villa Delle Delizie
Carrera 3 A No. 18 – 08
Tel.: 281.4017

Japanese / Japoneses
★**Arigato**
Country style, good, and bud-get-friendly.
Estilo country, bueno y de bajo presupuesto.
Calle 76 No. 12 – 22
Tel.: 248.0764

Cocina Japonesa Shiro
Transversal 14 No. 126 A – 08
Tel.: 615.8525

Danzashi
Carrera 12 No. 83 – 31
Tel.: 611.1673

★**Hatsuhana**
Classic and upscale country-style Japanese.

Restaurant japonés de estilo clásico y elegante.
Carrera 21 No. 100 – 43
Tel.: 610.3056

Hajimari
Calle 93 No. 13 A – 48
Tel.: 481.1575

Izakaya
Calle 116 No. 17 A – 54
Tel.: 612-0974

Koi
Calle 119 No. 15 – 48
Tel.: 623.0711

Kosina Japonesa Samurai-Ya
Carrera 7 A No. 124 – 22
Tel.: 213.5440

Kyoto Oriental Groceries
Carrera 11 No. 97 – 32
Tel.: 257.2728

Motomashi
Carrera 13 A No 96 – 65
Tel.: 704.1239

Maki Roll
Calle 95 No. 11 – 10
Tel.: 218.0103

Muji
Calle 95 No. 15 – 48
Tel.: 623.0711

Nobu
Carrera 14 No. 90 – 16
Tel.: 604.4633

Nori Sushi
CC Santa Fe
Store/Local 3 – 101
Tel.: 487.2788

★**Osaki**
Carrera 11 A No. 93 A – 46
Tel.: 644.7777
www.osaki.com.co

Several locations. / Varias locaciones.

Republik Asian Food
CC Metro 127
Carrera 15 No. 125 – 73
Store/Local 209
Tel.: 755.7199

Sansai
Puente Aéreo Avenida El Dorado
No. 93 – 30
Tel.: 416.8837

Sansai
Teppanyaki show.
Show teppanyaki.

Calle 90 No. 19 – 29
Tel.: 236.4291

Satsuma sushi lounge
Calle 12 No. 3 – 55
Tel.: 317.352.8317

Sushi Bar Restaurante
Calle 96 No. 10 – 28
Tel.: 610.1109

★Sushi Rail
Bringing the concept straight from Japan, you choose your color-coded plates from the ever-revolving conveyor belt of sushi goodness.
Un concepto traído de Japón, usted escoge sus platos, indicados con colores, directamente de una cinta transportadora de delicias *sushi* en constante movimiento.
Calle 99 No. 9 A – 29
Tel.: 635.9519

Sushisan
Calle 138 No. 55 – 53
Store/Local 44
Tel.: 627.8097

Sushigozen Restaurante Japonés
Calle 93 A No. 14 – 11
Tel.: 691.9577

★Teriyaki
Avenida 19 No. 120 – 48
Tel.: 619.1265

www.teriyaki.com.co

Several locations. / Varias locaciones.

Togarashi
Autopista Norte No. 146 – 48
Tel.: 476.9576

Wabisabi
Carrera 19 B No. 92 – 62
Tel.: 236.9995

Wa fu
A very economic and intimate restaurant serving country-style Japanese dishes.
Un restaurante muy económico y acogedor que sirve platos japoneses de estilo rural.
Carrera 10 No. 54 A – 19
Tel.: 605.0658

Wasabi
Calle 109 No. 17 – 55
2nd Floor Terrace / Terraza del 2do piso
Tel.: 522.6412

Watakushi
Carrera 12 No. 83 – 17
Tel.: 218.0534

WOK
Pan-Asian cuisine with a good variety of Sushi and some other Japanese dishes.
Cocina pan-asiática con una buena variedad de sushi y otros platos japoneses.
Carrera 13 No. 82 – 74
Tel.: 218.9040

Several locations. / Varias locaciones.

Yakiniko
Carrera 11 No. 85 – 09
Tel.: 257.3321

Yummi Teppanyaki
Calle 85 No. 12 – 72
Tel.: 236.5820

Korean / Koreanos
Arirang
Carrera 14 No. 106 A – 86
Tel.: 620.7249

Biwon
Carrera 16 No. 93 A – 21
Tel.: 256.7894

Bulgoki
Carrera 15 No. 92 – 56
Tel.: 801.4186

Casa de Corea
Pioneers of Korean food in Colombia since 1988.
Pioneros de la comida coreana en Bogotá desde 1988.
Calle 104 A No.: 11 B – 61
Tel.: 605.1623

★Donde la Mama Koreana
Homey and great value.
Un ambiente hogareños y buena calidad y precio.
Calle 17 No 8 – 50
Tel. 332.1025

Maki Roll
Calle 95 No. 11 – 10
Tel.: 218.0103

Restaurante & Cafetería El Mana
Calle 60 No. 16 – 59
Tel.: 345.1748

Restaurante Korea House
Carrera 15 No. 74 – 31
Tel.: 211.5280

Mexican / Mexicanos

★Agave Azul

The chef surprises diners with her special daily creations of contemporary Mexican dishes, and the cost is worth it.

El chef sorprende a los comensales con sus creaciones diarias especiales de platillos mexicanos contemporáneos y el costo lo vale.

Carrera 4 A No. 26 B – 22
Tel.: 336.9314

Cantina las Luches

Calle 67 No. 7 – 38
Tel.: 606.8472

Carnitas y Arepitas Mexicanas

Carrera 22 No. 87 – 19
Tel.: 635.0092

★Casa Mexicana Restaurante

Serves traditional dishes and has a shop that sells Mexican ingredients, including *chiles* and *mole* mixes.

Sirve platos tradicionales y cuenta con una tienda que vende ingredientes mexicanos, como chiles y mezclas para mole.

Calle 80 No. 14 – 08
Tel.: 257.3407

Distrito Federal

Calle 93 A No. 14 – 11
Tel.: 634.6660

Dos Gatos y Simone

Very popular with the downtown crowd.

Muy popular entre la gente de la ciudad.

Carrera 3 A No. 16 A – 12
Tel.: 281.7095

El Carnal

Calle 161 A No. 16 A – 28
Tel.: 334.7991

El Rancho Mexicano

Calle 116 No. 19 – 50
2nd Floor / Piso 2
Tel.: 520.0275

★El Techo

Quintessential Mexican party place in a modern setting.

Lugar de fiesta mexicana por excelencia, en un ambiente moderno.

Calle 82 No. 11 – 91
5th Floor / Piso 5
Tel.: 610.8194

Enchiladas Cocina Mexicana

Calle 10 No. 2 – 12
Tel.: 286.0312

Frida

A lovely homage to artist Frida Kahlo serving great food in a romantic setting.

Un homenaje precioso a la artista Frida Kahlo que sirve excelente comida en un ambiente romántico.

Carrera 10 No. 26 – 40
2nd Floor / Piso 2
Tel.: 562.0606

Icaro Café

Carrera 13 No. 93 – 60
Tel.: 623.3223

La Barra Mexicana

Carrera 24 No. 52 – 39
Tel.: 249.2737

La Frontera Cocina Mexicana

Carrera 4 No. 26 A – 05
Tel.: 281.1653

La Taquería

Calle 116 No. 15 – 44
Tel.: 629.9715

La Vecindad

Tex-Mex-style grill.
Parrilla y carnes al estilo Tex-Mex.

Calle 67 No. 8 – 01
Tel.: 606.0109

Mezcal

Calle 69 A No. 5 – 59
Tel.: 211.5714

Mi Calle México

Calle 120 A No. 6 – 05
Tel.: 612.4083

Mi Tenampa Restaurante Show

Calle 59 No. 13 – 52
Tel.: 249.4090

★Museo de Tequila Restaurante Bar

Fine food and a huge selection of tequilas.

Excelentes platos y una gran variedad de tequila.

Carrera 13 A No. 86 A – 18
Tel.: 256.6614

Noches de Garibaldi

Mariachi show.
Shows de mariachis.

Carrera 7 No. 59 – 34
Tel.: 249.3001

Picante Comida Mexicana

Carrera 21 No. 53 – 85
Tel.: 235.0745

Pico e Gallo
Fundación Gilberto Alzate Avendaño
Calle 10 No. 3 – 16
Top Floor / Último piso
Tel.: 342.6580

Plaza Garibaldi
Popular restaurant with a Mariachi show.
Popular restaurante con un espectáculo mariachi.
Avenida 19 No. 117 – 05
Tel.: 668.5009

Rancho Garibaldi
Horse show.
Espectáculo de caballos.
Calle 245 No. 7 – 15
Tel.: 668.5009

Restaurante Amarillo
Avenida Jiménez No. 5 – 28
Tel.: 286.9872

Restaurante Merotacos
Calle 20 No. 1 – 34
Tel.: 281. 9646

Restaurante San Lorenzo
Carrera 13 No. 28 A – 21
4th Floor / Piso 4
Tel.: 288.8731

Restaurante Sara's
Calle 71 No. 9 – 55
Tel.: 317.4500

Sipote
Carrera 11 No. 82 – 01
Tel.: 644.7788
Several locations. / Varias locaciones.

Tacos
Avenida Calle 116 No. 17 – 30
Tel.: 612.5330

Teotihuacan
Calle 98 No. 14 – 14
Tel.: 805.0224

Tu Taco
Calle 147 No. 14 – 16
Tel.: 274.9519

Middle Eastern / Del Medio Oriente
Abdullah
Calle 35 No. 79 A – 15
Tel.: 410.2530

Aja Camello
An exciting fusion of the tastes of Lebanon and the Colombian Coast.

El Khalifa

Una emocionante fusión de los sabores del Líbano y de la costa colombiana.
Carrera 14 No. 90 – 34
Tel.: 610.5615

Al Rawabi
Calle 85 No. 12 – 61
Tel.: 481.3573

Al Wadi
Calle 27 No. 4 A – 14
Tel.: 334.1434

Akle Capital
Carrera 13 No. 94 A – 26
Store/Local 5
Tel.: 610.7045

Árabe Panificadora Libanesa
Calle 132 No. 47 – 22
Tel.: 615.8760

Balcón de Los Arcángeles
Carrera 13 A No. 35 – 37
Tel.: 232.9702

★Beirut
Lebanese delicacies and products in a beautiful setting.
Delicias libanesas y productos en un entorno precioso.
Calle 117 No. 6 – 30
Tel.: 213.3642

Café Sharzad
Serving Iranian dishes for more than thirty years.
Sirviendo platos iraníes desde hace mas de treinta años.
Carrera 16 No. 48 – 79
Tel.: 285.5716

Chami Gyros
Calle 95 No. 15 – 48
Tel.: 311.837.4160

Chocombiano
Calle 35 No. 70 – 29
Tel.: 450.5568

Delicias de los Cedros
Avenida 9 No. 126 A – 28
Tel.: 213.5760

El Árabe
An incredible belly dancing show on
the weekends.
Un excelente espectáculo de danza
de vientre los fines de semana.
Calle 69 A No. 6 – 41
Tel.: 310.5209
www.restauranteelarabe.com

El Beduino
Transversal 33 No. 114 A – 33
Tel.: 215.2377

El Edificio Café
Avenida Jiménez No. 8 – 40
Tel.: 342.0230

El Khalifa
Calle 11 No. 88 – 46
Tel.: 236.1374

★El Khalifa
The newest incarnation of this
Middle Eastern institution in Bogota serves extraordinary dishes in
a truly beautiful and exotic set of
dining rooms.
La nueva encarnación de esta institución del Medio Oriente en Bogotá
sirve platos extraordinarios en un
conjunto verdaderamente hermoso y
exótico de comedores.
Carrera 6 A No. 69 A – 23
Tel.: 217.8070

El Ravel
Calle 26 A No. 4 – 38
Tel.: 313.661.1293

Fakih Ahmad Omar
Calle 116 No. 18 – 17
Tel.: 213.2305

Gyros y Kebab
Good food in a nicely appointed
room, and a large selection of hoo-
kahs.
Buena comida en un ambiente muy
bien equipado, y una gran selección
de pipas de agua.
Carrera 13 No. 82 – 28
Tel.: 635.9324

Kabab al Carbon
Avenida 19 No. 104 – 60
Tel.: 619.7928

Kalamata
CC El Retiro
Calle 82 No. 11 – 29
3rd Floor / Piso 3
Tel.: 376.1460

Kebab Express
Calle 59 No. 8 – 74
Tel.: 248.2715

Kebab Station
Avenida Calle 116 No. 45 – 56
Tel.: 480.0604

La Casa Oriental al Azhar
Carrera 8 No. 11 – 57
Tel.: 284.2635

Omri Garbanzo y Falafel Bar
Carrera 13 No. 94 A – 26
Tel.: 476.7678

Restaurante Alwali
Calle 27 No. 4 A – 14
Tel.: 334.1434

Restaurante Baraka
Carrera 68 B No. 40 – 39
Store/Local 386
Tel.: 416.8232

Restaurante el Chawuarma
Avenida Paradilla No. 3 – 40
Store/Local 141
Tel.: 861.6024

Restaurante el Ravel
Calle 26 A No. 4 – 38
Tel.: 479.3704

**Restaurante Pescadería Katinni
Express**
Diagonal 22 No. 21 – 16
Tel.: 268.7279

Sahara
Carrera 4 No. 17 – 23
Tel.: 609.2223

Sairouz
Carrera 54 B No. 174 – 46
Tel.: 605.2879

Saleh Ambra Maher Hassan
Avenida Jiménez No. 4 – 47
Tel.: 283.5838

Shawarma Khalifa
Avenida Jiménez No. 4 – 47
Tel.: 283.5838

SOCO
Mediterranean/Middle Eastern, charming and romantic for a unique dining experience.
Encantador y romántico restaurante mediterráneo/del Medio Oriente para una experiencia gastronómica única.
Calle 71 No 5 – 75
Tel.: 317.7410

Zatar
Carrera 5 No. 69 – 15
Tel.: 317.9874

Peruvian / Peruanos
Astrid & Gastón
The Colombian franchise of Peru's famous restaurant, but not at quite the same level.
La franquicia colombiana del famoso restaurante de Perú, excelente comida.
Carrera 7 No. 67 – 64
Tel.: 211.1400

14 inkas
Great value for authentic tastes.
Excelentes precios y platos aún mejores.
Carrera 12 No. 84 – 55
Tel.: 257.6012

Chulucanas Restaurante Peruano
Carrera 13 A No. 97 – 63
Tel.: 236.8163

Cooks
Carrera 15 A No. 125 – 26
Tel.: 658.5500

El Galeón Peruano
Carrera 13 No. 93 – 17
Store/Local 103
Tel. 611.2575

Estampa del Chalán
Avenida 19 No. 114 – 20
Store/Local 3
Tel.: 215.4379

Gocta Gourmet
Calle 79 B No. 8 – 51
Tel.: 321.4175

Jaime Cocina Peruana
Avenida 127 No. 60 – 85
Tel.: 271.8555

★Karal
Wonderful and fresh takes on traditional dishes.
Maravillosos platos tradicionales con un toque moderno.
Calle 93 No. 11 A – 11
Tel.: 625.2880

La Mar
Successful upscale fine dining in a lovely setting.
Exitoso restaurant de lujo en un entorno precioso.
Calle 119 No. 6 – 01
Tel.: 629.2200

La Perla
Peruvian tastes meet Colombian accents.
Los sabores peruanos se conectan con el acento colombiano.
Calle 95 No. 11 A – 67
Tel.: 636.3734

La Rosa Náutica
Calle 70 A No. 5 – 67
Tel.: 347.6649

Lima Canton
Calle 30 No. 6 – 50
Tel.: 288.2986

Lima Gourmet
Carrera 10 No. 1 – 63
Chía
Tel.: 861.8764

Mancura
Carrera 6 No. 117 – 12
Tel.: 619.4501

Mi Perú
Carrera 10 A No. 69 – 38
Tel.: 545.0021

Nazca
Calle 74 No. 5 – 28
Tel.: 321.3459

Pescadería Jaime
Avenida 127 No. 53 – 85
Tel.: 271.8555

★Rafael Restaurante
Perhaps the finest Peruvian restaurant in Bogota.
Quizás el mejor restaurante peruano en Bogotá.
Calle 70 No. 4 – 65
Tel.: 255.4138

Sipan Cocina Peruana
Calle 29 Bis No. 5 – 74
Tel.: 232.7122

Villa Peruana
Calle 80 No. 14 – 42
Tel.: 257.4819

Warike
Carrera 14 No. 98 – 74
Store/Local 2
Tel.: 622.6920

Serbian / Serbios
Beograd
Calle 26 No. 4 – 76
Tel.: 283.4866

Spanish / Españoles
Abalos Paellas y Fideua
Calle 127 C No. 52 A – 82
Tel.: 253.0485

Abanilla de España
Carrera 16 C No. 155 A – 06
Tel.: 258.6595

Andrés Paella
Calle 40 No. 72 G – 01 Sur
Tel.: 741.7141

Autentica Paellisina Española
Carrera 17 No. 116 – 30
Tel.: 679.5675

Babieca
Carrera 6 No. 117 – 12
Tel.: 469.0059

Barra Arnold
Carrera 28 No. 52 – 24
Tel.: 249.9097

Barra de la Paella
Avenida Carrera 9 No. 120 A – 20
Tel.: 257.9834

★Bruto
Well prepared classic dishes from the Spanish Basque country in one of the most welcoming spaces in Bogota.
Excelentes platos clásicos de España en uno de los espacios más acogedores en Bogotá.
Carrera 10 A No. 70 – 50
Tel.: 249.0314

Casa de España
Calle 35 No. 16 – 42
Tel.: 287.2040

★Casa Gallega
Serving economic and abundant traditional dishes for over thirty years.
Sirviendo platos económicos, abundantes y tradicionales por más de treinta años.
Calle 53 No. 22 – 34
Tel.: 235.6318

Chef Julián
Calle 19 No. 114 – 20
Store/Local 2
Tel.: 620.0680

Delicias Catalanas
Avenida 13 No. 144 – 48
Tel.: 758.4303

El Mercado de San Miguel
Carrera 19 No. 84 – 82
Tel.: 317.371.1912

Félix
Avenida Jiménez No. 4 – 80
Tel.: 341.7211

Gaudí
Carrera 4 A No. 27 – 54
Tel.: 342.7183

Goya
Calle 69 A No. 5 – 08
Tel.: 466.0581

Ispania Arroces y Tapas
Carrera 69 A No. 5 – 48
Tel.: 317.4468

Jaquevi
Carrera 17 A No. 116 – 39
Tel.: 637.2114

La Barra
Calle 69 A No. 5 – 08
Tel.: 321.0839

La Bodega de Ibai
Carrera 13 No. 94 – 61
Tel.: 636.1694

La Casa de la Paella
Avenida La Esperanza and/con
Carrera 43 A
Tel.: 244.7859

La Casa de la Paella
Calle 94 No. 11 A – 61
Tel.: 523.5412

La Española 100
Calle 100 No. 8 – 60
Tel.: 214.7565

La Paella de La Candelaria
Calle 11 No. 5 – 13
Tel.: 566.7083

★La Puerta Grande
One of Bogota's most popular spots for live music and good Spanish cuisine.
Uno de los lugares más populares de Bogotá para la música en vivo y buena cocina española.
Carrera 12 No. 93 – 64
Tel.: 636.3425

La Tasca de Sevilla
Calle 84 No. 14 – 26
Tel.: 257.0189

La Vasca
Very traditional setting and prepa-
rations.
Ambiente tradicional y excelentes
platos.
Carrera 14 No. 93 – 16
Tel.: 236.4201

Las Cazuelas de la 28
Avenida Calle 28 No. 19 – 44
Tel.: 245.5615

Las Cuatro Estaciones
Carrera 8 A No. 98 – 38
Tel.: 218.0745

Marca Ibérica Sandwich Gourmet
Calle 57 No. 6 – 32
Tel.: 345.2384

Museo Taurino y Restaurante
Carrera 16 No. 35 – 63
Tel.: 232.9611

Paella Burquet
Calle 143 No. 18 – 19
No. 648.3033

Paella Cazuelas & Tapas
Calle 153 No. 16 – 04
Tel.: 614.6647

Paradis Barcelona
Calle 69 No. 4 – 97
Tel.: 745.2871

Restaurante Aquí España
Carrera 15 No. 90 – 40
Tel.: 236.9990

★Restaurante Pajares Salinas
Exclusive and well-established fine
dining.
Exclusivo y de una gastronomía
bien establecida.
Carrera 10 No. 96 – 08
Tel.: 616.1524

Restaurante Rincón Casa Paella
Calle 25 No. 12 – 23
Tel.: 341.0212

Sepulveda
Calle 117 No. 5 A – 13
Tel.: 620.5677

Taberna La Vasca
Carrera 14 No. 93 – 14
Tel.: 236.4201

Tapas Macarena
Carrera 4 A No. 26 – 07
Tel.: 243.9004

La Puerta de Alcalá
Calle 118 No. 5 – 13
Tel.: 213.3318

Tomaquet
Carrera 3 No. 13 – 79
Tel.: 561.0452

Vasquez y Cebollas
Calle 26 No. 4 – 68
Tel.: 334.1916

Swiss / Suizos
★Chalet Suizo
Great food and value in an authentic
Alpine setting.
Excelentes precios y comida en un
auténtico ambiente alpino.
Carrera 24 No. 39 A – 48
Tel.: 232.8531

Divino Restaurante Swiss House
One of the most romantic and reliable dining experiences that you will
find in Bogota.
Una de las experiencias gastronómi-
cas más románticas y confiables que
encontrará en Bogotá.
Calle 70 No. 11 – 29
Tel.: 313.0595

★Divino Restaurante
Edificio Cavas
Carrera 13 No. 28 A – 31
2nd Floor / Piso 2
Tel.: 288.8575

La Berna Suiza
Carrera 8 No. 16 – 40
Tel.: 341.3123

La Cuisine Suisse
Avenida 19 No. 105 – 52
Store/Local 3
Tel.: 612.8937

La Raclette
Calle 119 B No. 6 – 31
Tel.: 214.8548

★Panesi Swiss Bakery
Delicious breads and sweets imported from Switzerland and baked
fresh in Bogota.
Deliciosos panes, pastelería y dulces
importados de Suiza y horneados
frescos en Bogotá.
Carrera 11 No. 73 – 69
Tel.: 313.381.0760

Restaurante Chalet Suizo
Avenida 22 No. 39 A – 48
Tel.: 232.8531

Refugio Alpino
Calle 23 No. 7 – 49
Tel.: 284.6515

Swizly
Breads, pastries, and light food made in the true Swiss tradition; Swiss-style marmalades handmade in Colombia are also for sale.
Panes, pasteles y comida ligera hecha en la verdadera tradición suiza; también se venden mermeladas caseras de estilo suizo hechas en Colombia.
CC Niza
Avenida Calle 127 No. 80 – 90
Store/Local 62
Tel.: 253.9534

Thai / Tailandeses
Makithai
Calle 107 No. 8 – 25
Tel.: 629.5503

Miniburi
Carrera 6 A No. 117 – 30
Tel.: 620.9462

Oishi Cocina Oriental
Carrera 3 No. 15 A – 50
Tel.: 480.1215

Pattaya
Carrera 4 No. 10 – 02
Tel.: 282.4016

Republik
Avenida Calle 26 No.: 69 B – 53
Tel.: 487.2700

Subarashii
Calle 99 No. 9 A – 54
Store/Local 8
Tel.: 296.1345

Thai & Sushi Express
Carrera 15 No. 85 – 23
Tel.: 256.3508

Woshi
Carrera 11 A No. 95 – 39
Tel.: 634.6521

Zona Thai
Avenida 19 No. 123 – 60
Tel.: 213.9648

Turkish / Turcos
Bosforo Doner Kebab
True Turkish cuisine.
Verdadera cocina turca.
Carrera 19 No. 120 – 71
Store/Local 5
www.bosforo.co

Turkuaz
Turkish kebabs, home-baked Turkish bread, *taboule*, and *babaganoush*.

Brochetas turcas, pan turco casero, *taboule y babaganoush*.
Calle 119 No. 13 – 15
Store/Local 1
Tel.: 477.6436

United States / Estadounidenses

ESSENTIAL TIPS
CONSEJOS ESENCIALES

In addition to the restaurants listed below, there are many other U.S. fast food chains in Bogota.

Además de los restaurantes que se enumeran a continuación, hay muchas otras cadenas de comida rápida de Estados Unidos en Bogotá.

American Pie
Scrumptious homemade blueberry, apple, and strawberry pies, and more; cheesecake; bagels; and U.S.-style sandwiches.
Deliciosas tartas caseras de arándano, manzana, fresa y más; pastel de queso, panecillos y sándwiches al estilo de Estados Unidos.
Avenida 15 No. 106 – 51
Tel.: 520.2186

Bagel Time
Calle 98 No. 10 – 32
Tel.: 635.0572

Bogota Diner
Calle 82 No. 13 – 26
Tel.: 256.8726

★Bourbon Bistro
A bite of New Orleans in Bogota; the crab cakes and jambalaya are must tries!
Un bocado de Nueva Orleans en Bogotá; no pueden dejar de probarse las croquetas de cangrejo y la jambalaya.
Calle 69 A No. 5 – 48
Tel.: 317.4515

Conclave Bistro Pub
Specialists in cuts of Angus beef, hamburgers, mac and cheese, and other North American classics.
Especialistas en cortes de carne Angus, hamburguesas, macarrones y queso y otros clásicos de Norteamérica.
Carrera 6 A No. 116 – 17
Tel.: 612.7449

★Diner
Wonderful fusion of a true American diner with Colombian options.
Fusión maravillosa de un verdadero *diner* americano con opciones colombianas.
Carrera 11 A No. Calle 93 B – 11
Tel.: 616.0193
Several locations.

Hard Rock Café
CC Atlantis
Calle 81 No. 13 – 05
Store/Local 011
Tel.: 530.7325

Hooters
Calle 85 No. 11 – 44
Tel.: 218.4717

★La Fama BBQ
Authentic smoked meats.
Auténticas y deliciosas carnes ahumadas.
65 Bis No. 2 – 85
Tel.: 236.3488

Mister Ribs
Avenida 82 No. 9 – 52
Tel.: 236.5417

New York Deli
Calle 93 B No. 11 A – 22
Tel.: 616.0200

Red Wings
Calle 73 No. 22 – 63
Tel.: 307.8207

Restaurante Dixie's El Auténtico Bar-B-Q
Carrera 12 A No. 83 – 37
Tel.: 236.8921

Plazoleta de Andrés

Restaurante Wingz Bogota
Carrera 6 No. 117 – 32
Tel.: 213.9990

TGI Friday's
Calle 93 A No. 11 – 27
Tel.: 601.9090
Several locations. / Varias locaciones.

Tony Roma's
Carrera 6 No. 69 A – 20
Tel.: 249.5271

Upper Side
Inspired by the New York dining scene.
Inspirado en la escena gastronómica de Nueva York.
Carrera 13 No. 81 – 24
4th Floor / Piso 4
Tel.: 530.4490

Ventura Soup & Salad
Calle 90 No. 16 – 36
Tel. 618.4297

Venezuelan / Venezolanos
★Budare's
A nice selection of traditional Venezuelan dishes in a casual setting.
Una gran selección de platos venezolanos en un ambiente informal.
Carrera 11 No. 73 – 28
Tel.: 805.0861

La Arepería Venezolana
Calle 85 No. 13 – 16
Tel.: 256.6890

Shopping and Fashion

"Everywhere I turned I saw something that I had to look at! Most of the international brands are there along with fabulous Colombian designers and artisans. I had to buy a new suitcase to fit all of the great things I found for myself and my friends."

—**Laurie Ingoll**, U.S. visitor

Armani Boutique / *Boutique Armani*

Fashion by Ronner / Moda por Ronner

Compras y moda

"¡Para donde me volteara, había algo para mirar! La mayor parte de las marcas internacionales están allí, junto con fabulosos diseñadores colombianos. Tuve que comprar una valija nueva para poder acomodar todas las cosa que encontré para mí y mis amigos".

—**Laurie Ingoll**, visitante de Estados Unidos

Woman's boutique / *Boutique* para damas

The following pages will be your guide to Bogota: The Ultimate Shopper's Paradise! From mom-and-pop shops to big-box stores and international brands, no area of Bogota is without shopping opportunities. Specialty districts selling everything from hardware to shoes to finely crafted leather goods to bicycles to appliances and more can be found throughout the city and offer an amazing array of products to choose from.

For decades, Bogota's shopping centers, known as *centro comerciales* (CC), which currently number well over one hundred, have been the envy of Latin America. These shopping centers can be found throughout the city and come in all shapes and sizes. Some of the best known are CC Andino, CC Atlantis, CC El Retiro, CC Unicentro, CC Hacienda Santa Bárbara, CC Gran Estación, CC Santa Fe, and CC Centro Mayor—the largest in Colombia, and one of the largest in the world. Different from their North American counterparts, which tend to offer the same brands and fashions, Colombian shopping centers offer a wide variety of shops and labels.

Some prominent bargain shopping districts are called San Andrecitos. Other popular districts for great prices include El Restrepo, Siete de Agosto, and San Victorino.

ESSENTIAL TIPS: Be aware of who is around you when shopping, and be discreet with money and communication devices.

The principal upscale shopping areas of the city can be found around CC Hacienda Santa Bárbara in the charming historical district of Usaquen (where on Sundays and holidays you will be treated to Bogota's premier flea market), the lovely Parque 93, the World Trade Center, Avenida Pepe Sierra, Calle 109, and most

Las siguientes páginas serán su guía a Bogotá: ¡el paraíso máximo para ir de compras! Desde las tiendas familiares hasta los grandes almacenes y marcas internacionales, no hay ninguna zona de Bogotá sin oportunidades para ir de compras. Por toda la ciudad pueden encontrarse sectores comerciales especializados que venden de todo, desde herramientas, pasando por zapatos de cuero finamente elaborados, bicicletas, electrodomésticos y ofrecen una increíble variedad de productos a elegir.

Dress by Aerodinamic New
Vestido de Aerodinamic New

Por muchas décadas, los centros comerciales (CC) de Bogotá, que en la actualidad suman más de un centenar, han sido la envidia de Latinoamérica. Estos centros se pueden encontrar por toda la ciudad y en todas las formas y tamaños. Algunos de los más conocidos son CC Andino, CC Atlantis, CC El Retiro, CC Unicentro, CC Hacienda Santa Bárbara, CC Gran Estación, CC Santafé y CC Centro Mayor que es el más grandes de Colombia y uno de los más grandes del mundo. A diferencia de los centros comerciales de Norteamérica, que tienden a ofrecer las mismas marcas y modas, los centros comerciales colombianos ofrecen una amplia variedad de tiendas y etiquetas.

A algunos prominentes distritos comerciales de gangas se los conoce como San Andrecitos. Otros distritos populares con muy buenos precios incluyen El Restrepo, Siete de Agosto y San Victorino.

CONSEJOS ESENCIALES: Sea consciente de lo que está a su alrededor cuando esté haciendo sus compras, y sea discreto con el dinero y los dispositivos de comunicación.

Las principales zonas de tiendas de lujo de la ciudad se pueden encontrar alrededor de los centros comerciales como CC Hacienda Santa Bárbara, en el encantador casco histórico de Usaquén (donde los domingos y días festivos podrán disfrutar en el mercado de las pulgas de Bogotá), el bonito Parque de la 93, el World Trade Center, la Avenida Pepe Sierra, la Calle 109 y, sobre todo, en la Zona Rosa que circunvala el centro comercial ancla de lujo, CC Andino.

notably in the Zona Rosa (Rose Zone) which circumnavigates the luxurious anchor mall, CC Andino.

In addition to finding boutiques from all over the world such as Cartier, Bulgari, Tiffany & Co., Dolce & Gabbana, Burberry, Cranes, Ermenegildo Zegna, Louis Vuitton, Mont Blanc, Izod, Revillon, Ralph Lauren, Hugo Boss, Levi's, Carolina Herrera, Max Mara, Paul & Shark, Calvin Klein, Custo Barcelona, Guess, Diesel, Mango, Bose, and Bang & Olufson, you will have the unexpected pleasure of discovering the wonderful national designers and brands of Colombia.

Bogota offers an incredible choice of design and quality of products that are in every way comparable to the best European craftsmen. Some prominent brand names to look for are GEF, Hernando Trujillo, Arturo Calle, Louis Barton, Silvia Tcherassi, Bettina Spitz, Hernan Zajar, Colombian Bags, Boots & Bags, Toto, and Trianon. Some of these national brands are also found abroad.

ESSENTIAL TIPS: Keep all receipts for items that cost COP$250,000 or more purchased with a foreign credit card, as you can request a refund of the 16 percent IVA (sales tax) at the airport within a month of the purchase. Service is available twenty-four hours a day at: Módulo 17 (6:00 a.m. to 10:00 p.m.) and the DIAN, the customs bureau (10:00 p.m. to 6:00 a.m.).

World-Class Style and Haute Couture

Bogota is a rare city of fashion and style. The highly acclaimed Bogota Fashion week held every February at the Corferias fair grounds has expanded its programming to include a total of four major events. The whirlwind of activities for the fashion-conscious and the fashion cognoscenti combines fashion shows, merchandise marketing, and networking parties (see the Festivals listing on page 46 for more information):

- Semana Internacional de la Moda de Bogota SIMB: Bogota's International Fashion Week
- Salon de Moda: A fashion salon.
- The International Footwear & Leather Show
- Círculo de la Moda de Bogota: Fashion Circle of Bogota

These events in Bogota, when combined with the great international fashion shows of Medellin, collectively export more textiles, clothing, and design than any other nation in the hemisphere, making Colombia and Bogota the Fashion Capital of Latin America.

The fashion sense of Bogotanos is delightful. Whether a CEO or a shoe-shiner, everyone appears to take pride in his or her appearance. This is true for people of all ages. It also helps that the clothing choices here are of top quality, most of which are either made

Además de encontrar boutiques famosas en todo el mundo, tales como Cartier, Bulgari, Tiffany & Co., Dolce & Gabbana, Burberry's, Cranes, Ermenegildo Zegna, Louis Vuitton, Mont Blanc, Izod, Revillon, Ralph Lauren, Hugo Boss, Levis, Carolina Herrera, Max Mara, Paul & Shark, Calvin Klein, Custo Barcelona, Guess, Diesel, Mango, Bose y Bang & Olufsen, también tendrá el placer inesperado de descubrir los maravillosos diseñadores nacionales y las marcas de Colombia.

Bogotá brinda una increíble variedad de diseño y calidad de productos en todo sentido comparables a los mejores artesanos europeos. Algunas marcas importantes a tener en cuenta son GEF, Hernando Trujillo, Arturo Calle, Louis Barton, Silvia Tcherassi, Bettina Spitz, Hernán Zajar, Colombian Bags, Boots & Bags, Toto y Trianon. Algunas de estas marcas nacionales también se encuentran en el extranjero.

CONSEJOS ESENCIALES: Guarde todos los recibos de los artículos por los que haya pagado COP$250.000 o más comprados con tarjetas de crédito extranjeras, ya que puede solicitar la devolución del IVA del 16% en el aeropuerto dentro de un mes de la compra. El servicio está disponible las veinticuatro horas del día en: Módulo 17 (6:00 am a 10:00 pm) y la DIAN, la oficina de aduanas (6:00 am a 10:00 pm).

Estilo de clase mundial y alta costura

Bogotá es una rara ciudad de moda y de estilo. La aclamada Semana de la Moda de Bogotá que se celebra cada mes de febrero en el recinto ferial de Corferias ha ampliado su programación para incluir un total de cuatro eventos principales. El torbellino de actividades para el conocedor de la moda combina los desfiles de moda, la comercialización de mercancías y las reuniones para crear conexiones (ver la lista de festivales en la página 46 para obtener más información):

Semana Internacional de la Moda de Bogotá SIMB.
Salón de Moda.
Show Internacional de Calzado y Cuero.
Círculo de la Moda de Bogotá.

Estos eventos en Bogotá, cuando se combinan con los grandes desfiles de moda internacionales de Medellín, en conjunto exportan más textiles, ropa y diseño que cualquier otra nación en el hemisferio, convirtiendo a Colombia y a Bogotá en la capital de la moda de Latinoamérica.

El sentido de la moda de los bogotanos es maravilloso. Sea un ejecutivo o un lustrador de zapatos, todo el mundo parece enorgullecerse de su apariencia. Esto es cierto para las personas de todas las edades. También ayuda que las opciones de ropa aquí son de

in Colombia or imported from Europe (primarily Italy). Colombia is one of the leading manufacturers of fabric, allowing the shopper to luxuriate in a vast array of patterns and textures. In addition to boutiques and shopping malls, custom designers and *sastrerías* (tailor shops) can be found on practically every street, providing unparalleled options for every budget. These expert tailors also offer alteration services.

On average a custom-made suit using high-quality fabric and craftsmanship can be had for as little as US$75! Some even offer a package that includes a custom shirt and tie for total of US$100 to US$150. In addition to a custom-made suit, you can also order shoes made especially for you by a *zapatero* and can keep them in great shape by taking them to a *remontadora* for new heels, dyeing, and repair.

One of the most striking aspects of a Colombiana's wardrobe is her footwear. As effortless as the women here make it appear to walk in high-heeled shoes and boots, you would think they were born with them! Not to mention their great talent for applying makeup, an art that has been passed down for centuries. It is all a beguiling mystery.

Colombian men are not afraid of wearing clothes that accentuate their natural attributes, nor do they shy away from any color of the palette. They do not associate the color of their clothing with their virility, so you will see them sporting pants and shirts in pink, purple, bright blue, red, yellow, and more.

Over the centuries, Bogota has been entrenched in European trends and aesthete; however, given the success of the Colombian fashion and textile industry over the past decades, Colombia is now helping to set international trends—as exemplified in a 2009 Colombia-themed menswear fashion show in Paris by Jean Paul Gaultier.

Given the city's high elevation and cool climate, Bogota's beautiful style is ever-locked in fall fashion elegance. The cool weather seldom varies, and presentation is key for the gentlemen, the children, and, most assuredly, the ladies. Dry cleaners, called *lavasecos*, can be found all over Bogota to help keep your clothes fresh and clean. However, self-service coin-operated laundromats are not easy to find since the vast majority of people have at least a washing machine in their home.

While in Bogota, feel free to embrace your inner fashionista; you will be glad that you did!

primera calidad, y la mayoría son fabricadas en Colombia o importadas de Europa (principalmente Italia). Colombia es uno de los principales fabricantes de tejido, lo que permite al comprador disfrutar del lujo en una gran variedad de diseños y texturas. Además de tiendas y centros comerciales, hay diseñadores y sastrerías personalizados que se pueden encontrar en casi todas las calles, que ofrecen opciones sin precedentes para todos los presupuestos. Estos expertos sastres también ofrecen servicios de restauración.

En promedio, un traje hecho a medida con tela y mano de obra de la más alta calidad se puede obtener ¡por tan solo US$75! Algunos incluso ofrecen un paquete que incluye una camisa a medida y una corbata por un total de US$100 a US$150. Además de un traje a medida, también puede ordenar los zapatos hechos especialmente para usted por un zapatero y puede mantenerlos en buen estado llevándolos a una remontadora de nuevos talones, teñido y reparación.

Uno de los aspectos más llamativos del guardarropa de una colombiana es su calzado. Se ve tan fácil para las mujeres caminar con los zapatos y botas de tacones altos, ¡que se podría pensar que nacieron con ellos puestos! Y sin mencionar el gran talento que tienen para la aplicación del maquillaje, un arte que se ha transmitido durante siglos. Es todo un seductor misterio.

Los hombres colombianos no tienen miedo de usar ropa que acentúe sus atributos naturales, y utilizan cualquier color de la paleta. No asocian el color de su ropa con su virilidad, por lo que los verá utilizando pantalones y camisas de color rosa, púrpura, azul brillante, rojo, amarillo y mucho más.

A través de los siglos, Bogotá se ha atrincherado en las tendencias y la estética europeas; sin embargo, dado el éxito de la moda y la industria textil colombianas en las últimas décadas, Colombia está ayudando a establecer tendencias internacionales —como se ejemplifica en el desfile de moda masculina con temática colombiana de 2009 en París de Jean Paul Gautier.

Dada la alta elevación de la ciudad y el clima fresco, el hermoso estilo de Bogotá está perpetuamente marcado por la elegancia de la moda de otoño. El clima frío rara vez varía, y la presentación es clave para los caballeros, los niños y, con toda seguridad, para las damas. Las tintorerías, llamadas lavasecos, se pueden encontrar por toda Bogotá para ayudar a mantener la ropa fresca y limpia. Sin embargo, las lavanderías de autoservicio que funcionan con monedas no son fáciles de encontrar, ya que la gran mayoría de las personas tiene al menos una lavadora en su casa.

Mientras se encuentre en Bogotá, no dude en darle lugar al *fashionista* que lleva dentro; ¡se alegrará de haberlo hecho!

Artisan Shops and Markets
Comercios y mercados
artesanales

Acuario Arte y Artesanías
Mobiles, tablecloths, ruanas, and figurines.
Móviles, manteles, ruanas y estatuillas.
CC Hacienda Santa Bárbara
Calle 114 No. 6 A – 92
Store/Local D – 145
Tel.: 612.4584

Almacén Artesanal El Bonsái
Wood, jewelry, brushes, and oils.
Madera, joyas, cepillos y aceites.
Calle 53 No.: 16 – 21
Tel.: 310.5995

Ancestros
Wood vases, baskets, tableware, scarves, hammocks, and jewelry.
Vasijas de madera, cestas, manteles, bufandas, hamacas y joyería.
Carrera 11 No. 84-12
Tel.: 218.0672

Calle 95 No. 13-09
Store/Local 102
Tel.: 635.7245
www.ancestrostore.com

Arte y Artesenías Colombiana
Calle 119 No. 5 – 84
2nd floor / Piso 2
Tel.: 619.6012

Arte Kuna Colombia
Intricately designed, colorful wallets, shoes, and handbags.
Carteras, zapatos y bolsos coloridos e intrincadamente diseñados.
Carrera 7 No. 23 – 49
Store/Local 8
Tel.: 762.5765
www.kunartmola.galeon.com

Artesanía Religiosa Luisa A. Martínez
Manufacturer and distributor of religious images.
Fabricante y distribuidor de imágenes religiosas.
Calle 2 A No. 9 – 21
Tel.: 233.6634

Artesanía y Tejidos Ruminahui
Bags, scarves, ruanas, and gloves.
Bolsos, bufandas, ruanas y guantes.
Bazar Artesanal Calle 140
Stands/Puestos B5 – B7
Calle 140 No. 9 – 57
Tel.: 231.6583

Artesanías Ana Margarita Gómez de Pinzón
Baskets and wooden kitchen utensils.
Cestas y utensilios de madera para cocinas.
Calle 10 No. 16 – 52
Tel.: 342.4043

Artesanías Carín
Calle 77 No. 20 C – 29
Tel.: 255.9851
http://precolombinoscarin.com

Artesanías de Colombia
Ceramics, baskets, jewelry, furniture, table settings, and more from national artisans.
Artículos de cerámica, cestas, joyas, muebles, arreglos de mesa y más, de los artesanos nacionales.
CC El Retiro
Calle 82 No. 12 – 15
Store/Local 106 B
Tel.: 616.3860

Main office tel. /Tel. de la oficina principal: 1.8000.913.082
www.artesaniasdecolombia.com.co
Several locations./ Varias locaciones.

Artesanías de la Chamba Tolima
Specializing in traditional pots and serving vessels.
Especializados en ollas tradicionales y equipos de cocina.
Avenida Jiménez No. 3 – 47
Tel.: 608.8236

Artesanías de Navidad
Carrera 34 No. 9 – 60
2nd floor / Piso 2
Tel.: 237.4627

Artesanías de Raquira
Calle 75 No. 15 – 25
Tel.: 217.3080

Artesanías Dimarc Ltda.
Calle 53 No. 14 – 63
Tel.: 345.7239

Artesanías el Balay
Carrera 15 No. 75 – 63
Tel.: 248.5833

Artesanías el Castillo
Carrera 17 No. 70 A – 35
Tel.: 235.2603

Artesanías el Tunjo
Handmade instruments and dolls.
Instrumentos hechos a mano y
muñecas.
Calle 23 No. 7 – 87
Tel.: 243.1388

Artesanías el Universo
Wood sculptures and crafts.
Esculturas de madera y artesanías.
Calle 53 No. 16 – 41
Tel.: 217.9143

Artesanías el Zaque
Fabrics, jewelry, and ceramics.
Telas, joyería y artesanías.
Carrera 10 No. 26 – 71
Store/Local 128
Tel.: 342.7883

Artesanías el Zipa
Ceramics, replicas from the Museo
del Oro, and mobiles.
Artesanías, réplicas del Museo del
Oro y móviles.
Avenida Carrera 15 No. 123 – 30
Store/Local 2 – 182
Tel.: 213.9932

Artesanías Latinoamericanas
Collection of various artists and
craftspeople.
Artesanías hechas por los mejores
artesanos de Colombia y Latinoa-
mérica.
Carrera 11 No. 82 – 51
Store/Local 116
Tel.: 611.5695

Artesanías Lissa
Necklaces, pre-Columbian art, wool
ruanas, and ponchos.
Collares, arte precolombino, ruanas
de lana y ponchos.
Calle 1 a No. 7 – 63
Zipaquira

Guitar and violin craftsman
Artesano de guitarras y violines

Atenea
Carrera 11 No. 85 – 62
Tel.: 236.8226
www.atenea.com.co

Centro Colombiano de Artesanías
Carrera 7 No. 22 – 66
Store/Local 38

CultivART
Calle 145 No. 17 – 83
Tel.: 313.860.6429

Disarcol
Distributor of artisanal objects.
Distribuidor de objetos artesanales.
Plaza del Restrepo – Northwest
Entrance
2nd Floor / Piso 2
Stores/Locales 35 and/y 36
Tel.: 272.7331

Escuelas Taller de Colombia
Handcrafted paper, paper art, and
furniture.
Papel artesanal, artesanías de papel
y muebles.
Calle 13 No. 2 – 87
Tel.: 336.6829
www.escuelataller.org

Artisan shop / Local de artesanías

Galería Artesanal
Various artist stalls with an emphasis on handcrafted jewelry.
Varios puestos de venta de artistas con énfasis en joyería hecha a mano.
Calle del Embudo
Chorro de Quevedo

Galería Artesanal Colombia
Calle 16 No. 5 – 70
Store/Local 11 A
Tel.: 315.357.1792

Galería Cano
Masterful replications of pre-Columbian gold jewelry.
Réplicas de joyería de oro precolombino.
Carrera 13 No. 27 – 98
Torre B / Interior 119
Tel.: 336.3255
Several locations./ Varias locaciones.

Herencias
Artisan collective and specialty café.
Cafetería artesanal especializada en café colombiano.
Calle 16 No. 4 – 92/96
Tel.: 243.0195
www.herenciasdecolombia.com

Induarte Artesanías
Finely crafted objects and vessels in bamboo, cane, and wood.
Objetos y recipientes finamente tallados en bambú, caña y madera.
Carrera 68 D No. 2 – 10
Tel.: 312.469.9222

Junkâará
On the route to our identity.
En la ruta de nuestra identidad.
Calle 53 No. 4 – 16
http://junkaara.blogspot.com

La Boutique
A showcase of fun and funky clothing, jewelry, books, and accessories by independent designers.
Una colección de ropa de moda, joyas, libros y accesorios de diseñadores independientes.
Calle 22 No. 8 – 60
Tel.: 321.200.1761

La Tienda Francisco el Hombre
Handmade hats, wallets, handbags, jewelry, and other items from la Guajira.
Sombreros, carteras, bolsos, joyas y otros artículos hechos a mano de La Guajira.
CC Palatino
Calle 140 and/y Carrera 7
Store/Local 315
Tel.: 805.1144
www.tiendafranciscoelhombre.com

Mambe Shop
A collection of various Colombian artisans.
Una colección de varios artesanos colombianos.
Carrera 5 A No. 117 – 25
Tel.: 629.8880

Mercado de Pulgas Carpe Diem
A flea market open Sundays and holidays.

Mercado de pulgas abierto los domingos y los días feriados.

Carrera 5 B and/y Calle 119 B

Mercado de Pulgas Toldos de San Pelayo
A flea market open Sundays and holidays.
Mercado de pulgas abierto los domingos y los días feriados.

Carrera 6 A between/entre Calles 119 and/y 121

Mundo Artesanal
Craft supplies, buttons, and paints.
Provisiones de arte, botones y pinturas.

Calle 53 No. 14 – 49
Tel.: 235.3517
www.mundoartesanal.unulugar.com

Naty Roots
Handcrafted filigree jewelry, rings, necklaces, and earrings.
Joyería hecha a mano de filigrana, anillos, collares y pendientes.

Galería Artesanal
Calle del Embudo
Chorro de Quevedo
Tel.: 313.807.5546

Salinas
Handmade jewelry and accessories made from natural materials.
Joyería hecha a mano y accesorios hechos de materiales naturales.

Calle 81 No. 8 – 35
Store/Local 2
Tel.: 311.234.6708

Sukuwaira arte a mano
CC Santa Fe
Plaza Ecuador
Store/Local 209
Tel.: 605.2583/630.1200

Telonios
Art and design craft.
Arte y artesanía diseño.

Carrera 3 A No. 15 – 95
Tel.: 203.9790
Cel.: 300.339.9466

Tikuna
Pre-Columbian jewelry.
Joyería precolombina.

Carrera 49 No. 147 – 27
Tel.: 625.1130

Vrindavan Candra
Jewelry made from bamboo, seeds, feathers, and other natural materials.

Joyería hecha de bambú, semillas, plumas y otros materiales naturales.

Carrera 2 No. 13 – 54
Tel.: 687.7934

Cel.: 313.375.3036
www.vrindavancandra.com

Xue
CC Starco
Avenida Carrera 15 No. 116 – 06
Store/Local 107
Tel.: 214.4615

ZUK
Ethiopian handmade knitted sweaters, gloves, hats, and jewelry.
Suéteres, guantes, joyería y sombreros etíopes hechos a mano.

Carrera 3 No. 10 – 86
Cel.: 314.649.7343

Clothing Fabric / Tela para ropa
Alta Moda t.e.x.t.i.l.
CC La 19
Calle 8 A No. 19 A – 39
Store/Local 106
Tel.: 371.2274

Andre for Men
Custom-made clothing and fine fabrics.
Ropa a medida y telas finas.

Carrera 13 A No. 91 – 13
Tel.: 621.2328

★Byzanz
The finest fabrics imported from England, France, and Italy
Las mejores telas importadas de Inglaterra, Francia e Italia.

Calle 95 No. 13 – 89
Tel.: 616.6632

El Corte Inglés
Shetland wools.
Lana Shetland.

Calle 161 No. 18A – 29
Tel.: 671.9316

★Paños Atlas
World-class wools and other fabrics, mainly from Colombia and some from Europe.
Lanas y otras telas de clase mundial, principalmente de Colombia y algunas de Europa.

CC Andino
Carrera 11 No. 82 – 71
Store/Local 1 – 46
Tel.: 616.8580

Flea Markets
Mercados de pulgas

Bogota is a great place to bargain shop and find interesting treasures, but if you don't have time or interest to travel to the many different specialty districts listed on page 336, take a stroll through the popular Sunday flea markets where you will find everything from beautiful handicrafts to antique dolls to who knows what— but that's part of the fun, isn't it?

Bogotá es un gran lugar para encontrar buenas ofertas y tesoros interesantes, pero si usted no tiene tiempo o interés en viajar a los diferentes distritos especiales que figuran en la página 336, dé un paseo por los populares Mercados de Pulgas de los Domingos, donde encontrará desde artesanías hasta muñecas antiguas y quién sabe qué mas, pero esa es parte de la diversión, ¿no es así?

Centro Internacional Flea Market

Staged inside the parking lot of the Museo de Arte Moderno de Bogota (MAMBO) on Sundays, this is a true flea market where one man's junk can truly be your treasure. Open Sundays and holidays.

Ubicado dentro del estacionamiento del Museo de Arte Moderno de Bogotá (MAMBO) los domingos, este es un mercado de pulgas de verdad donde la basura de un hombre puede ser realmente su tesoro. Abierto domingos y días festivos.

Calle 24, a media cuadra de la Carrera 7

Mercado del Pasaje Rivas

A permanent installation of discount stalls selling leather goods, blankets, ruanas, and more. Open daily.

Una instalación permanente de puestos de descuento donde venden artículos de cuero, mantas, ruanas y más. Abierto todos los días.

Carrera 10 and/con Calle 10

Mercado de Pulgas Carpe Diem

This market was established to encourage the creation of textiles, jewelry, ceramics, leather goods, food, wood crafts, and more as a means for its more than two hundred vendors to make a living and create a sustainable cultural attraction in one of Bogota's most historical areas, Usaquen. Open Sundays and holidays.

Este mercado fue establecido para fomentar la creación de textiles, joyería, cerámica, artículos de cuero, alimentos, artesanías de madera y más, como un medio para que los más de doscientos vendedores pudieran ganarse la vida y crear una atracción cultural sustentable en uno de los mas históricos sectores de Bogotá, Usaquén. Abierto los domingos y días festivos.

Carrera 5 B and/con Calle 119 B

Mercado de Pulgas San Alejo

This market is made up of about five hundred families who are dedicated to the restoration of antiques and furniture, rare books, and memories. Open Sundays and holidays. Parking lot is located in front of Torre Colpatria.

Este mercado está compuesto por cerca de quinientas familias que se dedican a la restauración de antigüedades y muebles, libros raros y recuerdos.

Carrera 7 No. 24 – 70

Historc Usaquén, home of Mercado de Pulgas Carpe Diem
Centro histórico de Usaquén, sede del Mercado de Pulgas Carpe Diem

Mercado de Pulgas Toldos de San Pelayo

Not so much known for its fleas as it is for its expertly hewn crafts, locally made jewelry, living statues, and delicious foodstuffs, this market is a not-to-be-missed event. This is a great place to find a bit of Colombia to take home with you! Open Sundays and holidays.

No tanto conocida por sus pulgas sino por sus artesanías expertamente labradas, joyas de fabricación local, estatuas vivientes y deliciosos alimentos, este mercado es un evento para no perderse. ¡Este es un gran lugar para encontrar un poco de Colombia para llevar a casa con usted! Abierto los domingos y días festivos.

Carrera 6 A between/entre Calles 119 and/y 121

Pulgas en el Parque de los Periodistas

Located in El Centro, this bustling market is the place to trade, buy, and sell used goods. You will also find antiques, books, religious items, and junk to sift through. Open Sundays and holidays.

Situado en El Centro, este bullicioso mercado es el lugar para intercambiar, comprar y vender artículos usados. También encontrará antigüedades, libros, artículos religiosos y baratijas entre las cuales buscar. Abiertos los domingos y días festivos.

Parque de los Periodistas
Avenida Jiménez and Carrera 3

ESSENTIAL TIPS
CONSEJOS ESENCIALES

Watch for pickpockets and other pests as space can get a bit tight.

Esté atento a los carteristas y otras plagas dado que el espacio puede ser un poco justo.

Florists
Floristas

In addition to the street vendors and the Los Flores district where you will discover stall after stall of amazing creations made of many different types of flowers, following is a brief list of some of the finer florists in Bogota.

Además de los vendedores de la calle y el barrio Los Flores, donde descubrirá puesto tras puesto de creaciones sorprendentes hechos de muchos tipos de flores diferentes, a continuación podrá ver una breve lista de algunos de los floristas más finos en Bogotá.

Don Eloy
The finest roses to be found in Bogota; large buds in many colors and arrangements.

Las mejores rosas que se encuentran en Bogotá; grandes brotes en muchos colores y arreglos.

Calle 79 B No. 8 – 50
Calle de los Antiquarios
Tel.: 743.7459

Several locations. / Varias locaciones.

Florifresa
Offering a selection of unique roses.

Ofreciendo una gran selección de rosas únicas.

Diagonal 109 No. 18 B – 22
Tel.: 215.1364

Floristería Mafis
Design and decoration for events.

Diseño y decoración para grandes eventos.

Avenida Caracas and/con Calle 68
Tel.: 542.3642

La Bodega de las Flores
Beautiful arrangements and single flowers, for any occasion.

Hermosos arreglos y flores individuales, para cualquier ocasión.

Calle 118 No. 6 – 67
Tel.: 629.1999

Flower stand / Puesto de flores

General Home Decor and Electronics
Decoración para el hogar y artículos electrónicos

In addition to the Corredor de Anticuarios, or Antiques Row, located on Calle 79 B, Bogota offers a host of opportunities to find the right decorative items for your home, or for a gift, in addition to state-of-the-art electronics.

Además del Corredor de Anticuarios, situado en la calle 79 B, Bogotá ofrece un sinfín de oportunidades para encontrar los elementos decorativos adecuados para su hogar o para un regalo, además de electrónica de última generación.

Area Loft
Furniture and housewares.
Muebles y artículos para el hogar.
Avenida 19 No. 147 – 30
Tel.: 216.3389

Bang & Olufsen Bogota
High-end home electronics.
Electrónica de alta gama para el hogar.
Calle 82 No. 12 – 15
Stores/Locales 101 and/y 102
Tel.: 236.2723

Bose
High-end home electronics.
Electrónica de alta gama para el hogar.
CC El Retiro
Store/Local 2 – 174
Tel.: 376.4230

Cachivaches
Home decoration.
Decoración para el hogar.
Avenida 82 No. 9 – 24
Tel.: 611.5590
Several locations./Varias locaciones.

Carmiña Villegas
Fine china, silverware, crystal, and table decor from the top international design companies.
Porcelana fina, vajilla, cristal y decoración para las mesas de las principales empresas internacionales de diseño.
Carrera 11 No. 85 – 20
Tel.: 248.1655
Several locations./Varias locaciones.

Chefs Store
High-end pots and utensils, as well as table decorations.
Ollas y utensilios de cocina de alta gama, así como adornos de mesa.
Carrera 15 No. 88 – 83
Tel.: 236.6218

El Apartamento
A space for funky and fresh household items, furniture, and more.
Un espacio para elementos divertidos y novedosos para el hogar, muebles y más.
Calle 85 No. 11 – 53
Interior 10
Tel.: 610.1227

Era de Bronce
Bronze and porcelain lamps and sculptures.
Lámparas y esculturas de bronce y porcelana.
Calle 69 No. 16 – 35
Tel.: 235.2137 / 217.2974

Érase Una Casa
Lovely and unique home decor and furniture.
Decoración para el hogar y muebles preciosos y únicos.
Calle 69 A No. 10 – 04
Tel.: 312.0387

Eurolink
Fun and modern housewares and decorations.
Artículos para el hogar y decoraciones divertidas y modernas.
Calle 85 No. 9 – 86
Tel: 530.2426

Galería Ethos
Unique glass objects, jewelry, and original paintings.
Objetos únicos de vidrio, joyas y pinturas originales.
Calle 109 No. 14 A – 11
Tel.: 214.3557

Galería Navas & Navas
Custom art frames and mirrors.
Marcos artísticos y espejos.
Carrera 13 No. 88 – 66
Tel.: 610.6467

High Lights
Interesting lamps and lighting features.
Lámparas interesantes y todo lo necesario para la iluminación.
Avenida Carrera 20 (Autopista Norte) No. 87 – 29
Tel.: 646.6000

Iluminata
A wide selection of fine candles.
Una amplia selección de velas únicas.
Carrera 15 No. 93 A – 62
Tel.: 485.2956

Several locations./Varias locaciones.

Inkanta Design
Fine pens, objets d'art, and home accessories.
Bellas plumas, objetos de arte y accesorios para el hogar.
Calle 93 No. 13 – 45
Tel.: 530.4500

Several locations./Varias locaciones.

IRAKA Punto de Luz
Objets d'art, jewelry, serving dishes, and gifts for the home.
Objetos de arte, joyas, platos y regalos para el hogar.
Calle 85 No. 12 – 96

Jean Vier
Table linens and serving accessories from the Southwest of France.
Ropa de mesa y accesorios que vienen desde el suroeste de Francia.

CC El Retiro
Calle 81 No. 11 – 94
Tel.: 530.2357

Kaluz
Candle makers, accessories, and essences.
Fabricantes de velas, accesorios y esencias.
Carrera 5 No. 119 B – 15
Tel.: 214.3019

Katmandú
Oriental crafts and furniture.
Artesanías y muebles orientales.
Carrera 6 No. 117 – 28
Tel.: 213.3276

Keyton Showroom
Finely crafted high-end furnishings.
Muebles finamente diseñados y de alta calidad.
Avenida 19 No. 108 – 46
Tel.: 520.8250

Ktronix
The latest mobile devices and home electronics.
Teléfonos móviles y artículos de electrónica para el hogar de última generación.
Carrera 15 and/con Calle 94
Several locations./Varias locaciones.

Luar
Unique lighting fixtures made from environmentally friendly materials.
Aparatos de iluminación únicos elaborados a partir de materiales ecológicos.
Carrera 13 A No. 79 – 52
Tel.: 480.2401

Luna Dorada
Candles, incense burners, and esoteric objects.
Velas, quemadores de incienso y objetos esotéricos.
Carrera 9 No. 70 – 55
Tel.: 249.3493

Nepal
Objects from Asia and Africa.
Objetos de Asia y África.
Carrera 6 No. 117 – 50
Tel.: 620.8336

Nueva Era Arte y Diseño
Household decorations.
Decoración para el hogar.
Avenida Calle 82 No. 12 – 25
Tel.: 691.2537

Piacenza spazio
Modern and classic design elements for the home.
Elementos de diseño moderno y clásico para el hogar.
Calle 109 No. 17 A – 1
Tel.: 612.9829

★SCHALLER Design Group
One of the best showrooms in Colombia. Fine modern furnishings, state-of-the-art lighting and sound technology and services, and expert design consultation.
Uno de los mejores almacenes en Colombia. Muebles modernos, finos y las últimas tendencias en tecnología de iluminación, sonido y servicios, expertos en asesoría de diseño.
Carrera 11 No. 93 A – 20
Tel.: 743.5600

Shuz-Shuz
Fun items for the home, the artist, and the body.
Artículos para el hogar, el artista y el cuerpo.
Carrera 13 No. 77 – 32
Tel.: 616.3614

Sitland
Artistically designed lighting, furniture, home accessories, and paintings.
Iluminación de diseño artístico, muebles, accesorios para el hogar y pinturas.
Calle 80 No. 13 – 09
Tel.: 236.6951

Toda Temporada
Silk flowers, home decoration, statuary, lamps, and more.
Flores de seda, decoración para el hogar, estatuas, lámparas y más.
Carrera 13 No, 119 – 12
Tel.: 629.1216

Turkuaz
A wide selection of imported Turkish lamps, porcelain, jewelry, and objets d'art.
Una amplia selección de lámparas importadas de Turquía, porcelana, joyas y objetos de arte.
Calle 119 No. 13 – 15
Store/Local 1
Tel.: 477.6436

Vetroarte
Beautiful vases and glassware at incredible prices from Pereira, Colombia.

Evening wear, by Ronner
Ropa de noche, por Ronner

Hermosos jarrones y vasos de Pereira, Colombia, a precios increíbles.
Carrera 17 No. 51 – 74
Tel.: 605.1252

Vitrales
Handmade glass jewelry, stained glass panels, and original paintings.
Joyería de vidrio hecha a mano, paneles de vidrios de colores y pinturas originales.
Calle 109 No. 14 A – 11
Tel.: 481.6378

Vitrales y lamparas de Colombia
Custom-made stained glass, Tiffany style lamps, and more.
Vitrales hechos por encargo, lámparas estilo Tiffany y más.
Carrera 45 A No. 124 – 13
Tel.: 213.8767

Vive SCIC
High-end Italian furniture.
Mobiliario italiano de alta gama.
Avenida 19 No. 105 – 05
Tel.: 213.0139 ext. 105

Jewelry
Joyería

Over 90 percent of the world's emeralds come from Colombia, so it should not be surprising to learn that Bogota is the epicenter of the international emerald trade, and where you can find a plethora of jewelry stores specializing in emeralds. In addition to Bogota's famous Emerald District on Avenida Jiménez and the cornerstone Emerald Trade Center at Avenida Jiménez No. 5 – 43, there are thousands of jewelry shops in the city, and you can visit the Gold and Emerald Museums and buy replicas of the pieces displayed. Below is a brief list of joyerías shops in different areas of Bogota, and at different price points for your pleasure.

Más del 90% de las esmeraldas del mundo provienen de Colombia, por lo que no debería ser una sorpresa descubrir que Bogotá es el epicentro del comercio internacional de la esmeralda, y el lugar en el que se puede encontrar una gran cantidad de joyerías especializadas en esmeraldas. Además del famoso Distrito de la Esmeralda de Bogotá en la Avenida Jiménez y la piedra angular de compras llamada Emerald Trade Center en la Avenida Jiménez No 5-43, hay miles de tiendas de joyería en la ciudad, y se pueden visitar el Museo del Oro y el Museo de la Esmeralda y comprar réplicas de las piezas exhibidas. A continuación se muestra una breve lista de las joyerías en diferentes áreas de Bogotá, y para diferentes presupuestos para que pueda disfrutar.

Amarillas Joyas
Exclusive designs with precious stones.
Diseños exclusivos con piedras preciosas.
Avenida Jiménez No 5 – 43
Store/Local 228
Tel.: 352.1541

Bulgari
CC Andino
Carrera 11 No. 82 – 51
Store/Local 165
Tel.: 616.8239

Cartier
The finest jewelry.
Una joyería muy fina.
Avenida 82 No. 11 – 62
Tel.: 622.4730

Galería Cano
Incredible reproductions of gold pre-Columbian jewelry.
Reproducciones increíbles de joyas precolombinas de oro.
Carrera 17 No. 33 – 24
Tel.: 285.4030

Joyería Lievano
CC Hacienda Santa Bárbara
Carrera 7 No. 115 – 60
Store/Local B103
Tel.: 612.1707

Karlek Joyeros
Carrera 6 No 12 – 36
Tel.: 350.0385

Kevin's
CC Centro 93
Calle 93 No. 14 – 20
Store/Local 128
Tel.: 257.0861

Twins
Specializes in engagement rings and wedding bands.
Se especializa en anillos de compromiso y matrimonio.
CC La Catedral
Carrera 6 No 12 – 79
Store/Local 101
Tel.: 334.4985

Kids Clothing and Supplies
Ropa de niños y suministros

There is a very high birthrate in Bogota and, therefore, many shops throughout the city cater to families, such as the hundreds of small shops called *pañalerías* that sell diapers and basic baby supplies. In addition, there are those that sell children's clothes and equipment such as strollers, car seats, playpens, and cribs.

Hay una tasa de natalidad muy alta en Bogotá y, por lo tanto, muchas tiendas se especializan en productos para las familias en toda la ciudad, como los cientos de pequeñas tiendas llamadas "pañalerías" que venden pañales y suministros básicos para bebés, además de las que venden ropa y equipos tales como cochecitos, asientos de automóviles, parques, y cunas.

Young fashion / Moda juvenil

Almacenes Travesuras
Carrera 7 No. 71 – 21
Tel.: 317.4753

Baby Ganga
Calle 93 A No. 13 – 41/47
Several locations./Varias locaciones.

Epk
CC Andino
Carrera 11 No 82 – 71
Store/Local 220
Tel.: 691.7457
Several locations./Varias locaciones.

Eureka
Carrera 12 No. 93 – 78
Tel.: 616.4834

Matura
Calle 69 No. 10 A – 09
Tel.: 479.5111

Osito Curioso
Calle 140 No. 91 – 19
Tel.: 685.9242

Petit Carrousel
Calle 86 No. 23 – 56
Tel.: 534.1043

Tejidos Nono
Carrera 68 D No. 17 A – 61
Tel.: 411.2888

Men's Shops
Tiendas para hombres

In addition to the major national and international brands to be found in Bogota's shopping centers, specialty boutiques provide unique products and client services. Following is a brief listing of some of the many shops where you can find men's clothing and accessories.

Además de las principales marcas nacionales e internacionales que se encuentran en centros comerciales de Bogotá, boutiques especializadas ofrecen productos únicos y servicios a los clientes. La siguiente es una breve lista de algunas de las muchas tiendas donde se puede encontrar ropa y accesorios para hombres.

AlterEgo
High-design casual clothes for men and women.
Ropa casual de alta calidad de diseño para hombres y mujeres.
Carrera 13 No. 82 – 49

André for Men
Custom-made clothing and fine fabrics.
Ropa para hombre a medida y telas finas.
Carrera 13 A No. 91 – 13
Tel.: 621.2328

Andrés Jaime
Custom and unique designs.
Diseños únicos y a medida.
Calle 77 A No. 12 A – 30
Tel.: 236.4050

Botas Arizona
Custom-made boots.
Botas hechas a medida.
Calle 16 No. 12 – 49

Cheviot
Funky clothes.
Ropa divertida y a la moda.
Carrera 13 No. 54 – 14
Tel.: 703.3830

Ciudad Freak
A collective of independent designers.
Una colección de diseñadores independientes.
Carrera 8 No. 41 – 35
3rd Floor / Piso 3
Tel.: 320.5704

d'Lois
Very fine handmade shoes.
Zapatos finos hechos a mano.
Avenida Carrera 19 No. 106 – 27
Tel.: 629.5352

D'Roberto
High-quality leather portfolios, wallets, bags, and more.
Artículos de cuero de alta calidad, como bolsos, portamonedas y mucho más.
Carrera 8 No. 16 – 37
Tel.: 282.0457

★Dolce & Gabbana
The only Dolce & Gabbana store in the world modeled after its Milan flagship store, with the latest collections and a signature bar.
La única tienda de Dolce & Gabbana en el mundo modelada como la tienda principal ubicada en Milán, con las últimas colecciones y un bar distintivo.

CC Andino
Carrera 11 No. 82 – 71
Tel.: 621.3111

Ecléctica
Fun jackets and party clothes.
Divertidas chaquetas y trajes para fiestas.
Carrera 13 No. 54 – 06
Tel.: 320.440.1296

El Sombrero Australiano
Hats and leather accessories.
Sombreros y accesorios de cuero.
Carrera 20 No. 150 – 46
Tel.: 615.0970

Ricardo Pava's Boutique
Boutique de Ricardo Pava

★Gino Pascalli
Fine casual clothing for Bogota and for warm-weather resorts.
Fina ropa casual perfecta para Bogotá y para resorts de clima cálido.
Calle 85 No. 12 – 11
Tel.: 616.0810

Harold Leather
Handcrafted leather garments and dyeing services.
Prendas de cuero artesanales y servicio de teñido.
Carrera 9A No. 23 – 17
Tel.: 313.897.7850

Juan
Fresh and original designs.
Diseños novedosos y originales.
Carrera 84 No. 13 – 57
Store/Local 102
Tel.: 217.8079

★La Chaqueteria
Fresh and original jackets, pants, and shoes for men.
Chaquetas, pantalones y zapatos novedosos y originales para hombres.
Carrera 28 A No. 53 A – 66
Store/Local 7
Tel.: 466.0341

Napoleone
Fine fabrics and custom-made clothing.
Finas telas y prendas de vestir a medida.
Calle 90 No. 13 – 54
Tel.: 618.3676

Nicols
Formal, business, and casual clothing.
Ropa casual, para ejecutivos y formal.
Carrera 19 No. 18 – 73 Sur
Tel.: 278.6401

Ondade de mar
Luxury swimwear.
Trajes de baño de lujo.
CC Unicentro
Avenida 15 No. 124 – 30
Store/Local 1 – 126
Tel.: 213.0681
Several locations./Varias locaciones.

Ricardo Pava
Sleek designs for casual wear, parties, and the office.
Diseños elegantes para ocasiones en las que necesita ropa casual, para fiestas y para la oficina.
Calle 81 No. 12 – 62
Tel.: 320.346.6990

Rosé Pistol
Southern California–style clothing made with Colombian fabrics and craftsmanship.
Ropa creada con tela colombiana reflejando lo mejor del estilo del Sur de California.

CC Andino
Carrera 11 No. 82 – 71
Store/Local 221
Tel.: 621.3111
Several locations./Varias locaciones.

Salvatore Ferragamo
The classic Italian designer label's main Colombian store.
Principal tienda en Colombia del diseñador italiano.
Calle 81 No. 12 – 96
Tel.: 834.0009

Sombrería Nates
Custom-made hats.
Sombreros hechos a medida.
Autopista Norte No. 83 – 29
Tel.: 618.4505

Time M.A.
Funky fashion.
Moda con una onda particular.
Calle 63 No. 9 – 83
Store/Local 10 – 08
Tel.: 640.7856

Women's Shops
Tiendas para damas

In addition to the major national and international brands to be found in Bogota's shopping centers, specialty boutiques provide unique products and client services. Following is a brief listing of some of the many shops where you can find women's clothing and accessories.

Además de las principales marcas nacionales e internacionales que se encuentran en centros comerciales de Bogotá, boutiques especializadas ofrecen productos únicos y servicios a los clientes. La siguiente es una breve lista de algunas de las muchas tiendas donde se puede encontrar ropa y accesorios para mujeres.

AlterEgo
High-design, casual clothes.
Ropa casual de alto diseño.
Carrera 13 No. 82 – 49

Bettina Spitz
One of Colombia's best-known and innovative designers.
Una de las diseñadores más conoci-das e innovadoras de Colombia.
Carrera 13 No. 82 – 70
Tel.: 256.1938
Several locations./Varias locaciones.

Botas Arizona
Custom-made boots.
Botas hechas a medida.
Calle 16 No. 12 – 49

Boucherel
Finely crafted shoes and handbags.
Carteras y zapatos finamente hechos.
CC Unicentro
Avenida 15 No. 124 – 30
Tel.: 213.9602
Several locations./Varias locaciones.

Cheviot
Funky clothes.
Ropa con una onda particular.
Carrera 13 No. 54 – 14
Tel.: 703.3830

Chiros Elegantes
Vintage and consignment for women.
Ropa estilo vintage.
Carrera 11 No. 67 – 32
Store/Local 1
Tel.: 310.4922

Colombian Bags
A wide selection of handbags and other leather goods.

Una amplia selección de bolsos y otros artículos de cuero.
Showroom / Sala de exposición
Carrera 4 A No. 25 C – 03
Several locations./Varias locaciones.

Constanza Franco
Handcrafted purses, handbags, and accessories.
Bolsos y accesorios hechos a mano.
Calle 119 No. 11 B – 15
Tel.: 629.2906

d'Lois
Very fine handmade shoes.
Zapatos muy finos hechos a mano.
Avenida Carrera 19 No. 106 – 27
Tel.: 629.5352

★Diseños Elizabeth Piñeda
Piñeda has been called Colombia's Chanel for her custom-made suits, dresses, and gowns.
Piñeda ha sido llamada la Chanel de Colombia por sus trajes a medi-da, vestidos y trajes de gala.
Carrera 14 No. 98 – 97
Tel.: 257.8645

Elizabeth Acosta
Fun and fresh clothes and accessories.
Ropa y accesorios divertidos y no-vedosos.
Calle 122 No. 15 A – 84
Tel.: 612.3386

★EQUITANA and RONNER
Classic and unique women's fashion inspired by the equestrian lifestyle.
Moda clásica y única para la mujer, inspirada en un estilo de vida ecuestre.
CC El Retiro
Avenida 19 No. 122 – 45

Handmade shoes / Zapatos hechos a mano

Store/Local 45
Tel.: 704.3726

Façonnable
The iconic French brand.
La icónica marca francesa.
Carrera 12 No. 82 – 19
Tel.: 235.71616

Gino Pascalli
Fine, casual clothing for Bogota and warm weather resorts.
Elegantes vestidos para ocasiones especiales.
Calle 85 No. 12 – 11
Tel.: 616.0810

Giovanna Maroso
Elegant gowns for special events.
Elegantes vestidos para ocasiones especiales.
CC El Retiro
Store/Local 120
Tel.: 634.6900

Hernán Zajar
Exclusive designs.
Diseños exclusivos.
Avenida 82 No. 12 A – 12
Tel.: 611.0113

Johanna Rubiano
Cocktail, party, and formal wear.
Trajes para cóctel, fiesta y ropa formal.
Avenida 82 No. 12 – 84

Louis Vuitton
The French standard of luxury goods in Bogota.
La norma francesa de artículos de lujo en Bogotá.
Carrera 11 No. 82 – 71

Store/Local 147
Tel.: 616.8571

Matura
Original designs.
Diseños originales.
Calle 69 No. 10 A – 09
Tel.: 479.5111

Ochosesenta
Unique clothing and accessories.
Ropa y accesorios únicos.
Calle 81 No. 8 – 81
Tel.: 212.4871

Olga Piedrahita
One of Colombia's most popular designers.
Una de las diseñadoras más famosas de Colombia.
Carrera 14 A No. 82 – 36
Tel.: 622.8681

Ondade de mar
Luxury swimwear for the family.
Trajes de baños de lujo para toda la familia.
CC Unicentro
Avenida 15 No. 124 – 30
Store/Local 1 – 126
Tel.: 213.0681

Several locations. / Varias locaciones.

Peletería Garavito
Custom-made fur, leather, and suede garments.
Prendas en piel, cuero y gamuza hechas a medida.
Calle 57 No. 10 – 22
Tel.: 248.6052

Window display in Usaquén / Vidriera en Usaquén

Poema
Fine, casual, and formal clothing for full-figures.
Ropa fina, formal y casual para figuras llenas.
Carrera 13 No. 94 – 27
Tel.: 691.1607

Privee Shoes
Beautifully designed shoes and select clothing from Spain.
Zapatos bellamente diseñado y ropa selecta de España.
Carrera 13 No. 93 – 25
Tel.: 635.3931

Rosé Pistol
Southern California–style clothing made with Colombian fabrics and craftsmanship.
Ropa de estilo californiano hecha con telas colombianas y diseñadores colombianos.
CC Andino
Carrera 11 No. 82 – 71
Store/Local 221
Tel.: 621.3111

Several locations./Varias locaciones.

Salvatore Ferragamo
The classic Italian designer label's main Colombian store
La tienda principal del clásico diseñador italiano.
Calle 81 No. 12 – 96
Tel.: 834.0009

Sulay Rodríguez
Handmade, high-quality leather handbags, belts, and accessories.
Bolsos de cuero, cinturones y accesorios de alta calidad hechos a mano.
Calle 117 No. 6 – 20
Tel.: 629.0146

Sylvia Tcherassi
The Bogota location for the internationally celebrated Colombian designer.
La sede bogotana para la famosa diseñadora colombiana reconocida internacionalmente.
Carrera 12 No. 84 – 17
Tel.: 633.0540

Valentina Bolsos y Accesorios
Budget-friendly leather pocketbooks, purses, wallets, and hats.
Monederos, carteras y sombreros de cuero a excelentes precios.
Torre Colpatria
Carrera 7 No. 24 – 43
Tel.: 286.2098

Fashion by Ronner
Moda por Ronner

Shopping Centers
Centros comerciales

Following is a brief listing of shopping centers throughout Bogota. Note that they are called *centro comercial* in Spanish and in Bogota are identified by the abbreviation CC.

La siguiente es una breve lista de los centros comerciales en toda Bogotá. En esta ciudad, los centros comerciales se identifican por su sigla CC.

ESSENTIAL TIPS
CONSEJOS ESENCIALES

Most of shopping centers will have a food court, children's diversions, a movie theater, and some kind of cultural programming.

La mayoría de los centros comerciales tendrá una feria de comidas, diversiones para niños, una sala de cine y algún tipo de programación cultural.

Andino

Featuring the most luxurious national and international brands.
Presenta las marcas nacionales e internacionales más lujosas.
Carrera 11 No. 82 – 71
Tel.: 621.3111
www.centroandino.com.co

Atlantis Plaza

A North American–style mall with Colombian accents.
Un centro comercial al estilo norteamericano con acentos colombianos.
Calle 81 and/con Carrera 14
Tel.: 606.6200
www.atlantisplaza.com

Bulevar Niza

Built to serve the surrounding community with a good selection of shops, banks, and restaurants.
Construido para servir a la comunidad que lo rodea con una buena selección de tiendas, bancos y restaurantes.
Carrera 52 No. 125 A – 59
Tel.: 226.7211

Cedritos 151

Mostly smaller independent shops in a neighborhood center.
Mini tiendas independientes en un centro comercial de vecindario.
Calle 150 No. 16 – 56
Tel.: 614.2010

Centro Ejecutivo 85

Fine boutiques and specialty shops.
Bellas boutiques y tiendas especializadas.
Carrera 11 No. 84 – 09

Centro Mayor

The biggest shopping center in Colombia.
El centro comercial más grande de Colombia.
Autopista Sur and/con Calle 38 A Sur
http://centromayor.com.co

El Retiro

The most expensive retail spaces in Colombia, home to the famed Andrés D.C. restaurant and Andrés Carnes de Res food court.
Los espacios de venta más caros en Colombia, donde se encuentra el famoso restaurante de Andrés D.C. y Andrés Carnes de Res en el patio de comidas.
Calle 81 No. 11 – 94
Tel.: 376.0800
www.elretirobogota.com

CC Unicentro

Galerías
Calle 63 B No. 25 – 21
Tel.: 347.0420

Gran Estación
Calle 26 No. 62 – 49
Tel.: 221.0800
www.granestacion.com.co

Hacienda Santa Bárbara
A Spanish colonial hacienda transformed into a beautiful center with fountains, open air spaces, restaurants, and a good selection of shops makes up one of Bogota's most exclusive shopping centers.

Una hacienda colonial española transformada en un hermoso centro comercial con fuentes, espacios al aire libre, restaurantes y una buena selección de tiendas que forman uno de los centros comerciales más exclusivos de Bogotá.

Carrera 7 No. 115 – 60
Tel.: 612.0388
www.haciendasantabarbara.com.co

Metropolis Ciudela Comercial
Carrera 68 No. 74 A – 50
Tel.: 660.2944

Outlet Bima
Autopista Norte No. 232 – 35
Tel.: 676.5262

Palatino
Calle 140 and Carrera 7
Tel.: 614.3718
www.ccpalatino.com

Plaza Imperial
Serving the local community with national brands, banks, and restaurants.
Sirviendo a la comunidad local con marcas nacionales, bancos y restaurantes.

Avenida Suba and/con Avenida Ciudad de Cali.
Tel.: 689.9445

Portal 80
Transversal 100 A No. 80 A – 20
Tel.: 433.9944

Salitre Plaza
Carrera 68 B No. 40 – 39
Tel.: 416.9817

San Rafael
Avenida 134 No. 55 – 30
Tel.: 643.4737

Santa Ana
Calle 110 Avenida 9
Tel.: 637.8566

CC Andino

Santafe
Calle 183
No. 45 – 13
Tel.: 671.2464

Tintal Plaza
Carrera 86 No. 6 – 37
Tel.: 574.8808

Titan Plaza
Featuring national and international brands, including U.S. chain Forever 21.
Presenta marcas nacionales e internacionales, incluyendo la tienda Forever 21 de Estados Unidos.

Calle 80 and/con Avenida Boyacá
Tel.: 466.0828

Unicentro
The oldest, yet modernized, shopping center in Colombia with national and international brands and restaurants.
El centro comercial más antiguo, aunque modernizado, en Colombia con marcas y restaurantes nacionales e internacionales.

Avenida 15 No. 124 – 30
Tel.: 213.8800

Unicentro del Occidente
Carrera 111 No. 86 – 05
Tel.: 434.8801

Unilago
For computers, programs, games, and repairs.
Para computadoras, programas, juegos y reparaciones.

Carrera 15 No. 78 – 33
Tel.: 610.3349

Speciality Shopping Districts
Distritos de compras especiales

In addition to the numerous shopping malls listed on page 334 and the independent shops found throughout the city, Bogota is also famed for its wide selection of specialty districts, where you will find store after store selling the same types of products at competitive prices. Following is a list of some popular districts and centers.

Además de los numerosos centros comerciales que figuran en la página 334 y las tiendas independientes que se encuentran en toda la ciudad, Bogotá es también famosa por su amplia selección de distritos especiales, donde encontrará tienda tras tienda de venta de los mismos tipos de productos a precios competitivos. A continuación se presenta una lista de algunos distritos y centros populares.

ESSENTIAL TIPS
We have purposefully *excluded* the large and popular San Andresitos shopping districts, as we only recommend visiting them if accompanied by a local guide.

Hemos *excluido* los grandes distritos comerciales populares de San Andresitos a propósito, ya que solo recomendamos visitarlos si van acompañados por un guía local.

Antiques / Antigüedades
Calle de Los Anticuarios
Calle 79ª between /entre 7 A and/y 9 A. Can also be found in Chapinero between Calles 60 and 63, and between Carreras 9 and 7.
También pueden encontrarse en Chapinero entre las Calles 60 y 63 y entre las Carreras 9 y 7.

Appliances, lamps, and lighting fixtures / Electrodomésticos, lámparas y accesorios de iluminación
Though there may be hundreds of appliance shopping areas in the city, the most popular one can be found between Calles 16 and 19, and between Carreras 13 and 7.
Aunque puede haber cientos de zonas de tiendas de electrodomésticos en la ciudad, la más popular se puede encontrar entre las Calles 16 y 19, y entre las Carreras 13 y 7.

Arts & Crafts / Arte y artesanías
A mile-long strip mainly on Calle 53, west of Avenida Caracas; however, more can be found between Calles 51 and 54.
Una milla de largo principalmente en la Calle 53, al oeste de la Avenida Caracas; sin embargo, se puede encontrar más entre las Calles 51 y 54.

Automobile Dealerships / Concesionarios de automóviles
Though auto dealerships are sprinkled throughout the city, one easy-to-access area can be found along Carrera 19, over several blocks north of Calle 102.
A pesar de que los concesionarios de automóviles están esparcidos por toda la ciudad, se puede encontrar un área de fácil acceso a lo largo de la Carrera 19, por varias cuadras al norte de la Calle 102.

Bicycles / Bicicletas
Imported, customized, road, and mountain bikes and repair shops can be found at Calle 68 between Carrera 30 and 27. Less expensive frames are located at Calle 13 between Carreras 19 and 24.
Importadas, personalizadas, de carretera y de montaña y talleres de reparación pueden encontrarse en la Calle 68 entre las Carreras 30 y 27. Hay marcos más baratos en la Calle 13 entre las Carreras 19 y 24.

Books / Libros

Calle 18 and Avenida Jiménez and from Carrera 7 A to Avenida Caracas are the areas to be in for books. Use Calle 16 as your main axis.

La Calle 18 y Avenida Jiménez y de la Carrera 7 A a la Avenida Caracas es el área a visitar si se buscan libros. Utilice la Calle 16 como su eje principal.

Computers, software, games, and repair / Computadoras, software, juegos y reparación

CC Unilago is a shopping district made up of two adjacent shopping centers containing countless computer shops and repair services.

CC Unilago es un distrito comercial compuesto por dos centros comerciales adyacentes que contienen innumerables tiendas de informática y servicios de reparación.

Avenida Carrera 15 No. 78 – 33
http://unilago.com

Emeralds / Esmeraldas

Edificio Emerald Trade Center
Avenida Jiménez No. 5 – 43
You can also find emeralds along Carreras 5 and 6, south of Avenida Jiménez and adjacent streets.

También puede encontrar esmeraldas a lo largo de las Carreras 5 y 6, al sur de la Avenida Jiménez y calles adyacentes.

Eyeglasses and Opticians / Gafas y ópticas

Calle 51 to/hasta Calle 54 between/ entre Carreras 15 and/y 16, and in/y en Calle 19 between/entre Avenida Caracas and/y Carrera 8.

Flowers / Flores

The flower district at Las Flores.
El distrito de las flores en Las Flores.

Avenida Caracas between/entre Calle 67 and/y 70

Furniture / Muebles

The designer row along Calle 109 between Carreras 15 and 19 is the go-to area for furniture. For lower prices, go along the west side of Avenida Carrera 30, between Calles 72 and 80, and through Carrera 33.

La vía de diseñadores a lo largo de la Calle 109 entre las Carreras 15 y 19 es la zona principal para los muebles. Para precios más bajos, desplácese por el lado oeste de la Avenida Carrera 30, entre las Calles 72 y 80, y a través de la Carreras 33.

Shoes and Leather Goods / Calzados y artículos de cuero

El Restrepo neighborhood, a large shopping district in the southern part of the city that's mainly famous for shoes and leather products, is located west of Avenida Caracas over several Carreras, beginning at Calle 12 Sur (South) until Avenida Primero de Mayo.

El barrio El Restrepo, una gran zona comercial en la zona sur de la ciudad que es famosa sobre todo por los zapatos y productos de cuero, se encuentra al oeste de la Avenida Caracas a lo largo de varias Carreras, comenzando en la Calle 12 Sur hasta la Avenida Primero de Mayo.

Musical Instruments / Instrumentos musicales

Carrera 7 A between / entre Calles 57 and/y 60, or along / o por la Calle 17 and/y Carrera 9.

Copper and Silver Sculptures, Pots, Pans, and Objets d'Art / Esculturas de cobre y plata, ollas, sartenes y objetos de arte

West of Avenida Caracas, between Calles 70 and 76.
Al oeste de la Avenida Caracas, entre las Calles 70 y 76.

Pets / Mascotas

Along Avenida Caracas, on the west side, between Calles 53 and 60.
A lo largo de la Avenida Caracas, en el lado oeste, entre las Calles 53 y 60.

Secondhand Clothing / Ropa de segunda mano

Along Avenida Caracas, on the east side, between Calles 45 and 58.
A lo largo de la Avenida Caracas, en el lado este, entre las Calles 45 y 58.

Watch Repair and Sales / Venta y reparación de relojes

Calle 12 between/entre Carreras 5 and/y 7

Motorcycle Shops and Related Gear / Tiendas de motos y accesorios relacionados

Along the western side of Avenida Caracas, between Calles 17 and 21.
A lo largo del lado oeste de la Avenida Caracas, entre las Calles 17 y 21.

Accommodations

"The people are the best and that even includes the police (crazy right?)! Not only that but the scenery and the culture are amazing, along with the good food. I will definitely be coming back."

—**Lua Azul**, U.S. visitor

Hostal Campobello

B.O.G Hotel

Alojamiento

"¡La gente es de lo mejor, incluso
la policía (¿no es eso loco?)!
No solo eso, pero los paisajes
y la cultura son increíbles,
además de la buena comida.
Definitivamente voy a volver".

—**Lua Azul,** visitante estadounidense

Lancaster House

Hotels
Hoteles

Though there are hundreds of hotels throughout the city, these are our recommended choices.

Aunque hay cientos de hoteles en toda la ciudad, estas son nuestras opciones recomendadas.

101 Park House
Excellent service and business location.
Excelente servicio y ubicación.
B, BF, BC, E, MR, R, RS, SH, WF
$$$$$
Carrera 21 No. 101 – 10
Tel.: 600.0101
www.101parkhouse.com

104 Art Suites
A charming boutique hotel featuring art-themed rooms.
Un encantador hotel *boutique* con habitaciones de temática de arte.
B, BC, BF, D, G, I, PF, PG, R, RS
$$$
Transversal 18 A No. 104 – 77
Tel.: 602.5959
www.104artsuites.com/default-en
.html

116 Hotel
BC, D, I, FC, R, RS
$$$$
Calle 116 No. 18 B – 60
Tel.: 657.8000
www.116hotel.com

Aparta Class
Fully equipped aparta suites.
Suites completamente equipadas.

ESSENTIAL TIPS
CONSEJOS ESENCIALES

When dialing from outside of Colombia, the country code is (57) and Bogota is (1).

Cuando llame desde fuera de Colombia, utilice el código del país (57) y el de Bogotá (1).

$$$
Calle 109 No. 19 – 51
Tel.: 612.3661
www.apartaclass.com

Belle Epoque Suites Boutique 94
B, BF, G, I, P, R, RS
$$$
Calle 94 No. 21 – 42
Tel.: 618.2661
www.belleepoque94.com

Best Western Plus
BC, BF, D, I, P, R
$$$$
Calle 93 No 13 – 71
Tel.: 605.1444

Bioxury

Sleek and modern with forty-five well-appointed rooms to meet the needs of the most discerning guest. Cuarenta y cinco habitaciones modernas y bien diseñadas, para deleitar el huésped más perspicaz.

B, G, MR, R, S, WF
$$$$
Calle 83 No. 9 – 48
Tel.: 744.2800

★B.O.G Hotel

Our most recommended luxury property delivers premium guest services in one of Latin America's most attractive urban hospitality properties, complete with rooftop infinity pool and lounge and the world-class restaurant La Leo Cocina Mestiza. La propiedad de lujo que más recomendamos, provee servicios de alta gama al cliente en una de las propiedades hospitalarias más atractivas de Latinoamérica, que incluye una piscina infinita en la última planta, bar y un restaurante de talla mundial, La Leo Cocina Mestiza.

B, G, BF, D, I, MR, P, R, RS
$$$$$
Carrera 11 No. 86 – 74
Tel.: 639.9999
www.boghotel.com

bh Hotels

One of the best managed and loveliest set of properties in Bogota, an ideal option for the business traveler or tourist.

Uno de los conjuntos de propiedades mejor administrados y más bellos de Bogotá, una opción ideal para cualquier viajero de negocios o turista.

www.bhhoteles.com

bh El Retiro
BC, G, I, MR, P, R
$$$$
Calle 80 No. 10 – 11
Tel.: 756.3177

bh La Quinta
BC, D, I, R
$$$$
Carrera 5 No. 74 – 52
Tel.: 742.4908

bh Parque 93
BC, G, I, MR, P, R, S
$$$$
Carrera 14 No. 93 A – 69
Tel.: 743.2820

Key / Claves:

B	Bars / Bares	PF	Pet Friendly / Se aceptan mascotas
BC	Business Center / Centros de negocios	PG	Parking / Parqueadero
BF	Breakfast / Desayuno	R	Restaurants / Restaurantes
C	Concierge / Conserjería	RS	Room Service / Servicio de habitaciones
D	Disabled Accessibility / Acceso para personas discapacitadas	SH	Shuttle / Servicio de transporte
G	Gym / Gimnasio	S	Spa
I	Internet	WF	WiFi
KF	Kid Friendly / Apropiado para niños		
ME	Money Exchange / Cambio de moneda		
MR	Meeting Rooms / Salas de reuniones		
MS	Medical Services / Servicios médicos		
P	Pool / Piscina		

Price Ranges in U.S. Dollars: Gama de precios en dólares estadounidenses:

$$ 70.00 to 100.00
$$$ 100.00 to 150.00
$$$$ 150.00 to 200.00
$$$$$>200.00

Blue Suites Hotel
An attractive, well-located property.
Una propiedad atractiva y bien
ubicada.
B, BC, BF, G, I, P, R, RS
$$$$$
Calle 93 No. 17 – 48
Tel.: 745.2222
www.bluesuiteshotel.com

Bogotá Marriott Hotel
Near the airport.
Cerca del aeropuerto.
$$$$
Avenida El Dorado No. 69 B – 53
Tel.: 485.1111

Bogotá Plaza Summit Hotel
B, BC, BF, D, G, I, R, RS
$$$$
Calle 100 No. 18 A – 30
Tel.: 635.0070
www.bogotaplazahotel.com

Bogotá Royal Hotel
B, BC, BF, C, G, I, MR, PG, R, RS,
S, WF
$$$
Carrera 8 A No. 99 – 55
Tel.: 636.2938
www.bogotaroyal.com

Bosque Alto
Aparta suites. Aparta suites.
G, S, MR, PG
$$$$
Carrera 12 No. 113 – 23
Tel.: 743.1441

Casablanca Hotel
$$$
Calle 93 No. 18 – 11
Tel.: 531.1874
www.casablanca93hotel.com

Casa Deco
One of the better non-hostel options
in La Candelaria with beautifully
appointed rooms.
Una de las mejores opciones que
no es hostal en La Candelaria, con
habitaciones bien diseñadas.
B, BC, BF, I, RS
$$$
Calle 14 No. 2 – 30
Tel.: 283.7932
www.hotelcasadeco.com

Casa Gaitán Cortés
B, BF, D, G, I, PF, PG, R, RS, SH
$$$$
Calle 69 No. 4 – 97
Tel.: 745.2871
www.casagaitancortes.com

Casanovas Hotel Boutique
$$$$
Transversal 17 A Bis No. 36 – 60
Tel.: 245.3836

★Casa Real Bogotá
Often voted by travel blogs as Bogo-
ta's best boutique hotel, this lovely
modern property well deserves the
acclaim for the service, location, and
ample suites it offers for the cost.
Frecuente ganadora en los blogs de
viajes como el mejor hotel *boutique*
de Bogotá, esta bella propiedad me-
rece su fama por su servicio, ubica-
ción y las amplias suites disponibles
por el costo.
B, BC, BF, D, I, PG, PF, R, RS
$$$$
Calle 93 A No. 9 A – 53
Tel.: 530.4884
http://casareal.com.co

Casa Rústica Bogotá
Bed-and-breakfast created with
care from salvaged furnishings and
architectural pieces.
Una posada creada con cariño con
artículos reciclados y piezas arqui-
tectónicas.
$$
Calle 70 No. 9 – 41
Tel.: 210.0023
www.casarusticabogota.com

Cité Hotel
Rooftop pool and great Parque Virrey location highlight this modern
property.
Una piscina en la última planta y
una gran ubicación en Parque Virrey
destacan a esta moderna propiedad.
B, D, G, I, P, R, RS
$$$$$
Carrera 15 No. 88 – 10
Tel.: 646.7777
www.citehotel.co

Cosmos 100
BC, BF, D, G, I, P, R, RS, SH
$$$$
Calle 100 No. 21A – 41
Tel.: 621.7771
www.cosmos100.com

Crowne Plaza Hotel Tequendama
Bogota's most exclusive hotel in the 1950s and 1960s still remains comfortable but is now more dedicated to conventioneers.
El hotel más exclusivo de Bogotá durante los años cincuenta y sesenta, aún conserva su confort, pero hoy día sirve más como hotel de para huéspedes de convenciones.
BC, BF, D, G, I, P, R, RS
$$$
Avenida Carrera 10 No. 26 – 21
Tel.: 382.0300

Dann Carlton Bogotá
A classic Bogota property that meets the business traveler's needs.
Una propiedad clásica que bien cumple con las necesidades de viajeros de negocios.
B, BC, BR, G, I, PG, R, RS, SH
$$$$
Avenida 15 No. 103 – 60
Tel.: 635.0010
www.hotelbogotadanncarlton.com

Embassy Suites Rosales
BC, BF, D, G, P, R, RS
$$$$
Calle 70 No. 6 – 22
Tel.: 317.1313
www.hotelesdann.com/es
/hotel-dann-carlton-bogota

Estelar Hotels
One of the finest Colombian hotel brands providing state-of-the-art properties and amenities.
Una de las mejores cadenas hoteleras de Colombia que provee las más modernas propiedades y comodidades.

Estelar Parque 93
$$$$$
Calle 93 No. 11 – 19
Tel.: 511.1555
www.hotelesestelar.com/es
/destinos/colombia/bogota/suite-jones

Hotel Estelar La Fontana
Terrific property all-around with a charming Sunday morning outdoor artisanal market.
Una maravillosa propiedad en todo sentido, con un encantador mercado artesanal al aire libre todos los domingos.
$$$$
Avenida 127 No. 15 A – 10

Tel: 615.4400
www.hotelesestelar.com/es
/destinos/colombia/bogota/fontana

Hotel Windsor House
A beautiful and well-managed hotel on a quiet street.
Un bello y bien administrado hotel en una calle tranquila.
$$$$
Calle 95 No. 9 – 97
Tel.: 634.3630
www.hotelesestelar.com/en
/destinos/colombia/bogota
/windsor-house

Habitel Hotel
A comfortable hotel close to the airport.
Un hotel muy confortable cerca del aeropuerto.
B, BC, BF, D, G, I, R, RS
$$$$
Avenida El Dorado No. 100 – 97
Tel.: 419.9999
www.hotelhabitel.com

Hamilton Court
BC, R, RS
$$$$
Carrera 14 No. 81 – 20
Tel.: 621.5455

Hotel B3 Virrey
Ultra-modern with beautiful exterior vertical gardens and a sleek interior.
Ultramoderno, con bello exterior de donde cuelga un jardín vertical y con un bello interior.
B, G, PG, R, WF
$$$
Carrera 15 No. 88 – 36
Tel.: 493.4490
www.hotelesb3.com

★Hilton Bogota
The choice location for excellent rooms, food, and service at the heart of the financial district.
Una ubicación ideal con excelentes habitaciones, comida y servicio en el corazón del distrito financiero.
B, BC, D, I, P, R, RS, WF
$$$$
Carrera 7 No. 72 – 41
Tel.: 600.6100
www3.hilton.com/en/hotels
/colombia/hilton-bogota
-BOGBCHH/index.html

Hotel Andes Plaza
B, BC, BF, I, R, RS
$$$
Avenida 15 No. 100 – 11
Tel.: 314.8180
www.hotelandesplaza.co

Hotel Ambala
$$
Carrera 5 No. 13 – 46
Tel.: 342.6384
http://hotelambala.net

Hoteles América
$$
Calle 66 No. 8 – 23
Tel.: 249.4618
www.hotelesamerica.com.co

Hotel Augusta
B, BC, R, S
$$$$
Avenida Jiménez No. 4 – 77
Tel.: 283.8300
www.hotelaugusta.com.co

Hotel Avia
Convenient Parque 93 location for business travelers.
Conveniente ubicación cerca del Parque 93 para los viajeros de negocios.
BC, BF, G, I, PG, R, RS
$$$$
Calle 93 No. 11 A – 31
Tel.: 705.1555
www.hotelavia93.com

Hotel Bogotá Norte
$$
Calle 98 A No. 49 – 29
Tel.: 691.6526
www.hotelbogotanortein.com

Hotel Boutique Emaus
Charming, reliable property.
Propiedad encantadora y confiable.
$$$
Carrera 4 No. 69 A – 46
Tel.: 544.2005
www.hotelemausbogota.com

Hotel Casa de la Botica
$$
Calle 9 No. 6 – 45
Tel.: 281.0811

Hotel Casa Toscano
This quintessentially Bogota boutique hotel will charm any guest with its architectural beauty, located in the financial district.
Este hotel *boutique*, bogotano por excelencia, encantará a cualquier huésped con su bellísima arquitectura; ubicado en el centro financiero.
$$$
Calle 70 No. 8 – 19
Tel.: 347.0050
www.casatoscano.com

Hotel Charleston
B, BC, G, PG, R, RS
$$$$$
Carrera 13 No. 85 – 46
Tel.: 257.1100
www.hotelcharlestonbogota.com

Hotel Casona del Patio
BF, E, I, R
$$$
Carrera 8 No. 69 – 24
Tel.: 212.8805
www.casonadelpatio.com

Hotel Capital
Comfortable and near the airport.
Confortable y cerca del aeropuerto.
B, BC, R, RS, WF
$$$$
Calle 25 B No. 69 A – 51
Tel.: 423.3000
www.hotelcapital.com.co

Hotel Centro Internacional
$$$
Carrera 13 A No. 38 – 97
Tel.: 288.5566
www.hotelcentrointernacional.com

Hotel Charleston Casa Medina
Stately property, though pricey for a hotel without a Clef d'Or Concierge.
Propiedad elegante, aunque costosa para un hotel sin conserje de Le Clefs d'Or.
B, BC, R, RS, MR
$$$$$
Carrera 7 No. 69 A – 22
Tel.: 217.0288
www.hotelcharlestoncasamedina.com

Hotel Dann Colonial
$$$
Calle 14 No. 4 – 21
Tel.: 341.1680
www.hoteldanncolonial.com

Hotel Egina Bogotá
BC, MR, PG, R, RS
$$$$$
Carrera 14 A No. 119 – 16
Tel.: 637.1610
www.lemanoir-egina.com

Hotel de la Ópera

Guest services and restaurant leave much to be desired for the price.

El servicio al cliente y el restaurante deja mucho por desear dado el precio.

$$$$

Calle 10 No. 5 – 72
Tel.: 336.2066
www.hotelopera.com.co

Hotel de la Ville

Charming hotel for the savvy business traveler, with a marked European feel.

Encantador hotel de negocios con un ambiente europeo bien definido.

$$$

Calle 100 No. 13 – 55
Tel.: 650.0700
www.hotelesdelaville.com

Hotel Del Parque Superior

B, MR, P, R, RS
$$$

Nice property and amenities for this part of town.

Buena propiedad y comodidades para esta parte de la ciudad.

Carrera 5 No. 23 – 34
Tel.: 336.3600
hoteldelparquesuperior.com.co

Hotel El Campín

MR, R, RS, SH, WF
$$$
Carrera 25 No. 52 – 35
Tel.: 349.1616
www.hotelelcampin.com/es

Hotel El Virrey

B, BF, PG, R, RS
$$$
Calle 18 No. 5 – 56
Tel.: 334.1150
www.hotelelvirrey.com

Hotel L'Etoile

$$
Carrera 7 No. 43 – 47
Tel.: 287.8728
http://hotelbogotaletoile.com

Hotel Lourdes

PG, R, RS, WF
$$
Calle 63 No. 15 – 61
Tel.: 255.3613
www.hotellourdes.com

Hotel Monserrat and Spa

$$
Carrera 3 No. 20 – 35
Tel.: 286.8685

Hotel Nación

$$
Carrera 8 A No. 65 – 29/36
Tel.: 249.5164
www.hotelesnacion.com

★Hotel Porton Bogotá

Quintessentially Bogota; elegant, understated, with excellent services and fine dining, though the beds may be too firm for some.

Por excelencia representativo de Bogotá, elegante, discreto, con excelente servicios y comidas finas, aun-

que las camas pueden ser un poco duras para ciertas personas.

B, BC, BF, D, G, PF, R, RS
$$$$$
Calle 84 No. 7 – 55
Tel.: 616.6611
www.hotelportonbogota.com.co

Hotel Le Manoir

Its recent renovation erased the French charm it once had; too bad, but it still has nice ample rooms.
La reciente renovación eliminó el encanto francés que se tenía anteriormente, pero aún se conservan sus amplias habitaciones.

BC, MR, PG, R, RS
$$$$$
Calle 105 No. 17A - 82
Tel.: 213.3980
www.lemanoir-egina.com/http/#

Hotel del Parque Clásico

$$$
Calle 24 No. 4 – 93
Tel.: 284.220

Hotel Presidente

$$
Calle 23 No. 9 – 45
Tel.: 284.1100

Hotel Parque 97 Suites

$$$
Calle 97 No. 19 – 17
Tel.: 691.7377

Hotel Quinta de Bolívar

Charming Candelaria property.
Encantadora propiedad en La Candelaria.

$$
Carrera 4 No. 17 – 59
Tel.: 337.6500

Hotel San Sebastián

Small, but welcoming to all, and particularly so to LGBT travelers.
Pequeño pero que le da la bienvenida a todo huesped, pero en particular a los viajeros LGBT.

$$$
Avenida Jiménez No. 3 – 97
Tel.: 243.8937
www.hbsansebastian.com

Hotel Santa Mónica

$$
Carrera 3 A No. 24 – 11
Tel.: 336.8080

Hotel Suites Grand House

B, BC, BF, G, D, I, PG, R, RS

$$$
Carrera 18 No. 93 – 97
Tel.: 403.4000
www.suitesgrandhouse.com

Hotel Teusaqillo

$$
Carrera 16 No. 27 – 24
Tel.: 245.2111
www.teusaquilloboutique.com

ibis hotel

Across from El Museo Nacional, a successful version of a French express hotel chain.
Al otro lado del Museo Nacional, una exitosa versión de una cadena de hoteles exprés francesa.

$$
Transversal 6 A No. 27 – 85
Tel.: 381.4666
www.ibis.com/es/hotel-7318-ibis-bogota-museo/index.shtml

Jazz Apartments

Comfortable apartasuites at the ideal Parque Virrey location.
Aparta suites confortables en la ideal ubicación sobre el Parque Virrey.

B, BF, G, R, RS, SH, WF
$$$$
Calle 87 No. 15 – 35
Tel.: 407.5000
www.jazzapartments.com/default-en.html

JW Marriott Bogotá

Marriott's flagship property in Colombia is as beautiful to visit as it is comfortable and well located in the financial district.
La principal propiedad Marriott en Colombia es tan bella para visitar como confortable y bien ubicada en el centro financiero.

$$$$$
Calle 73 No. 8 – 60
Tel.: 481.6000
www.marriott.com/hotels/travel/bogjw-jw-marriott-hotel-bogota

★Lancaster House Suites

Excellent service and spacious, well-appointed Art Deco suites are standout components of this fine property that impeccably caters to business and medical tourists alike.
El excelente servicio al cliente y sus espaciosas y bien diseñadas suites estilo *art déco*, son componentes que

brillan en esta elegante propiedad que impecablemente sirve tanto a turistas de negocios como al turismo médico.
B, BF, BC, C, D, E, G, KF, MR, MS, P, S, SH, WC, WF
$$$
Paralela Autonorte No. 106 B – 28
Tel.: 629.1100
www.lancasterhouse.com.co

Lloyd's Apartasuites

Its location and suites have made it popular with business and holiday travelers, especially for longer stays.
Su ubicación y suites lo han hecho muy popular con viajeros de negocios y de ocio, particularmente para estadías largas.
BF, PG, SH, WF
$$$
Carrera 11 No. 94 – 71
Tel.: 621.3239
http://lloydsapartasuites.com/lloyds.php

Lugano Imperial Suites

Nice, quiet option near the financial district.
Una bella y tranquila opción cerca del distrito financiero.
$$$
Calle 70 A No. 7 – 62
Tel.: 313.1113
www.luganosuites.com/es

Morrison Hotels

$$$$$
BC, BF, G, R, MR, PG
www.morrisonhotel.com

Morrison 84

A Bogota classic facing the intimate Leon de Greiff Park; however, the area gets very crowded and noisy on weekends.
Un clásico hotel bogotano sobre el romántico Parque Leon de Greiff; sin embargo, el área se llena de gente y se torna ruidosa durante los fines de semana.
Calle 84 Bis No. 13 – 54
Tel.: 622.311

Morrison 114

Opened in 2012, this property offers a contemporary feel with all the expected amenities.
Inaugurada en 2012, esta propiedad ofrece un ambiente contemporáneo con todas las comodidades deseadas.

Avenida 19 No. 114 – 06
Tel.: 378.8311

Neuchatel Hotel

$$$
Calle 90 No. 7A – 66
Tel.: 218.0599

Nico

Apartasuites.
$$$
Calle 68 No. 4 – 62
Tel.: 743.5348
www.hotelesnico.com

Nuevo Hotel Rincón de Santa Bárbara

Charming and intimate with effective staff at this far north location.
Íntima y encantadora propiedad con buen servicio en esta ubicación muy al norte.
$$$
Calle 126 No. 7 A – 19
Tel.: 620-1397
www.rincondesantabarbara.com/es

Plaza 36 Hotel

$$
Carrera 16 No. 36 – 55
Tel.: 742.4226

Ramada Park

$$
Carrera 21 No. 39 A – 36
Tel.: 478.1092

Residencias Tequendama

Adequate for long-term stays in the international district.
Adecuada para estadías largas en el distrito internacional.
$$$
Carrera 10 No 27 – 51
Interior 150
Tel.: 381.3700

Retiro 84 Apartasuites

B, MR, R, RS, SH
$$$
Calle 84 No. 9 – 95
Tel.: 616.1501
http://retiro84.com/#

Rosales Plaza

$$$$
Calle 71 A No. 5 – 47
Tel.: 321.5917

Royal Hotels
Reliable business-class hotels located in key city locations.
Hoteles confiables, bien ubicados a través de la ciudad.
$$$$
www.hotelesroyal.com

Andino Royal
Calle 85 No 12 – 28
Tel.: 651.3100

Bogotá Royal
Carrera 8 A No. 99 – 55
Tel.: 636.2938

Hotel Boheme Royal
Calle 82 No. 12 – 35
Tel.: 657.8787

Hotel Hacienda Royal
Calle 114 No. 6 – 02
Tel.: 657.8900

Pavillon Royal
Beautiful Parque 93 hotel with excellent service.
Bellísimo hotel en el Parque de la 93 con excelente servicio.
Calle 94 No. 11 – 45
Tel.: 650.2555 ext. 5010

Radisson Royal Bogotá
Ideally located in the Usaquén business center, well north in Bogota.
Idealmente ubicado dentro del centro financiero de Usaquén, bien al norte de la ciudad.
Calle 113 No. 7 – 65
Tel.: 657.8700

Santafé Boutique Hotel
B, BC, R, RS, WF
$$$$
Avenida 116 No. 15 – 64
Tel.: 594.2400
www.santafeboutique.com

Sheraton Bogotá
Airport location.
Cerca del aeropuerto.
$$$$
Avenida El Dorado No. 69 C – 80
Tel.: 210.5000
http://bit.ly/16k9LvJ

Sofitel Bogotá Victoria Regia
One of Bogotá's finest hotel properties with multilingual staff and Clef d'Or concierge.
Uno de los mejores hoteles de Bogotá con personal multilingüe y conserje de Le Clefs d'Or.

$$$$$
Carrera 13 No. 85 – 80
Tel.: 621.2666
http://bit.ly/YEi2oh

Suites 108
MR, R, PG, WF
$$$
Calle 108 No. 16 – 05
Tel.: 637.0319
www.suites108.com

Suites Real 97
Reliable for affordable long or short-term stays.
Seguro y económico para estadías de largo plazo.
$$$
Calle 97 A No. 10 – 45
Tel.: 610.9700
www.suitesreal.com

Viaggio Virrey
Furnished executive apartments.
Seguro y económico para estadías de largo plazo.
$$$$
Carrera 18 No. 86 A – 36
Tel.: 744.9999
http://viaggio.com.co

Von Humboldt Grand Hotel
$$$
Calle 74 No. 13 – 27
Tel.: 325.4445

W Hotel
Bogota's new W Hotel is scheduled to open in 2014. Designed by New York's Studio Gaia, the hotel's interior has been inspired by the mystery and adventure of the legend of El Dorado.
El nuevo W Hotel de Bogotá está programado para abrir en 2014. Diseñado por el Studio Gaia de Nueva York, el interior del hotel ha sido inspirado por el misterio y la aventura de la leyenda de El Dorado.
B, BC, G, MR, R, RS, S, WF
$$$$$
Avenida Carrera 9na No. 115 – 06
www.whotels.com

Zuetana Casa Hoteles
$$$
Carrera 18 No. 93 – 15
Tel.: 236.8405
www.zuetana.co
Several locations. Varias ubicaciones.

Hostal Campobello

Hostels
Hostales

Albergue La Maloka
Calle 8 A No. 5 – 15
Tel.: 289.3707

Alpes Bogotá Casa Hotel
Carrera 48 No. 93 – 64
Tel.: 622.1738

Abadía Colonial
Charming, comfortable property.
Propiedad encantadora y confor-
table.
Calle 11 No. 2 – 32
Tel.: 341.1884

ABC Hostería Frayles
Calle 53 No. 17 – 23
Tel.: 211 – 2834

Alpes Bogotá Casa Hotel
Carrera 32 No. 91 – 64
Tel.: 622.1738

Andino Hostal
Carrera 64 No. 98 B – 12
Tel.: 253.2452

B & B Chorro de Quevedo
Chorro de Quevedo
Calle 13 No. B 1 - 53
Tel.: 342.6204

Bed & Breakfast
Transversal 44 No. 102 – 43
Tel.: 617.7947

Casa Hotel Arte y Café
Dedicated to long-term stays for university students.
Dedicado a estadías de largo plazo para universitarios.
Avenida Calle 40 No. 13 – 68
Tel.: 805.0096

Casa Hotel Shalom
Near the airport.
Cerca del aeropuerto.
Carrera 80 B No. 24 D – 45
Tel.: 410.2606

Casa de Huéspedes Quintaparedes
Calle 24 B No. 44 A – 53
Tel.: 268.2328

Casa del Turista
Carrera 17 No. 48 – 64
Tel.: 285.6513

Casa Familiar en Bogotá
Calle 98 No. 68 D – 23
Tel.: 253.7421

Casa Hostal Avenida Chile
Carrera 22 No. 72 – 23
Tel.: 548.4073

Casa Hotel Mirador de Andalucía
Carrera 81 No. 14 A – 47
Tel.: 424.6590

Casa Hotel Monserrat
Carrera 24 No. 82 – 43
Tel.: 616.8160

Casa Hotel Salitre
Carrera 51 No. 64 A – 69
Tel.: 704.1090

Casa Lozano Hotel
Carrera 44 A No. 24 C – 07
Tel.: 269.3118

ChezMoi Casa-Hotel
Calle 108 No. 48 – 33
Tel.: 621.5798

★Cranky Croc
Australian-owned, well-established, clean, and welcoming.
Un australiano es el dueño de este hostal bien establecido, limpio y acogedor.
Calle 15 No. 3 – 46
Tel.: 342.2438

Destino Nómada
Calle 11 No. 00 – 38
Tel.: 352.0932

El Cafecito Café Hostal
Charming and centrally located.
Encantador y centralmente ubicado.

Carrera 6 No. 34 – 70
Tel.: 285.8308

Hospedaje Casa Arana
Carrera 66 No. 12 – 06
Tel.: 290.6464

Hospedaje Las Palmeras de la 97
Carrera 97 A No. 24 – 58 Sur
Tel.: 265.7516

Hospedaje Meridian
Calle 59 A No. 13 A – 40
Tel.: 212.9029

Hospedaje México Central
Carrera 16 No. 17 A – 21
Tel.: 341.5039

Hostal Arias
Carrera 49 No. 95 – 40
Tel.: 236.0086

Hostal Avenida Chile
Carrera 22 No. 72 – 23
Tel.: 255.5068

Hostal Baluarte La Candelaria
Calle 12 B No. 0 – 43
Tel.: 342.8491

Hostal de Bogotá
Calle 111 No. 14 – 26
Tel.: 522.3724

Hostal Bogotá Real
Calle 103 B No. 46 – 05
Tel.: 634.8094

Hostal Buena Vida
Calle 12 B No. 2 – 29
Tel.: 341.9117

★Hostal Campobello
More like a bed-and-breakfast; located in a northern residential district, guests enjoy the home-like environment operated by a Colombo-Swiss couple.
Más una posada que un hostal, ubicada en un barrio residencial del norte, sus huéspedes disfrutan de un ambiente hogareño operado por una pareja colombo-suiza.
Carrera 45 A No. 104 A – 13
Tel.: 257.0489

Hostal de Federman
Carrera 38 No. 56 – 38
Tel.: 222.5531

Hostal Familiar La Alborada
Carrera 68 D No. 95 – 81
Tel.: 533.9101

Hostal Fontanar Prado
Calle 129 A No. 45 – 35
Tel.: 625.1433

Hostal La Quinta
Calle 13 A No. 1 – 23
Tel.: 284.7696

Hostal Orquídea
Carrera 71 C No. 8 – 75 S
Tel. 290.1048

Hostal Paraíso Azul
Calle 145 A No. 92 – 73
Tel.: 683.5105

Hostal Turístico Internacional Gran América
Calle 22 D No. 34 – 86
Tel.: 269.4903

Hostal Villa del Mar
Carrera 16 No. 16 – 45 Sur
Tel.: 361.5699

La Candelaria
Calle 12 F No. 2 – 38
Tel.: 281.5724

La Casona del Patio Amarillo
Carrera 8 No. 69 – 24
Tel.: 212.1991

La Playa Hostal
Carrera 19 No. 33 – 04 Teusaquillo
Tel.: 232.1532

Las Palmas
Baby-friendly.
Acepta bebés.
Transversal 18 A No. 103 – 11
Tel.: 610.0007

La Pinta
Calle 65 No. 5 – 67
Tel.: 211.9526

★Masaya
The most modern hostel in Bogota with one of the best casual restaurants in La Candelaria.
El hostal más moderno de Bogotá, con uno de los mejores restaurantes informales en la Candelaria.
Carrera 2 No. 12 – 48
Tel.: 747.1848

Musicology Party Hostal
Calle 9 No. 3 – 15
Tel.: 286.9093

Picasso Inn
Carrera 36 No. 129 – 26
Tel.: 216.8130

Royal Suite Hostal Fontibón
Carrera 102 No. 23 – 51
Tel.: 544.2614

Villa Candelaria Hostal
Carrera 3 No. 15 – 97
Tel.: 284.2348

Nightlife

"Bogotá's nightlife is sensational: effortlessly cool, with a young, educated, and stylish population that lives for the night and welcomes outsiders."

—Mike Power, *The Guardian*

Celebration / Celebración

Vida nocturna

"La vida nocturna de Bogotá
es sensacional: chévere sin ser
forzada, con una población joven,
educada y con sentido de la moda
que vive para la noche y acoge a
los extranjeros".

—Mike Power, *The Guardian*

"One can easily notice that Bogotanos are always eager to help, doing their best to make foreigners to feel safe, comfortable, and cozy. I liked to walk around Zona T because of its liveliness and positive energy."
—Yekaterina Bezdetnaya, Aserbaijani visitor

Bogota's skyline at night / Horizonte de Bogotá a la noche

The *New York Times* said, "Bogota's nightlife is red hot," and we couldn't agree more. If you are looking for an expat haven, an underground salsa club, live independent rock, classics from the 1980s, an elegant lounge, or something spicy, Bogota will deliver. Just remember that when Bogotanos go out, they go all out, especially the ladies. So, put on your best clubbing clothes and get ready for a night to remember at these fun night spots!

ESSENTIAL TIPS: Most clubs in Bogota charge a cover of between COP$10,000 and COP$20,000, but since this is subject to change, we strongly suggest that you contact the establishment directly for current cover and drink costs. Exercise common sense when having fun. Don't leave drinks unattended, don't accept drinks from strangers, and watch personal belongings. Ask the club to request a taxi for you or, if club attendants monitor them, take one in front of the club. It is always best to share a taxi with a friend, especially late at night and/or after a few drinks.

"Uno puede notar fácilmente que los bogotanos están siempre dispuestos a ayudar a hacer todo lo posible para que los extranjeros se sientan seguros, cómodos y acogidos. Me gustaba caminar por la Zona T, por su vivacidad y energía positiva".
—Yekaterina Bezdetnaya, visitante de Azerbaiyán

El *New York Times* dijo: "La vida nocturna de Bogotá es muy caliente"... Y no podríamos estar más de acuerdo. Si usted está buscando un refugio para expatriados, un club de salsa clandestino, *rock* en vivo e independiente, clásicos de la década de los ochenta, un elegante lounge, o algo con pique, Bogotá se lo ofrecerá. Solo recuerde que cuando los bogotanos salen de fiesta, de verdad salen de fiesta, especialmente las mujeres. ¡Así que póngase su mejor ropa de baile y prepárese para una noche para recordar en estos divertidos lugares nocturnos!

CONSEJOS ESENCIALES: La mayoría de los clubes de Bogotá cobran una entrada de entre COP$10.000 y COP$20.000, pero como esto está sujeto a cambios, le recomendamos que se ponga en contacto directamente con el establecimiento para obtener información al día sobre el costo de las entradas y las bebidas. Use el sentido común cuando salga a pasarla bien. Siempre tenga su bebida consigo, no acepte bebidas de extraños y vigile sus objetos personales. Pida que el club le solicite un taxi, o si los empleados del club monitorean los taxis, tome uno en frente del club. Siempre es mejor compartir un taxi con un amigo, especialmente tarde en la noche y/o después de un par de copas.

Nightclubs and Lounges
Clubes nocturnos y bares

"Looking for a fun and safe night life? Bogota has the best places for you to get your party on. My favorites? Zona T, Parque 93, Usaquén, and Cedritos."

—Valerie García, Puerto Rican and U.S. expat, founder of DMC Events

"¿Está buscando una vida nocturna divertida y segura? Bogotá tiene los mejores lugares para salir de fiesta. ¿Mis favoritos? La Zona T, el Parque de la 93, Usaquén y Cedritos".

—Valerie García, puertorriqueña y expatriada de Estados Unidos, fundadora de DMC Events

---

6L6

Funky lounge music fills this glossy space outfitted with red and white mod furnishings. Live music is played on the stage and the singers perform from inside Plexiglas recording booths. This is a great place for cocktails and a fun time Thursdays through Saturdays.

La música *funky* de bar llena este elegante espacio luminoso, equipado con muebles de última tendencia de color rojo y blanco. Hay música en vivo en el escenario y los cantantes se presentan desde el interior de unas cabinas de grabación de Plexiglas. Este es un gran lugar para disfrutar de cócteles y divertirse de jueves a sábado.

Carrera 14 No. 85 – 59
Tel.: 304.349.5065

Armando Records/Armando All Stars

One of the most popular dance clubs in Bogota, attracting a young, artistic, upscale audience who crowd in to dance in one of the two atmospheres and enjoy the weekly live concerts.

Una de las discotecas más populares de Bogotá, atrae a un público joven, artístico y exclusivo que se congrega a bailar en uno de los dos ambientes para disfrutar de sus conciertos semanales.

Calle 85 No. 14 – 46
4th floor / Piso 4
Tel.: 691.4125

Bardot

A luxurious lounge inspired by the original sex kitten, French actress Brigitte Bardot. Rich purple and black velvet sofas, ornate wood cocktail tables, and special lighting set the scene for a romantic and sensual evening. Enjoy expertly prepared cocktails and carefully chosen music spanning from 1970s classics, rock, and hip-hop to pop and funk.

Un lujoso *lounge* inspirado en la original *"sex kitten"*, la actriz francesa Brigitte Bardot. Suntuosos sofás de terciopelo color púrpura y negro, ornamentadas mesas de cóctel de madera y una iluminación especial establecen un escenario para una noche romántica y sensual. Disfrute de un cóctel preparado expertamente y de música cuidadosamente seleccionada que va desde obras clásicas de los setenta, al *rock* y *hip-hop*, del pop al *funk*.

Calle 93 B No. 11 A – 14
2nd floor / Piso 2
Tel.: 616.0029

B.O.G Hotel

This ultra-modern hotel has one of the most romantic and charming rooftop lounges in Bogota, accentuated by an infinity pool. Watch the stunning sunset while sipping a lovely cocktail, relaxing to soft music, and preparing for the exciting night ahead.

Este hotel ultramoderno cuenta con uno de los bares más románticos y

DJ at La Villa / DJ en La Villa

encantadores en la azotea, acentuado por una piscina infinita. Vea un impresionante atardecer mientras saborea un encantador cóctel, se relaja con música suave y se prepara para la emocionante noche que le espera.

Carrera 11 No. 86 – 74
Tel.: 639.9999

Candelario

This is the place to go to for a typical Colombian party atmosphere. The dance club fills up with a young university crowd who loves to drink beer and *aguardiente* and party the night away.

Este es el lugar para experimentar el ambiente de rumba típica colombiana. El club se llena de un público universitario joven al que le gusta beber cerveza y aguardiente y disfrutar la noche entera.

Carrera 7 A No. 12 C – 36
Tel.: 313.204.3278

Casa Quiebra Canto

Located downtown, this is one of the best salsa, Latin, and hip-hop underground clubs in Bogota, drawing mostly a younger university crowd. Live music is featured on the weekends but Wednesday is the most popular night.

Ubicado en el centro, este es uno de los mejores clubes *underground* de salsa, música latina y *hip-hop* de Bogotá, atrayendo sobre todo a una joven multitud universitaria. Ofrece música en vivo los fines de semana, pero el miércoles es la noche más popular.

Carrera 5 No. 17 – 76
Tel.: 243.1630

Céntrico

Featuring some of the most spectacular views of Bogota from the center of the city, this upscale restaurant, dance club, and lounge is popular for a younger and fashionable set. Live DJs play crossover tunes to get the crowd moving.

Con algunas de las más espectaculares vistas de Bogotá, desde el centro de la ciudad, este lujoso restaurante, club de baile y bar es muy popular para la juventud vanguardista y de moda. DJs en vivo tocan canciones de *crossover* para que la multitud no deje de moverse.

Carrera 7 No. 32 – 16
Tel.: 350.9100

Cuban Jazz Café

A large Cuban lounge featuring live music and DJ-spun salsa that can be enjoyed by people of all ages.

Un gran salón cubano con música en vivo y salsa de manos de un DJ que pueden ser disfrutadas por personas de todas las edades.

Carrera 7 A No. 12 C – 36
Tel.: 313.204.3278

El Bembe

Inspired by 1950s Havana, this salsa club in La Macarena has a small dance floor where revelers can move to the beats of a live band. The mojitos are supreme here; however, the crowd can be nice but a little pretentious.

Inspirado en La Habana de los años cincuenta, este club de salsa en La Macarena tiene una pequeña pista de baile donde los rumberos pueden moverse al ritmo de una banda en vivo. Los mojitos aquí son de lo mejor; sin embargo, el público puede ser agradable, pero a veces un poco pretencioso.

Calle 27 B No. 6 – 73
Tel.: 286.0539

El Coq

An intimate upscale lounge where guests feel like they are at an exclusive cocktail party in a private home, where the VIP guest list includes models, celebrities, and fashionistas who enjoy the indie and alternative music.

Un bar íntimo y lujoso, donde los invitados se sienten como si estuvieran en una fiesta exclusiva en una casa privada, donde la lista de invitados VIP incluye a modelos, celebridades y amantes de la moda que disfrutan de la música *indie* y alternativa.

Calle 84 No. 14 – 02
Tel.: 611.2496

El Goce Pagano

A classic salsa bar where you will experience a taste of truly local culture while listening and dancing to the live bands.

Un clásico bar de salsa, donde disfrutará de una muestra de verdadera cultura local, mientras escucha y baila al ritmo de bandas en vivo.

Carrera 1 No. 20 – 04
Tel.: 243.2549

El Mozo

The only gay club in the Zona Rosa, people of all stripes flock to this hot dance club to move and groove to the crossover and electro music. Head upstairs to the rooftop deck for some fresh air and a nice view.

El único club gay en la Zona Rosa, donde gente de todo tipo se congrega en una discoteca vibrante para bailar al ritmo *crossover* y de la música electrónica. Suba las escaleras a la terraza de la azotea por un poco de aire fresco y una vista agradable.

Calle 85 No. 12 – 51
Tel.: 618.3441

El Titicó Gril

Based on the "grills" that were famous in Cali in the 1970s, this is the spot for real hot salsa.

Basado en los *"grills"* que eran famosos en Cali en los setenta, este es el lugar indicado para la salsa verdaderamente ardiente.

Calle 64 No. 13 – 35
Tel.: 702.9529

Full 80's

Dance to all of your favorite 1980s hits at this Bogota institution that always offers a fun atmosphere.

Baile al ritmo de toda su música favorita de los ochenta en esta institución bogotana, que siempre ofrece un ambiente divertido.

Avenida 19 No. 118 – 52 and/y
Calle 95 No.12 – 37
Tel.: 218.0762

Galería Café Libro

One of the best salsa clubs in Bogota featuring two dance floors, special live bands, and good food and drinks in an artistic setting.

Uno de los mejores clubes de salsa en Bogotá que ofrece dos pistas de baile, bandas especiales en vivo y buena comida y bebidas dentro de un ambiente artístico.

Carrera 11 A No. 93 – 42
Tel.: 218.3435

Hotel V

Another popular dance club in Zona Rosa featuring four floors and a VIP rooftop terrace. This is the place to see and be seen and mingle with some of Bogota's most beautiful people.

Otro club popular de baile en la Zona Rosa que cuenta con cuatro plantas y una terraza VIP en la azotea. Este es el lugar para ver y ser visto y mezclarse con alguna de la gente más bella de Bogotá.

Calle 84 No. 13 – 17
Tel.: 470.1341

Kukaramakara
A meeting of modern and artisanal design elements, this dance club is a favorite among Bogota's clubbers, especially when live bands play on Friday and Saturday nights.

Una reunión de elementos de diseño modernos y artesanales, este club de baile es uno de los favoritos entre los rumberos de Bogotá, especialmente cuando los viernes y sábados por la noche tocan bandas en vivo.

Carrera 13 No. 93 B – 31
Tel.: 636.1388

La Destilería
Famous for strange and creative cocktails that can be enjoyed in the loungy interior or on the nice terrace.

Famoso por sus extraños y creativos cócteles que se pueden disfrutar en un interior tipo lounge o en la agradable terraza.

Calle 85 No.12 – 91
Tel.: 282.6739

La Puerta Grande
Primarily a Spanish restaurant, this spot comes alive Wednesday nights when some of Bogota's best DJs start spinning and the crowd gets dancing. The Friday night flamenco shows have also gained a loyal audience.

Principalmente un restaurante español, este lugar se llena de vida los miércoles por la noche cuando algunos de los mejores DJs de Bogotá empiezan a tocar y la gente comienza a bailar. Los espectáculos de flamenco los viernes por la noche también han ganado un público fiel.

Carrera 12 No. 93 – 64
Tel.: 636.3425

★LA VILLA
Located in the bustling party area of Zona Rosa, La Villa's rustic-chic environment is home to the international and expat community of Bogota, where they meet and mingle with locals during the club's popular integration events such as the Gringo Tuesdays free weekly language exchanges and Exchange Salsa on Thursdays. Cocktails, beer, and bottle service are available. Music is provided by top notch DJs who get the crowd moving with tropical and Latin-Afro beats and the latest commercial hits.

Situado en la bulliciosa zona de fiesta nocturna de la Zona Rosa, el ambiente rústico-chic de La Villa es el sitio de preferencia para la comunidad internacional y expatriada de Bogotá, donde se encuentran y se mezclan con los bogotanos durante populares eventos de integración del club, como los Gringo Tuesdays, martes de intercambio lingüístico semanal y el Exchange Salsa los jueves. Se sirven cócteles, cerveza y todo tipo de licores. La música la pasan siempre los mejores DJs que estimulan a la multitud con ritmos tropicales, afro-latinos y las últimas tendencias en canciones exitosas.

Carrera 14 A No. 83 – 56
Tel.: 530.1545

Le Nord
Modern, upscale environment with delicious cocktails and dancing. Dress to impress.

Ambiente moderno y elegante, con deliciosos cócteles y baile. Vístase para impresionar.

Carrera 14 A No. 83 – 45
Tel.: 315.356.7036

Lipstick
A lively jazz club in Zona Rosa offering cocktails and bottle service to a trendy, fashionable audience. The quality of the live music and chilled-out atmosphere makes it a great destination for a fun, relaxed night out in an upscale setting.

Un animado club de *jazz* en la Zona Rosa ofrece cócteles y servicio de todo tipo de licor para un público moderno, vistoso y con las últimas tendencias. La calidad de la música en vivo y el relajado ambiente lo convierte en un destino ideal para una noche divertida, relajada en un entorno lujoso.

Calle 85 No 11 – 64
2nd floor / Piso 2
Tel.: 635.8086

Little Indian Superstar Gin Bar
A colorful restaurant/lounge with a kitschy Indian vibe and house,

electro, and indie grooves. The over-the-top fun décor makes you feel like you stepped into a Bollywood set on speed. Gin is the preferred ingredient and, using fresh local ingredients, the bartenders will invent a new cocktail on the spot.

Un colorido restaurante/bar con un toque *kitsch* de la India, con música tipo *house*, electrónica e *indie* con buen ritmo. La vibrante decoración extrema hace sentir como si se estuviera en un set de Bollywood, bajo los efectos del *speed*. Gin es el ingrediente preferido, pero con ingredientes frescos de la zona, los barman pueden inventar un nuevo cóctel de inmediato.

Calle 82 No. 12 A – 23
Tel.: 320.200.4820

A fun spot for university students in the Zona T.

Un lugar divertido para los estudiantes universitarios en la Zona T.

Carrera 15 No. 93 – 37
Tel.: 605.4405

Mai Lirol Darling

An eclectic mix of funky and colorful décor attracts the crowd who sip on expertly made cocktails while listening and dancing to cool tunes.

Una mezcla ecléctica de decoración colorida y con onda atrae a un público que disfruta de cócteles expertamente preparados mientras que escucha y baila al ritmo de las más recientes melodías.

Calle 59 No. 6 – 28
Tel.: 236.5846

Maroma

With a large square bar in the middle of the dance floor, revelers can enjoy cocktails while dancing and people watching.

Con una gran barra cuadrada en el medio de la pista de baile, los rumberos pueden disfrutar de un cóctel mientras bailan y observan a la gente.

Carrera 13 No. 82 – 56
Tel: 623.3003

Pravda

A lovely lounge in the Zona T serving some of the best martinis in the city, perfect for people watching.

Arrive early to get a table on the beautiful terrace—inside tends to be dark and crowded and fills up early. Also a good food and fondue spot.

Un bello bar en la Zona T que sirve algunos de los mejores Martinis de la ciudad, perfecto para observar gente. Llegue temprano para conseguir una mesa en la bella terraza —el interior tiende a ser oscuro y lleno de gente y se llena temprano. También es un buen lugar para comida y *fondue*.

Calle 83 No. 12 – 26
Tel.: 257.2088

Everyone gets into the party here, and some even dance to the pulsating salsa and vallenato on the tables.

Todo el mundo se pone de baile aquí, y algunos incluso bailan la palpitante salsa o el vallenato sobre las mesas.

Carrera 13 No 93 A – 45
Tel.: 622.6437

Smoking Molly

Live jazz and blues.
Jazz y *blues* en vivo.

Tel.: 245.9255

Theatron

The biggest gay club in Latin America where revelers find a massive space divided into unique ambiences. Special performances and most of the dancing happen in the main area called Teatrino. The cover includes an open bar.

El club gay más grande de Latinoamérica, donde el público encuentra un espacio enorme dividido en ambientes únicos. Las actuaciones especiales y la mayoría del baile suceden en la zona principal llamada Teatrino. El costo de la entrada incluye acceso indefinido al bar.

Calle 58 No. 10 – 34
Tel.: 249.2092

Stilt walker performing at night
Zancudo en una representación
nocturna

Pubs and Breweries
Pubs y cervecerías

The Beer Lounge
Calle 85 No. 12 – 86
Tel.: 257.3656
Several locations. / Varias locaciones.

Beer Station
Calle 116 No. 17 – 89
Tel.: 215.4800
Several locations. / Varias locaciones.

Bogotá Beer Company
Carrera 11 A No. 93 – 94
Tel.: 611.1254
Several locations. / Varias locaciones.

★Brittania
A true British pub serving English beers, cocktails and traditional pub fare.
Un auténtico *pub* británico que sirve cervezas inglesas, cócteles y comida tradicional de *pub*.
Calle 26 No. 69 B – 53
Store/Local 1
Tel.: 410.3738

Casa de la Cerveza
Calle 94 No. 13 – 11
Tel.: 634.6720

Chelarte
Artisan beer and light pub fare.
Cerveza artesanal y comida ligera de *pub*.
Carrera 14 No. 93 B – 45
Tel.:616.0174

The Eight Bells
Calle 120 A No. 6 – 23
Tel.: 213.7669

The Full Pint
Carrera 12 No. 83 – 52
Tel.: 691.8711

The Gorilla Bar
Edificio La Strada
Carrera 5 No. 71 – 45
2nd floor / Piso 2
Tel.: 756.1253

Irish Pub
Carrera 12 A No. 83 – 48
Tel.: 691.8711

London Calling
Calle 120 A No. 6 A – 28
Tel.: 620.7655
Several locations. / Varias locaciones.

Mr. Beers
Calle 119 B No. 6 A – 34
Tel.: 214.9451

The Pub Bar
Carrera 12 A No. 83 – 48
Tel.: 691.8711

Restaurante Wingz Bogota
Carrera 6 No. 117 – 32
Tel.: 213.9990

The Red Lion
Carrera 12 No. 93 – 64
Tel.: 691.7938

Rock Garden
Carrera 13 No. 81 - 37
Tel.: 218.9594

The Whisky House
Carrera 12 A No. 83 – 50
Tel.: 691.8711

Casinos

Broadway Casino
Roulette, blackjack, table games, and slot machines.
Ruleta, blackjack, juegos de mesa y máquinas tragamonedas.
Carrera 11 No. 81 – 01
Store/Local 301 – 358
Tel.: 616.9012

Casino Caribe Downtown
Roulette, blackjack, table games, and slot machines.
Ruleta, blackjack, juegos de mesa y máquinas tragamonedas.
Carrera 7 No. 21 – 70
Tel.: 334.6869

Casino Caribe North
Roulette, table games, poker, and slot machines.
Ruleta, juegos de mesa, póker y máquinas tragamonedas.
Carrera 15 No. 123 – 30
Door/Puerta 241 E 2
Tel.: 620.3719

Casino Caribe Plaza de las Américas
Roulette, table games, electronic games, and slot machines.
Ruleta, juegos de mesa, casinos electrónicos y máquinas tragamonedas.
Plaza de las Américas
Door/Puerta 2925
Tel.: 446.0616

Casinos El Dorado
Roulette, table games, and slot machines.
Ruleta, juegos de mesa, y máquinas tragamonedas.
Carrera 13 No. 81 – 37
Tel.: 530.4669

Club Jacks
Poker tables.
Mesas de póker.
Carrera 15 No. 82 – 26
Tel.: 256.4007

Crown Casinos
Black Jack, poker, Texas hold'em, roulette, slots, and shows.
Blackjack, póker, Texas hold 'em, ruleta, máquinas tragamonedas y espectáculos.
Zona T
CC Unicentro
CC San Raphael
CC Palatino
Tel.: 326.4242

Hollywood Casino & Café
Carrera 52 No. 125 A – 59
Tel.: 226.5696

Río Casino
Roulette, table games, slot machines, and shows.
Ruleta, juegos de mesa, máquinas tragamonedas y espectáculos.
Avenida 19 No. 122 – 64
Tel.: 620.3719

Rock 'n Jazz Casino
Roulette, slot machines, poker, table games, and shows.
Ruleta, máquinas tragamonedas, póker, juegos de mesa y espectáculos.
Calle 82 No. 13 – 35
Tel.: 618.0491

Rockefeller Casino
Table games, poker, and slot machines.
Juegos de mesa, póker y máquinas tragamonedas.
Calle 84 No. 13 – 17
Tel.: 805.0563

Salón Versalles
Roulette, baccarat, and blackjack.
Ruleta, bacará y blackjack.
Carrera 13 No. 26 – 08
Door/Puerta 17
Tel.: 281.9832

LGBT: The Rainbow Over Bogota

"I love it here; I don't want to go home!"

—A gay visitor from the Netherlands

Día de Orgullo Gay

Welcoming rainbows / Arcoíris de bienvenida

LGBT: El arcoíris sobre Bogotá

"¡Adoro estar aquí, no me quiero ir a mi país!".

—Visitante holandés gay

Día de Orgullo Gay

"I am amazed at how vibrant and open the gay life is in Bogota! It really makes me feel comfortable and at home."

—Brandon Michaelson, U.S. visitor

Of the many wonderful surprises one can find in Bogota, few will surprise you more than discovering the city's thriving LGBT community.

It stands to reason that a cosmopolitan and progressive city such as Bogota was the first city in Latin America to champion LGBT rights. The advocacy group Colombia Diversa was founded in 2004, and it has helped Colombia become a shining pioneer of LGBT rights in the region.

Under the guidance of its executive director and cofounder, Marcela Sánchez, Colombia Diversa has achieved impressive success in the advocacy of LGBT rights in Colombia. Among other international recognitions, in 2010, the International Gay and Lesbian Human Rights Commission's Felipa Souza Award was presented to Colombia Diversa.

Colombia was the first Latin American nation to pass legislation to protect same-sex couples and, after Uruguay, the second nation to have same-sex civil unions (*Union Libre*) codified and implemented in January 2009. Colombia Diversa is also responsible for the opening of the first LGBT community center in Latin America.

Same-sex couples in Colombia now enjoy most of the same rights afforded to heterosexual couples, with the main exceptions still being adoption and marriage. A foreign citizen can obtain a conjugal visa and be fast-tracked to Colombian citizenship through a civil union with her or his Colombian partner. Inheritance, hospital vis-

";¡Estoy asombrado de lo exhilarante y libre que es la vida gay en Bogotá! De verdad me hace sentir seguro y en casa".
—Brandon Michaelson, visitante estadounidense

De tantas maravillosas sorpresas que uno puede encontrar en Bogotá, pocas sorprenderán más que el poder descubrir su floreciente comunidad LGBT.

Tiene sentido que una ciudad cosmopolita y progresista como Bogotá haya sido la primera en Latinoamérica en abogar por los derechos LGBT. La ONG Colombia Diversa fue fundada en 2004 y ha ayudado a que Colombia se convierta en pionera por excelencia de los derechos LGBT en la región.

Bajo la dirección de su directora ejecutiva y cofundadora, Marcela Sánchez, Colombia Diversa a logrado un impresiónate éxito abogando por los derechos LGBT en Colombia. Entre otras condecoraciones internacionales, en 2010 la fundación International Gay and Lesbian Human Rights Commission otorgó el premio Felipe Souza a Colombia Diversa.

Colombia fue el primer país de Latinoamérica en aprobar legislación en protección a las parejas del mismo sexo y, luego de Uruguay, la segunda nación en codificar e implementar las uniones civiles (intituladas "Unión Libre") en enero de 2009. Colombia Diversa también fue responsable por la inauguración del primer Centro Comunitario LGBT en Latinoamérica.

En Colombia, las parejas del mismo sexo gozan de la mayor parte de los derechos dados a las parejas heterosexuales, siendo grandes excepciones todavía la adopción y el matrimonio. Un ciudadano extranjero puede obtener una visa conyugal y así agilizar el proceso para obtener la ciudadanía colombiana a través de una unión civil con su pareja. Las herencias, las visitas a hospitales como familia del enfermo y mucho más está cubierto bajo las leyes de uniones civiles. Adicionalmente, las personas de la comunidad LGBT pueden dar su servicio libremente en las fuerzas armadas de Colombia, y se les permite a sus parejas vivir en las bases y recibir los mismos beneficios que sus contrapartes heterosexuales.

Aunque a veces no se cumple, o es difícil de hacerse cumplir, es ilegal en Colombia discriminar por orientación sexual en el trabajo, especialmente en Bogotá, donde la ciudadanía tiende a ser más consciente de estos temas que en el resto del país.

En la actualidad, dada la influencia de la Iglesia Católica y de otros opositores, la batalla sigue en el Congreso para poder obtener un total reconocimiento del derecho al matrimonio y a la adopción y, aunque en 2013 se frustró el voto, se espera que en Colombia se legisle el matrimonio igualitario muy pronto. De hecho, la rama

Día de Orgullo Gay

its as next-of-kin, and much more are covered under the civil union laws. Additionally, LGBT service members serve openly in Colombia's armed forces and their partners are permitted to live on base and receive the same benefits as their heterosexual counterparts.

Though not always enforced or enforceable, in Colombia it is illegal to discriminate against individuals in the workplace based on sexual orientation, especially in Bogota, where the citizenry tends to be more aware of the issues than in the rest of the country.

Currently, given the conservative influence of the Catholic Church and other contrarians, the battle rages in Congress for full marriage and adoption recognition, and though in 2013 the positive vote was thwarted, Colombia is expected to have same-sex marriage legislation soon. In fact, the judicial branch of government recently intimated that judges may soon have the right to marry same-sex couples outright.

The LGBT community can be found residing throughout Bogota, its suburbs, and the region, but it is principally centered in the neighborhood called Chapinero, also known as Chapi-Gay. Bogota's thriving LGBT community is one of the largest in the world, boasting a non-transient population nearly as large as that found in San Francisco, Paris, or New York City. Upon arrival, Bogota's LGBT community may not appear too apparent, given the fact that the city is more understated and European in character, but mainly because LGBT tourism is just getting started here and local businesses have not had a need to advertise to passersby.

Nevertheless, the community has a formidable presence, one that has already prompted the city government to create three community centers in different parts of Bogota to service the needs of the

judicial ya insinuó que un juez podrá simplemente por fuerza mayor otorgar dichos matrimonios.

Día de Orgullo Gay

Se puede encontrar a la comunidad LGBT residiendo por toda Bogotá, sus suburbios y la región, pero principalmente está centrada en el barrio llamado Chapinero, también conocido como ChapiGay. La floreciente comunidad LGBT de Bogotá es una de las más grandes del mundo con una población permanente casi tan grande como la de San Francisco, Nueva York o París. Al llegar a Bogotá, la población LGBT puede no ser muy aparente, dado el hecho de que la ciudad es más sutil y de carácter europeo, pero principalmente porque el turismo LGBT está apenas comenzando y los negocios locales no han tenido que darse a conocer mucho a los transeúntes.

Sin embargo, la comunidad tiene una presencia formidable, una que ya ha hecho que el gobierno distrital cree tres centros comunitarios en diferentes partes de Bogotá para servir a la población LGBT. De hecho, la participación de la ciudad es tan fuerte que se está embarcando en un ambicioso proyecto que quizás ninguna otra ciudad grande haya hecho: construir un centro comunitario LGBT en cada localidad de la ciudad.

Sobre todo, la inmensa celebración anual del Día de Orgullo Gay a finales de junio o principios de julio mantiene el espíritu festivo y el impulso político, mientras que verdaderamente demuestra lo exhilarante y creativa que es la diversa población colombiana. En octubre, el gobierno municipal patrocina una celebración de una semana entera llamada la Semana de la Diversidad la cual incluye temas LGBT de música, teatro, talleres y alegre diversión.

La inclusión y libertad que se encuentran en esta megacelebración que atrae a unos 25.000 participantes y a más de 100.000 espectadores, encarna lo mejor de lo que representan las festividades LGBT, donde uno hasta puede encontrar familias heterosexuales con sus hijos viendo y aplaudiendo con calidez a los participantes de la marcha. Incluso más, existen otras dos marchas del Orgullo en diferentes partes de la ciudad antes del evento principal.

Pero los festejos nunca paran en esta distintivamente alegre ciudad. Los clubes gay abundan y, a diferencia de lo que ocurre en otras ciudades del mundo, ¡aquí se encuentran dispersos por toda la ciudad! De hecho, estimamos que existen casi doscientos clubes, bares y saunas gay, que incluyen al club más grande de Latinoamérica, si no del mundo, con sus múltiples pisos de baile: Theatron.

¡Sin duda, Bogotá está destinada a convertirse en el nuevo destino LGBT por excelencia!

Gender Reassignment Surgery
Cirugía de reasignación de género

Unbeknownst to many, Bogota, with its excellent healthcare system, is also one of the leading medical centers in the world for gender reassignment surgery and related services. The quality, kind attention, and affordable medical care available here is truly amazing. For further information, contact www.bogogay.com.

Un hecho aún desconocido por muchos, es que Bogotá, con sus excelentes servicios médicos, es también uno de los centros médicos líder a nivel mundial en cirugías de reasignación de género y servicios relacionados. La calidad, la atención amable y el costo moderado del servicio médico disponible aquí es verdaderamente remarcable. Para obtener más información, visite el sitio: **www.bogogay.com.**

LGBT population. In fact, the city's participation is so strong that it is embarking on an ambitious project that no other major city in the world has ever attempted: to build an LGBT community center in every district of the city.

Moreover, Bogota's immense annual and enormous Gay Pride celebration *(Día del Orgullo)* at the end of June or beginning of July keeps the festive spirit and political momentum going, while truly showcasing the vibrancy and creativity of Colombia's diverse population. In October the city government sponsors a weeklong celebration throughout Bogota called *Semana de Diversidad* that includes LGBT-themed music, theater, seminars, workshops, and festive fun.

The inclusiveness and openness found at this megacelebration, which attracts about 25,000 participants and well over 100,000 spectators, embodies the best of what LGBT pride festivities represent, where you will even find heterosexual families and their children warmly watching and applauding the parade's participants. Moreover, there are two other major Pride parades in different parts of the city that lead up to the main event.

But the partying never stops in this unusually happy city. Gay clubs of all sorts abound and, unlike most cities around the world, here they can be found throughout the entire city! In fact, we estimate that there are nearly two hundred gay clubs, bars, and saunas, including what is the largest multi-floor dance club in Latin America, if not the world: Theatron.

Without a doubt, Bogota is bound to become the new LGBT travel destination of choice!

LGBT Resources
Recursos para la comunidad LGBT

Given the many available choices, we have selected our preferred LGBT bars and clubs for you to explore, and have provided links to LGBT groups and organizations, including Barraca Teatro, the organizer of the Festival Internacional de Teatro Rosa de Bogota (see the Festivals listing on page 46).

Dadas las numerosas opciones, hemos seleccionado nuestros bares y clubes preferidos para que usted explore, y hemos incluido enlaces a los grupos y organizaciones LGBT, incluyendo Barraca Teatro, organizador del Festival de Teatro Rosa de Bogotá (ver listado de festivales en la página 46).

Groups and Organizations
Agrupaciones y organizaciones

★ Barraca Teatro
Colombia's premier theater company dedicated to producing LGBT-themed plays for more than fifteen years, and organizers of the annual Festival Internacional de Teatro Rosa de Bogota (see the Festivals listing on page 46 for details).
La principal compañía de teatro de Colombia que se ha dedicado a presentar obras de temas LGBT por más de quince años, y que organiza el Festival Internacional de Teatro Rosa de Bogotá (ver listado en la página 46 para obtener más detalles).
www.barracateatro.com

BogoGay
The first English-language website about Bogota's thriving LGBT community.
El primer sitio web en español e inglés dedicado a la floreciente comunidad LGBT de Bogotá.
www.bogogay.com

Cámara de Comerciantes LGBT de Colombia
The LGBT Chamber of Commerce of Colombia.
http://cclgbt.co

Colombia Diversa
The first LGBT rights organization in Latin America.
La primera organización de Latinoamérica que aboga por los derechos LGBT.
www.colombiadiversa.org

Colombia LGBT
A comprehensive Spanish-language directory of LGBT bars, clubs, and organizations throughout Colombia.
Un exhaustivo directorio en español de bares, clubes y organizaciones LGBT a través de Colombia.
www.colombialgbt.com

Degeneres-e
Lesbian organization.
Organización lésbica.
www.degeneres-e.org

Dominio G
The first LGBT online television broadcaster in the world!
¡La primera estación de televisión LGBT en línea del mundo!
www.dominiog.com

Eden Radio
One of the oldest LGBT radio stations in the world.
Una de las cadenas de radio LGBT más antiguas en el mundo.
www.eledenradio.net

Liberarte
Mental health services for the LGBT community.
Servicios de salud mental para la comunidad LGBT.
www.liberarte.co

Día de Orgullo Gay

Trans-Ser
Transgender organization.
Organización de transgénero.
http://marinataleromonroy
.com/01intro.html

Bars and Clubs
Bares y clubes

Bar De La Rue
A relaxed bar where patrons can hang out with friends, enjoy a drink, and watch videos. The bar turns into an all-night dance party Thursdays through Saturdays.
Un bar relajado donde la clientela puede disfrutar de sus amistades, disfrutar de una bebida y ver videos. El bar se convierte en una fiesta de baile nocturno de jueves a sábado.

Calle 57 No. 9 – 37
Tel.: 348.4452

Bianca
A popular spot for lesbians looking to dance and have a fun time.
Un lugar popular para las lesbianas que desean bailar y pasarla bien.

Calle 60 No. 9 – 43
2nd Floor / Piso 2
Tel.: 2171983

Blues Bar
Electronica, pop, rock, and "chu-cu-chucu" gets the crowd moving all night long at this popular club.
La electrónica, el pop, el *rock* y el "chucu-chucu" mantienen a las multitudes en movimiento la noche entera en este club popular.

Calle 86 A No. 13 A – 30
Tel.: 616.7126

Café Bar La Estación
A relaxed and fun place to have a light meal, sing karaoke, and enjoy the cocktails.
Un lugar relajado y divertido para comer una ligera comida, cantar karaoke y disfrutar de cócteles.

Calle 62 No 7 – 13/19
Tel.: 541.1736

Cavu
The Wednesday-night party to see and be seen, and to enjoy the great drag shows headlined by popular diva La Lupe.
La fiesta nocturna cada miércoles para ver y ser visto, y para disfrutar de los *drag shows* encabezados por la diva, La Lupe.

Carrera 15 No. 88 – 71
Tel.: 530.2356

El recreo de adán
A nice café/bar/restaurant open to everyone.
Un buen café/bar/restaurante abierto a todos.

Carrera 12 A No. 79 – 45
Tel.: 800.9828

★El Mozo
People of all stripes flock to this hot dance club to move and groove to the crossover and electronica music. Head upstairs to the rooftop deck for some fresh air and a nice view.
Gente de toda clase corre a este popular y exitoso club de baile para disfrutar de todo tipo de música, *crossover* y electrónica. Suba las escaleras a la azotea para disfrutar del aire puro y la vista.

Calle 85 No. 12 – 51
Tel.: 618.3441

El perro y La calandria

A fun and funky bar featuring drag performers and karaoke every night. Open to everyone.

Un lugar exótico y divertido, con presentadores *drag*, karaoke todas las noches. Abierto a todos.

Carrera 9 No. 59 – 22
Tel.: 255.3969

El Polar

The place for bears and cubs to gather and have fun.

El lugar para que los osos y los cachorros se reúnan y disfruten.

Calle 62 No. 7 – 68
2nd Floor / Piso 2
Tel.: 314.338.3266

Theatron

The biggest gay club in Latin America where revelers find a massive space divided into unique ambiences. Special performances and most of the dancing happen in the main area called Teatrino. The cover includes an open bar.

El club gay más grande de Latinoamérica en donde los participantes encuentran un gran espacio dividió en ambientes únicos. Los espectáculos especiales y la mayor parte del baile ocurren en el espacio llamado Teatrino. La entrada incluye el consumo ilimitado en el bar.

Calle 58 No. 10 – 34
Tel.: 249.2092

Tokyo Lounge

A unique oriental-themed club with two atmospheres to choose from—the Samurai room and Geisha room—where revelers can enjoy electronica or crossover music.

Un club singular de tema oriental con dos ambientes de donde escoger —la sala Samurái la sala Geisha— donde los participantes pueden disfrutar de música electrónica o *crossover*.

Carrera 15 No. 98 – 22
Tel.: 618.5437

★Village Café

A warm and homey bar/café serving cocktails, coffee drinks, and light food.

Un bar/café hogareño y cálido que sirve cócteles, cafés y comida ligera.

Calle 64 No. 8 – 29
Tel.: 646.6592

Hotels
Hoteles

BOG

One of the most luxurious properties in the city that delivers premium guest services to all. Be sure to check out the rooftop infinity pool and lounge and the world-class restaurant La Leo Cocina Mestiza.

Uno de los más lujosos hoteles de la ciudad que ofrece servicios al cliente de primera clase. No olvide visitar la piscina infinita y el bar en la azotea, y el restaurante de clase mundial La Leo Cocina Mestiza.

Carrera 11 No. 86 – 74
Tel.: 639.9999

www.boghotel.com

Lancaster House Suites

A very welcoming hotel offering spacious and well-appointed Art Deco suites and impeccable service.

Un acogedor hotel que ofrece suites muy espaciosas y bien diseñadas en estilo *art déco*, con impecable servicios al cliente.

Paralela Autonorte No. 106 B – 28
Tel.: 629.1100

www.lancasterhouse.com.co

San Sebastián Hotel

A cozy budget boutique hotel catering to the LGBT community.

Pequeño y económico pero agradable, este hotel está dedicado a servir a la comunidad LGBT.

Calle 62 No. 9 – 49
Tel.: 300.429.0634

Travel Services
Moustache Travel

Tours specially created for LGBT travelers throughout Colombia.

Tours diseñados específicamente para los viajeros LGBT a través de Colombia.

Tel.: 317.663.2324
moustachetravel@gmail.com

Health, Beauty, and Fitness

"In general, people are happy here. And that's important to me. Also, I'm pretty much convinced that when it's sunny here, there's nothing better in the world."

—Lauren Tussey, U.S. expat and trainer at CrossFit Bogota

Chairama Spa Volcanic Rock Therapy
Terapia de piedras volcánicas en Chairama Spa

Salud, belleza y estar en forma

"En general la gente es feliz aquí. Y eso es importante para mí. Además, estoy bastante convencido de que cuando hace sol aquí, no hay nada mejor en el mundo".

—**Lauren Tussey,** expatriada de Estado Unidos y entrenadora en CrossFit Bogotá

"I believe that Colombian culture is the greatest natural resource with regards to nourishing the human spirit in general. The warmth of the people, the freshness and high nutritional value of the food, and the diversity of the country's geography provide such a unique and amazing combination that truly enriches the spirit."
—Roger Pressman, U.S. expat and master teacher at Yoga Studio Colombia

Colombians take the time to look their best, and they approach each day with a positive outlook. One could say it is a living manifestation of the expression "looking good/feeling good," and there are many ways to stay physically, mentally, and spiritually fit while in Bogota.

The fashion sense of Bogotanos is impressive and whatever the professional standing or age, everyone takes pride in their appear-

Chairama Spa Water Therapy
Hidroterapia en Chairama Spa

"Creo que la cultura colombiana es el recurso natural más valioso en cuanto a la nutrición del espíritu humano en general. La calidez de la gente, la frescura y el alto valor nutritivo de los alimentos y la diversidad geográfica del país ofrecen una combinación tan única y sorprendente que enriquece verdaderamente el espíritu".

—Roger Pressman, expatriado de Estado Unidos y maestro de maestros en Yoga Studio Colombia

Los colombianos se toman el tiempo necesario para lucir lo mejor posible, y comienzan cada día con una actitud positiva. Se podría decir que es una viva manifestación de la expresión "me veo bien/me siento bien", y hay muchas maneras de mantenerse físicamente, mentalmente y espiritualmente en forma al vivir en Bogotá.

El sentido de la moda de los bogotanos es impresionante, y cualquiera sea la categoría profesional o la edad, todo el mundo se enorgullece de su apariencia. También ayuda que las opciones de vestuario aquí sean de primera calidad, la mayoría de las cuales están hechas en Colombia o importadas de Europa (principalmente de Italia). Vea la sección de tiendas y moda en la página 309 para obtener más información.

Es particularmente fácil mantener sus zapatos lustrados, ya que existe virtualmente un ejército de lustrabotas que se instalan al aire libre por toda la ciudad. Por lo general se pueden encontrar en las plazas públicas, parques, en las afueras de las tiendas y algunos también vienen a su mesa si está comiendo en un café al aire libre. Asegúrese de preguntar "¿cuánto cuesta?" antes de iniciar el brillo; los precios suelen variar entre COP$2.000 y COP$5.000.

Las peluquerías abren a las 7:00 a.m. los siete días de la semana y se mantienen ocupadas todo el día hasta las 10:00 p.m. o hasta más tarde. La mayoría de los peluqueros también ofrece servicios

ance. It also helps that the clothing choices here are of top quality, most of which are either made in Colombia or imported from Europe (primarily from Italy). See Shopping and Fashion on page 309 for more information.

It is particularly easy to keep your shoes shined, as a virtual army of shoe-shiners set up shop outdoors throughout the city. They can usually be found in public squares, parks, outside of shops, and some will also come to your table when you're dining at an outdoor café. Be sure to ask ¿*Cuánto cuesta?* (How much does it cost?) before the shine starts; prices usually range between COP$2,000 and COP$5,000.

Peluquerías (hair salons) open at 7:00 a.m. seven days a week and are busy all day until 10:00 p.m. or later. Most of the hairdressers also provide beautician services, such as nail treatments, depilation, facials, and makeup application. All of this attention isn't reserved only for the ladies, as it is very common to see men of all walks of life and professions enjoying at the least a manicure and pedicure. Don't be surprised if you see boys as young as eight years old getting a full manicure at one of the styling shops dedicated only to children. Young men also have the most amazing ability to transform their hair into sculptural masterpieces. All of this attention could be expensive, but with so much competition (in some neighborhoods there are more than one hundred such establishments), the pricing remains relatively low—how does a US$5.00 haircut from a highly professional stylist sound? Of course, prices vary depending on the area, the level of service, and the type of shop, but most provide excellent service for a fair price. Check our listing of hair salons on page 386 to help you locate one close to you, but it shouldn't be too difficult as they truly are everywhere.

Spas are also plentiful, either as part of the *peluquería*, or as a separate business. Review our Spas listing on page 389. to find out where you can enjoy a choice of massage techniques, reflexology, water therapy, healthy meals, facials, and more. Contact the spa directly for information on services and pricing.

In 1998 the City of Bogota launched Muévete Bogotá (Move Bogota), an educational, promotional, and intervention program designed to encourage the citizens of Bogota to make changes in their lifestyle. A key part of this public health initiative is to educate people on the importance of healthy eating and regular physical exercise. Move Bogota has been so successful that the International Olympic Committee lauded it as the best program for the promotion of physical activity in Latin America.

Health clubs are easy to find throughout the city. Whether you are looking for a facility for a specific type of training like CrossFit, Boxing, Pilates, or Bootcamp, or a sprawling gym with the latest

de belleza, como tratamientos de uñas, depilación, tratamientos faciales y aplicación de maquillaje. Toda esta atención no está reservada exclusivamente para las mujeres, ya que es muy común ver a hombres de todas las clases sociales y profesiones disfrutar de por lo menos una manicura y pedicura. No se sorprenda si usted ve a niños tan jóvenes como de ocho años de edad realizándose una manicura completa en uno de los salones de estilo dedicados exclusivamente a los niños. Los jóvenes también tienen la capacidad más asombrosa de transformar su cabello en obras escultóricas. Toda esta atención podría ser costosa, pero con tanta competencia (en algunos barrios hay más de un centenar de estos establecimientos), el precio sigue siendo relativamente bajo, ¿qué le parece un corte de pelo por solo US$5,00 por un buen estilista? Por supuesto, los precios varían dependiendo de la zona, el nivel de servicio y el tipo de tienda, pero la mayoría brinda un excelente servicio a un precio justo. Consulte nuestra lista de salones de belleza en la página 386 para ayudarlo a localizar uno cerca de usted, aunque no debería resultarle demasiado difícil ya que realmente están por todas partes.

Los *spas* también abundan, ya sea como parte de peluquerías o como negocios independientes. Vea nuestra lista de *spas* en la página 389 para saber dónde se puede disfrutar de una variedad de técnicas de masaje, reflexología, terapia de agua, comidas saludables, tratamientos faciales y más. Comuníquese con el *spa* directamente para obtener información sobre los servicios y precios.

En 1998 la ciudad de Bogotá lanzó Muévete Bogotá, un programa de intervención, educativo y promocional, diseñado para animar a los ciudadanos de Bogotá a hacer cambios en sus estilos de vida. Una parte clave de esta iniciativa de salud pública es educar a la gente sobre la importancia de una alimentación sana y de hacer ejercicio físico con frecuencia. Muévete Bogotá ha tenido tanto éxito que el Comité Olímpico Internacional lo elogió como el mejor programa para la promoción de la actividad física en Latinoamérica.

Los gimnasios son fáciles de encontrar en toda la ciudad. Tanto si busca una instalación que ofrezca un tipo específico de entrenamiento como el *CrossFit*, el boxeo, Pilates, o un *bootcamp*, como si busca un amplio gimnasio con los más modernos equipos y clases, Bogotá ofrece algo para todos. Y muchos hoteles tienen gimnasios o tienen acuerdos con un gimnasio cercano para sus huéspedes. Vea nuestra lista de clubes de *fitness* y gimnasios en la página 390, pero asegúrese de averiguar en el club sobre las tarifas diarias y de corto plazo.

En los últimos años, el yoga se ha convertido en una parte integral del régimen de salud del bogotano, con nuevos espacios de yoga abriendo por toda la ciudad para enseñar diferentes técnicas

Yoga in the park / Yoga en el parque

equipment and classes, Bogota offers something for everyone. And many hotels either have an in-house gym or have an arrangement with a local one for their guests. Review our listing of fitness clubs and gyms on page 390, but be sure to check with the club about daily and short-term rates.

Over the last few years, yoga has become an integral part of the Bogotano health regime with studios opening throughout the city to teach different techniques and methods. Review the list of yoga studios on page 391 and contact the studio directly for class schedules and prices.

Bogota is also home to thousands of healing arts practitioners offering Reiki, Holistic Psychotherapy, Massage, Rolfing, Angel Communication, and more. A list of practitioners can be found on page 384.

Bogota is also a leader in state-of-the-art sports facilities, such as the Olympic training center, the aquatics center Complejo Acuático Simón Bolívar in the Parque Simón Bolívar, and the sprawling soccer fields and tennis courts of Compensar. There are also over 5,000 parks spread throughout Bogota—see our Parks listing on page 408 to find one near you.

Rent or borrow a bicycle and enjoy the largest network of dedicated urban bike paths called *ciclorutas* as well as the *ciclovía* (held since 1974), which is when several major arteries are shut down from 7:00 a.m. to 2:00 p.m. on Sundays and holidays so that bicyclists, rollerbladers, skaters, and pedestrians can travel through the city without worrying about cars. Another popular activity is Sunday morning aerobics in many parks.

y métodos. Revise la lista de estudios de yoga en la página 391 y póngase en contacto directo con el estudio para obtener información sobre los horarios de clase y los precios.

Bogotá es también el hogar de miles de practicantes de artes curativas. Se ofrece *reiki*, psicoterapia holística, masajes, *Rolfing*, comunicación angelical y mucho más. Se puede encontrar una lista de estos practicantes en la página 384.

Bogotá es también líder en las últimas tendencias y equipamientos en instalaciones deportivas, como la del Centro de Entrenamiento Olímpico, el Centro Acuático Complejo Acuático Simón Bolívar en el Parque Simón Bolívar y los extensos campos de fútbol y canchas de tenis de Compensar. También hay más de 5.000 parques repartidos por toda Bogotá —ver nuestra lista de parques en la página 409 para encontrar uno cerca de usted.

Alquile o tome prestada una bicicleta y disfrute de la red urbana de carriles para bicicletas más grande del mundo llamada ciclorutas, y de la ciclovía (que opera desde 1974), que funciona cuando se cierran varias arterias principales de 7:00 a.m. a 2:00 p.m. los domingos y días festivos para que los ciclistas, patinadores y peatones puedan recorrer la ciudad sin tener que preocuparse por los carros. Otra actividad muy popular son los ejercicios aeróbicos los domingos por las mañanas en muchos de los parques.

Atención Médica

La atención médica colombiana ocupó el primer puesto en las Américas (por encima de Estados Unidos, Canadá o Cuba) según la Organización Mundial de la Salud (OMS) en 2009, de acuerdo con el primer informe mundial sobre la salud.

La cirugía ocular Lasik, el marcapasos para el corazón y la primera vacuna contra la malaria fueron inventados en Colombia. Colombia también es líder mundial en la investigación para acabar con la enfermedad del Alzheimer y el cáncer de ovario, y fue la primera nación en el mundo que erradicó la oncocercosis, o ceguera de los ríos.

Tenga la tranquilidad de saber que la gran mayoría de los hospitales y clínicas de Bogotá ofrecen atención médica de alta calidad y en instalaciones modernas. Si obtiene un seguro médico de viaje, asegúrese de entender completamente lo que está cubierto y excluido. Por ejemplo, ¿la póliza cubriría el mal de montaña (o mal de altura)? ¿Qué hay de la cobertura para ambulancias aéreas y repatriación? ¿Cómo se cubriría una recuperación prolongada? ¿Usted tendría que pagar de su propio bolsillo antes de presentarle un reclamo a la compañía de seguros?

Medical Care

Colombian healthcare was ranked number one in the Americas (above the United States, Canada, or Cuba) by the World Health Organization (WTO) in 2009, according to the first ever global report on healthcare.

Lasik eye surgery, the pacemaker for the heart, and the first malaria vaccine were invented in Colombia. Colombia also leads the world in research to end Alzheimer's disease and ovarian cancer, and was the first nation in the world to eradicate river blindness.

Take comfort in knowing that the vast majority of hospitals and clinics in Bogota offer high-quality patient care in modern facilities. If you obtain a travel medical insurance policy, be sure that you fully understand what is covered and excluded. For example, does the policy include altitude sickness? What about air ambulances and repatriation? How is an extended recovery managed and covered? Do you have to pay out-of-pocket first, then submit a claim to the insurance carrier?

In the absence of such a policy, medical and dental care can be obtained at a relatively low expense, especially when compared to the United States, Canada, and Europe.

For medical emergencies, call 125.

Naturistas

You may be used to seeing an occasional independent or chain health food store where you live, but in Bogota they are practically everywhere. Called *naturistas*, these shops specialize in holistic remedies, vitamin supplements, and bee products, and usually sell natural foods. The shop owner is usually there to assist customers, and most of them possess a great deal of knowledge and are eager to assist with finding the right solutions to a whole host of issues.

Pharmacies

Pharmacies can be found virtually everywhere in Bogota, from large chains such as Farmatodo (open twenty-four hours a day, seven days a week), to small, independently owned pharmacies. Most provide good service—the pharmacists can usually help you with many different ailments. Some medications that are prescription-only in the United States or Europe are available without one in Colombia, and most go by the name of their active ingredient (i.e., aspirina). In the smaller pharmacies, most pills are available by the *sobre*, or unit. Many pharmacists are also able to administer shots of certain medicines.

De no tener una póliza de seguro de este tipo, la atención médica y dental se puede obtener por un costo relativamente bajo, sobre todo si se compara con Estados Unidos, Canadá y Europa.

En caso de emergencia médica, llame al 125.

Naturistas

Usted puede estar acostumbrado a ver ocasionalmente tiendas naturistas independientes o de cadena en la ciudad en la que vive, pero en Bogotá se encuentran prácticamente en todas partes. Llamadas "naturistas", estas tiendas se especializan en remedios holísticos, suplementos vitamínicos y productos apícolas, y por lo general también venden alimentos naturales. El dueño de la tienda está generalmente presente para ayudar a los clientes, y la mayoría de ellos posee un gran conocimiento y están dispuestos a ayudar a encontrar las soluciones más adecuadas para cualquier serie de problemas.

Farmacias

Las farmacias se pueden encontrar prácticamente en todas partes de Bogotá, desde las grandes cadenas como Farmatodo (abierta veinticuatro horas al día, los siete días de la semana) hasta farmacias pequeñas, que son locales independientes. La mayoría ofrece un buen servicio —los farmacéuticos por lo general pueden ayudarlo con diferentes tipos de dolencias. Algunos medicamentos que se obtienen con prescripción solamente en Estados Unidos o Europa, están disponibles sin prescripción en Colombia, y la mayoría se conoce por el nombre de su ingrediente activo (como por ejemplo, aspirina). En las farmacias más pequeñas, la mayoría de las pastillas están disponibles por sobre o unidad. Muchos farmacéuticos también son capaces de administrar inyecciones de ciertos medicamentos.

Resources
Recursos

Major Hospitals
Hospitales principales

We recommend you confirm with Colombian hospitals that they will take foreign patients without insurance before being admitted.

Recomendamos confirmar con los hospitales colombianos que tomarán pacientes extranjeros sin seguro antes de ser admitido.

Cardio Infantil

Named one of the top hospitals in Latin America.

Nombrado uno de los mejores hospitales en Latinoamérica.

Calle 163 A No. 13 B – 60
Tel.: 667.2727

Clínica El Bosque

Calle 134 No. 12 – 55
Tel.: 274.0577

Clínica Marly

Calle 50 No. 9 – 67
Tel.: 570.4424

Clínica Reina Sofía

Carrera 31 No.125 A – 23
Tel.: 625.2111

Fundación Santa Fe

Calle 119 No. 9 – 02
Tel.: 629.0766

Twenty-four-hour Dental Care
Urgencias odontológicas veinticuatro horas

Dentis 24 Horas

Calle 64 No. 69 H – 09
Tel.: 231.8335
http://dentis24horas.com

Eye Care
Cuidado de los ojos

In addition to the vast district of ophthalmology shops on Calle 51 to Calle 54 between Carreras 15 and 16, there are clinics and shops throughout Bogota.

Además del amplio barrio de tiendas de oftalmología de la Calle 51 a la Calle 54 entre Carreras 15 y 16, hay clínicas y tiendas en toda Bogotá.

Clínica Barraquer

The site where Lasik eye surgery was created and where vision specialists from around the world come to learn about the latest developments in eye care.

El lugar donde se creó la cirugía ocular Lasik y al que vienen especialistas en visión de todo el mundo para aprender sobre los últimos avances en el cuidado de los ojos.

Avenida Calle 100 No. 18 A – 51
Tel.: 218.7077
www.barraquer.com.co

Óptica de la Salle Vision Center

Carrera 15 No. 50 – 93
Tel.: 314.6469

Healing Arts
Artes curativas

Ananda

For a life of harmony.
Para una vida en armonía.
Claudia Vargas – Coach and Therapist
Tel.: 321.468.4716

Angela Patricia Lozano Lopez

Feng shui.
Carrera 7 Bis A No. 124 – 77
Tel.: 315.649.2230

Ayurmed

Ayurveda and psychology.
Ayurveda y psicología.
Santiago Suarez R., C.A.S.
Tel.: 315.891.5216

Centro de Energía Biotrónica

The only biotronic energy center in the world.
Único centro de biotrónica en el mundo.
Calle 35 No. 15 – 56
Interior 1
Tel.: 288.2842

Cielo Salinas

Reiki.
Carrera 20 No. 84 – 29
Tel.: 610.0686

Consultorio Sensación Espiritual y Terapia Reiki

Reiki.
Carrera 23 No. 47 A – 51
Office/Oficina 306 A
Tel.: 292.7306

Encuentro con los Ángeles

Angel guide. Guía de los ángeles.
Calle 187 No. 19 A – 85
Tel.: 807.1534

The Energy Workshop
Reiki and general energy work.
Reiki y trabajo energético en general.
Calle 125 No. 17 A – 24
Tel.: 310.479.4947 /
310.374.5220

★Fahad Khan
Reiki master.
Maestro de *reiki*.
Tel.: 314.380.2114

Giovanna Lezama Villamil
Physiotherapy, Reiki workshops, and
psychotherapy.
Fisioterapia, talleres de *reiki* y psi-
coterapia.
Tel.: 311.256.6927

Instituto Dienacorh
Energetic bodywork.
Trabajo de energética corporal.
Didier Alirol
Carrera 14 No. 75 - 77
Office 209
Tel.: 475.4535

Juan Alejandro Velasquez Kaanpu
Traditional Mayan astrology.
Astrología maya tradicional.
Tel.: 314.211.9314

Mónica Fonseca
Energy work.
Trabajo energético.
Calle 149 No. 16 – 84
Tel.: 702.4317

Pilar Torres
Chinese oracle consultant.
Consultora del oráculo chino.
Tel.: 312.449.0924

Proyecto K
Art therapy. Terapia del arte.
Transversal 26 No. 53 C – 96
Tel.: 483.2407

Sanación Armónica
Stress and anxiety management.
Manejo del estrés y de la ansiedad.
María Lucía Vanegas
Carrera 18 No. 84 – 06
Tel.: 621.8112 / 310.815.3855

Sanmukhi
Holistic massage for rebalancing, chak-
ra activation, and systemic integration.
Masaje holístico de reequilibrio,
activación de los chacras e integración sistémica.
Tel.: 320.854.1920

Santamaría Terapias Alternativas
General energy work.
Trabajo energético en general.
Carrera 20 No. 84 – 29
Tel.: 610.0686

Shiva y Shakti
Meditation and yoga, Reiki, tai chi,
and ayurveda.
Meditación y yoga, *reiki, tai chi* y
ayurveda.
Calle 24 C No. 80 B – 36
Store/Local 202
Tel.: 310.305.4707

Siu Tutuava
Reiki.
Federico Fishbach
Carrera 14 B No. 106 – 95
Tel.: 637.9430 / 312.492.1298

Spa Espiritual Tu Punto de Apoyo
General energy work.
Manejo del estrés y de la ansiedad.
Calle 62 No. 5 – 49
Tel.: 235.8936

Terapia Reiki en Bogotá
Reiki.
Carrera 7 B No. 126 – 49
Tel.: 629.7015

Terapias Integrales
Bioenergy, Reiki, massage, neurolin-
guistics, and yoga.
Bioenergía, *reiki*, masajes, neurolin-
güística y yoga.
Gloria Mery Muñoz
Tel.: 321.748.1067 /
317.828.3215

Zhineng Chi Kung
Chinese yoga.
Yoga chino.
Tel.: 315.222.6846

Aestheticians
Esteticistas

Belle Femme & Homme
Peeling, laser, obesity treatments,
and pre- and post-surgery massage.
Tratamientos de *peeling*, láser y
para la obesidad, y masajes pre y
post-cirugía.
CC Plaza de Las Américas
Office/Consulta 3509
Tel.: 262.9189

Clínica Loyola
Laser depilation, Botox, acne, and spot removal.
Depilación láser, Botox, acné y eliminación de manchas.
Carrera 19 A No. 84 – 64
Tel.: 616.8152

Clínica Naturizza
Alternative medicine and center of aesthetics and plastic surgery.
Medicina alternativa y un centro de estética y cirugía plástica.
Calle 82 No. 18 – 49
Tel.: 621.0818

Innova Laser Center
Medical, cosmetic, facial, and body treatments.
Medicina estética, tratamientos faciales y corporales.
Calle 103 No. 14 A – 53
Office/Oficina 504
Tel.: 621.0236

Laser Medical Care
Aesthetic medicine, plastic surgery, Botox, and breast augmentation/reduction.
Medicina estética, cirugía plástica, Botox y aumento o reducción de senos.
Calle 125 No. 19 – 89
Interior 103
Tel.: 637.2396

Moldeate
Body sculpting, facials, and nonintrusive liposuction.
Escultura corporal, tratamientos faciales y liposucción no invasiva.
Avenida 19 No. 123 – 82
Tel.: 214.0469

Hair Salons & Stylists
Peluquerías y estilistas

The following list is meant to provide information for hair salons (peluquerías) in different areas of Bogota, and is by no means exhaustive as there are literally thousands of salons in the city.
La siguiente lista ha sido creada para proveer información sobre las peluquerías en las diferentes áreas de Bogotá, pero de ninguna manera pretende ser exhaustiva, ya que hay literalmente miles de salones de belleza en la ciudad.

Abandera Centro de Belleza Ambos
Carrera 16 No. 80 – 77
Tel.: 691.8084

ABC Extensiones Beauty & Fashion
Avenida Américas No. 69 B – 99
Tel.: 420.6017

African Queen Cosmetics & Peluquería
Avenida Cali Calle 133 No. 103 F – 41
314.330.2647

Aldo Peluquería
Calle 119 No. 11 A – 31
Tel.: 629.6801

Alejandro Rivera Beauty Center
Calle 114 A No. 15 B – 60
Tel.: 637.5385

Alex Peluquería
Calle 134 No. 16 – 42
Tel. 614.1995

Alfonso Galvis Peluquería Spa
Carrera 9 No. 114 – 67
Tel.: 619.8302

Alirio's Peluquería
Carrera 55 170 – 55
Store/Local 2
Tel.: 669.4198

Alonso Cardona Peluquería
Carrera 7 No. 54 – 09
Tel.: 310.1879

Alta Peluquería Unisex ORFI
Carrera 80 No. 37 A – 62
Store/Local 2
Tel.: 263.8611

Andres Stilos
Calle 18 9 – 79
Store/Local 116
Tel.: 342.1787

Antonio Trujillo Peluquerías
Avenida 81 No. 84 – 59
Tel.: 291.8889

Ariel Marichal Alta Peluquería
Carrera 18 B No. 145 A – 30
Tel.: 216.7937

Armando – Gio Armando Buitrago Peluquería
Carrera 20 No. 120 – 50
Tel.: 612.9605

Arte y Estilo de la 159
Calle 159 No. 41 – 12
2nd Floor / Piso 2
Tel.: 671.2829

Arthur Peluquería New York Stilos
Transversal 30 No. 145 – 44
Store/Local 14
Tel.: 614.0415

Barbería Colonial
Calle 17 No. 7 – 43
Store/Local 11
Tel.: 342.5756

Belleza Integral Nueva Imagen
Calle 53 A No. 71 – 12
Tel.: 263.2076

Betancourt Peluquería
Calle 93 No. 13 A – 38
Tel.: 480.3412

Betehel Stilos
Calle 57 No. 8 B – 05
Store/Local 38
Tel.: 235.0311

Blanco y Negros Africanos
Avenida Calle 68 No. 76 – 23
Tel.: 250.5709

Brillos Spa Peluquería
Calle 45 No. 17 A – 52
Store/Local 3
Tel.: 287.6162

Bucles Peluquería
Calle 123 No. 8 – 11
Tel.: 612.5432

Capill Star Peluquería
Calle 150 No. 45 – 89
Tel.: 274.4961

Carlos Contreras Peluquería
Avenida 13 No. 104 – 86
Tel.: 602.0330

Carlos Farfan Escultores de Belleza
Carrera 69 B No. 5 C – 05
Tel.: 420.4040

Carlos Rodríguez Peluquerías Unisex
Calle 106 No. 59 – 09
Tel.: 624.3582

Carlos Tafur Peluquería
Carrera 72 No. 60 A – 36
Store/Local 110
Tel.: 223.8222

Casablanca Peluquería
Carrera 36 A No. 57 A – 15
Tel.: 221.6084

Celis Peluquería
Carrera 72 A No. 53 – 26
Tel.: 295.6783

Centro de Belleza Alejandro Torres
Calle 125 No. 19 – 48
Store/Local 4
Tel.: 213.5135

Centro de Belleza D'Martha
Carrera 99 No. 20 – 53
Store/Local 1
Tel.: 415.5414

Centro de Belleza Golden Class
Carrera 16 A No. 28 – 51
Tel.: 245.7440

Centro de Estética Arte y Belleza
Transversal 3 No. 54 – 75
Tel.: 249.2869

Centro de Estética Integral
Calle 127 B No. 49 – 72
Tel.: 274.4616

Consultorio de Color Martha Avendano
Carrera 12 A No. 78 – 77
Tel.: 212.4965

Consultorio de Estética y Belleza Sala de Belleza Unisex
Carrera 81 A No. 64 D – 26
Tel.: 252.7382

Cortes de Fama Peluquería
Calle 129 No. 7 – 29
Tel.: 626.0199

Cosmopolitan Peluquería
Carrera 68 B No. 40 - 39
Store/Local 228
Tel.: 416.9171

Dalí Studio Peluquería
Transversal 30 No. 147 – 28
Tel.: 615.8512

Daniel Peluquería
Carrera 24 A No. 151 – 35
Interior 4 / Local 15
Tel.: 625.5705

Dechner Peluquería
Calle 98 No. 14 – 17
Store/Local 109
Tel.: 618.3585

D'John Peluquería
Carrera 27 No. 53 A – 07
2nd Floor / Piso 2
Tel.: 255.1615

D'Johnson Murillo Peluquería
Carrera 28 No. 45 A – 22
Tel.: 368.2643

D'Karol Stylos
Carrera 18 No. 19 – 21 Sur
Tel.: 239.6572

D'Liliana Alta Peluquería
Carrera 7 No. 78 – 26
Tel.: 691.9483

★D'Norberto
Perhaps the most famous salon in Colombia.
Quizás el salón de belleza más famoso en Colombia.
Calle 109 No. 19 A – 28
Tel.: 620.4701

D'Oscar Tamayo
Calle 97 No. 11 – 14
Tel.: 256.0957

D'Tito Peluquería
Carrera 7 No. 60 – 51
1st Floor / Piso 1
Tel.: 235.1324

Emmanuel Estética Peluquería
Calle 148 No. 13 – 32
Tel.: 274.3804

Equinoccio
Carrera 52 A No. 174 – 56
Tel.: 526.3018

Estrellas del Cabello
Avendia 116 No. 18 – 83
Tel.: 215.4470

Estudio 45
Carrera 15 A No. 45 – 01
Store/Local 4
Tel.: 285.1176

Exitos Peluquería
Carrera 5 A No. 14 – 32
Tel.: 334.7247

Fabián Chacón Centro de Belleza Integral
Calle 106 No. 24 – 53
Tel.: 637.5236

Fabián H.B. Peluquería
Carrera 11 A No. 90 – 25
Tel.: 618.5072

Fashion 53
Carrera 53 No. 130 A – 11
2nd Floor / Piso 2
Tel.: 613.4355

Fashion Hair
Carrera 38 No. 97 – 76
Store/Local 203
Tel.: 635.9423

Fashion Peluquería
Calle 23 B No. 118 A – 40
Tel.: 418.1270

★Franklin Ramos
One of the most sought-after stylists in Colombia and host of *Colombia's Next Top Model*.

Uno de los estilistas más solicitados de Colombia y el anfitrión de *Colombia's Next Top Model*.
Avenida 82 No. 12 A – 35
2nd Floor / Piso 2
Tel.: 218.1872

Gente Peluquería
Carrera 24 No. 63 – 59
Tel.: 235.6539

George Nai Estética y Alta Peluquería
Calle 106 No. 13 – 17
Interior 1
Tel.: 620.6587

Germán Palomino
Calle 95 No. 11 A – 68
Tel.: 616.1246

Gossip Hair and Beauty Salon
Avenida 19 No. 123 – 82
Tel.: 214.0469

Hair Especial Keopss Sala de Belleza y Peluquería
Calle 142 No. 91 – 76
Store/Local 104
Tel.: 684.4802

Hair Rock
Carrera 23 No. 53 – 22
Tel.: 248.8373

Integral de Belleza Victoria Medina
Carrera 100 No. 24 B - 09
2nd Floor / Piso 2
Tel.: 404.1751

Javier Murillo Centro Integral de Belleza
Avenida Carrera 19 No. 106 – 65
Tel.: 215.3831

Jeicy's Beauty Factory Spa
Calle 57 No. 18 – 26
Tel.: 217.8839

Jorge Efren Rojas
Image consultant and makeup artist.
Asesor de imagen y artista de maquillaje.
Carrera 18 No. 93 B – 32
Tel.: 604.1485

José Rueda Peluquería Unisex
Calle 134 No. 13 – 06
Tel.: 679.9765

Joseph Cuevas
Carrera 79 No. 45 – 84 Sur
Tel.: 299.8842

Kids Fashion Peluquería Infantil
Calle 138 No. 50 – 63
Store/Local 202
Tel.: 624.0818

Macho's
A salon for men.
Un salón para caballeros.
Avenida 19 No. 108 – 10
Tel.: 213.1415

Marco Antonio
Calle 33 No. 13 A – 96
Tel.: 288.0967

Martín Vidal Peluquerías
Avenida19 No. 109 A – 65
Tel.: 214.1937

Nelson Camargo Peluquerías
Calle 80 No. 11 – 28
Tel.: 218.4404

Nortijeras
Calle 123 No. 7 – 33
Tel.: 213.5923

NRG Color Designer
Carrera 36 No. 101 A – 11
Tel.: 621.0037

Omar Niño
Calle 147 No. 12 – 49
Tel.: 216.9852

Orlyn Afro-Stilos
Carrera 15 A No. 55 – 43
Tel.: 349.2893

Oscar Serna Peluquería
Carrera 19 No. 80 – 46
Tel.: 257.3983

Papillon Sala de Belleza Estética & Spa
Calle 66 No. 7 – 28
Tel.: 347.1065

Parisino Salon Unisex
Carrera 72 B No. 11 – 12
Tel.: 411.9629

Peluquería Alex García
Calle 81 No. 8 – 64
Tel.: 348.2322

Peluquería Infantil Friends
Avenida 19 122 – 81
Store/Local 57
Tel.: 612.0429

Peluquería Infantil Mickey & Minnie
Calle 138 No. 47 – 53
Tel.: 625.6192

Spas
Alejandra de la Hoz Spa
Carrera 18 C No. 122 – 41
Tel.: 629.4077

Aromathic Bath Spa
Calle 116 No. 23 – 06
Tel.: 609.9447

Bagua Spa Centro Integral de Bienstar
Calle 106 No. 53 – 40
Tel.: 643.3528

Banos Turcos El Campencito Spa
Carrera 27 No. 61 C – 41
Tel.: 311.538.7337

Bintari Spa & Wellness
Carrera 7 No. 109 – 21
Tel.: 214.3218

Bio Spa
Carrera 15 No. 118 – 16
Tel.: 213.4941

Centro Colombiana de Estética Spa
Calle 80 No. 14 – 61
4th Floor / Piso 4
Tel.: 218.2833

Chairama Spa
Calle 95 No. 11 A – 27
Tel.: 623.0556
www.chairamaspa.com

City Spa
Carrera 14 No. 93 B – 29
Tel.: 622.5919

Dolly Devia Spa
Calle 109 No. 16 – 11
Tel.: 637.4117

El renacer de la belleza
Calle 104 No. 14 – 66
Tel.: 214.8710

Imagen Figura Spa
Calle 35 A No. 78 A – 39
2nd Floor / Piso 2
Tel.: 265.1468

Kaori Spa
Carrera 23 No. 110 – 55
Tel.: 520.3472

Maja Spa
Calle 74 No. 15 – 42
Tel.: 347.0782

Mara's Spa
Avenida Calle 134 No. 13 – 32
Tel.: 614.8330

Mylo R Estetica Spa
Avenida Carrera 70 No. 105 – 51
Tel.: 253.4163

Norberto's Spa
Calle 109 No. 17 A – 28
Tel.: 620.2388

Onix
A spa for the hands and feet.
Un spa para las manos y los pies.
Carrera 13 No. 79 – 27
Tel.: 236.6048

Revital Center
Carrera 11 A No. 119 – 35
Tel.: 215.1500

Rochas Spa
Calle 109 No. 16 – 11
Tel.: 634.9252

Spa Martha Gayon
Calle 147 No. 19 – 22
Tel.: 274.6610

Tornasol Spa
Carrera 9 A No. 93 – 93
Tel.: 634.9479

Total Medical Spa
Carrera 13 No. 119 – 80
Tel.: 612.6278

Vishnuv Spa
Carrera 5 No. 71 – 25
Tel.: 321.8482

Vital Gym & Spa
Carrera 18 No. 93 B – 32
Tel.: 616.9067

Wellness Spa Movil Center
Edificio Torre Zentai
Carrera 23 No. 124 – 87
Office/Oficina 203
Tel.: 629.5200

Fitness Centers
Gimnasios

AP Sports Club
Calle 119 No. 11 B – 59
Tel.: 620.6312

Bodytech
One of the most popular gym chains in Bogota. Some facilities have pools. Una de las cadenas de gimnasios más populares de Bogotá. Algunas instalaciones disponen de piscinas.
Carrera 7 No. 63 – 25
Tel.: 744.2222 ext. 1271
www.bodytech.com.co
Several locations. / Varias locaciones.

Body Town
Diagonal 138 No. 30 – 33
Tel.: 274.0382

Centro Medica Deportivo 63IN
Calle 63 A No. 17 – 49
Tel.: 249.5446

Club Deportivo de Aeróbicos
Carrera 5 No. 32 – 51
Tel.: 245.8328

Elena del Mar
Carrera 21 No. 94 – 97
Tel.: 257.3529

www.elenadelmar.com
Several locations. / Varias locaciones.

Fight Club Bogotá
Calle 44 No. 7 – 10
Tel.: 340.0566
www.bogotafightclub.com

Fit Pilates
Calle 22 D Bis A No. 43 A – 66
Tel.: 269.3218

Fitness Gym
Calle 138 No. 10 A – 42
Tel.: 258.9460

Floresta Gym
Avenida Carrera 68 No. 90 – 88
Tel.: 646.8000

Gimnasio Body Armonic
Carrera 129 No. 140 – 12
Tel.: 480.1586

Gimnasio Body Care
Avenida Calle 45 No. 15 A – 08
Tel.: 232.3863

Gimnasio Curves Salitre
Diagonal 22 B No. 69 A – 01
Store/Local 2
Tel.: 295.9499

Gimnasio Energy Sport
Calle 24 D No. 75 – 20
Tel.: 410.4787

Gimnasio Power Zone
Transversal 76 No. 81 I – 03
Tel.: 436.5813

Gimnasio Sport Life de Suba
Calle 146 A No. 92 – 23
2nd Floor / Piso 2
Tel.: 685.8595

Gomas Recreación
Diagonal 49 A Sur No. 27 – 56
Tel.: 713.3265

Gym Machine
Carrera 20 No. 122 – 95
Tel.: 213.7696

Hard Body
Carrera 7 B No. 146 – 90
Tel.: 633.1999
www.hardbody.com.co
Several locations. / Varias locaciones.

Live Primitive CrossFit Bogota
Carrera 13 No. 86 A – 51

Manager Gym
Carrera 13 No. 57 – 35
2nd Floor / Piso 2
Tel.: 248.5975

One One Training
Carrera 13 No. 96 – 24
Tel.: 523.0538

People 56 Gym
Carrera 56 No. 2 – 89
2nd Floor / Piso 2
Tel.: 414.1892

Pilates Control & Balance
Calle 90 No. 11 A – 41
Office/Oficina 101
Tel.: 256.6630

Pilates Studio by Sport's Gym
Calle 90 No. 8 – 60
Tel.: 236.0461

Pilates Synergy
Carrera 7 B No. 108 A – 82
Tel.: 213.3502

Pilates y Spa Nubia Cardenas
Carrera 13 No. 79 – 17
Tel.: 622.1775

Romanos Gym
Avenida Caracas No. 15 A – 64
Tel.: 67.6473

Sensation Times Workout Studio
Calle 122 No. 18 – 30
Tel.: 807.7619

Sky Gym
Carrera 24 No.: 49 – 29
Tel.: 245.6159

Spinning Center
Calle 94 No. 14 – 47
Tel.: 636.0590
www.spinningcentergym.com
Several locations. / Varias locaciones.

Sport Fitness Gym
Calle 68 No. 100 A – 38
Tel.: 435.9474

Sport's Gym S.A.
Calle 90 No. 8 – 60
Tel.: 611.5031

Studio Pilates
Calle 140 No. 16 A – 38
Tel.: 258.0594

Sweet Lemon Studio
Calle 93 B No. 11 A – 84
5th Floor / Piso 5
Tel.: 622.5234
www.sweetlemon.co

Tilcia Robayo Pilates Studio
Calle 125 No. 20 – 70
Office/Oficina 505
Tel.: 620.7727

Vista Club
Calle 100 No. 18 A – 30
2nd Floor / Piso 2
Tel.: 632.2200

Vital Gym & Spa
Carrera 19 No. 93 – 90
Tel.: 616.9067

Yoga Studios
Estudios de yoga

Ananda Yoga
Carrera 15 No. 86 – 25
Tel.: 236.0253

Annandha Yoga Center
Calle 85 No. 19 A – 25
Office/Oficina 301 A
Tel.: 530.4854

Bhakti
Calle 12 No. 1 – 60
Tel.: 562.4119

Brahma Kumaris – Sede Antiguo Country
Carrera 16 A No. 82 – 75
Tel.: 310.257.5083
Several locations. / Varias locaciones.

Escuela de Yoga Acuarius
Carrera 6 No. 47 – 24
Tel.: 245.8613

Misi Baby Spa
Prenatal yoga classes.
Clases prenatales de yoga.
Carrera 51 No. 102 A – 87
Tel.: 616.1845
www.misibabyspa.com

Natural Yoga
Calle 85 No. 19 A – 24
Tel.: 236.4648

Prana Yoga
Calle 118 No. 5 – 33
Tel.: 629.6209

Sahaja Yoga
Calle 26 No. 25 – 50
Tel.: 214.3971

Yoga Studio Colombia
Calle 79 A No. 8 – 82
Tel.: 317.352.8274

Yoga Tierra
Carrera 9 No. 81 – 28
Tel.: 347.5754

Yogis Estudio de Yoga
Calle 93 No. 13 A – 49
Tel.: 530.1454

Zentro Holístico VEV
Calle 106 No. 57 – 45
Tel.: 617.9106

Kids

"It is wonderful to see how families get on in Bogota. They are really affectionate and respectful. Being around these families has had a positive effect on my own, and my two children seem so much happier here than they were back in England."

—Maura Fairgate, U.K. expat

Bubble Fun at CC Gran Estación / Diversión con burbujas en el CC Gran Estación

Daycare / Guardería

Niños

"Es maravilloso ver cómo las familias andan en Bogotá. Son realmente tan afectuosas y respetuosas. Estar alrededor de estas familias ha tenido un efecto positivo en mí, y mis dos niños lucen más felices aquí que cuando estaban en Inglaterra".

—**Maura Fairgate,** expatriada británica

Kid's Activities
Actividades para niños

There are theme parks, green parks, puppets, theater, museums, festivals, and much more for the whole family to enjoy listed throughout the book. There is also a special festival called *Día del Niño* at the end of April (see listing of Festivals on page 46). Following is a brief listing of some of the fun things for families with kids to do in and around Bogotá.

A través de este libro hay listados parques temáticos, parques verdes, títeres, teatro, museos, festivales y mucho más para que toda la familia pueda disfrutar. ¡Hay también un festival especial llamado Día del Niño a finales de abril (ver los festivales en la página 46)! A continuación hay una breve lista de algunas de las cosas divertidas que pueden hacer las familias con niños dentro y alrededor de Bogotá.

Art
Arte

Scratch Art Studio
Carrera 4 No. 69 – 37
Tel.: 464.0418
www.ScratchartStudio.com

Diversions / Diversiones
Froggyland
Bring the tadpoles to this wonderful land full of rides, games, and interactive fun.
Traiga a los renacuajos a esta tierra de maravillas llena de paseos, juegos y diversión interactiva.
Carrera 23 No 168 – 12
Tel.: 670.1400
http://froggylandpark.com

Misi Baby Spa – for infants and toddlers
Fun, and stimulating music, movement and yoga classes.
Clases de música, movimiento y yoga divertidas y estimulantes.
Carrera 51 No. 102 A – 87
Tel.: 616.1845
www.misibabyspa.com

Show Place
Interactive theater and activities for kids between three and five and six and twelve years old.
Teatro interactivo y actividades para niños de entre tres y cinco, y de entre seis y doce años de edad.
Calle 147 No. 7 – 52
Tel.: 633.2920

Excursions
Excursiones

Turistren
The Tren Turístico de la Sabana is a fun way for the family to see several key towns in Bogota's savanna. The Turistren was founded in 1992 to rescue old trains and take passengers to the towns of Nemocón, Zipaquirá (with the famed salt cathedral), and Cajicá (a typical savanna village) on Saturdays, Sundays, and holidays, accompanied by typical live music. For more information and tickets, call or go to:
El tren turístico de la Sabana es una forma divertida de ver muchos pueblos clave de la Sabana de Bogotá. El Turistren fue fundado en 1992 para rescatar los antiguos trenes y llevar pasajeros a los pueblos de Nemocón, Zipaquirá (con la famosa catedral de sal) y Cajicá (una típica aldea de la Sabana) los sábados, domingos y días festivos, acompañado por música típica en vivo. Para más información y boletas, llamar o ir a:

Estación de Usaquén
Transversal 10 N° 110-08
Tel.: 629.7407
Estación de la Sabana
Calle 13 No.18 – 24
Tel.: 375.0557
www.turistren.com.co

Fire breather outside library / Tragafuegos frente a la biblioteca

Sunday in Parque Simón Bolívar
Domingo en el Parque Simón Bolívar

Libraries and Literature
Bibliotecas y literatura

Many of the public libraries listed on page 179 hold special children's programming on Saturdays.
Muchas de las bibliotecas públicas listadas en la página 179 incluyen programas especiales para niños los sábados.

Authors Bookstore

A reading circle for children, exclusively in English, is held on Saturday mornings in the children's section.
Un círculo de lectura para niños organizado los sábados en la mañana en la sección de niños, exclusivamente en inglés.

Calle 70 No. 5 – 23
Tel.: 217.7788
www.authors.com.co

La Madriguera del Conejo

A Spanish-language storytelling hour at 11:30 a.m. every Sunday morning.
Una hora de cuentos cada domingo por las mañana a partir de las 11:30 a.m.

Carrera 11 No. 85 – 52
Tel.: 236.8186

Museums
Museos
Maloka

A unique interactive science museum, one of the most advanced in the world, where kids and adults explore the universe, the world of monstrous marine mammals, biodiversity, and special exhibits. Maloka's 3-D Dolby cinema shows films about dinosaurs and the coral reefs. The Cine Dome brings viewers into the realms of space, deep into the earth, and on animal migrations.
Un museo único de ciencia interactiva, uno de los más avanzados del mundo, donde niños y adultos exploran el universo, el mundo de los mamíferos marinos monstruosos, la biodiversidad y exhibiciones especiales. El Cinema Dolby en 3D de Maloka presenta películas de dinosaurios y arrecifes coralinos. El Cine Dome transporta a los espectadores a las diferentes esferas del espacio, al interior profundo de la tierra y a migraciones animales.

Carrera 68 D No. 24A – 51
Tel.: 427.2707
www.maloka.org

Museo de Artes y Tradiciones Populares

The entire family will enjoy the permanent exhibitions of crafts created by Colombian indigenous artisans. The museum is housed in a beautiful Augustinian cloister, which was renovated in 1976 by the Colombian Association of Craft Promotion.
La familia entera disfrutará de las exhibiciones permanentes de manualidades creadas por indígenas y artesanos colombianos. El museo está ubicado en un bello convento agustiniano, que fue renovado en 1976 por la Asociación Promotora de Artesanías.

Carrera 8 No. 7 – 21
Tel.: 342.1266

Museo de los Niños

All visits to the Children's Museum are guided, typically lasting three hours. One area has been designed especially for children under six years old. The other four areas are suitable for children of all ages. The CLUBHOUSE program is for children between ten and eighteen

years old. Part of the international network, Computer Clubhouse was founded under the auspices of the Media Lab at the Massachusetts Institute of Technology (MIT) and the Boston Museum of Science and has been funded by Intel. The purpose is to promote artistic creativity using computer-based tools.

Todas las visitas al Museo de los Niños son guiadas, y típicamente duran tres horas. Hay un área que ha sido diseñada específicamente para niños menores de seis años. Las otras cuatro áreas son adecuadas para niños de todas las edades. El programa CLUBHOUSE es para niños de entre diez y dieciocho años de edad. Parte de la cadena internacional, Computer Clubhouse fue fundado bajo el auspicio de Media Lab en la Universidad de MIT y del museo de Ciencias de Boston y ha sido patrocinado por Intel. El propósito es promover la creatividad artística usando herramientas basadas en las computadoras.

Carrera 48 N° 63 – 97
Tel.: 742.8981
www.museodelosninos.org.co

Museo Temático del Deporte

Take the kids to the roof of the stadium for a trip through Bogota's sports history.

Lleve a los niños al techo del estadio para dar un paseo a través de la historia del deporte de Bogotá.

Estadio de Techo
Transversal 71 D No. 2 A – 26
Tel.: 420.3544
Free admission. / Entrada gratuita.

Music / Música
Club de Fans de la Orquesta Filarmónica de Bogotá

Created for children between three and thirteen years old to give them the opportunity to attend concerts and special workshops for free, and to encourage music appreciation at a young age.

Creada para niños de entre tres y trece años de edad para darles la oportunidad de asistir a conciertos y ferias especiales gratis, fomentando el aprecio de la música a una edad temprana.

http://bit.ly/1ezOum5

Festival Internacional de Teatro de Bogotá

Puppets
Títeres
Hilos Mágicos

This has been a fun place for puppetry and cultural advancement in Colombia for decades.

Este ha sido un lugar de diversión para el arte de las marionetas y el avance cultural en Colombia por décadas.

Calle 71 No. 12 – 22
Tel.: 210.1092
www.hilosmagicos.com

Néstor Arturo Mahecha

Well known for his wonderful productions of such classics as *Sleeping Beauty* and *Jack and the Beanstalk*. Performs every weekend.

Bien conocido por sus maravillosas producciones como La bella durmiente y Jack y las habichuelas mágicas.

Calle 65 A No. 16 – 81
Tel.: 606.7091
www.marionetasnestormahecha.com

Theaters
Teatros

The following theaters offer children's programming. Contact the theater directly for information on their current productions.
Los siguientes teatros ofrecen programación para niños. Contacte al teatro directamente para obtener información al día sobre sus producciones.

Fundación Jaime Manzur

The shows at this foundation encourage affection, tenderness, and love. The little theater has 350 backdrops and 60 scenic items such as columns, trees, arches, balconies, and windows.
Las presentaciones en esta fundación fomentan el afecto, la ternura y el amor. El pequeño teatro tiene trescientos cincuenta telones de fondo y sesenta elementos escénicos, como columnas, árboles, balcones y ventanas.

Calle 61 A No. 14 – 58
Tel.: 235.9948
www.fundjaimemanzur.com

Teatro de Bellas Artes

Avenida Carrera 68 No. 90 – 88
Tel.: 646.8000 ext 3111
www.teatrodebellasartesdebogota.com

Teatro Estudio Julio Mario Santo Domingo

Calle 170 No. 67 – 51
Tel.: 354.4195
www.teatromayor.com

Teatro Infantil del Parque

Saturdays and Sundays at 3:00 p.m.
Sábados y domingos a las 3:00 p.m.
Parque Nacional
Carrera 5 No. 36 – 05

Teatro Jorge Eliécer Gaitán

Carrera 7 No. 22 – 47
Tel.: 334.6800
www.facebook.com
/teatrojorgeeliecergaitan

Teatro Nacional Fanny Mickey

Calle 71 No. 10 – 25
Tel.: 217.4577
www.teatronacional.com

Theme Parks
Parques temáticos

Bioparque Los Ocarros

Located in Los Llanos, the Colombian plains, the bioparque covers 13.5 acres (5.5 hectares) and features thirty-eight habitats over seven sectors. Visitors encounter the incredible flora and fauna of this region including birds, deer, big cats, marsupials, and reptiles.
Ubicado en Los Llanos, el bioparque cubre 5,5 hectáreas (13,5 acres) y tiene treinta y ocho ambientes sobre siete sectores. Los visitantes se encuentran con las increíbles flora y fauna de esta región que incluye, aves, ciervos, grandes felinos, marsupiales y reptiles.

Kilometro 3 via Villavicencio-Restrepo
Tel.: 320.849.6916

Cici Aquapark

A fully covered water park with five heated swimming pools for kids and adults, including a wave pool, seven water slides, beach volleyball, and more.
Un parque de agua totalmente cubierto con cinco piscinas térmicas para niños y adultos, incluyendo una piscina de olas, siete toboganes, voleibol de playa y más.

Avenida 68 No. 64 – 00
Tel.: 660.5020
www.cici.com.co

Maloka

One of the most advanced and unique interactive science museums in the world; see complete description in this chapter's Children's Museums list on page 396.
Uno de los más avanzados y únicos museos interactivos del mundo; ver la descripción completa en este capítulo en la sección de museos para niños en la página 396.

Merecure

An eco-zoo, a lakeside beach for water sports, a wonderful thatched-roof hotel, and a typical town in the Colombian plains all create the perfect getaway.
Un ecozoológico, una playa junto al lago para deportes acuáticos, un maravilloso hotel de techo de paja y un típico pueblo de Los Llanos colombianos, todo crea el perfecto escape.

Calle 21 No. 39 – 06
Camoa – 47 km from Villavicencio
in Los Llanos
Tel.: 321.425.7350
www.merecure.co

Mundo Aventura

Over thirty-five rides including the
Ikaro, X-treme, log flume, and the
Sky Coaster. Take your chance with
the games and enjoy shows and attractions like "Show de la Sabana,"
which explores history, "La Parada
de Pombo," a celebration of Colombian poet Rafael Pombo's beloved
stories, and "Bogotá Turística," a
re-creation of the capital's most
iconic sites.

Más de treinta y cinco juegos incluyendo el Ikaro, el X-Treme, el
Log Flume y el Sky coaster. Dese
una oportunidad con los juegos y
disfrute de *shows* y presentaciones
como el : "Show de la Sabana", que
explora la historia, "La parada de
Pombo", una celebración del poeta
colombiano Rafael Pombo y sus
amadas historias y "Bogotá turística" una recreación de los sitos más
representativos de la capital.

Carrera 71 D No. 1 – 14 Sur
Tel.: 414.2700
www.mundoaventura.com.co

Panaca Sabana

One of the biggest theme parks in
Colombia and the first to be certified as an Ecotourist Park; see the
complete description under Zoos on
page 401.

Uno de los parques temáticos más
grandes de Colombia y el primero en
haber sido certificado como Parque
Ecoturístico. Ver la descripción
entera bajo zoológicos en la página
402.

Parque Jaime Duque

A one-of-a-kind experience created
by Jaime Duque, who invested all he
had into its realization. Encounter
replicas of the Seven Wonders, the
Monument to God, the Taj Mahal,
the Origin of the Centaurs, and more.
The park also includes an extensive
wildlife preserve and some rides.

Una singular experiencia creada por
Jaime Duque, quien lo invirtió todo
lo que tenía en su realización. Encuentre réplicas de las Siete Mara-

villas, el Monumento a Dios, el Taj
Mahal, El Origen de los Centauros y
más. El parque también incluye una
extensa reserva de vida salvaje y
algunos juegos.

Km 34 Autopista Norte in Tocancipa
Tel.: 612.5232
www.parquejaimeduque.com

Piscilago – El Megaparque de Colombia

Not only is this the largest water
park in Colombia, featuring multiple
pools and megaslides, but visitors
can also enjoy various rides, lake
cruises, games, and a zoo.

No solo es el parque de agua más
grande de Colombia, con múltiples
piscinas y megatoboganes, los visitantes también pueden disfrutar de
varios juegos, cruceros por el lago,
juegos y un zoológico.

Km 105 vía Bogotá Girardot
Tel.: 315.895.8396
www.piscilago.co

Salitre Mágico

Located in the heart of the city, this
park has a wide variety of rides and
attractions for kids and adults. Have
fun on the 150-feet-high Millennium
Ferris Wheel, the pirate ship, and
the looped roller coaster. Be sure to
visit the haunted house for a scary-
good time.

Localizado en el corazón de la
ciudad, tiene una amplia variedad
de juegos y atracciones para niños
y adultos. Disfrute la Noria del
Milenio de más de cuarenta y cinco
metros de altura, el barco pirata y
la serpenteante montaña rusa. Asegúrese de visitar la casa embrujada
para pasar un buen momento de
miedo.

Calle 63 No. 60 – 80
Tel.: 660.5000
www.salitremajico.com.co

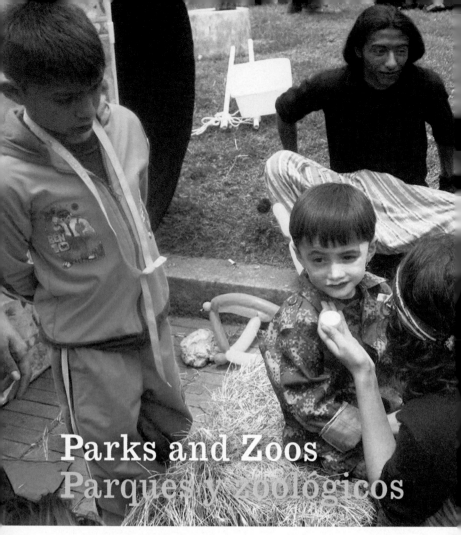

Face painting at Festival Hippie / Pinta caritas en el Festival Hippie

Parks and Zoos
Parques y zoológicos

Bogota is home to over five thousand parks and many zoos, most of which will have a children's play area. Following are listings of parks and zoos that have special kids' activities and programming (see the Parks section on page 406 for our favorites).

Bogotá alberga más de cinco mil parques y muchos zoológicos, y la mayoría tiene aéreas de diversión para niños. A continuación hay una lista de parques y zoológicos que tienen actividades especiales y programas para niños (ver la sección de parques en la página 407 para conocer cuáles son nuestros favoritos).

Ludotecas

Special places for children up to six years old that offer an interactive environment, educational games, a playground, and creative space.

Espacios especiales para niños menores de seis años que ofrecen un ambiente interactivo, juegos educativos, un campo de juego y espacio creativo.

Biblioteca Virgilio Barco
Calle 53 with/con
Transversal 48 to 46
Parque Ciudad Montes
Calle 10 Sur No. 39 – 39
Parque Velódromo 1° de Mayo
Diagonal 19 Sur Calle 13 Su Carrera 2 A
Parque Cayetano Cañizares
Carrera 86 No. 40 – 55 Sur
Ludoteca Alcaldía de Engativá
Calle 71 No. 73 – 44
Ludoteca itinerante
Parque La Estancia
Calle 58 Sur Carrera 74 D and 74 F
Tel.: 660.5400 ext. 5212

Multiparque

A world of diversion awaits with attractions such as the safari, mini-train, carousel, mini-golf, boats, go-karts, ponies, and much, much more.

Les espera un mundo de diversión con atracciones como el safari, el minitren, el carrusel, el minigolf, los barcos, los *go-karts*, los ponis y mucho más.

Auto Norte No. 224 – 60 Costado oriental
Tel.: 676.0325

Parks / Parques
El Museo y Parque del Chicó

This is a wonderful park created for the entire family that offers fantastic green spaces, a children's library and reading group, party facilities, and art classes.

Este es un parque maravilloso creado para toda la familia, que ofrece zonas verdes fantásticas, una biblioteca para niños y grupo de lectura, instalaciones para fiestas y clases de arte.

Carrera 7 No. 93 – 01
Tel.: 623.1066
www.museodelchico.com

Zoos / Zoológicos
Panaca

One of the biggest theme parks in Colombia, and the first to be certified as an Ecotourist Park, visitors can enjoy interacting with over 2,400 animals, the petting zoo, feeding pigs, milking cows, riding the vast canopy, twenty restaurants, and a mill where pure sugar cane is made into panela. Panaca features seven theme areas, including cattle farming, pig farming, canine skills, and equine demonstrations. Also on the grounds are ecological and organic agricultural displays and an ecological path. Open 9:00 a.m. to 6:00 p.m., Friday to Sunday and holidays,

Panaca is located just forty minutes from Bogota, between the municipalities of Briceño and Zipaquirá.

Uno de los parques temáticos más grandes de Colombia y el primero en ser certificado como Parque Ecoturístico, los visitantes pueden disfrutar de la interacción con más de 2.400 animales, del zoológico de mascotas, de alimentar cerdos, de ordeñar vacas, de montar el gran canopeo (las copas de los árboles), de veinte restaurantes y de un trapiche donde la caña de azúcar se convierte en panela. Panaca cuenta con siete áreas temáticas, entre ellas: ganadería, cría de cerdos, habilidades caninas y demostraciones equinas. También cuenta con exhibiciones agrícolas ecológicas y orgánicas y un sendero ecológico. Abierto de 9:00 a.m. a 6:00 p.m., de viernes a domingo y días festivos, Panaca se encuentra a tan solo cuarenta minutos de Bogotá, entre los municipios de Briceño y Zipaquirá.

Km 4 Route Briceño-Zipaquira
Tel.: 307.7002
www.panacasabana.com

Zoológico Santacruz

This zoo was founded by Dr. Gonzalo Chacón Rueda and opened to the public on May 3, 1974. Its mission is "to conserve the endangered species of the Andean region. Investigate and contribute knowledge that will benefit the conservation of wildlife. Educate to foster public awareness of the need to preserve and maintain a balance between man and nature."

Located in the municipality of San Antonio de Tequendama, thirty minutes from Bogota, it has 136 species of mammals, 144 species of birds, and 35 species of reptiles. It offers workshops and activities for educational institutions, schools, and kindergartens.

Visitors can purchase a "passport to the zoo," which includes a round-trip ticket from Bogota and admission to the Zoo Santacruz (only valid for adults; available for sale week days). Buses leave from the yellow module at Bogotás main bus terminal. See Transportation on page 116 for terminal information.

You can ask about the Ecoturismo Tequendama plan provided by the School, Business, and Tourism Transport service by calling: 407.5154.

If you're driving, exit the autopista sur (south highway) of Bogota and take the road to the Mesitas del Colegio, and follow the signs to the zoo, where a secure parking lot is available.

Fue fundado por el Dr. Gonzalo Chacón Rueda y abierto al público el 3 de mayo de 1974. Su misión es: "Conservar las especies en peligro de extinción de la región andina. Investigar y contribuir conocimiento que beneficiará la conservación de la vida salvaje. Educar para promover la conciencia pública acerca de la necesidad de preservar y mantener un balance entre el hombre y la naturaleza".

Ubicado en la municipalidad de San Antonio de Tequendama, a solo treinta minutos de Bogotá, tiene 136 especies de mamíferos, 144 de aves y 35 de réptiles. Ofrece demostraciones y actividades para instituciones educativas, escuelas y jardines.

Los visitantes pueden comprar un "pasaporte al zoológico", que incluye un boleto de ida y vuelta desde Bogotá y la entrada al Zoológico Santa Cruz (solo válido para adultos; a la venta de lunes a viernes). Los buses salen desde el módulo amarillo de la terminal principal de buses de Bogotá. Ver la información sobre transporte en la página 117 para obtener más información sobre la terminal.

También puede preguntar acerca del plan de Ecoturismo Tequendama que es dado por el Servicio de Transporte Empresarial, Escolar y de Turismo, llamando al: 407.5154.

Si maneja, tome la autopista sur de Bogotá y tome la calle a Mesitas del Colegio, luego siga las señales hasta el zoológico donde hay un parqueadero disponible.

Tel.: 407.5154

Eje Ambiental

Parks

"My favorite 'secret place' is Parque el Virrey with its outdoor gyms all the way from Autopista Norte to Séptima."

—**Hanna Arnby,** Swedish expat

Flower Arches in Parque Río Negro / Arcos de flores en el Parque Río Negro

Parque del Chicó

Parques

"Mi 'lugar secreto' favorito es el Parque Virrey con sus gimnasios al aire libre que van desde la Autopista Norte hasta la Séptima".

—**Hanna Arnby,** expatriada sueca

Parque del Chicó

When we were planning our first trip to Bogota, we were looking at a satellite mapping system and couldn't understand what all of the empty spaces dotting the city were. At first we thought they were empty lots or abandoned building projects or fields. It wasn't until we started exploring the city that we discovered that Bogota is home to more than five thousand parks. Some of them are as small as a patch of green grass, a bench and a play-set, whereas others are vast open spaces with rolling hills, lakes, theaters, and parks within the park–the biggest being the Parque Simón Bolívar, which is one-and-a-half times the size of New York City's Central Park and three times the size of Hyde Park in London.

It is truly wonderful to see how much the parks in Bogota are actually used by children and adults alike—and dogs too! Colombian families really value their time together, and this can be clearly seen in the parks as they play on the swings, kick a soccer ball, toss a Frisbee, fly a kite, or just lounge under a tree. Sundays are particularly festive when groups of families and friends set up tents and barbecues for a day of recreation and relaxation. Despite the heavy traffic, the parks are very well maintained and clean, and a welcome respite from the city streets.

Bogota also has a network of thirteen *humedales*, or wetlands, that are considered the "lungs of the city." These special places are home to unique flora and fauna that can only be found in those areas and it is well worth a visit to at least one; see Humedales on page 446. And vast national parks and reserves, like Chicaque, can also be found within the city's environs; see National Parks on page 442.

Instead of listing the more than five thousand parks, below you will find the locations of the major parks and some of the smaller, more

Cuando estábamos planeando nuestro primer viaje a Bogotá, mirábamos un sistema de mapas satelitales y no podíamos entender lo que significaban todos los espacios vacíos que inundaban la ciudad. Al principio pensamos que eran lotes vacíos o proyectos de construcción abandonados o terrenos. No fue hasta que comenzamos a explorar la ciudad que descubrimos que Bogotá alberga más de cinco mil parques. Algunos de ellos son tan pequeños como un parche de grama verde, un banco y un juego, mientras que otros son vastos espacios con colinas, lagos, teatros y parques dentro del parque, el más grande de los cuales es el Parque Simón Bolívar, el cual es una y media veces el tamaño del Central Park en Nueva York, y tres veces el tamaño del Hyde Park de Londres.

Es realmente maravilloso ver cuánto usan los parques de Bogotá niños y adultos por igual ¡y perros también! Las familias colombianas realmente valoran su tiempo juntos y esto puede verse claramente en los parques donde juegan en los columpios, patean un balón de fútbol, lanzan un Frisbee, hacen volar una cometa o simplemente se tienden bajo un árbol. Los domingos son particularmente festivos cuando los grupos de familias y amigos arman carpas y barbacoas para un día de recreación y descanso. A pesar del pesado tráfico, los parques están muy limpios y bien cuidados y son un bienvenido respiro de las calles de la ciudad.

Parque del Chicó

Bogotá también cuenta con una red de trece humedales o pantanos, que se consideran los "pulmones de la ciudad". Estos sitios especiales albergan flora y fauna únicas que solo se puede encontrar en aquellas áreas y bien merecen al menos una visita; ver Humedales en la página 446. Y también se pueden encontrar vastos parques nacionales y reservas, como Chicaque, en los alrededores de la ciudad; ver parques nacionales en la página 442.

En lugar de crear una lista con los más de cinco mil parques, a continuación encontrará la ubicación de los principales parques y algunos de los más pequeños e íntimos. Sin embargo, a lo largo de la ciudad, no se necesita andar muy lejos para encontrar un espacio verde para disfrutar.

intimate ones. However, throughout most of the city, you needn't walk too far to find a green space to enjoy.

ESSENTIAL TIPS: August is the windiest month in Bogota, making it ideal for kite-flying.

Park Way
Avenida 20, between Calles 45 and 34

Designed by the urban planner Karl Brunner in the 1950s, the park is unique in Bogota as it also acts as a very wide and long traffic divider and is an oasis for joggers, bicyclists, lovers out for a stroll, and those who like to sit on park benches and contemplate the dichotomy of urban nature.

Parque del Centenario de la Independencia
Calle 26, between Carreras 7 and 5

Known as Parque Independencia, this tiered park was constructed in 1910 to commemorate the Centennial of Colombia's independence from Spain, making it one of the oldest parks in Bogota. At the time, an impressive Beaux Arts pavilion stood regally in the park among other structures, including kiosks that were built with iron and stone to replicate exotic Far Eastern architecture, the whimsical elegance of Art Nouveau, sacred Egyptian temples, the grandeur of Versailles, and the wondrous Crystal Palace. Sadly, only one of those structures, the Temple of Light designed by Italian architect Pietro Cantini (who also designed the Teatro Colón), survives today. The others were demolished, along with a great deal of the original park, in 1957 for the opening of Calle 26 to Avenida El Dorado when the international airport was built. Nonetheless, the park is a beautiful place to wander and enjoy the variety of plants, trees, flowers, and birds.

Parque del Chicó
Carreras 7 and 9, between Calles 92 and 94

Walking through the fortress-like iron gate of this special park is like walking through a portal to a different time. Known as El Chicó, this was one of the haciendas of entrepreneur Pepe Sierra, and in 1921, upon inheriting the house and land, the last owner, Mercedes Sierra de Perez, followed in her father's philanthropic footsteps by bequeathing the entire property, along with some capital, to the City of Bogota. Her stipulation was that the eighteenth-century house, a typical hacienda that could be found in the plains outside of Bogota, be preserved and opened as a museum, and that the grounds be dedicated to children. Today, the park is home to ducks and other birds and is an absolute favorite spot for Bogotano families. And the Mercedes Sierra de Perez Museum is well worth a visit to see what life was like in eighteenth-century Bogota. Many public events are hosted here and it is also the perfect spot for a wedding.

CONSEJOS ESENCIALES: Agosto es el mes más ventoso en Bogotá, lo cual lo hace ideal para volar cometas.

Park Way
Avenida 20, entre Calles 45 y 34
Diseñado por el urbanista Karl Brunner en la década de los cincuenta, el parque es único en Bogotá ya que también actúa como un muy amplio y largo divisor de tráfico y es un oasis para trotadores, ciclistas, enamorados que salen de paseo y para los que les gusta sentarse en las bancas y contemplar la dicotomía de la naturaleza urbana.

Parque del Centenario de la Independencia
Calle 26, entre Carreras 7 y 5
Conocido como Parque Independencia, este parque en terrazas fue construido en 1910 para conmemorar el centenario de la independencia de España, lo que lo convierte en uno de los parques más antiguos de Bogotá. Para ese entonces, un impresionante pabellón estilo *Beaux Arts* se erguía majestuosamente en el parque entre otras estructuras, incluyendo quioscos construidos en hierro y piedra para replicar la arquitectura exótica del Lejano Oriente, la lujosa elegancia del *art nouveau*, sagrados templos egipcios, la grandeza de Versalles y el maravilloso Palacio de Cristal. Por desgracia, solo una de estas estructuras, el Templo de la Luz diseñado por el arquitecto italiano Pietro Cantini (quien también diseñó el Teatro Colón), sobrevive en la actualidad. Las demás fueron demolidas, junto con una gran parte del parque original, en 1957 para la apertura de la Calle 26 a la Avenida El Dorado cuando se construyó el aeropuerto internacional. No obstante, el parque es un lugar hermoso para pasear y disfrutar de la variedad de plantas, árboles, flores y pájaros.

Parque del Chicó
Carreras 7 y 9, entre Calles 92 y 94
Caminar a través de la puerta de hierro tipo fortaleza de este especial parque es como caminar a través de un portal a otro tiempo. Conocido como El Chicó, esta fue una de las haciendas del empresario Pepe Sierra y en el año 1921, cuando heredó la casa y la tierra, la última propietaria, Mercedes Sierra de Pérez, siguió los pasos filantrópicos de su padre al legar toda su propiedad y capital a la ciudad de Bogotá, con la estipulación de que la casa del siglo XVIII, una típica hacienda que se podría encontrar en los llanos fuera de Bogotá, se preservara y abriera como museo y que los terrenos se dedicaran a los niños. Hoy en día, el parque es el hogar de patos y otras aves y es un punto favorito para las familias bogotanas. Y el Museo Mercedes Sierra de Pérez bien merece una visita para ver cómo era la vida siglo del XVIII en Bogotá. Aquí se celebran muchos actos públicos y también es el lugar perfecto para una boda.

Parque La Florida
Km. 4, exit toward Engativá-Cota
Spanning 660 acres (267 hectares), this is the most important park in Bogota's northwestern region and is considered an ecological and environmental oasis, as it has one of the finest areas dedicated to bird watching. Visitors can enjoy various areas for sports such as basketball courts, tennis courts, batting cages, a golf course, motocross tracks, and soccer fields, in addition to a greenhouse, large swaths of green areas, and the nearby Humedal Jaboque, a natural wetland. The impressive variety of trees includes wax palm, cypress, and pine. Kiosks for barbecuing and picnic areas are also available for use.

Parque Metropolitano Simón Bolívar
Calle 63 and 53, between Carreras 48 and 68
Named after "The Great Liberator," Simón Bolívar, the first part of the park was inaugurated in 1968 when the city built a temple to observe the 39th International Eucharistic Congress—the very temple where Pope Paul VI held a mass to celebrate the gathering. Since then, land was dedicated to expand the parks holdings, with much of the planning done by Colombian architect Arturo Robledo Ocampo, who in 1982 designed the central plaza, the irrigation units, and plans for growing the trees. At that time 3,300 trees were planted and a pedestrian bridge linking the Children's Museum to the park was erected. Parque Simón Bolívar now spans 970 acres (392 hectares), which is one-and-a-half times the size of New York City's Central Park and three times the size of Hyde Park in London.

In 1986 a second temple was built for Pope John Paul II's visit, and in 2012 a statue by Colombian artist Julia Merizalde Price was erected at the spot where the Pontiff delivered mass.

Today, the park is considered one of the most important parts of Bogota, and many major events such as free music concerts like Rock al Parque and Hip-Hop al Parque, as well as an annual Summer Festival are held here (see the Festivals listing on page 46 for details). A main attraction of the park is its expansive natural lake where visitors can rent paddle boats and enjoy other activities, such as an annual waterskiing competition. In addition to the lake, playing fields, bike lanes, tennis courts, and the lush greenery, other main attractions of Parque Simon Bolivar include:

Biblioteca Pública Virgilio Barco
Avenida Carrera 60 No. 57 – 60; Tel.: 379.3520 ext. 3000
Part of Bogota's public library system and one of six megalibraries in the city, the Virgilio Barco has been a vital center of community, literary, and cultural life since it opened in December 2001. Named after a former Colombian president and designed by the famed French-Colombian architect Rogelio Salmona, the intricate

Waterfall in Parque Rosales / Cascada en el Parque Rosales

Parque La Florida

Km 4, salida a Engativá-Cota

Con 267 hectáreas (660 acres), este es el parque más importante de la región noroeste de Bogotá y se considera un oasis ecológico y ambiental, ya que tiene una de las mejores aéreas dedicadas a la ornitología. Los visitantes pueden disfrutar de las diferentes áreas para la práctica de deportes tales como canchas de baloncesto, canchas de tenis, cajas de bateo, un campo de golf, pistas de *motocross* y campos de fútbol, además de un invernadero, grandes trechos de áreas verdes y el cercano Humedal Jaboque, un humedal natural. La impresionante variedad de árboles incluye palmas de cera, cipreses y pinos. También hay quioscos para hacer barbacoas y áreas de *picnic* disponibles.

Parque Metropolitano Simón Bolívar

Calle 63 y 53, entre Carreras 48 y 68

Nombrado por "El Gran Libertador", Simón Bolívar, la primera parte del parque se inauguró en 1968, cuando la ciudad construyó un templo para el 39.º Congreso Eucarístico Internacional —el templo donde el papa Pablo VI celebró una misa para celebrar la reunión. Desde entonces, se utilizaron tierras para ampliar los terrenos del parque, con gran parte de la planificación realizada por el arquitecto colombiano Arturo Robledo Ocampo quien, en 1982, diseñó la plaza central, las unidades de irrigación y los planes de cultivo de los árboles. En ese momento fueron plantados 3.300 árboles y se construyó un puente peatonal que une el Museo de los Niños con el parque. El Parque Simón Bolívar ya abarca 392 hectáreas (970 acres), una y media veces el tamaño del Central Park de Nueva York y tres veces el tamaño del Hyde Park de Londres.

yet accessible structure is one of the most important buildings in South America and is a stunning example of how architecture, even grand structures, can integrate harmoniously with nature.

Jardín Botánico José Celestino Mutis

Avenida Calle 63 No. 68 – 95

Stroll through the different gardens and flower beds—don't miss the orchids—as well as the autumnal forest and tropical greenhouse. The Botanic Gardens have won international acclaim for having the most exemplary tropical flora in the world. It is a true treasure.

Museo de los Niños

Carrera 48 No. 63 – 97

A fun museum with interactive exhibits and activities for kids up to age eighteen.

Parque de los Novios

The North side of Avenida Calle 63, between Carrera 47 and Transversal 36 A

One of the most romantic spots in Bogota where you can rent a paddleboat on the lovely lake, walk down flower-speckled lanes, and enjoy picnic areas and plenty of green space. Romantics aren't the only ones who can enjoy the park, as sports enthusiasts will love the soccer fields and motocross bike lanes.

Plaza de los Artesanos

Between Avenues Calle 63 and 64 with Carrera 48 and Transversal 47

A 40,000 square foot (37,000 square meter) modular exhibition and conference space with a large outdoor plaza.

Parque Mirador de los Nevados

Carrera 86 A No. 145 – 50

A public space of great historical, spiritual, and symbolic importance to Bogota, this park is built over an old quarry that was worked for more than fifty years, and it is designed based on the cosmology of the Muisca people who lived in this area for centuries. The name comes from the park's vantage point from which visitors can see, on a clear morning, the mountains Nevado del Tolima, Nevado del Cisne, Nevado del Ruiz, and Nevado de Santa Isabel located in the central cordillera of the Colombian Andes.

Parque Nacional Enrique Olaya Herrera

Between Calles 36 and 39 and Carreras Séptima and Quinta

Inaugurated in 1934 by its namesake, president Enrique Olaya Herrera, Parque Nacional is known for its winding pathways that lead to different fountains and monuments, of which one of the most treasured is the clock tower donated by Colombia's Swiss community in 1954. The extensive gardens, number and variety of trees, sloped hills, and surprising discoveries make this a truly special place. Additionally, the park was one of the principal Co-

En 1986 fue construido un segundo templo para la visita del papa Juan Pablo II y en 2012 una estatua de la artista colombiana Julia Merizalde Price fue erigida en el lugar donde el Pontífice dijo misa.

Hoy en día, el parque es considerado una de las partes más importantes de Bogotá y muchos de los eventos principales, tales como los conciertos gratis de música, como Rock al Parque y Hip-Hop al Parque, y un Festival de Verano anual se celebran aquí (ver el listado de festivales en la página 46 para obtener más información). La principal atracción del parque es su extenso lago natural donde los visitantes pueden alquilar botes de remos y disfrutar de otras actividades, como la competencia anual de esquí acuático. Además del lago, los campos de juego, los carriles de bicicleta, las canchas de tenis y la vegetación exuberante, otras de las atracciones principales del Parque Simón Bolívar incluyen:

Biblioteca Pública Virgilio Barco
Avenida Carrera 60 No. 57 – 60; Tel.: 379.3520 ext. 3000
Parte del sistema de bibliotecas públicas de Bogotá y una de las seis megabibliotecas de la ciudad, la Virgilio Barco ha sido un centro para la vida comunitaria, literaria y cultural desde que abrió sus puertas en diciembre de 2001. Nombrada por un ex presidente colombiano y diseñada por el famoso arquitecto franco-colombiano Rogelio Salmona, la intrincada pero accesible estructura es uno de los edificios más importantes de Sudamérica y es un impresionante ejemplo de cómo la arquitectura, incluso las grandes estructuras, puede integrarse armoniosamente con la naturaleza.

Jardín Botánico José Celestino Mutis
Avenida Calle 63 No. 68 – 95
Pasee a través de los diferentes jardines, los canteros con flores —no se pierda las orquídeas— el bosque otoñal y el invernadero tropical. El Jardín Botánico ha ganado aclamación internacional por tener la flora tropical más ejemplar en el mundo. Es un verdadero tesoro.

Museo de los Niños
Carrera 48 No. 63 – 97
Un museo divertido con exposiciones interactivas y actividades para niños de hasta dieciocho años de edad.

Parque de los Novios
Costado norte de la Avenida Calle 63, entre Carrera 47 y Transversal 36 A
Uno de los lugares más románticos en Bogotá donde se puede alquilar un bote de remos en el hermoso lago, caminar por carriles chispeados de flores y áreas para hacer *picnics* y disfrutar de mucho espacio verde. Los enamorados no son los únicos que pueden disfrutar del parque ya que a los amantes del deporte les encantarán los campos de fútbol y los carriles de *motocross*.

lombian locations for the independent film *A Paper Tiger Burns*, produced by Empowerment Arts in St. Louis, Missouri.

Parque 93

Carreras 11 A and 13, between Calles 93 A and 93 B

An intimate and beautifully designed park , Parque 93 is surrounded by high-end restaurants like Café Renault as well as some clubs and bars. The park has a lovely children's play area, benches, and plenty of green space for lounging. Events like the Bogota Wine & Food Festival are also held in the park throughout the year.

Parque Nacional Enrique Olaya Herrera

Plaza de los Artesanos

Entre las avenidas Calle 63 y 64
con Carrera 48 y Transversal 47

Un espacio modular para exposiciones y conferencias de
37.000 metros cuadrados con
una gran plaza al aire libre.

Parque Mirador de los Nevados

Carrera 86 A No. 145 – 50

Un espacio público de gran significado histórico, espiritual y sim-
bólico para Bogotá, este parque
fue construido sobre una antigua cantera que fue trabajada
por más de cincuenta años, y su
diseño se basa en la cosmolo-
gía Muisca, el pueblo que vivió
en esta zona durante siglos. El
nombre proviene de la atalaya del
parque desde la que los visitantes
pueden ver en una clara mañana
la montañas Nevado del Tolima,
Nevado del Cisne, Nevado del
Ruiz y Nevado de Santa Isabel
localizados en la cordillera central
de los Andes colombianos.

Parque Nacional Enrique Olaya Herrera

Entre Calles 36 y 39 y Carreras
Séptima y Quinta

Inaugurado en 1934 por aquel
de quien toma su nombre, el
presidente Enrique Olaya Herrera, el Parque Nacional es conocido
por sus senderos serpenteantes que conducen a diferentes fuentes
y monumentos, de los cuales uno de los más preciados es la torre del
reloj, donado por la comunidad suiza de Colombia en 1954. Los extensos jardines, el número y la variedad de árboles, colinas inclinadas
y descubrimientos sorprendentes hacen de este un sitio verdaderamente especial. Además, el parque fue una de las principales locaciones para la película independiente colombiana *Se quema un tigre
de papel*, producida por Empowerment Arts en St. Louis, Missouri.

Parque 93

Carreras 11 A y 13, entre Calles 93 A y 93 B

Un íntimo y muy bien diseñado parque rodeado por restaurantes
exclusivos, como el Café Renault, algunos clubes y bares. El parque
cuenta con una preciosa zona de juegos para niños, bancos y un mon-

Parque Santander
Carrera 7 and Calle 16

Presided over by a statue of General Francisco Paula Santander, "The Man of Laws" and one of the architects of Colombia's independence, this historic area was first settled by the Franciscan and Dominican religious orders. Many important political and social events have played out here for more than three hundred years. Now it is a truly urban park surrounded by significant buildings such as the San Francisco, La Veracruz, and La Tercera churches, the neo-Renaissance-style Jockey Club, the modern Gold Museum, the Avianca skyscraper, and the Banco de la República. The park also features a lovely fountain and is still a gathering place for Bogotanos.

Parque Timiza
Transversal 72 N Bis A No. 40 H – 40 Sur

Located among the neighborhoods of Kennedy, Bosa, Tunjelito, and Ciudad Bolívar so that the maximum number of people can benefit, this wonderful space was constructed almost fifty years ago. Visitors can enjoy *fútbol* fields, playgrounds, picnic areas, a 10,000-capacity stadium, a theater, running tracks, and a large lake for recreation.

Parque Tunal
Calle 48B Sur No. 22 A – 07

This is the most important park in the southern area of Bogota, enjoyed by people from neighboring places including Ciudad Bolívar, Bosa, Rafael Uribe Uribe, San Cristobal, and Tunjuelito. The park has tennis courts, squash courts, *fútbol* fields, basketball courts, two concentric rinks, a BMX track, a theater, an event plaza, and a bandstand, where Pope John Paul II preached when he visited Colombia in 1986. One of Bogota's megalibraries, the Biblioteca El Tunal built in 2001, is also located here.

Parque Virrey
Carrera 15 and Autopista Norte, between Calles 86 and 88

This park was designed in a linear fashion along the Río Negro to protect the water source and bird life that nests there. It is divided into three zones: between Carrera Séptima and Carrera 11, from Carrera 11 to Carrera 15, and between Carrera 15 to Autopista Norte. Known as a space for relaxation and light diversion, visitors can enjoy the bike paths, pedestrian areas, small plazas, a children's play area, and cardiovascular equipment. Alimentarte, the annual gastronomic festival, is held in the park over two weekends (see the Festivals listing on page 46).

tón de espacio verde para descansar. Eventos como el Festival de Vino y Comida de Bogotá también se realizan en el parque todo el año.

Parque Santander
Carrera 7 y Calle 16
Presidido por una estatua del General Francisco de Paula Santander, "El Hombre de Leyes" y uno de los arquitectos de la independencia de Colombia, esta zona histórica fue colonizada primero por las órdenes religiosas de los franciscanos y dominicos. Muchos importantes acontecimientos políticos y sociales han tenido lugar aquí por más de trescientos años. Ahora, es un verdadero parque urbano rodeado de edificios significativos como las iglesias de San Francisco, La Veracruz, y La Tercera, el Jockey Club de estilo neorenacentista, el moderno Museo del Oro, el rascacielos Avianca y el Banco de la República. El parque también cuenta con una hermosa fuente y sigue siendo un lugar de encuentro para los bogotanos.

Parque Timiza
Transversal 72 N Bis A No. 40 H – 40 Sur
Ubicado entre los barrios de Kennedy, Bosa, Tunjuelito y Ciudad Bolívar para que el máximo número de personas se pueden beneficiar de él, este maravilloso espacio fue construido hace casi cincuenta años. Los visitantes pueden disfrutar de los campos de fútbol, los juegos infantiles, las áreas de *picnic*, un estadio con capacidad para diez mil personas, un teatro, pistas de atletismo y un gran lago para recreación.

Parque Tunal
Calle 48B Sur No. 22 A – 07
Este es el parque más importante de la zona sur de Bogotá, disfrutado por la gente de lugares vecinos como Ciudad Bolívar, Bosa, Rafael Uribe Uribe, San Cristóbal y Tunjuelito. El parque cuenta con canchas de tenis, canchas de *squash*, campos de fútbol, canchas de baloncesto, dos pistas concéntricas, una pista de BMX, un teatro, una plaza de eventos y un escenario donde el papa Juan Pablo II predicó cuando visitó Colombia en 1986.

Parque Virrey
Carrera 15 con Autopista Norte, entre Calles 86 y 88
Este parque fue diseñado en forma lineal a lo largo del Río Negro con el fin de proteger la fuente de agua y vida de las aves que anidan allí. Está dividido en tres zonas: entre la Carrera Séptima y la Carrera 11, de la Carrera 11 hasta la Carrera 15 y entre la Carrera 15 y la Autopista Norte. Conocido como un espacio de relajación y diversión, los visitantes pueden disfrutar de los senderos para bicicletas, zonas peatonales, plazas pequeñas, una zona de juegos para los niños y equipos para ejercicios aeróbicos. Alimentarte, el festival gastronómico anual, se celebra en el parque durante dos fines de semana (ver la lista de festivales en la página 46).

Sports

"I play a lot of golf in Colombia; the Bogota area has some incredible courses with views of the mountains."

—**Juan Pablo Montoya**, NASCAR driver, founder of the Bogota-based Formula Smiles Foundation
www.formulasonrisas.com

Soccer team / Equipo de fútbol

Capoeira in the park / *Capoeira en el parque*

Deportes

"Juego mucho al golf en Colombia; el área de Bogotá tiene campos increíbles con vistas a las montañas".

—**Juan Pablo Montoya,** corredor de Nascar, fundador de la Fundación Fórmula Sonrisas con sede en Bogotá. www.formulasonrisas.com

Rollerblading

Sporting activity in Bogota is not limited to soccer (better known as *fútbol*), which is played all over the city in fields, dedicated facilities, and on the street. There are many other options for athletes and the casual player, such as tennis, golf, roller skating and blading, hockey, cycling, capoeira, swimming, and parkour—Bogota having been one of the first cities, after Paris, where this urban sport was introduced.

According to the District Department of Culture, Recreation, and Sports (Secretaría Distrital de Cultura, Recreación y Deporte), Bogota has at least 51 sports leagues, more than 400 training schools and clubs, 10 athletic centers of the highest quality, the most modern aquatics facility in South America, and several other training facilities for professional athletes, including the national Olympics center.

Sports enthusiasts can watch live games, matches, and competitions at a number of professional venues like Estadio Nemesio Camacho El Campín (known as the Campín Stadium) and Palacio de los Deportes. Bogota has also hosted international events such as the 2011 FIFA U-20 World Cup, where FIFA president Sepp Blatter exclaimed "Colombia . . . organized the best World Cup in history in the Sub-20 category"; the PGA's first Latin Ameri-

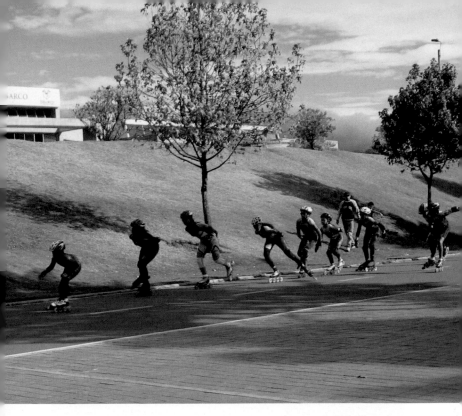

Patinaje en línea

La actividad deportiva en Bogotá no se limita solo al fútbol, que se juega por todas partes de la ciudad en campos, en instalaciones dedicadas a ese deporte y en la calle. Hay muchas otras opciones para atletas y el jugador ocasional, como el tenis, el golf, el patinaje sobre ruedas, el *blading*, el hockey, el ciclismo, la *capoeira*, la natación y el *parkour* —Bogotá fue una de las primeras ciudades, después de París, en introducir este deporte urbano.

Según la Secretaría Distrital de Cultura, Recreación y Deporte, Bogotá tiene al menos cincuenta y un ligas deportivas, más de cuatrocientas escuelas y clubes deportivos, diez centros de la más alta calidad, las más modernas instalaciones acuáticas en Sudamérica, y varios otros servicios de formación para atletas profesionales, entre ellos el centro olímpico nacional.

Los entusiastas del deporte pueden ver juegos en vivo, partidos y competencias en varios recintos profesionales como el Estadio Nemesio Camacho El Campín (conocido como el Estadio Campín) y el Palacio de los Deportes. Bogotá también ha organizado eventos internacionales como el Mundial sub-20 de la FIFA de 2011, en donde el presidente de la FIFA, Sepp Blatter exclamó "Colombia... organizó la mejor Copa del Mundo de la historia en la categoría Sub-20"; el primer PGA Tour de Latinoamérica; la

Cicloruta

can tour; the Vuelta a Colombia (an international cycling race like the Tour de France); the Pan American Games; the Bolivarian Games; the Association of Tennis Professionals World Tour; and the Women's Tennis Association's Copa Claro Colsanitas—one of the most prestigious sporting events in Latin America. See the Festivals listing on page 46 for sports-related activities.

A fun way for the entire family to discover Bogota's sports history is with a visit to the Museo Temático del Deporte Estadio de Techo (Transversal 71 D No. 2 A – 26 Tel.: 420.3544. Free admission).

ESSENTIAL TIPS: Make sure that you have trained at Bogota's altitude or higher before participating in a heavy competition or a marathon.

Soccer / Fútbol

Vuelta a Colombia (una carrera de ciclismo internacional como el Tour de France); los Juegos Panamericanos, los Juegos Bolivarianos; el Tour Mundial de la Asociación de Profesionales de Tenis; y la Copa Claro Colsanitas de la WTA —uno de los eventos deportivos más prestigiosos en Latinoamérica. Vea el listado de festivales de la página 46 para informarse sobre actividades relacionadas con el deporte.

Una manera divertida en que toda la familia puede descubrir la historia del deporte en Bogotá, es visitando el Museo Temático del Deporte Estadio de Techo (Transversal 71 D No. 2 A – 26 Tel.: 420.3544. Admisión sin cargo).

CONSEJOS ESENCIALES: Antes de participar en cualquier competencia exigente o en un maratón, asegúrese de haber entrenado en la altura de Bogotá o en alturas mayores.

Sports Facilites and Venues
Instalaciones deportivas y estadios

Following is a brief listing of just some of the many places where you can watch and play your favorite sports in Bogota.

La siguiente es una breve lista de algunos de los muchos lugares donde puede ver y practicar sus deportes favoritos en Bogotá.

General
Centro de Alto Rendimiento

Clay and paved tennis courts, running tracks, driving ranges, *fútbol* fields, an Olympic-size pool, and more can be found at this high-performance center. Professional matches, such as the Association of Tennis Professionals World Tour, are also played here.

En este centro de alto de rendimiento se pueden encontrar canchas de tenis duras y de arcilla, pistas de atletismo, campos de práctica de golf, campos de fútbol, una piscina olímpica y más. Aquí también se juegan partidos profesionales, tales como el World Tour de la ATP.

Calle 63 No. 47 – 06
Tel.: 437.7100

Complejo Deportivo El Salitre

Softball, baseball, bowling, shooting, tennis, BMX, and a velodrome make this one of the most comprehensive sports complexes in Colombia.

El *softball*, el béisbol, el *bowling*, el tiro, el tenis, el BMX y un velódromo hacen de este uno de los complejos deportivos más completos en Colombia.

Avenida Carrera 68 and/con Calle 63
Tel.: 231.0762

Palacio de los Deportes

General sports and cultural events.
Deportes en general y eventos culturales.

Parque Simón Bolívar
Avenida Calle 63 and/con Transversal 47
Tel.: 222.8713

Aquatics / Acuáticos
Complejo Acuático Simón Bolívar

The most modern aquatics center in South America, open to professional competitions and general swimming enthusiasts.

El más moderno centro acuático en Sudamérica, abierto para competencias profesionales y entusiastas de la natación en general.

Parque Simón Bolívar
Calle 63 No. 47 – 00
Tel.: 221.0622

Parque Virrey Sur

Calle 93 Sur No. 3 A – 03 Este
Tel.: 200.2020

Polideportivo Meissen

Avenida 61 Sur and/con Carrera 16
Tel.: 765.0034

Car Racing / Automovilismo

A world-class race track is located in the municipality of Tocancipá, just outside of Bogota. This is where champion Colombian drivers Juan Pablo Montoya, Nikolás Bedoya, Manuela Vásquez, and Sebastián Saavedra trained and competed on their way to international success.

En el municipio de Tocancipá, a las afueras de Bogotá, se encuentra una pista de carreras de clase mundial. Aquí es donde campeones como los pilotos colombianos Juan Pablo Montoya, Nikolás Bedoya, Manuela Vásquez y Sebastián Saavedra entrenaron y compitieron en su camino hacia sus triunfos internacionales.

Cycling / Ciclismo

Bogota has the most extensive urban system of dedicated bike lanes in the world. Known as the *Cicloruta*, which spans 211 miles (340 kilometers), cyclists enjoy their rides free of vehicular traffic and pedestrians (who are not supposed to walk on these lanes). Additionally, many major roads are closed to vehicular traffic from 7:00 a.m. to 2:00 p.m. on Sundays and holidays for the Ciclovía. A nocturnal Ciclovía is also hosted during Bogota's annual birthday celebration in August. One day a year, usually in February, the city is closed from 6:30 a.m. to 7:30 p.m. to most vehicles for the Day Without a Car.

Bogotá tiene el más amplio sistema urbano de carriles de bicicletas en el mundo. Conocida como la Cicloruta, que abarca 340 kilómetros (211 millas), los ciclistas disfrutan de sus paseos sin tráfico vehicular o peatones (quienes no deben caminar por estos carriles). Además, muchas de las principales carreteras están cerradas al tráfico de vehículos desde las 7:00 a.m. hasta las 2:00 p.m. los domingos y días feriados para darle espacio a la ciclovía. También organizan una ciclovía nocturna durante la celebración del cumpleaños de Bogotá en el mes de agosto. Un día al año, generalmente en febrero, la ciudad se cierra a la mayoría de los vehículos desde las 6:30 a.m. hasta las 7:30 p.m. para el Día sin Carro.

Bogotravel Tours

A great place for bike rentals.
Un buen sitio para el alquiler de bicicletas.
Calle 12 F No. 2 – 52
Tel.: 282.6313
www.bogotraveltours.com

EcoBicycle Tours & Bikes

Guided city tours and bike rental.
Tours guiados de la ciudad y alquiler de bicicletas.
Avenida Carrera 15 No. 110 – 89
Store/Local 104
Tel.: 612.175
www.colombiatourandbike.com

Equestrian / Ecuestre

Echoing Colombia's gilded equestrian past, which established a legacy of the finest horses to have come to the New World from Europe, Bogota was once home to a world-class hippodrome, and you can still find several places in which to enjoy the equestrian arts.

Haciendo eco del dorado pasado ecuestre de Colombia, que estableció un legado de los mejores caballos que llegaron al Nuevo Mundo desde Europa, Bogotá fue alguna vez sede de un hipódromo de clase mundial, y aún se pueden encontrar varios lugares donde disfrutar del arte ecuestre.

Horse Racing / Carrera de caballos
Parque Hipódromo El Rosal

www.parquehipodromoelrosal.com

Polo

While there are several polo fields in Colombia, one can play polo in Bogota at the following locations:
Hay varios campos de polo en Colombia, pero uno puede jugar al polo en Bogotá en las siguientes locaciones:

La Bocha Indoor Polo

Tel.: 312.741.1981

Los Pinos Polo Club

Tel.: 827.5037

Polo Club de Bogota

Tel.: 671.1038
For additional information on equestrian sports in Bogota, visit:
Para información adicional sobre deportes ecuestres en Bogotá, visite:
http://equicol.com/colombia

Soccer / Fútbol
Estadio Nemesio Camacho El Campín

This is Colombia's main *fútbol* stadium, with a capacity for over 36,000 spectators and home to Bogota's two major professional clubs, Millonarios and Santa Fe.

Este es el estadio principal de fútbol de Colombia, con una capacidad para más de 36.000 espectadores y sede de dos importantes clubes profesionales de Bogotá: Millonarios FC e Independiente Santa Fe.

Avenida Carrera 24 with/con Calle 54, and/y Calle 58 with/con Avenida Carrera 30, and/y Carrera 28
Tel.: 263.1528

Barutec Showbol
Calle 15 No. 28 – 16
Tel.: 744.2759

Campin 5
Calle 63 No. 28 A – 26
Tel.: 217.2434

Golf

Bogota is well reputed for its year-round golf, offering a choice of more than twenty-six world-class courses, designed by famous designers such as Boris Sokoloff, Mark Mahannah, and Robert Trent Jones. In fact, Bogota has been the headquarters of large golf circuits, like the nationwide PGA tour, the Tour de las Americas, the European Challenge Tour, and the Canadian Tour, among others. Bogota was also chosen to host the first ever PGA South American Tour in 2010, and is host to the annual International Youth and Child Golf Championship.

Bogotá es bien conocida por su golf, que se juega el año entero, ofreciendo una selección de más de veintiséis campos de clase mundial, creados por diseñadores famosos como Boris Sokoloff, Mark Mahannah y Robert Trent Jones. De hecho, Bogotá ha sido sede de grandes circuitos de golf, como el tour de la PGA en todo el país, el Tour de las Américas, el European Challenge Tour y el Canadian Tour, entre otros. Bogotá también fue elegida como sede del primer Tour Sudamericano de la PGA en 2010, y es sede anualmente del Campeonato Juvenil e Infantil Internacional de Golf.

Country Club de Bogotá:
www.countryclubdebogota.com

Club Campestre El Rancho:
www.clubcampestreelrancho.com

Club de Golf La Cima:
www.clubdegolflacima.com

Club Los Lagartos:
www.clublagartos.com

Club Campestre La Sabana:
www.clublasabana.com.co

Club La Pradera de Potosí:
www.clublapradera.com

San Andrés Golf Club:
www.sanandresgolfclub.com

Serrezuela Country Club:
www.serrezuela.com

ESSENTIAL TIPS
CONSEJOS ESENCIALES

Given Bogota's altitude, golf balls travel 12 percent further than they do at sea level! Driving ranges are available in some parks, but actual golf courses are usually part of a country club, such as the ones listed on this page. Most of these clubs require an invitation or membership.

Debido a la altura de Bogotá, las bolas de golf se trasladan ¡un 12% más lejos de lo que lo hacen al nivel del mar! Algunos parques ofrecen campos de práctica, pero los campos de golf mismos generalmente están dentro de un club campestre como los enumerados a en esta página La mayoría de estos clubes requieren una invitación o una membrecía.

For additional information on golf in Bogota, go to the following website:

Para mayor información sobre el golf en Bogotá vaya al siguiente sitio:

Federación Colombiana de Golf
www.fedegolf.net

Hang Gliding / Ala delta

What a great way to see the wonderful landscape of the Bogota region! Here is one outfitter that will keep you flying:

¡Qué gran forma de ver la maravillosa topografía de la región de Bogotá! Aquí va una empresa que lo mantendrá en vuelo:

Hang Gliding Colombia
Km 4 vía Pionono in Sopó
Tel.: 312.490.9593
www.hanggglidingcolombia.com

Hockey

Roller hockey is gaining in popularity in Bogota and in Colombia generally. For information on where to play and watch the sport, see:
El *roller hockey* es cada vez más popular en Bogotá, y en Colombia. Para mayor información sobre dónde jugar, vea:

Federación Colombiana de Pantinaje
www.fedepatin.org.co

Canpro Sports
CC Panama
Autopista Norte with Diagonal 183 No. 43 – 11
Store/Local 227 and/y 228, Zona A 2nd Floor / Piso 2
Tel.: 673.2923
Ask for Stefan.
www.canprosportsltda.blogspot.com

Ice Skating / Patinaje sobre hielo
Park on Ice
A seasonal indoor ice-skating rink.
Una pista de patinaje cubierta estacional.
CC Metrópolis
Avenida 68 75 A – 50
Tel.: 660.2944

Inline Skating / Patinaje en línea
Colombians are recognized leaders in youth and adult international inline skating competitions. For information on clubs and activities, go to the Federación Colombiana de Patinaje website:
www.fedepatin.org.co

Los colombianos son reconocidos líderes en competiciones de patinaje en línea internacionales para jóvenes y adultos. Para mayor información sobre clubes y actividades, visite la página web de la Federación Colombiana de Patinaje:
www.fedepatin.org.co

Motorcycling / Motociclismo
Whether you look at it as a sport, a pastime, or a lifestyle, motorcycling is big in Bogota and its region. With a huge Harley-Davidson shop, Royal Enfield riders, special cafes and bars, and, of course, a local biker club, you can sit high on the hog in Bogota. Motocross enthusiasts will also find no shortage of courses in various parks, some of which are noted in the Parks listing on page 408.

Tanto si lo mira como un deporte, un pasatiempo o un estilo de vida, el motociclismo es grande en Bogotá y su región. Con una tienda Harley-Davidson enorme, motociclistas de Royal Enfield, cafés y bares especiales y por supuesto, un club local del motociclista, usted puede montar esa gran moto orgulloso en Bogotá. Los entusiastas del *motocross* también encontrarán que no escasean las pistas en varios parques, algunos de los cuales se enumeran en la lista de parques en la página 409.

Harley-Davidson
Night Riders Bogota
www.facebook.com/NightRiders Bogota

Club Moto Rally
http://clubmotorally.wordpress.com

Paintball
Paintball is really catching on in Bogota and there are some fun courses where your adrenaline will get pumping, including:
El *paintball* está tomando fuerza en Bogotá y hay campos divertidos donde subirá su adrenalina, incluyendo:

Parapente Paraiso
Km 4 vía Pionono, in Sopó
Tel.: 312.490.9593
www.parapenteparaiso.com/index .php/paintball

Tactical Paintball
Calle 72 A No. 20 – 16
Tel.: 610.9986
www.tacticalpaintball.com.co

Paragliding / Parapente
There are several paragliding outfits to be found in the Bogota region; here is one that will get you going:
Hay varios lugares donde practicar parapente en la región de Bogotá, aquí hay uno que lo estimulará:

Parapente Paraiso
Km 4 vía Pionono, in Sopó
Tel.: 312.490.9593
www.parapenteparaiso.com/index .php/parapente

Rock Climbing / Escalada de roca

Serious climbers can head out of Bogota to Suesca for some of the most challenging rock faces in the country (see The Bogota Region on page 430 for details). But while in the city, you can keep training and having fun at one of the indoor rock-climbing clubs:

Los escaladores serios pueden salir de Bogotá hacia Suesca para enfrentarse a algunas de las escaladas de roca más desafiantes del país (ver La región de Bogotá en la página 431 para obtener más detalles). Pero mientras esté en la ciudad, puede entrenar y divertirse en uno de los clubes de escalada bajo techo:

Gran Pared

The biggest indoor rock-climbing gym in Bogota with walls for different skill levels, including courses for children.

El gimnasio para escalar bajo techo más grande de Bogotá con paredes para diferentes niveles de aptitud, incluso unas para niños.

Carrera 7 No. 50 – 02
Tel.: 285.0903

Roca Sólida

Open since 1999, climbers will find various walls on which to hone their skills.

Abierto desde 1999, los escaladores encontrarán varios muros donde probar sus habilidades.

Avenida 19 No. 125 – 26
Store/Local 02
Tel.: 600.7480

Roller Derby

There are several roller derby teams in Bogota and the competition is fierce! For specific information, visit the following sites:

Hay varios equipos de *roller derby* en Bogotá, ¡y la competencia es feroz! Para obtener información específica, ver los siguientes sitios:

www.facebook.com/rockandroller queens

www.rockandrollerqueens.com

www.bogotabonebreakers.com

Skateboarding

Skateboarding is a big thing in Bogota, and boarders can be seen and heard pretty much wherever there is a staircase, a railing, or a ramp. Skateboarding courses can also be found in some parks (see the Parks listing on page 408) and the city sponsors competitions throughout the year. For more information and maps, visit:

El *skateboarding* es importante en Bogotá, y los *skaters* se pueden ver y oír donde sea que haya una escalera, una baranda o una rampa. También hay pistas de patinaje en algunos parques (ver el listado de parques en la página 409) y la ciudad patrocina competencias durante todo el año. Para más información y mapas, ver:

www.skatecol.com/index.php/icons /bogota

Tennis / Tenis

Liga de Tenis de Bogotá (LTB, www. ligadetenisdebogota.com) is a private entity that was formed to promote the sport in Bogota. They hold matches, clinics, and tournaments in various locations, including:

La Liga de Tenis de Bogotá (LTB, www.ligadetenisdebogota.com) es un organismo privado, formado para promocionar el deporte en Bogotá. Organiza partidos, clínicas y torneos en varias locaciones, incluyendo:

Parque Nacional

Calle 39 No. 5 - 21
Tel.: 288.3349

Salitre

Avenida 68 and/con Calle 63
Tel.: 311.0405

and/y
Calle 195 No. 48 – 55
Tel.: 311.0405

Tejo

Tejo is a uniquely Colombian sport and pastime, somewhat reminiscent of a blend of the Italian bocce or French boule and horseshoes in the United States. It involves pitching a heavy metal disc toward small pink packages of gunpowder, which have been mounted on a "field" of clay. The object is to explode the gunpowder. Lots of beer is also

consumed during the game, making it especially interesting.

El tejo es un deporte y pasatiempo muy colombiano, una mezcla evocadora de las bochas italianas o el *boule* francés y el juego de herraduras de Estados Unidos, que consiste en lanzar un disco metálico pesado a pequeñas papeletas rosadas de pólvora, que han sido montadas en un "campo" de arcilla. El objetivo es que la pólvora explote. También se consume mucha cerveza durante el juego, lo que lo hace especialmente interesante.

Calle 75 No. 39 – 63
Calle 92 No. 71 A – 35
Carrera 24 No. 12 B – 55

ESSENTIAL TIPS
CONSEJOS ESENCIALES

It's best to approach tejo with someone who knows the game.

Es mejor practicar el tejo con alguien que conozca el juego.

Sports for the Disabled / Deportes para discapacitados

People with disabilities are able to enjoy most sports at the following locations, which are also open to the general public. Call ahead for specific information.

Las personas discapacitadas pueden disfrutar de la mayoría de los deportes en los siguientes lugares, que también están abiertos al público en general. Llame con anticipación para obtener información específica.

Parque Primero de Mayo
Calle 18 B Sur No. 5 – 13
Tel.: 239.5408

Parque Sauzalito
Diagonal 22 B No. 68 B – 43
Tel.: 420.9047

Parque Timiza
Diagonal 61 and/con Carrera 62 Sur
Tel.: 265.8345

The Bogota Region

"For a day trip near Bogota, I suggest a visit to the Guacheneque Páramo, where you can see the birth of the Bogota River and witness the diversity of the Colombian flora."

—**Josian Chevallier,** French expat and cofounder of www.off2colombia.com

Sopo, alpine town in outskirts of Bogota
Sopo, pueblo alpino a las afueras de Bogotá

Zipaquira Salt Cathedral / Catedral de Sal en Zipaquira

La región de Bogotá

"Si desea hacer un viaje cerca de Bogotá por un día, le sugiero visitar el Páramo Guacheneque, donde puede ver el nacimiento del río Bogotá y ser testigo de la diversidad de la flora colombiana".

—Josian Chevallier, expatriado francés y cofundador de www.off2colombia.com

"I love that from Bogota you can drive to the tropics in less time than it takes to cross London."

—Mark Firth, U.K. expat and cross-cultural trainer

It may surprise travelers to discover that just the region around Bogota offers more ecotourist options than the whole of Costa Rica. The Altiplano Cundiboyacense stretches across and connects the Departments of Cundinamarca and Boyacá, an area that was once home to the Muisca peoples. The region offers some of the most amazing scenery and environments to be seen anywhere in the world. You will enjoy lush valleys, thermal pools, nature reserves, amazing bird watching, quaint colonial towns, rolling hills, vast dairy lands, an artisan's haven, hot weather resorts, archeological treasures, extreme sports, and a center of UFO activity, among many other things in as little as a half an hour away from Bogota. If you travel a little further you will find your way to Los Llanos, the Colombian cowboy country famous for its vast plains and stunning sunsets.

Anapoima is called the "Sun of Eternal Youth" for its wonderful climate. Some recommended sites include the Castle Rumihuaca, Hacienda la Chica, and the medicinal baths of Santa Lucía and Santa Ana. A remarkable feature of Anapoima is the lack of bugs, especially mosquitoes.

Chia, meaning "Moon" in Chibcha, is only thirty minutes from Bogota and is popular for its restaurants and clubs, two of the most famous being Andres Carnes de Res and Entrepues. The Castle Marroquín is also an interesting place to see and hold events, and the Universidad de la Sabana is truly beautiful.

Chiquinquirá, in Boyacá, is a manufacturing center and an important place of pilgrimage for Catholics who visit the Basílica de la Virgen de Chiquinquirá, where a sacred image of the Virgin Mary is displayed.

Cota is only twenty minutes from Bogota and is a fun place to visit for the Bioparque La Reserva, which is home to a colorful spectrum of birds, amphibians, insects, big cats, and plant life.

Giradot, and nearby **Melgar**, are resorts for hot weather fun for everyone including the LGBT community. Popular activity here is boat riding on the Magdalena River. In the foothills of the mountains you can go caving; there are also many hotels with pools for recreation and relaxation, and it has a variety of restaurants, nightclubs, shopping centers, and artisans.

Guasca, meaning the "Foothill of the Sierra" in Chibcha, is famed for its dairy farms and strawberry cultivation. Visitors enjoy the Siecha, Fausto, and América lakes, which are part of the Parque Nacional Natural Chingaza. They also encounter the unique flo-

Landscape en route to the Magdalena River / Paisaje camino al río Magdalena

"Yo amo que desde Bogotá se puede manejar hasta el trópico en menos tiempo de lo que se demora uno en atravesar Londres".

—Mark Firth, expatriado del Reino Unido y entrenador intercultural

Se sorprenderán los viajeros en descubrir que solo la región alrededor de Bogotá ofrece más opciones ecoturísticas que todo el país de Costa Rica. El Altiplano Cundiboyacense se extiende a lo largo del departamento de Cundinamarca y se extiende por Boyacá, un área que fue una vez el hogar del pueblo Muisca. La región ofrece algunos de los paisajes y ambientes más extraordinarios para ver de cualquier parte del mundo. Podrá disfrutar de frondosos valles, piscinas termales, reservas naturales, sorprendentes observatorios de aves, pintorescos pueblos coloniales, colinas, extensas tierras dedicadas a la industria láctea, aldeas de artesanos, balnearios de clima caliente, tesoros arqueológicos, deportes extremos y hasta un centro de actividad OVNI, entre muchas otras cosas a tan solo media hora de Bogotá. Si se viaja un poco más lejos, se encontrará el camino hacia Los Llanos, las famosas tierras vaqueras de Colombia, célebres por sus extensas llanuras y espectaculares atardeceres.

Anapoima es llamada el "sol de la eterna juventud" por su maravilloso clima. Algunos sitios recomendados incluyen el Castillo Rumihuaca, la Hacienda la Chica y los baños medicinales de Santa Lucía y Santa Ana. Una característica notable de Anapoima es la ausencia de insectos, sobre todo de mosquitos.

Chia, que significa "luna" en chibcha, está a tan solo treinta minutos de Bogotá y es muy popular por sus discotecas y restaurantes, de los cuales dos de los más famosos son Andrés Carne de Res y Entrepues. El Castillo Marroquín es también un lugar interesan-

The Bogota Region
La región de Bogotá

El Pinal

Chiquinquira

La Dorada

(45)

Guacheta

Ubate

Mariquita

Honda

Suesca Tausa

La Matilde (50) Fresno

Manizales   Herveo   (43)   Guaduas (50)   Zipaquira   Sesquile

Villeta   La Vega

Armero-Guayabal   Cajicá   Tocancipa

Tabio   Sopó

Lérida   Facatativa   Tenjo   Chía   Guasca

La Florida   Madrid   Suba   (50)

Venadillo   Engativá   La Calera

La Mesa   Soacha **Bogotá**

Armenia   Guataquí   Anapoima   (40)   Usme   Choachí

Tocaima   Granada

Cajamarca   **Ibague** (43)   Madrid   Caqueza

(40)   Agua   Silvania   **Fusagasuga**   (40)

de Dios

Girardot   (40)   Arbelaez   Guayabetal

Chicoral   Melgar

Espinal

Guamo

(45)

ra and fauna of the *páramo*, the highest altitude alpine tundra ecosystem in the world. For those interested in religious history, a visit to the Iglesia San Jacinto is a must.

Natagaima

Guatavita, meaning "Mountaintop" in Chibcha, is full of architectural and historical significance. The town is best known for the Laguna de Guatavita, where the legend of El Dorado was born, wherein the new Chieftan of the Muisca people was covered in gold dust and sent into the middle of the lake to make offerings of gold and emeralds to the deity who lived at the bottom. Many of these treasures can be seen in Bogota's Gold Museum (see page 190). You can also enjoy waterskiing and sailing on the Tominé Reservoir.

Iguaque, a national park in the department of Boyacá and forty-five minutes from Villa de Leyva, is a sacred place for the Muisca people who believe that mankind was created in the Iguaque

Barbosa

Moniquira

Villa De Leiva

Tunja

Ventaquemada

Villapinzón

Choconta

Guateque

(56)

(56)

Villanueva

(65)

Restrepo

Villavicencio

te para ver y celebrar eventos, mientras que la Universidad de la Sabana es realmente bella.

Chiquinquirá, en Boyacá, es un centro de manufactura y un importante lugar de peregrinación para los católicos que visitan la Basílica de la Virgen de Chiquinquirá, donde se expone una imagen sagrada de la Virgen María.

Cota está a solo veinte minutos de Bogotá y es un lugar divertido para visitar por su Bioparque La Reserva, hogar de un colorido espectro de aves, anfibios, insectos, grandes felinos y flora.

Girardot y el cercano **Melgar** son balnearios donde divertirse en un clima cálido, para todos, incluso para la comunidad LGBT. Una actividad muy popular aquí son los paseos en barco por el río Magdalena. En las faldas de las montañas se puede visitar cuevas, también hay muchos hoteles con piscinas para recreación y relajación y tiene una gran variedad de restaurantes, discotecas, centros comerciales y artesanos.

Guasca, que significa "falda de la sierra" en chibcha, es famosa por sus granjas de lácteos y el cultivo de fresas. Los visitantes pueden disfrutar de las lagunas de Siecha, Fausto y América, que forman parte del Parque Nacional Natural de Chingaza. También se encontrarán con la flora y fauna del páramo, el ecosistema de tundra alpina de altura más alto del mundo. Para aquellos interesados en la historia religiosa, es obligatoria una visita a la Iglesia de San Jacinto.

Guatavita, que significa "cima de la montaña" en chibcha, está llena de importancia arquitectónica e histórica. La ciudad es más conocida por la laguna de Guatavita, donde nació la leyenda de El Dorado, según la cual el nuevo cacique del pueblo Muisca fue cubierto de polvo de oro y luego enviado al centro del lago para hacerle ofrendas de oro y esmeraldas a la deidad que vivía en el fondo. Muchos de estos tesoros se pueden ver en el Museo del Oro de Bogotá (vea la página 190). También puede disfrutar de esquí acuático y de navegación a vela en el embalse de Tominé.

Lake when the goddess *Bachue* came out from the lake with a boy named Iguaque in her arms. When the boy came of age, they copulated and populated the land.

La Calera, which takes its name from the local limestone, is a popular destination primarily for the fantastic day or night views of Bogota. There is a plentitude of restaurants and bars in this area in addition to activities such as horseback riding, beautiful hikes, cycling, and exploring the vast San Rafael dam, which supplies 70 percent of Bogota's water.

Nemocon, meaning "Warriors Lament" in Chibcha, is a tranquil town important for its stunning and colorful salt mines open to the public as well as other family-oriented activities; only forty minutes from Bogota.

Nimaima is one of the best destinations for extreme water sports, hiking, camping, canyoning, and rappelling off a 165-feet (50-meter) waterfall!

Ráquira, meaning the "City of Pots" in Chibcha, is famous for the high level of skill its artisans use to make Andean pottery and handwoven ruanas (wool capes) and *mochilas* (native shoulder bags). The town is also renowned for the colorful decorations of its homes. Sundays are a popular day to visit for the street market. Ráquira is located in the department of Boyacá, about 37 miles (60 kilometers) from Tunja, the department's capital.

Sopo, meaning "Strong Hill" in Chibcha, is only 24 miles (39 kilometers) from Bogota, and offers a bucolic country setting where you can visit the Puente Sopo park, and Divino Salvador, one of the oldest cathedrals in the savanna that houses twelve mysterious paintings of the archangels, which are considered part of the national heritage. The adventurous can enjoy paragliding and hang gliding. Afterward, stop by Alpina for delicious yogurt, cheese, and other fresh dairy products.

Suesca, which means "Bird Rock" in Chibcha, is a rock climbing, cave exploration, canopying, camping, and horseback riding center. There are numerous guides to assist you with arranging whatever adventure you are seeking, such as www.mitanni.net.

Tabio, meaning "Dent" or "Hole" in Chibcha, located next to the mouth of the Río Frío, has long been known for the healing properties of its thermal waters. Visitors can stroll through the lovely botanic gardens, walk up to the historic Capilla Santa Bárbara, and enjoy the Sunday market. Tabio is also known to be a center of magnetic energy and many UFO sightings have been reported here. Be sure to savor from more than thirty-five types of artisanal breads at Pan de Leña (310.477.5696), which uses organic ingredi-

Driving through the Colombian landscape / Conduciendo por el paisaje colombiano

Iguaque, un parque nacional en el departamento de Boyacá a cuarenta y cinco minutos de Villa de Leyva, es un lugar sagrado para el pueblo Muisca que cree que la humanidad fue creada en la laguna de Iguaque, cuando la diosa Bachue salió del lago con un niño llamado Iguaque en sus brazos, y cuando el niño se convirtió en hombre, copularon y poblaron la tierra.

La Calera, que toma su nombre de la piedra local, la caliza, es un destino muy popular debido a las espectaculares vistas de Bogotá tanto de día como de noche. Hay una gran oferta de restaurantes y bares en esta área, además de actividades como paseos a caballo, caminatas hermosas, ciclismo y la exploración de la gran represa de San Rafael, que suministra el 70% del agua de Bogotá.

Nemocon, que significa "lamento del guerrero" en chibcha, es una ciudad tranquila, importante por sus extraordinarias y coloridas minas de sal abiertas al público, y otras actividades para la familia; a solo cuarenta minutos de Bogotá.

Nimaima es uno de los mejores destinos para practicar deportes acuáticos extremos, hacer senderismo, *camping*, barranquismo ¡y *rappel* desde un salto de cincuenta metros!

Ráquira, que significa "ciudad de las ollas" en chibcha, es famosa por el alto nivel de habilidad de sus artesanos al hacer la cerámica andina y las ruanas (capas de lana tejidas a mano) y las mochilas. La ciudad también es conocida por los adornos de colores de sus casas. Los domingos son un día popular para visitar el mercado callejero. Ráquira se encuentra en el departamento de Boyacá, a unos sesenta kilómetros de Tunja, la capital del departamento.

Sopo, que significa "cerro fuerte" en chibcha, está a solo treinta y nueve kilómetros de Bogotá, y ofrece un entorno campestre bu-

Villa de Leyva

ents such as garlic, oregano, passion fruit, coffee, and the exquisite cacao from San Vicente de Chucuri.

Tobia is a great place for extreme sports such as rappelling, mountain biking, rafting on the Río Negro, and canyoning.

Tocaima, called Colombia's City of Health, is an ideal location for recreation and relaxation, in addition to having several historical points of interest. Recommended spots include Puente de los Suspiros, Cerro Guacaná, Pozos Azufrados, and the principal park with its obelisk constructed in honor of Simón Bolívar.

Tunja is the capital of the department of Boyacá and is an important area of historical significance. Perhaps the most well-known

cólico, donde se pueden visitar el Parque Puente Sopó y el Divino Salvador, una de las catedrales más antiguas de la sabana que alberga doce misteriosas pinturas de los arcángeles consideradas patrimonio nacional. Los aventureros pueden disfrutar de parapente y ala delta. Después, pase por Alpina para saborear deliciosos yogures, quesos y otros productos lácteos frescos.

Suesca, que significa "roca de ave" en chibcha, es un centro de escalada de piedras, exploración de cuevas, *canopy*, campamento y equitación. Existen numerosos guías que lo ayudarán a organizar cualquier aventura que usted desee, como **www.mitanni.net**.

Tabio, que significa "boquerón" o "hueco" en chibcha, situado junto a la desembocadura del río Frío, ha sido conocida por mucho tiempo por las propiedades curativas de sus aguas termales. Los visitantes pueden pasear por los hermosos jardines botánicos, caminar hasta la histórica Capilla de Santa Bárbara y disfrutar del mercado de los domingos. Tabio también es conocida por ser un centro de energía magnética y se han reportado muchos avistamientos de ovnis aquí. Asegúrese de disfrutar de más de treinta y cinco tipos de panes artesanales en Pan de Leña (310.477.5696), que utiliza ingredientes orgánicos como el ajo, el orégano, el maracuyá, el café y el exquisito cacao de San Vicente de Chucurí.

Tobia es un lugar ideal para practicar deportes extremos como el *rappel*, el ciclismo de montaña, el *rafting* en el Río Negro y el barranquismo.

Tocaima, llamada Ciudad de la Salud de Colombia, es un lugar ideal para la recreación y relajación, además de los varios puntos de interés históricos. Los lugares recomendados incluyen el Puente de los Suspiros, el cerro Guacaná, los Pozos Azufrados, y el parque principal, con su obelisco construido en honor a Simón Bolívar.

Tunja es la capital del departamento de Boyacá y es una importante área de significado histórico. Quizás el monumento más conocido aquí es el impresionante Puente de Boyacá, que representa la última batalla por la independencia que se luchó contra los españoles.

Ubaté, que significa "tierra sangrienta" en chibcha, es la capital de la producción de leche en Colombia, y sus atracciones principales incluyen la Basílica del Santo Cristo de Ubaté, una catedral gótica francesa adonde, cada 6 de agosto, fieles católicos realizan un peregrinaje para rezar bajo una rústica escultura de Cristo creada a principios del siglo XVII, que se dice que ha mostrado poderes milagrosos cuando, en 1619, la imagen empezó a sudar. Otros lugares de interés son el Cerro de la Teta y las cascadas Soagá.

Villa de Leyva en Boyacá es un destino favorito para los bogotanos y turistas del mundo entero tanto por sus tesoros históricos

monument here is the impressive Puente de Boyacá, which depicts the last battle for independence fought against the Spanish.

Ubaté, meaning "Bloody Land" in Chibcha, is the capital of milk production in Colombia, and its principle attractions include the Basílica del Santo Cristo de Ubaté, a French Gothic cathedral where faithful Catholics make a pilgrimage every August 6 to pray under a rustic sculpture of Christ created in the early 1600s, which is said to have displayed miraculous powers when, in 1619, the image began to sweat. Other places of interest include the Cerro de la Teta and the Soagá waterfalls.

Villa de Leyva in Boyacá is a favorite destination of Bogotanos as well as tourists from all over the world for its historic and archeological treasures and festivals. The main square is also the largest in Colombia. Other points of interest include the Casa de Nariño and the Paleontological Museum. Outside of town, you can view *El fósil*, a 120-million-year-old dinosaur fossil and *El infiernito*, an ancient astrological site important to the Muiscas where visitors encounter a grouping of phallic monuments.

Villa de Leyva is also the epicenter of Colombia's burgeoning wine industry. And while many wine experts may downplay the nation's ability to produce high-caliber wine given the seasonal lack of temperature oscillations, others who understand the important art of creative genetics predict that Colombia may soon surprise the world with its capacity to produce a world-class competitive wine industry. Beautiful wineries such as the Marqués de Villa de Leyva are producing fine, full bodied Cabernets Sauvignons, which are sold as Reserva, Gran Reserva, and Reserva Especial. Rosés are also produced, and a Sauvignon Blanc even won the silver medal at the 2011 Concours Mondial Bruxelles competition.

Villavicencio in an area called Los Llanos is the capital of the Meta department and is about two-and-a-half hours from Bogota. This is Colombian cowboy country famed for its plains, amazing sunsets, unique foods, festivals, parks, Llanera music, and a dance called *joropo*. www.turismovillavicencio.gov.co

Zipaquira was once the seat of the prince of the Muisca people, called the Zipa, who watched over the salt mines. Today, Zipaquira is a popular destination for the famed Salt Cathedral, which is a wonder of engineering and a truly inspiring place to visit. Inside the cathedral visitors will encounter special lighting features that illuminate depictions of the fourteen stations of the cross, side chapels, and the High Altar with its unique cross. The town also offers some interesting examples of early twentieth-century architecture. www.catedraldesal.gov.co

y arqueológicos, como por sus festivales. La plaza principal también es la más grande de Colombia. Otros puntos de interés son la
Casa de Nariño y el Museo Paleontológico. Afuera de la ciudad, se
puede ver El Fósil, un fósil de dinosaurio de ciento veinte millones
años y El Infiernito, un antiguo sitio astrológico importante para
los Muiscas, donde los visitantes se encuentran con un grupo de
monumentos fálicos.

Villa de Leyva es también el epicentro de la floreciente industria
del vino de Colombia. Y aunque muchos expertos del vino inten-
tan minimizar la capacidad del país para producir vinos de gran
calibre debido a la falta estacional de oscilaciones en temperatura, otros que entienden el importante arte de la genética creativa
predicen que Colombia pronto podría sorprender al mundo con
su capacidad de producir una industria vinícola competitiva a nivel
mundial. Hermosas bodegas como el Marqués de Villa de Leyva están produciendo *Cabernet Sauvignon* finos, de gran cuerpo,
que se venden como Reserva, Gran Reserva y Reserva Especial.
También se producen vinos rosados y un *Sauvignon Blanc* hasta
ganó la medalla de plata en la competición 2011 Concours Mondial Bruxelles.

Villavicencio está en una zona llamada Los Llanos y es la capital
del departamento de Meta, a solo unas dos horas y media de Bogotá. Esta es la tierra de los vaqueros colombianos, famosa por sus
llanuras, increíbles atardeceres, su distintiva comida, sus festivales,
sus parques, su música llanera y la danza llamada el joropo.
www.turismovillavicencio.gov.co

Zipaquirá fue alguna vez la sede del príncipe de los Muiscas, llamado el Zipa, que velaba por las minas de sal. Hoy en día, Zipaquirá
es un destino popular por su famosa Catedral de Sal, que es una
maravilla de ingeniería y un lugar verdaderamente inspirador para
visitar. Dentro de la catedral, los visitantes se encontrarán con
equipamientos especiales de iluminación, los cuales iluminan las
representaciones de las catorce estaciones de la cruz, las capillas
laterales y el altar principal con su única cruz. La ciudad también
ofrece algunas interesantes muestras de arquitectura de principios del siglo XX. **www.catedraldesal.gov.co**

National Parks and Other Natural Spots Near Bogota
Parques nacionales y otros puntos naturales cerca de Bogotá

Agroparque Los Soches

Located in Usme, Bogota, this is a wonderful place for bird watching and guided nature hikes.

Ubicado en Usme, Bogotá, este es un lugar maravilloso para la observación de aves y las caminatas guiadas.

Km 0 on the way to / camino a Villavicencio
Tel.: 318.858.2101
http://soches.blogspot.com

Choachí

Meaning "Our Moon Hill" in Chibcha, Choachí offers a host of beautiful natural attractions such as thermal waters, the Parque Ecológico Matarredonda, and the Parque Natural El Verjón.

Choachí significa "nuestra colina de la luna" en chibcha, y ofrece una gran cantidad de hermosas atracciones naturales como las aguas termales, el Parque Ecológico Matarredonda y el Parque Natural de El Verjón.

Embalse del Tominé

This is an 18-mile-long, 4-mile-wide, and 165-feet-deep dam that spans the municipalities of Guatavita and Sesquilé, and is part of the water system combined with the Sisga and Neusa reservoirs. In addition to the nature around the dam, visitors can enjoy several sporting events throughout the year as well as sailing and water-skiing.

Este es un dique de 18 millas de largo, 4 millas de ancho y 165 pies de profundidad que se extiende por los municipios de Guatavita y Sesquilé, y forma parte de la red de agua combinada con los embalses de Sisga y Neusa. Los visitantes pueden disfrutar de varios eventos deportivos durante todo el año, vela y esquí acuático, además de la naturaleza alrededor de la represa.

Páramo Guacheneque

Here, you can witness the birth of the Bogota River and incredible nature at more than 10,000 feet (3,250 meters) above sea level in Villapinzon, Cundinamarca.

Aquí puede ser testigo del nacimiento del río Bogotá y de una increíble naturaleza a 3.250 metros sobre el nivel del mar en Villapinzón, Cundinamarca.

Crocodile in Los Llanos / Cocodrilo en Los Llanos

Páramo de Sumapaz

Standing between 3,800 and 4,400 yards high (3,500 and 4,000 meters), this is the highest ecosystem in the world. Although inhabitable by humans, Sumapaz, which means "Utterly Peaceful Moorland" in Chibcha, was a sacred place for the Muisca people, and no human was permitted to enter. With unpredictable changes in climate and harsh ultraviolet rays from December to February, the *páramo* is perfect for the more than two hundred species of plants that live there in very wet conditions, and it is one of Bogota's main sources of water.

A una altura de entre 3.500 y 4.000 metros (3.800 y 4.400 yardas), este es el ecosistema más alto del mundo. Aunque habitable para los seres humanos, Sumapaz, que significa "páramo completamente tranquilo" en chibcha, era un lugar sagrado para los Muiscas, y no se le permitía la entrada a ningún humano. Con los cambios impredecibles en el clima y los fuertes rayos ultravioleta entre diciembre y febrero, el páramo es perfecto para las más de doscientas especies de plantas que viven allí en condiciones muy húmedas y es una de las principales fuentes de agua para Bogotá.

Laguna de Siecha, Parque Nacional Natural Chingaza

Parque Nacional Natural Chingaza

Located about an hour from Bogota in the Eastern Cordillera, this national park spans the departments of Cundinamarca and Meta and covers 19,000 acres (76,600 hectares) with heights between 875 and 4,400 yards (800 and 4,020 meters). The word *Chingaza* means "The Mountain Chain of the God of the Night" in Chibcha. The park has a wide range of climates and features forests, wetlands, and high-level plains home to incredible flora and fauna including eagles, condors, goats, bears, and deer, some of which are endangered.

A una hora de Bogotá, en la Cordillera Oriental este parque nacional se extiende por los departamentos de Cundinamarca y Meta, y cubre 76.600 hectáreas (19.000 acres), con alturas de entre 875 y 4.400 metros (800 y 4.020 yardas). La palabra "chingaza" significa "la cordillera del dios de la noche" en chibcha. El parque cuenta con una gran variedad de climas y contiene bosques, humedales y llanuras de alta elevación que albergan unas increíbles flora y fauna, incluyendo águilas, cóndores, cabras, osos y venados, algunos de los cuales están en peligro de extinción.

Reserva Natural Chicaque

Situated only a half-hour's drive from Bogota, this is a stunning nature reserve that features lush greenery, a verdant forest, a cloud

forest, a waterfall, incredible lookout points, zip lining, more than one hundred bird species and other animals, lodges, restaurants, camp grounds, and the opportunity to commune with nature.

A solo media hora de Bogotá, esta es una impresionante reserva natural que cuenta con una vegetación exuberante, un frondoso bosque, un bosque nuboso, un salto de agua, miradores increíbles, *canopy*, más de un centenar de especies de aves y otros animales, albergues, restaurantes, campamentos y la oportunidad de convivir con la naturaleza.

www.chicaque.com

Salto de Tequendama

Imagine floating peacefully on the Bogota River alongside the beautiful green fields of Cundinamarca; then, suddenly, you drop like a leaf over a rocky abyss into a cloud forest created by the powerful rush of water that falls in a torrent for almost 3,300 yards (3,000 meters), giving rise to a sound like the roar of thunder. That is what it is like to see the majestic Tequendama Falls. The Hotel del Salto, located in front of the falls, was built in 1928 and there have been reports of ghostly activity there. The hotel has been partially restored and turned into a museum after a long period of abandonment.

Imagínese flotando tranquilamente en el río Bogotá junto a los hermosos campos verdes de Cundinamarca, y de repente, cae como una hoja sobre un abismo rocoso a un bosque de niebla creado por el poderoso torrente que cae en un salto de agua desde casi 3.000 metros (3.300 yardas), dando lugar a un sonido como el rugido de un trueno. Eso es lo que se siente al ver el majestuoso Salto de Tequendama. El Hotel del Salto, frente a la catarata, fue construido en 1928 y ha habido rumores de actividad fantasmagórica allí. El hotel a sido parcialmente restaurado y convertido en un museo después de un largo período de abandono.

ESSENTIAL TIPS: For more information and details on Colombia's national parks, see: www.parquesnacionales.gov.co

CONSEJOS ESENCIALES: Para obtener más información y detalles acerca de los parques nacionales de Colombia, consulte: www.parquesnacionales.gov.co.

Humedales

Called "The Lungs of the City," these natural wetlands are located in different areas in Bogota and are extremely important ecosystems that are home to unique flora and fauna and offer natural diversions. However, some of these wetlands are suffering from deterioration and require an effective recovery plan if they are to survive at all.

Llamados "los pulmones de la ciudad," estos humedales naturales se encuentran en diferentes zonas de Bogotá y son ecosistemas extremadamente importantes que albergan flora y fauna únicas, y ofrecen diversiones naturales. Sin embargo, algunos de estos humedales están sufriendo un gran deterioro y requieren de un plan de recuperación eficaz si van a sobrevivir.

★Humedal de Córdoba
Located in Niza, this is a very well-preserved area for nature walks and is divided by Avenidas Boyacá, Suba, and Calle 120.
Ubicado en Niza, esta es una zona muy bien conservada para paseos en la naturaleza, y se encuentra entre las Avenidas Boyacá, Suba y la Calle 120.

Humedal de Guaymaral y Torca
Located in northern Bogota and divided by the Autopista Norte, the Western section of this humedal is known as Humedal de Guaymaral and is the best preserved.
Ubicado en el norte de Bogotá y dividido por la Autopista Norte, la sección occidental conocida como humedal de Guaymaral es la mejor conservada.

Humedal El Burro
Located in Kennedy, it was once part of the Bogota River alluvial. Today, it is divided in two by Avenida Ciudad de Cali.
Ubicado en Kennedy, fue una vez parte del aluvial del río Bogotá. Hoy en día, está dividido en dos por la Avenida Ciudad de Cali.

Humedal Jaboque
Located in Engativá, between the El Dorado International Airport and Autopista Medellín, this area was once very important to the agricultural needs of the Muisca peoples.
Ubicado en Engativá, entre el aeropuerto internacional de El Dorado y la Autopista Medellín, esta zona fue una vez muy importante para las necesidades agrícolas de los pueblos Muiscas.

Humedal Santa María del Lago
Also located in Engativá, near the Autopista Medellín, between Avenida Ciudad de Cali and Boyacá, this is an example of the balance between nature and urbanism where a wide wooded area still remains around the main body of water.
También ubicado en Engativá, cerca de la Autopista Medellín, entre la Avenida Ciudad de Cali y Boyacá, este es un ejemplo del equilibrio entre naturaleza y urbanismo donde todavía sobrevive una ancha zona boscosa alrededor del cuerpo principal de agua.

Humedal Tibabuyes
Better known as Humedal Juan Amarillo, it is the most extensive in Bogota's savanna and once was the site where the Muiscas performed the celebration of the feast of the flowers, which was attended by the chiefs of Engativá, Cota, Funza, and Suba.
Más conocido como el humedal Juan Amarillo, este es el más extenso de la sabana de Bogotá y fue alguna vez sede de la celebración de la fiesta de las flores de los Muiscas, a la cual asistían los jefes de Engativá, Cota, Funza y Suba.

General Resources
Recursos generales

Biodiversidad y Conservación
An excellent resource about the flora and fauna to be found in the Bogota region.

Un recurso excelente sobre la flora y fauna que se encuentran en la región de Bogotá.

http://biodiversidadyconservacion.blogspot.com

Off2Colombia
One of the best resources for information about Colombian destinations, including great videos and photos that you will not see anywhere else.

Uno de los mejores recursos para obtener información acerca de los destinos colombianos, que incluye maravillosos videos y fotos que usted no verá en ningún otro lugar.

www.off2colombia.com

Ornitología Práctica
A useful blog about bird-watching in the Bogota region.

Un blog útil acerca de la ornitología en la región de Bogotá.

http://blog.ornitologiapractica.com

Sporting Goods / Productos deportivos
Thundra
A wide selection of sporting and camping gear is available for you to trek outside of Bogota.

Una amplia selección de equipos deportivos y de camping disponible para que usted viaje fuera de Bogotá.

Calle 85 No. 12 – 62
Tel.: 218.9045
Several locations.

Tours / Excursiones
Caminantes del Retorno
An excellent multilingual tour operator for Bogota, its region, and beyond.

Un excelente operador turístico multilingüe para Bogotá, su región y más allá.

www.caminantesdelretorno.com

More Local
Experience Colombia through immersion and meet real, local people in different parts of the country.

Disfrute de Colombia a través de la inmersión y de conocer gente real, del lugar en diferentes partes del país.

http://morelocal.co

Riding Colombia
An ecotourism company focused on providing tailor-made horseback riding and hiking ecotourism experiences in Cundinamarca and Boyacá. This is a unique opportunity to experience the Colombian countryside in a way that typical tourists will never see.

Una empresa de ecoturismo dedicada a ofrecer experiencias de ecoturismo personalizadas a caballo o a pie en Cundinamarca y Boyacá. Esta es una oportunidad única para conocer el campo colombiano de una manera en la que los típicos turistas nunca lo verán.

http://ridingcolombia.com

Turistren
The Tren Turístico de la Sabana is a fun way for the family to see several key towns in Bogota's savanna on Saturdays, Sundays, and holidays; the tour is accompanied by typical live music. For more information and tickets, call, visit the website, or go to:

El Tren Turístico de la sabana es una forma divertida para que toda la familia pueda ver varios municipios importantes de la sabana de Bogotá, los sábados, domingos y días festivos, con un acompañamiento de música típica en vivo. Para más información y boletos, llame, visite la página web o vaya a:

Estación de Usaquén
Transversal 10 No. 110 – 08
Tel.: 629.7407
O R/O
Estación de la Sabana
Calle 13 No.18 – 24
Tel.: 375.0557
www.turistren.com.co

Colombia at a Glance

"It's ludicrous that this place exists and everyone isn't moving here!"

—**Anthony Bourdain,** internationally renowned chef and TV host

Caño Cristales

Finca el Balso , Triángulo de Café

Colombia de un vistazo

"¡Es absurdo que exista este lugar y no se esté mudando todo el mundo aquí!".

—**Anthony Bourdain,** chef de renombre internacional y presentador de televisión

"In Colombia, you discover the richness of the richness."
—Alexander Michelsen, UK visitor

"The people were helpful and very friendly. I will be back and before my next visit, brush up on my Spanish!"
—Peter Fritzinger, U.S. visitor and world traveler

Colombia will astonish and amaze any first-time visitor. While Colombia offers the same or more cultural treasures to experience than most European nations, its stunning natural beauty, diversity, and easy to reach eco tourist destinations are finally being discovered by unsuspecting world travelers.

With the third largest coral reef in the world, Tahitian-like archipelagos, three deserts, perpetually snowcapped mountains, the largest Caribbean beachfront facing the Caribbean Sea, countless national parks, the most verdant coastline anywhere on the Pacific rim, a plethora of rain forests, pine forests, lakes, and rivers—including the Amazon—in this nation where pink dolphins and hunchback whales come home to mate and give birth, there is little doubt that Colombia, being 22.5 times the size of Costa Rica, will soon become the number one ecotourism destination in the world. It is no wonder Colombia recorded a 22 percent growth in tourism in 2005 and the increase has not wavered since.

Colombia, the equatorial nation closest to paradise!

It is important to note that Colombia is one of the few major countries in the world to have the bulk of its population living inland, away from the coastlines, and is one of the few South American countries with several cities with populations of more than a million people. Moreover, the challenging mountainous topography of Colombia caused each city to grow in a very distinct way, making all Colombian cities unique from one another and a joy to discover in a nation that is more than 80 percent urban.

After Bogota, these are some of the other large and exciting cities you will find in Colombia:

Medellin, with a metropolitan population of nearly 4 million.
Cali, with a metropolitan population of 3.5 million.
Barranquilla, with a metropolitan population of 2.5 million.
Cucuta, with a metropolitan population of 2 million.
Bucaramanga, with a metropolitan population of 1.5 million.
Pereira, with a metropolitan population of 1.5 million.
Manizales, with a metropolitan population of 1 million.

"En Colombia, se descubre la riqueza de la riqueza".
—Alexander Michelsen, visitante del Reino Unido

"La gente fue muy servicial y simpática. Regresaré y, antes de mi próxima visita, ¡mejoraré mi español!".
—Peter Fritzinger, visitante de Estados Unidos y trotamundos

Colombia asombrará y sorprenderá a quienquiera que la visite por primera vez. Mientras que Colombia ofrece los mismos o más tesoros culturales para visitar que la mayoría de las naciones europeas, su impresionante belleza natural, su diversidad y sus destinos ecoturísticos tan accesibles, por fin están siendo descubiertos por viajeros del mundo, de manera inesperada.

Con el tercer arrecife de coral más grande del mundo, archipiélagos que resemblan a los de Tahití, tres desiertos, montañas perpetuamente nevadas, la playa caribeña más extensa frente al Mar Caribe, innumerables parques nacionales, la costa más fecunda de todo el perímetro del Océano Pacífico, una plétora de bosques tropicales, bosques de pinos, lagos, ríos —incluyendo el Amazonas— en este país al que regresan los delfines rosados y las ballenas jorobadas para aparearse y dar a luz, no hay duda de que Colombia, que tiene 22,5 veces el tamaño de Costa Rica, pronto se convertirá en el primer destino de ecoturismo en el mundo. No es de extrañar que Colombia registró un crecimiento del 22% en turismo en 2005 y el aumento no ha disminuido desde entonces.

¡Colombia, la nación ecuatorial más cercana al paraíso!

Es importante tener en cuenta que Colombia es de los pocos grandes países del mundo que tienen a la mayor parte de su población viviendo en el interior, lejos de las costas, y uno de los pocos países de Sudamérica que tiene varias ciudades con poblaciones de más de un millón de personas. Por otra parte, la difícil topografía montañosa de Colombia hizo que cada ciudad creciera de una manera muy distinta, algo que ha hecho que todas las ciudades colombianas sean diferentes una de la otra y que sea un deleite descubrirlas en una nación que es más del 80% urbana.

Después de Bogotá, estas son algunas de las otras ciudades grandes y fascinantes que usted encontrará en Colombia:

Medellín, con una población metropolitana de casi 4 millones.
Cali, con una población metropolitana de 3.5 millones.
Barranquilla, con una población metropolitana de 2.5 millones.
Cúcuta, con una población metropolitana de 2 millones.
Bucaramanga, con una población metropolitana de 1.5 millones.
Pereira, con una población metropolitana de 1.5 millones.
Manizales, con una población metropolitana de 1 millón.

Essential Colombian Facts

- The official language of Colombia is Spanish.

- The national currency of Colombia is the Colombian peso (COP).

- The national bird of Colombia is the condor.

- The national flower of Colombia is the orchid.

- Colombia was the first mainland nation in the Americas to be colonized by the Europeans in the Western hemisphere.

- At first, it was called "Terra Firma" in Latin, signifying "mainland." It became the only nation to be named after its discoverer, Christopher Columbus.

- The first Colombian Magna Carta, or Constitution (and the first in Latin America), was drafted in 1809, and it helped forge the way for a Declaration of Independence from Spain in 1810, led by liberators Simón Bolívar, "The Great Liberator," and Francisco de Paula Santander, the man who came to be known as "The Man of Law," who fought hard to galvanize democracy in Colombia as the only other successful and uninterrupted constitutional republic in the world after the United States.

- In the early years after independence, Colombia was called La Gran Colombia and La Nueva Granada. Originally a much larger nation with Bogota as its capital, it included the northern part of South America and the Central American isthmus— Colombia, Venezuela, Ecuador, Costa Rica, and parts of Nicaragua, Guyana, Brazil, and Peru. Those nations seceded from the Union to gravitate into dictatorial governments, whereas the democratic institutions of Colombia continued to function despite the internal confrontations between liberals and conservatives—a consequence of Spain's own feudalistic identity and colonial imprint.

- With a population of over 48 million people (and approximately another 3 million living worldwide), Colombia is the second largest Spanish-speaking country in the world after Mexico.

- In 2012, it was estimated that Colombia had a real GDP purchasing power of over US$500 billion (more than US$370 billion at the official exchange rate), making it the second largest economy in South America, after Brazil.

- The Colombian economy, already ranking as the twenty-seventh largest economy in the world in 2014, is expected to be one of the fastest growing economies for at least the next twenty-five years.

Datos esenciales sobre Colombia

- El idioma oficial de Colombia es el español.

- La moneda nacional de Colombia es el peso colombiano (COP).

- El ave nacional de Colombia es el cóndor.

- La flor nacional de Colombia es la orquídea.

- Colombia fue el primer país de la América continental en ser colonizado por los europeos en el hemisferio occidental.

- Al principio, fue llamada "Terra Firma" en latín, que significa "tierra firme" o "continente". Se convirtió en el único país que llevaría el nombre de su descubridor, Cristóbal Colón.

- La primera Carta Magna de Colombia, o Constitución (también la primera en Latinoamérica), fue redactada en 1809, y ayudó a forjar el camino hacia la declaración de la independencia de España en 1810, liderada por los libertadores Simón Bolívar, "El Gran Liberador", y Francisco de Paula Santander, el hombre que llegó a ser conocido como "El Hombre de la Ley", quien luchó con fuerza para impulsar la democracia en Colombia, como la única otra república constitucional exitosa e ininterrumpida en el mundo después de Estados Unidos.

- En los primeros años después de la independencia, Colombia fue llamada La Gran Colombia y La Nueva Granada. Originalmente una nación mucho más grande, con Bogotá como su capital, incluía la parte norte de Sudamérica y el Istmo Centroamericano —Colombia, Venezuela, Ecuador, Costa Rica y partes de Nicaragua, Guyana, Brasil y Perú. Esas naciones se separaron de la Unión para gravitar hacia gobiernos dictatoriales, mientras que las instituciones democráticas de Colombia continuaron funcionando a pesar de los conflictos internos entre los liberales y conservadores —una consecuencia de la propia identidad feudal e impronta colonial de España.

- Con una población de más de 48 millones de personas (y aproximadamente otros 3 millones viviendo alrededor de todo el mundo), Colombia es el segundo país de habla hispana más grande del mundo, después de México.

- En 2012, se estimó que Colombia tenía un poder adquisitivo real del PIB de más de US$500 mil millones (más de US$370 mil millones, al tipo de cambio oficial), convirtiéndola en la segunda economía más grande de Sudamérica, después de Brasil.

- Se estima que la economía colombiana, ya ubicada en el puesto número veintisiete de economías más grandes del mundo en

- Colombia's well-managed economy is the only major one in Latin America to have never experienced negative growth, hyper-inflation, or major currency devaluation over the past eighty years.

- Colombia leads the CIVETS nations (Colombia, Indonesia, Vietnam, Egypt, and South Africa) of notable emerging economies as the only mature and historically stable Western nation among the others.

- Colombia is one of the top ten crude oil and coal exporters in the world.

- Colombia has one of the world's largest textile and fashion industries.

- Manufacturing in Colombia includes automobile parts and vehicle assembly (including heavy construction equipment and buses), ships, unmanned aircraft, boats, televisions, washers, dryers, computers, medical equipment, and software.

- Colombia is the most biodiverse nation in the world per square mile, and second most diverse overall after Brazil.

- Among other things, Colombia also has more species of birds, flowers, and butterflies than any other nation.

- Caño Cristales, the most color-filled river in the world, is arguably in one of the most beautiful places on the planet—a mountain called the Macarena that, due to its unique tectonic history (apart from the Andes mountains), developed its own flora and fauna over millions of years.

- Despite what the universally used world map may erroneously lead you to think (as it is designed to exaggerate the size of the Northern hemisphere), Colombia is actually the twenty-sixth largest country in the world, with a land area of 440,831 square miles (1,141,748 square kilometers), making it larger than France, Spain, and Portugal combined; or larger than Texas and California if these two states were one; and about the size of Norway, Sweden, and Finland put together—indeed much different than what most maps would reveal.

- Colombian healthcare was ranked number one in the Americas (above the United States, Canada, or Cuba) by the World Health Organization (WTO) in 2009, according to the first-ever global report on healthcare. Lasik eye surgery, the pacemaker for the heart, and the first malaria vaccine were invented in Colombia. Colombia also leads the world in research to end Alzheimer's disease and ovarian cancer, and was the first nation in the world to eradicate river blindness.

- Colombia has a literacy rate of over 94 percent.

2014, será una de las economías de más rápido crecimiento durante al menos los próximos veinticinco años.

- La economía de Colombia está tan bien administrada, que es la única gran economía en Latinoamérica que nunca ha experimentado un crecimiento negativo, hiperinflación o devaluación de la moneda durante los últimos ochenta años.

- Colombia lidera las naciones CIVETS (Colombia, Indonesia, Vietnam, Egipto y Sudáfrica) de notables economías emergentes, como la única nación occidental madura e históricamente estable entre las otras.

- Colombia es uno de los diez principales exportadores de petróleo y de carbón en el mundo.

- Colombia tiene una de las mayores industrias de moda y textil del mundo.

- La manufacturación en Colombia incluye partes para automóviles y el ensamble de vehículos (incluyendo equipos de construcción pesada y autobuses), barcos, aviones no tripulados, lanchas, televisores, lavadoras, secadoras, computadoras, equipos médicos y *software*.

- Colombia es el país de mayor diversidad biológica en el mundo, por kilómetro cuadrado, y el segundo más diverso en términos generales después de Brasil.

- Entre otras cosas, Colombia también tiene más especies de pájaros, flores y mariposas que cualquier otra nación.

- Podría decirse que Caño Cristales, el río más colorido del mundo, se encuentra en uno de los lugares más hermosos del planeta —en una montaña llamada La Macarena que, debido a su singular historia tectónica (apartada de la cordillera de los Andes), desarrolló sus propias flora y fauna a través de millones de años.

- A pesar del universalmente utilizado mapa del mundo, que erróneamente nos puede llevar a pensar que Colombia no es muy grande (ya que este mapa está diseñado para exagerar el tamaño del hemisferio norte), Colombia es en realidad el vigésimo sexto país más grande del mundo, con una superficie de 1.141.748 kilómetros cuadrados (440.831 millas cuadradas), lo cual lo hace más grande que Francia, España y Portugal juntos, o más grande que Texas y California, si estos dos estados fueran uno, y del tamaño de Noruega, Suecia y Finlandia juntos —de hecho, muy diferente en tamaño a lo que revelan la mayoría de los mapas.

- La atención médica colombiana ocupó el primer puesto en las Américas (por encima de Estados Unidos, Canadá o Cuba) según la Organización Mundial de la Salud (OMS) en 2009, en su

Capitolio Nacional

- Colombia operates a nuclear reactor for research purposes.

- Colombia was the first nation to have regularly scheduled airmail, and its national airline, Avianca, is the second oldest and one of the largest in the world.

- Colombia exports the richest quality of coffee in the world, and it has the most advanced research laboratories for this and other commodities.

- Colombia is the largest producer of roses and exporter of cut flowers in the world. Other agricultural exports include sugar, cocoa, and bananas.

- Colombia is also a leading exporter of gold, platinum, silver, and many other precious metals and gems, including 90 percent of the world's emeralds. It is also expected to substantially increase its output of copper in the near future.

- Colombia is not just one of the world's most important emerging economies, it is also in the process of becoming a member of the Organization for Economic Co-operation and Development (OECD) to be recognized as a fully "developed country."

- Colombia is home to the world's largest international theater festival, the oldest theater festival in Latin America, the largest salsa festival, the largest outdoor parade of horses, perhaps the largest free Rock in the Park concert, the largest flower parade, and the second largest carnival in the world (after the carnival in Rio de Janeiro).

- A poll conducted at the end of 2012 by WIN/Gallup International Association ranked Colombia as the happiest nation in the world. And just think, Colombia's best days may be yet to come!

primer informe mundial sobre la salud. La cirugía ocular Lasik, el marcapasos para el corazón y la vacuna contra la malaria fueron inventados en Colombia. Colombia también es líder mundial en la investigación para acabar con la enfermedad de Alzheimer y el cáncer de ovario.

- Colombia tiene una tasa de alfabetización de más del 94%.

- Colombia cuenta con un reactor nuclear con fines de investigación.

- Colombia fue el primer país en haber programado correo regularmente por vía aérea, y su aerolínea nacional Avianca es la segunda más antigua, y una de las más grandes del mundo.

- Colombia exporta el café da más alta calidad en el mundo y cuenta con los laboratorios de investigación más avanzados de este y otros tipos de productos.

- Colombia es el mayor productor de rosas y exportador de flores cortadas en el mundo. Otras exportaciones agrícolas son el azúcar, el cacao y el banano.

- Colombia es también un importante exportador de oro, platino, plata y otros metales y piedras preciosas, incluyendo más del 90% de las esmeraldas del mundo. También se espera que aumente sustancialmente su producción de cobre en un futuro próximo.

- Colombia no es solamente una de las economías emergentes más importantes del mundo, también está en proceso de convertirse en un miembro de la Organización para la Cooperación y el Desarrollo Económico (OCDE) para ser reconocida plenamente como "país desarrollado".

- Colombia es sede del festival de teatro internacional más grande del mundo, del festival de teatro más antiguo de Latinoamérica, del mayor festival de salsa, del desfile más grande al aire libre de caballos, del que tal vez sea el más grande concierto de rock al aire libre, del mayor desfile de flores y del segundo carnaval más grande en el mundo (después del carnaval de Río de Janeiro).

- Una encuesta a fines de 2012 de la WIN/Gallup International Association clasificó a Colombia como la nación más feliz del mundo. ¡Y pensar que los mejores días de Colombia quizás aún estén por venir!

Awards and Recognition
Premios y reconocimientos

Following is a sample of some of the prestigious international awards and recognitions that Bogota has received in recent years:

Lo que sigue son algunos de los prestigiosos premios y reconocimientos internacionales que Bogotá ha recibido a lo largo de los últimos años:

2013 C40 Climate Leader Cities and Siemens awarded Bogota the City Climate Leadership Award in the Urban Transport category.
C40 Grupo de Liderazgo Climático y Siemens, le otorgó a Bogotá el premio por Liderazgo del Clima en la categoría de Transporte Urbano.

2012 Named the City of Creative Music by UNESCO.
Nombrada la Ciudad Creativa de Música por la UNESCO.

2007 The XXI Assembly of the Union of Iberoamerican Capital Cities named Bogota the Iberoamerican Culture Capital.
La XXI Asamblea de la Unión de Ciudades Capitales Iberoamericanas nombró a Bogotá la Capital Cultural Iberoamericana.

2007 Named the World Capital of the Book by UNESCO.
Nombrada la Capital Mundial del Libro por la UNESCO.

2006 Received the Golden Lion Award for Architecture at the Venice Biennale.
Recibió el Premio León de Oro en Arquitectura de la Bienal de Venecia.

2005 Received special mention at the International Active and Healthy City competition.
Recibió mención especial en el Concurso Internacional de la Ciudad Activa y Saludable.

2004 Received the Digital City Prize awarded by the Hispano-American Center for Investigation of Telecommunication Corporations (AHCIET).

Recibió el Premio Ciudad Digital otorgado por el Centro Hispano-Americano de Investigación de Empresas de Telecomunicaciones (AHCIET).

2002 Awarded the Peace Prize by UNESCO.
Galardonada con el Premio de la Paz por la UNESCO.

2002 Awarded the Access to Learning prize by the Bill and Melinda Gates Foundation.
Galardonada con el Premio de Acceso al Aprendizaje por la Fundación Bill y Melinda Gates.

2000 Received the Stockholm Challenge Award for being the first city in the world to implement an annual Day Without a Car
Recibió el Premio Stockholm Challenge por ser la primera ciudad en el mundo que implementó el Día Sin Carro anual.

1996 Recognized as having the best managed credit in Latin America by the Union of Iberoamerican Capital Cities.
Reconocida como la mejor ciudad en manejo crediticio en América Latina por la Unión de Ciudades Capitales Iberoamericanas.

Appendix
Apéndice

Embassies / Embajadas

Argentina
Avenida Calle 40 A No. 13 – 09;
16th Floor
Tel.: 288.0900 / 288.8868
embargentina@etb.net.co

Austria
Carrera 9 No. 73 – 44; 4th Floor
Tel.: 326.3690 / 326.3680 / 317.7639
bogota-ob@bmeia.gv.at
www.embajadadeaustria.org.co

Belgium / Bélgica
Calle 26 No. 4 A – 45; 7th Floor
Tel.: 380.0350 / 380.0370 / 380.0380
Bogota@diplobel.fed.be
www.diplomatie.be/bogota

Brazil / Brasil
Calle 93 No. 14 – 20; 8th Floor
Tel.: 218.0800 / 218.8393
embaixada@brasil.org.co
www.brasil.org.co.

Canada / Canadá
Carrera 7 No. 114 – 33; 14th Floor
Tel.: 657.9800 / 657.9951 / 657.9912
bgota@international.gc.ca
www.bogota.gc.ca

Chile
Calle 100 No. 11 B – 44
Tel.: 214.7990 / 620.6613 / 619.3863
embajadachile@cable.net.co

China
Carrera 16 No. 98 – 30; Office 402
Tel.: 622.3215 / 622.3193 / 622.3235
china_co@mfa.gov.cn
http://co.china-embassy.org/chn

Costa Rica
Calle 103 No. 16 – 60
Tel.: 218.1999 / 636.2681/ 691.0204
embacosta@andinet.com
www.embajadadecostarica.org

Cuba
Carrera 9 No. 92 – 54
Tel.: 621.7054 / 621.6116 / 621.6120
embacuba@cable.net.co
http://embacu.cubaminrex.cu/colombia

Dominican Republic / República Dominicana
Carrera 18 No. 123 – 45
Tel.: 601.1670 / 601.1721 / 601 0023

Delegation of the European Commission / Delegación de la Comisión Europea
Carrera 7 No. 114 – 33; 10th Floor
Tel.: 6581150 Fax: 6581179
delegation-colombia@ec.europa.eu
www.delcol.ec.europa.eu

Egypt / Egipto
Transversal 19 A No. 101 – 10
Tel.: 616.3401 / 256.2940 / 256.1976
embajadadeegipto@cable.net.co

El Salvador
Carrera 9 No. 80 - 15 Office 503
Tel.: 349.6765 / 349.6771/ 349.6770
elsalvadorcolombia@cable.net.co

France / Francia
Carrera 11 No. 93 – 12
Tel.: 638.1447 / 638.1400
amfrabog@andinet.com

Guatemala
Calle 87 No. 20 - 27 Office 302
Tel.: 6361.724 / 610.1449
embcolombia@minix.gob.gt
www.minex.gob.gt

Honduras
Calle 65 No. 8 – 26 Office 201
Tel.: 636.1724 / 610.1449
embcolombia@minix.gob.gt
www.minex.gob.gt

India
Carrera 7 No. 71 – 21; Office 1001
Tel.: 317.4865 / 317.4876 / 317.4976
www.embajadaindia.org

Indonesia
Carrera 11 No. 75 – 27
Tel.: 217.2404 / 211.9735
eindones@colomsat.net.co
www.indonesiabogota.org.co

Iran / Irán
Calle 96 No. 11 A – 20
Tel.: 256.2862 / 480.7485
embairancolombia@yahoo.com

Lebanon / Líbano
Calle 74 No. 12 – 44
Tel.: 348.1781

Morocco / Marruecos
Carrera 23 No. 104 A – 34
Tel.: 619.3681

Netherlands / Holanda
Carrera 13 No. 93-40, 5th Floor
Tel.: 638.4200

Nicaragua
Carrera 12 No. 119 – 55
Tel.: 619.8911

Palestine / Palestina
Calle 45 No. 14 – 76
Tel.: 287.7904

Panama / Panamá
Calle 92 No. 7 – 40
Tel.: 257.4452

Paraguay
Calle 72 No. 10 – 51; Office 1001
Tel.: 212.7552

Peru / Perú
Calle 80 A No. 6 – 50
Tel.: 257.0505

Poland / Polonia
Calle 104 A No. 23 – 48
Tel.: 214.0400

Portugal
Calle 98 No. 9 – 03; Office 906
Tel.: 622.1649

Russian Federation / Federación Rusa
Carrera 4 No. 75 – 02
Tel.: 212.1881
embajadaderusiaencolombia@
gmail.com
www.colombia.mid.ru/embajada.html

Spain / España
Calle 92 No. 12 – 68
Tel.: 622.0090 / 635.0218 / 622.0633
embespco@correo.mae.es
general@aecidcolombia.org

Sweden / Suecia
Calle 72 Bis No. 5 – 83
Tel.: 325.6180 / 325.6600

Switzerland / Suiza
Carrera 9 No. 74 – 08; 11th Floor
Tel.: 349.7230
vertretung@bog.rep.admin.ch
www.eda.admin.ch/bogota

Uruguay
Carrera 9 No. 80 – 15 11th Floor
Tel.: 235.2968 / 235.1462
urucolom@etb.net.co

United States / Estados Unidos
Calle 24 Bis No. 48 – 50
Tel.: 315.0811
bogota@usembassy.gov
http://bogota.usembassy.gov

Venezuela
Carrera 11 No. 87 – 51; 5th Floor
Tel.: 640.1213
embajada@embaven.org.co
www.mre.gov.ve

Consulates / Consulados

Australia
Radisson Hotel
Calle 113 No. 9 – 65; Suite 908
Tel.: 629.5559
(The consulate will be moving
locations in 2014)

Barbados
Avenida Carrera 19 No. 108 – 45;
Office 304
Tel.:637.9089/612.3396/612.3389
gilbertosanchezr@msn.com

Denmark / Dinamarca
Carrera 10 No. 96 – 25; Office 611
Tel.: 610.0798 / 2360.824 / 610.0829
danconsul@etb.net.co

Ecuador
Calle 67 # 7 – 35; Office 1102
Tel.: 317.5328 / 317.5329
cecubogota@mmrree.gov.ec

Finland / Finlandia
Carrera 17 No. 106 -11
Avenida El Dorado No. 69 A – 51;
Interior 1; 5th Floor
Tel.: 410.9349

Greece/ Grecia
Carrera 12 A No. 78 – 18
Tel.: 211.3576 / 485.8777 / 211.1845

Hungary/ Hungría
Calle 92 No. 15 – 48; Office 404
Tel.: 609.6575
hchungria@gmail

Ireland/ Irlanda
Avenida las Américas No. 56 – 41
Tel.: 446.6115
gomezconsulirlanda@smurfitkappa.
com.co

New Zealand / Nueva Zelanda
Tel. 310.230.7795
pearsona@etb.net.co

Norway/ Noruega
Carrera 9 No. 73 – 44, 8th Floor
Tel.: 317.7851 / 317.7852

Philippines/ Filipinas
Carrera 17 No. 106 – 11
Tel.: 522.0324 / 803.3694

Thailand / / Tailandia
Calle 100 No. 16 – 66; Office 101
Tel.: 257.6004
consulado100@etb.net.co

Turkey / Turquía
Carrera 65 A No. 18 – 64
Tel.: 405.4747
bsamper@cable.net.co

Universities
Universidades

Though we estimate over three hundred colleges and universities in Bogota alone, below are the names of the top institutions of higher learning, in addition to the SENA:

Aunque calculamos más de trescientos institutos universitarios y universidades solo en Bogotá, a continuación encontrarán los nombres de las mejores instituciones de educación superior, además del SENA:

Colegio de Estudios Superiores de Administración (CESA)

Colegio Mayor de Nuestra Señora del Rosario - Universidad del Rosario (Considered one of the top universities in Colombia) (considerada una de las mejores universidades en Colombia)

Colegio Odontológico Colombiano

Colegio Superior de Telecomunicaciones

Corporación Centro de Estudios Artísticos y Técnicos (CEART)

Corporación Centro de Nuestra Señora de las Mercedes

Corporación de Educación Nacional de Administración (CENDA)

Corporación Educativa AES

Corporación Educativa Politécnico Colombo Andino

Corporación Educativa Taller 5 Centro de Diseño

Corporación Escuela de Artes y Letras

Corporación Escuela de Diseños Industriales (ACADITEC)

Corporación Instituto Colombo Alemán para la Formación Tecnológica (ICAFT)

Corporación Instituto Superior de Educación Social (ISES)

Corporación Instituto Tecnológico de la Seguridad (INTESEG)

Corporación Internacional para el Desarrollo Educativo (CIDE)

Corporación John F. Kennedy

Corporación para el Desarrollo Social Antonio Nariño (CORPDESAN)

Corporación Técnica de Colombia (CORPOTEC)

Corporación Tecnológica de Bogotá

Corporación Tecnológica Industrial Colombiana

Corporación Unificada Nacional de Educación Superior (CUN)

Corporación Universal de Investigación y Tecnología (CORUNIVERSITEC)

Corporación Universitaria de Ciencia y Desarrollo (UNICIENCIA)

Corporación Universitaria Iberoamericana (LA IBERO)

Corporación Universitaria Minuto de Dios (UNIMINUTO)

Corporación Universitaria Republicana

Corporación Universitaria Unitec

Escuela Colombiana de Carreras Industriales (ECCI)

Escuela Colombiana de Diseño

Escuela Colombiana de Hotelería y Turismo (ECOTET)

Escuela Colombiana de Ingeniería (ECI)

Escuela Colombiana de Rehabilitación

Escuela de Arte y Diseño de Arquitectura e Ingeniería

Escuela Internacional de Diseño y Comercio La Salle

Escuela Superior de Administración Pública (ESAP)

Escuela Superior de Oftalmología, Instituto Barraquer de América (Perhaps the finest ophthalmological institution in the world, where Lasik surgery was invented.) (tal vez la mejor institución oftalmológica del mundo, donde se inventó la cirugía LASIK)

Fundación Centro de Educación Superior, Investigación y Profesionalización (CEDINPRO)

Fundación Centro de Investigación, Docencia y Consultoría Administrativa (CIDCA)

Fundación Centro de Investigación y Estudios Odontológicos (CIEO)

Fundación de Educación Superior ESATEC

Fundación de Educación Superior Nueva América

Fundación de Educación Superior San José (FESSANJOSE)

Fundación Eurocolombiana de Educación Superior

Fundación Instituto Superior de Carreras Técnicas (INSUTEC)

Fundación Interamericana Técnica (FIT)

Fundación para la Educación Superior Real de Colombia

Fundación para la Educación Superior San Mateo

Fundación Tecnológica Autónoma de Bogotá (FABA)

Fundación Tecnológica de Madrid, Cundinamarca

Fundación Tecnológica San Francisco de Asís

Fundación Universitaria Agraria de Colombia (UNIAGRARIA)

Fundación Universitaria CAFAM (UNICAFAM)

Fundación Universitaria de Ciencias de la Salud (FUCS)

Fundación Universitaria del Area Andina

Fundación Universitaria Empresarial de la Cámara de Comercio de Bogotà (Uniempresarial)

Fundación Universitaria Iberoamericana (FUNIBER)

Fundación Universitaria INPAHU

Fundación Universitaria Konrad Lorenz

Fundación Universitaria Los Libertadores

Fundación Universitaria Luis Amigó (FUNLAM)

Fundación Universitaria Monserrate (FUM)

Fundación Universitaria Panamericana (UNIPANAMERICANA)

Fundación Universitaria Sanitas (UNISANITAS)

Fundación Universitaria San Alfonso (FUSA)

Fundación Universitaria San Martín (FUSM)

Instituto Nacional de Telecomunicaciones (INSTEL)

Instituto Técnico Central La Salle

Institución Tecnológica de Educación Superior (ICSEF)

Institución Universitaria Colombo Americana (UNICA)

Institución Universitaria Latina (UNILATINA)

Politécnico Colombo Andino

Politécnico Grancolombiano

Politécnico Internacional

Universidad Corporación Unificada Nacional

Pontificia Universidad Javeriana (The leading Jesuit university of Colombia, still maintaining one of the highest rankings in Latin America for its rich academic program.) (la universidad jesuita líder de Colombia que aún mantiene una de las ubicaciones más altas en el ranking de Latinoamérica por su rico programa académico)

Servicio Nacional de Aprendizaje (SENA)

Universidad Colegio Mayor de Cundinamarca

Universidad INCCA de Colombia

Universidad La Gran Colombia

Universidad Libre

Universidad Manuela Beltrán (UMB)

Universidad Militar Nueva Granada

Universidad Nacional Abierta y a Distancia (UNAD)

Universidad Nacional de Colombia (Ranked as one of the top universities in the world and one of the top ten in the region, it is also the largest, most important national university network in Colombia, with over 26,000 students in the central Bogota campus alone.)
(considerada una de las mejores universidades del mundo, también es la más grande y más importante red nacional de universidades en Colombia con más de 26.000 estudiantes solo en el campus central de Bogotá)

Universidad Pedagógica Nacional (A teacher's college)
(un colegio de profesores)

Universidad Piloto de Colombia

Universidad Santo Tomás (The oldest university in Colombia.)
(la universidad más antigua en Colombia)

Universidad de Bogotá Jorge Tadeo Lozano (A recognized leader for various academic programs, including music and theater.)
(reconocida como líder por varios programas académicos incluyendo Música y Teatro)

Universidad de San Buenaventura

Universidad Distrital Francisco José de Caldas

Universidad Antonio Nariño

Universidad Autónoma de Colombia

Universidad Católica de Colombia

Universidad Central

Universidad Cooperativa de Colombia

Universidad de América

Universidad de Ciencias Aplicadas y Ambientales (UDCA)

Universidad de La Sabana

Universidad de La Salle (An important and beautiful campus, centrally located in Chapinero Alto.)
(un bello e importante campus centralmente localizado en Chapinero Alto)

Universidad de los Andes (With its broad and fine academic program, this university is ranked as one of the top ten universities in Latin America.)
(con su amplio y excelente programa académico, esta universidad está ubicada entre las diez mejores en Latinoamérica)

Universidad EAN

Universidad El Bosque

Universidad Externado de Colombia (One of the largest and loveliest campuses, this university is recognized for its law programs that include international political sciences.)
(uno de los campus más grandes y agradables; esta universidad es reconocida por sus programas de Derecho que incluyen Ciencias Políticas Internacionales)

Universidad Sergio Arboleda

Universitaria Agustiniana (UNIAGUSTINIANA)

Index
Índice

A

aestheticians (esteticistas), 385–386

altitude and altitude sickness (altitude y mal de altura), 4–6

aquatics (acuáticos), 424

architecture (arquitectura), 144–155

art galleries (galerías de arte), 194–197

ALcorrienteARTE, 195

Alonso Arte Galería, 195

Alonso Garces, 195

ArtNexus, 195

Atena, Estudio de Arte, 195

atGallery.Bogota, 195

Beatriz Esguerra Art, 195

Biblioteca Luis Angel Arango, 195

Biblioteca Nacional de Colombia, 195

Bogota Graffiti Tours, 195

Carlos Santacruz, 195

Casa Ensamble, 195

Casa Sin Fin, 195

Casa Tinta, 195

Centro Colombo Americano, 195

Centro Cultural Gabriel Garcia Márquez, 195

Centro Cultural Reyes Católicos, 195

Cero Galeria, 195

Colección Dominguez Zamorano, 195

Cu4rto Nivel Arte Contemporáneo, 195–196

Deimos Arte Galería, 196

delinfinitoarte bogota, 196

Espacio Alterno Uniandinos, 196

Espacio Van Staseghem, 196

Flamingo Road Gallery, 196

Fundación Enrique Grau Museo y Centro Cultural Casa Grau, 196

Fundación Gilberto Alzate Avendaño, 196

Fundación Teatro Odeón, 196

Galería (MÜ), 197

Galería Baobab, 196

Galería Casa Cuadrada, 196

Galería Casas Riegner, 196

Galería Christopher Paschall Siglo XXI, 196

Galería de Arte Montealegre, 196

Galería de Arte Universidad de los Andes, 196

Galería Diners, 196

Galería Dos Casas, 196

Galería El Cesar, 196

Galería el Garaje, 196

Galería el Gato, 196

Galería El Museo, 196

Galería Expreso del Arte, 196

Galería Fernando Quintana, 196

Galería Galpon Ccu, 196

Galería Gráfica, 196

Galería La Escalera, 196–197

Galería Neebex, 197

Galería Nuevochenta, 197

Galería Santafe, 197

Galería Sextante, 197

Imaginart Latinoamérica, 197

Industria Urbana Galería, 197

Juan Salas Galería, 197

La Central, 197

La Cometa, 197

La Galería, 197

La Junta, 197

La Localidad, 197

La Pared Galería, 197

La Residencia, 197

LGM Arte Internacíonal de Bogotá, 197

+mas arte contemporáneo, 197

Museo de Arte de la Universidad Nacional de Colombia, 197

NC-arte, 197

Plataforma Bogotá, 197

Quinta Galería, 197

Rojo Galería, 197

Sala de Arte de la Fundación Cardioinfantil, 197

Universidad Jorge Tadeo Lozano, 197

Valenzuela Klenner, 197

Warehouse Art, The, 197

Zona Cinco Fotográfico, 197

artisan shops and markets (comercios y mercados artesanales), 316–319

Acuario Arte y Artesanías, 316

Almacén Artesanal El Bonsái, 316

Alta Moda t.e.x.t.i.l., 319

Ancestros, 316

André for Men, 319

Arte Kuna Colombia, 316

Artesanías Ana Margarita Gómez de Pinzón, 316

Artesanías Carin, 316

Artesanías de Colombia, 316

Artesanías de la Chamba Tolima, 316

Artesanías de Navidad, 316

Artesanías de Raquira, 317

Artesanías Dimarc Ltda., 317

Artesanías el Balay, 317

Artesanías el Castillo, 317

Artesanías el Latinoamericanas, 317

Artesanías el Lissa, 317

Artesanías el Tunjo, 317

Artesanías el Universo, 317

Artesanías el Zaque, 317

Artesanías el Zipa, 317

Artesanías Religiosa Luisa A. Martinez, 316

Artesanías y Tejidos Ruminahui, 316

Arte y Artesanías Colombiana, 316

Atena, 317

Byzanz, 319

Centro Colombiano de Artesanías, 317

clothing fabric, 319

CultivART, 317

Disarcol, 317

El Corte Inglés, 319

Escuelas Taller de Colombia, 317

Galería Artesanal, 318

Galería Artesanal Columbia, 318

Galería Cano, 318

Herencias, 318

Induarte Artesanías, 318

Junkâará, 318

La Boutique, 318

La Tienda Francisco el Hombre, 318

Mambe shop, 318

Mercado de Pulgas Carpe Diem, 318–319

Mercado de Pulgas Toldos de San Pelayo, 319

Mundo Artesanal, 319

Naty Roots, 319

Paños Atlas, 319

Salinas, 319

Sukuwaira arte a mano, 319

Telonios, 319

Tikuna, 319

Vrindavan Candra, 319

Xue, 319

ZUK, 319

art space for kids (espacio de arte para niños), 395

ATMs (cajeros automáticos), 6–9

awards and recognition (premios y reconocimientos), 458–459

B

banks (bancos), 5–6

bathrooms, public (baños públicos), 16–19

Bogota region (región de Bogotá), 430–447

humedales, 446

national parks and other natural spots (parques nacionales y otros puntos naturales), 442–445

resources, general (recursos generales), 447

bohemian neighborhoods (vecindarios bohemios), 26–29

bohemian spots (espacios bohemios), 30–31

bookstores (librerías), 172–177

Alejandría, 172

Alonso Garcés Tienda, 172

Arteletra Librería – Café, 172

Atenea Librería, 172

Authors Bookstore, 172

Ayeli, 172

Babel Libros, 172

Biblos Librería, 172

book district, 174

Books & Books, 172

Café Libro Sion, 172

Casa de Poesía Silva, 172–173

Casa Tierra Firme, 173

Casa Tomada Café y Libros, 173

Centros de Literatura Cristiana de Colombia, 173

Círculo Cultural, 173

Danny's Books, 173

Dislectura, 173

Easy Book, 173

Ediciónes Doctrina y Ley, 173

Editores Verbo Divino, 173

El Arcano, 173

El Fauno, 173

El Individual, 173

English Language Services, 173

Errata, 173

Fondo Cultural Iberoamerícano, 173

Forum Discos y Libros, 173

Galería (MÜ), 173

Galería Café Libros, 173

Grupo Cultural Andino, 174

Infinito Libros, 174

Intermedica, 174

Kingstuff, 174

La Era Azul, 174

La Hora de Cuento, 174

La Librería del Centra Cultural Gabriel García Márquez, 174

La Residencia, 174

La Tienda Javeriana, 174

Lenguas Modernas
Editores, 174
Leyer, 174
Librería Acuario,
174–175
Librería Alianza, 175
Librería Anticuario
Enrique Cárdenas
Olaya, 175
Librería Balzac, 175
Librería Central, 175
Librería Círculo de
Lectores, 175
Librería Cristiana, 175
Librería de Biblioteca
Virgilio Barco, 175
Librería del Ingeniero,
175
Librería el Dinosaurio,
175
Librería Errata, 175
Librería Esotérica
Raziel, 175
Librería Espiritual,
175
Librería francesa
"Tiempos futuros,"
175
Librería Herder, 175
Librería Infantil La
Hora del Cuento, 175
Librería Infantil Tienda
de Oz, 175
Librería Iris, 175
Librería La Tienda de
las Letras, 175
Librería Learner, 175
Librería Magisterio,
175–176
Librería Nacional, 176
Librería Temis, 176
Librería Temis y
Libros, 176
Librería The Golden
Book, 176
Librería Trilce, 176
Librería Universo, 176
Libros Merlin, 176
Luna Dorada, 176
Luvina, 176
Luziernaga, 176
LVX Esotérica, 176
Matura, 176
Mr. Books, 176
Nobel Librería &
Papelería, 176
Novilunio, 176–177

Nueva Librería & Café,
177
Nueva Librería
Francesa, 177
Panamericana, 177
Prólogo Café y Libros,
177
Promesas, 177
Safari Bookshop, 177
Salud Vibrante, 177
San Librario, 177
Scholastic Libros en
Inglés, 177
Spooky House, 177
Templares Librería,
177
Trementina Artes y
Libros, 177
UN La Librería, 177
Villegas editores, 177
breakfast dishes (platos
para desayuno),
234–237
caldo de costilla, 234,
235
changua, 235, 236
huevos al gusto, 235,
236
huevos fritos, 235, 236
huevos pericos, 235,
236
huevos rancheros, 235,
236
huevos revueltos, 235,
236
breweries (cervecerías).
See pubs and
breweries (Ver *pubs* y
cervecerías)
business (negocios),
32–45
history (historia),
32–41
resources (recursos),
42–45

C

car racing
(automovilismo), 424
casinos, 363
Broadway Casino, 363
Casino Caribe
Downtown, 363
Casino Caribe North,
363

Casino Caribe Plaza de
las Américas, 363
Casinos El Dorado,
363
Club Jacks, 363
Crown Casinos, 363
Hollywood Casino &
Café, 363
Rio Casino, 363
Rockefeller Casino,
363
Rock 'n Jazz Casino,
363
Salón Versalles, 363
cheeses (quesos), 233,
234
campesino, 234, 235
costeño picado, 234,
235
cuajada, 234, 235
doble crema, 234, 235
paipano, 234, 235
pera, 234, 235
cinematic
venues (locales
cinematográficos),
162–164
Alianza Francesa, 163
alternative venues
(locales alternativos),
163–164
arthouse theaters
(salas de cine de
autor), 163
A Seis Manos, 163–
164
Cine Colombia, 162
Cinemanía, 163
Cinema Paraíso, 163
Cinemark, 162
Cinemateca Distrital,
164
In Vitro Bar, 164
libraries (bibliotecas,
164
Luvina Libros, 164
main movie theaters
(principales salas de
cine), 162
Museo de Arte
Moderno – MAMBO,
164
Museo de Arte y
Cultura Colsubsidio,
164
Museo Nacional, 164

Procinal, 162
Universidad Javeriana, 164
clothing (ropa), 14, 17
Colombia, 448–457
about (sobre), 450–451
facts, essential (datos esenciales), 452–457
condiments (condimentos), 233, 234
aji, 233, 234
chimichurri, 233, 234
crema de leche, 233, 234
guacamole, 233, 234
suero, 233, 234
consulates (consulados), 462
credit cards (tarjetas de crédito), 8, 9
crime (crimen), 18, 19
cultural centers (centros culturales), 142–143
Alianza Colombo Bulgara, 142
Alianza Colombo Francesa, 142
Biblioteca Luis Ángel Arango, 142
Casa de la Cultura Afrocolombiana, 142
Centro Cultural Biblioteca Pública Julio Mario Santo Domingo, 142
Centro Cultural Gabriel Garcia Márquez, 142
Centro Cultural Llanero, 142
Centro Cultural Nuevo Mundo (Rosicrucian Order), 142
Colombo Americano, 142
Fundación Cultural Colombo-China, 142
Fundación Gilberto Alzate Avendaño, 143
Fundación Nichisei, 143
Fundación Santillana, 143

Gimnasio Moderno, 143
Goethe Institut Bogota, 143
Instituto Cultural de Brasil Colombia (iBRACO), 143
La Fundación Araya, 143
Spracht Institut – Colombo Alemán, 143
culture (culture). See also specific types of culture (Ver también tipos de cultura específicos)
about (sobre), 134–137
history (historia), 138–141
currency (moneda), 5, 6
cycling (ciclismo), 425

D

dance (baile), 210–211
Adra Danza, 211
Ballet Ana Pavlova, 211
Compañía América Danza, 211
Concuerpos, 211
Estrantres Danza, 211
Fundación Espiral / La espiral, 211
Kalamo Oanza Contemporánea, 211
La Casona de la Danza, 211
L'Explose, 211
Omutism0, 211
Orkéseos, 211
Trevius Danza Contemporánea, 211
dental care, twenty-four-hour (urgencias odontológicas), 384
disabled people, sports for (deportes para discapacitados), 429
dishes (platos), 228–233
ajiaco santafereño, 228, 229
albondigas, 229, 230

arroz con coco, 229, 230
arroz con pollo, 229, 230
asaderos, 228, 229
bandeja paisa, 229, 230
carne de res, 230, 231
carne llanera, 230, 231
chicharrón, 230, 231
costillas de cerdo, 230, 231
envuelto or bollo, 230, 231
frijolada, 230, 231
fritanga, 230–232
frutos del mar, 230, 231
guiso de cola, 231, 232
higado encebollado, 231,232
lechona, 231,232
lengua, 231,232
pescado, 231,232
sancocho, 232, 233
sobrebarriga, 232, 233
tamal tolimense, 232, 233
ternera llanera, 232, 233
documents (documentos), 22
drinking laws (leyes para beber), 10, 11
drinks (bebidas), 236–241
aromática, 238, 239
avena, 237, 238
café, 238, 239
cajarillo, 238, 239
canelazo, 238, 239
chicha, 237, 238
chocolate, 238, 239
cold drinks (bebidas frías), 236–239
forcha, 238, 239
hot drinks (bebidas calientes), 238–241
juices (jugos), 236–238
limonada, 237, 238
masato, 237, 238
panela, 239, 240
tea (té), 240, 241
vino caliente, 240, 241

drugs, illicit (sustancias ilícitas), 10, 15

E

embassies (embajadas), 461–462

emergency phone numbers (teléfonos de emergencia), 10

equestrian arts (arte ecuestre), 425

excursions for kids (excursiones para niños), 395

exit tax (impuesto de salida), 22, 23

eye care (cuidado de ojos), 384

F

festivals and events (festivales y eventos), 46–56

January (enero), 46–47

February (febrero), 47

March (marzo), 47–48

April (abril), 48–49

May (mayo), 49–50

June (junio), 50–51

July (julio), 51

August (agosto), 52

September (septiembre), 52–53

October (octubre), 53–55

November (noviembre), 55–56

December (diciembre), 56

film (cine), 156–164

about (sobre), 156–161

cinematic venues (locales cinematográficos), 162–164

fitness centers (gimnasios), 390–391

flea markets (mercados de pulgas), 320–321

Centra Internacional Flea Market, 320

Mercado del Pasaje Rivas, 320

Mercado de Pulgas Carpe Diem, 320

Mercado de Pulgas San Alejo, 320

Mercado de Pulgas Toldos de San Pelayo, 321

Pulgas en el Parque de los Periodistas, 321

food & wine shops, specialty (comidas especiales y bodegas de vino), 257–261

Abasto despensa, 257

Amarte, 257

Amrit, 257

Anchettas & Chesttas, 257

Arflina Delikatessen, 257

azimos, 257

Balu, 257

Beirut, 257

Bioplaza, 257

Boccato Di Nardi, 258

Casa del Queso, 258

Casa Lis Cigarrería, 258

Casa Mexicana Express, 258

Cava de Quesos, 258

El Aldeano, 258

El Bohemio, 258

El Glotón, 258

Fondant Cakes, 258

Fractales, 258

Friogan, 258

Germinario, 258

Global Gourmet, 258

Green Market, 258

Hipermar, 259

Huerta Cajica Supermercado, 259

Il Filetto Gourmet, 259

Il Pomodoro Gourmet, 259

Koller, 259

KUSI, 259

Kyoto Oriental Groceries, 259–260

La Bodega de Abasto, 260

La Boutique de las Carnes, 260

Lácteos Levelma, 260

La Ecotienda, 260

La Flor de la Vida, 260

La Monferrina, 260

Las Margaritas, 260

La Viña, 260

La Zamorana, 260

Luna Dorada, 260

Maki Roll, 260

Medio Oriente Supermercado, 260

Melange Gourmet, 260

Morenos Límitada, 260

Ofresco's, 260

OPA's, 261

Pan Vivo, 261

Pastaio, 261

Pastas L'Estragon, 261

Píccolo Caffé, 261

Rialto Delikatessen, 261

Sagal, 261

Salud Vibrante, 261

San Lorenzo Express, 261

Sibaris, 261

Stragos, 261

Supermercado Naturista, 261

Vittis, 261

Wine Store, The, 261

Zukini, 261

fruits (frutas), 240–245

araza, 240, 241

banano, 240, 241

chirimoya, 240, 241

chontaduro, 240, 241

ciruela, 240, 241

coco, 240, 243

curuba, 242, 243

durazno, 242, 243

feijoa, 242, 243

frambuesa, 242, 243

fresa, 242, 243

granadilla, 242, 243

guama, 242, 243

guanabana, 242, 243

guayaba, 242, 243

lulo, 242, 243

mamoncillo, 243, 244

mandarina, 243, 244

mango, 243, 244

manzana, 244, 245
maracuyá, 244, 245
mora, 244, 245
naranja, 244, 245
papaya, 244, 245
piña, 244, 245
pitaya, 244, 245
sandía/patilla, 244, 245
tomate de árbol, 244, 245
uchuva, 244, 245
uva, 244, 245
zapote, 244, 245

G

golf, 426

groceries, general (víveres en general), 254–255

big box stores (hípermercados), 255
Carulla, 254–255
Éxito, 255
Jumbo, 255
Olímpica/SAO, 255

H

hair salons and stylists (peluquerías y estilistas), 386–389

hang gliding (ala delta), 426

healing arts (artes sanadoras), 384–385

health, beauty, and fitness (salud, belleza y estar en forma), 374–391

historical timeline (cronología histórica), 58–61

hockey, 427

holidays, public (días festivos), 98–99

home décor and electronics stores (decoración para el hogar y artículos electrónicos), 323–325

Area Loft, 323
Bang & Olufsen Bogota, 323

Bose, 323
Cachivaches, 323
Carmiña Villegas, 323
Chefs Store, 323
El Apartamento, 323
Era de Bronce, 323
Érase Una Casa, 323
Eurolink, 324
Galería Ethos, 324
Galería Navas & Navas, 324
High Lights, 324
Iluminata, 324
Inkanta Design, 324
IRAKA Punto de Luz, 324
Jean Vier, 324
Kaluz, 324
Katmandú, 324
Keyton Showroom, 324
Ktronix, 324
Luar, 324
Luna Dorada, 324
Nepal, 324
Nueva Era Arte y Diseño, 324

horse racing (carreras de caballos), 425

hospitals, major (hospitales principles), 384

humedales, 446

I

ice skating (patinaje sobre hielo), 427

inline skating (patinaje en línea), 427

Internet, 10–12

K

kids (niños), 392–403

art (arte), 395
diversions (diversiones), 395
excursions (excursiones), 395
libraries and literature (bibliotecas y literatura), 396
museums (museos), 396–397
music (música), 397
parks (parques), 401

puppets (títeres), 397
theaters (teatros), 398
theme parks (parques temáticos), 398–399
zoos (zoológicos), 402–403

L

layover, twenty-four-hour (escala de veinticuatro horas), 22

LGBT, 364–373

libraries, public (bibliotecas públicas), 178–179

Biblioteca Julio Mario Santo Domingo, 179
Biblioteca Luís Ángel Arango, 179
Biblioteca Nacional de Colombia, 179
Biblioteca Pública Arborizadora Alta, 179
Biblioteca Públicablica Usaquén – Servitá, 179
Biblioteca Pública Carlos E. Restrepo, 179
Biblioteca Pública de Bosa, 179
Biblioteca Pública de Perdomo Soledad Lamprea, 179
Biblioteca Pública de Suba Francisco José de Caldas, 179
Biblioteca Pública de Venecia Pablo de Tarso, 179
Biblioteca Pública El Tintal Manuel Zapata Oliveii, 179
Biblioteca Pública La Giralda, 179
Biblioteca Pública Lago Timiza, 179
Biblioteca Pública La Marichuela, 179
Biblioteca Pública La Peña, 179
Biblioteca Pública Las Ferias, 179
Biblioteca Pública La Victoria, 179
Biblioteca Pública Parque El Tunal, 179

Biblioteca Pública Puente Aranda Néstor Forero Alcalá, 179

Biblioteca Pública Rafael Uribe Uribe, 179

Biblioteca Pública Ricaurte Alberto Gutierrez Botero, 179

Biblioteca Pública Virgilio Barco, 179

local branches, 179

literature (literatura), 166–179

about (sobre), 166–171

bookstores (librerías), 172–177

kids (niños), 396

libraries, public (bibliotecas públicas), 178–179

lounges (bares). See nightclubs and lounges (Ver clubes nocturnos y bares)

M

mail (correo), 12, 15

maps (mapas), 90–97

markets (mercados), 254–261

food & wine shops, specialty (comidas especiales y bodegas de vino), 257–261

groceries, general (víveres en general), 254–255

produce (frutas y vegetales), 256

media outlets and publications (medios de comunicación y publicaciones), 12, 13, 15

medical care (cuidado médico), 380–382

men's shops (tiendas para hombres), 328–329

AlterEgo, 328

André for Men, 328

Andrés Jaime, 328

Botas Arizona, 328

Cheviot, 328

Ciudad Freak, 328

d'Lois, 328

D'Roberto, 328

Dolce & Gabbana, 328

ecléctica, 328

El Sombrero Australiano, 328

Gino Pascalli, 329

Harold Leather, 329

Juan, 329

La Chaqueteria, 329

Napoleone, 329

Nicols, 329

Ondade de mar, 329

Ricardo Pava, 329

Rosé Pistol, 329

Salvatore Ferragamo, 329

Sombrería Nates, 329

Time M.A., 329

mobile devices (dispositivos móviles), 12, 17

money exchange (cambia de divisas), 6, 7

motorcycling (motociclismo), 427

moving to Colombia (mudarse a Colombia), 62–67

about (sobre), 62–65

retirement housing (hogares de retiro), 66, 67

retiring (jubilarse), 64–67

museums (museos), 180–193

about (sobre), 180–181

Biblioteca Carlos Lleras Restrepo, 182

Casa de la Moneda, 182

Casa Museo Antonio Nariño, 182

Casa Museo Francisco José de Caldas, 182

Casa Museo Jorge Eliécer Gaitán, 182–183

Casa Museo Quinta de Bolivar, 183

Casa Poesia Silva, 183

Casa Ricardo Gómez Campuzano, 183

Cementario Central, 183

Centro de Memoria Histórica, 183–184

Cinemateca Distrital Centro Cultural Jorge Eliécer Gaitán, 184

Claustro San Agustìn, 184

Colección Carlos Ferryros Diaz, 184

Donación Botero, 184

El Museo de Artes Visuales de la Universidad Jorge Tadeo Lozano, 184

El Museo del Espacio, 184

El Museo Literario Yerbabuena, 184

Exposición de Hospital San Juan de Dios, 184–185

Exposición El Hombre, 184–185

Fotomuseo – Museo Nacional de la Fotografía, 185

Fundación Enrique Grau Museo y Centro Cultural Casa Grau, 185

Fundación Museo de los Años 40, 185

Iglesia Museo Santa Clara, 185

Iglesia San Antonio de Padua, 185

Instituto Geofisico Universidad Javeriana, 185

kids (niños), 396–397

La Puerta Real, 185

Maloka Centro Interactivo de Ciencia y Tecnologia, 185

Museo Aeroespacial, 185–186

Museo Ambiental, 186

Museo Arqueológico Casa del Marques de San Jorge, 186

Museo Art Deco, 186

Museo Bernardo Samper Sordo, 186

Museo Casa Marqués de San Jorge, 186

Museo de Anatomía de la Universidad El Bosque, 186

Museo de Arquitectura Leopoldo Rother, 186–187

Museo de Arte Colonial, 187

Museo de Arte Contemporáneo – MAC, 187

Museo de Arte del Banco de la República, 187

Museo de Arte Erótico Americano, 187

Museo de Arte Moderno – MAMBO, 187–188

Museo de Artes Gráficas de la Imprenta Nacional, 188

Museo de Arte – Universidad Nacional de Colombia, 188

Museo de Arte y Cultura Colsubsidio, 188

Museo de Bogotá, 188

Museo de Bogotá – Escenario del Instituto Distrital de Patrimonio Cultural, 188

Museo de Bogotá – Salas ubicadas en el Archivo de Bogotá, 188

Museo de Ciencias Naturales Universidad El Bosque, 188

Museo de Criminalística y Ciencias Forenses (MCF), 188–189

Museo de Geografía y Cartografía, 189

Museo de Historia de la Medicina, 189

Museo de la Independeocia – Casa del Florero, 189

Museo de la Salle, 189

Museo del Chicó y Parque Infantil

Mercedes Sierra de Pérez, 189

Museo del Cobre, 189

Museo del Cuero, 189

Museo del Mar, 189–190

Museo del Oro, 190

Museo de los Niños, 190

Museo del Siglo XIX, 190

Museo del Tequila, 190

Museo de Lucha Libre, 190

Museo de Muebles y Trajes, 190

Museo de Trajes Regionales, 190

Museo Entomológico UNAB, 190–191

Museo Etnográfico Instituto Caro y Cuervo, 191

Museo Francisco de Paula Santander, 191

Museo Geológico Nacional José Royo y Gómez, 191

Museo Histórico de la Esmeralda, 191

Museo Histórico de la Policía Nacional, 191

Museo Javeriano de Historia Natural Lorenzo Uribe, 191

Museo Militar de Colombia, 191

Museo Nacional de Colombia, 191–192

Museo Nacional de Suelos, 192

Museo Organológico Musical (MOM), 192

Museo Sociedad de Cirugía de Bogotá – Hospital de San José, 192

Museo Taurino, 192

Museo Temático del Deporte, 192

Museo y Centro Cultural Casa Grau, 192–193

Observatorio Nacional, 193

Planetario de Bogotá, 193

Sala Museo Literario Archivo Histórico, 193

Taller de Encuadernación Ricardo Corazón de Papel, 193

music (música), 198–209

about (sobre), 198–201

kids (niños), 397

choral groups (coros), 202

choral music (música coral), 203–206

classical music (música clásica), 203–206

El Teatro de Cristobal Colón – Opera House, 200

jazz, 206

music venues (locales de música), 200–208

opera, 204

opera companies, 202

orchestras (orquestas), 202

resources (recursos), 209

rock, 206–208

N

naturistas, 382

neighborhoods (vecindarios), 80–97

about (sobre), 80–82

bohemian (bohemios), 26–29

Chapinero, 82, 92

Chapinero Alto, 82, 93

Chicó, 82, 94, 95

described (descritos), 80–89

El Centro, 82–84

Financial District, 84, 94, 95

La Candelaria, 84, 90

La Castellana, 91

La Macarena, 84–86, 90

La Soledad, 86, 91

maps (mapas), 90–97

Parque 93, 86, 94

Parque El Virrey, 88, 94, 95

Rosales and Cabrera, 86, 94, 95
Salitre, 88, 96
San Felipe, 96
Teusaquillo, 88, 97
Usaquén, 88, 97

nightclubs and lounges (clubes nocturnos y bares), 356–360

6L6, 356
Armando Records/ Armando All Stars, 356
Bardot, 356
BOG Hotel, 356–357
Candelario, 357
Casa Quiebra Canto, 357
Céntrico, 357
Cuban Jazz Café, 357
El Bembe, 358
El Coq, 358
El Goce Pagano, 358
El Mozo, 358
El Titicó Gril, 358
Full 80's, 358
Galería Café Libro, 358
Hotel V, 358
Kukaramakara, 359
La Destilería, 359
La Puerta Grande, 359
LA VILLA, 359
Le Nord, 359
Lipstick, 359
Little Indian Superstar Gin Bar, 359–360
Lola, 360
Mai Lirol Darling, 360
Maroma, 360
Pravda, 360
Salto del Ángel, 360
Smoking Molly, 360
Theatron, 360

P

paintball, 427

panaderías and pastelerías, 248–252
almojabona, 248, 249
arepas, 248–251
buñuelo, 250, 251
corazones, 250, 251
croissants, 250, 251

empanada, 250, 251
lacteos, 250, 251
mantecada, 250, 251
milhojas, 250, 251
mogollas, 250, 251
palette de queso, 250, 251
pandebono, 251, 252
pan de chicharrón, 251, 252
pan de coco, 251, 252
pan de queso, 252, 253
pan de yucca, 252, 253
pan francaise, 252, 253
pasabocas, 252, 253
pasteles, 252, 253
ponque, 252, 253
roscones, 252, 253
torta de ciruela, 252, 253

paragliding (parapente), 427

parks (parques), 407–417
kids (niños), 401
Park Way, 408
Parque 93, 414
Parque del Centenario de la Independencia, 408
Parque del Chicó, 408–410
Parque La Florida, 410
Parque Metropolitano Simón Bolívar, 410–412
Parque Mirador de los Nevados, 412
Parque Nacional Enrique Olaya Herrera, 412–414
Parque Santander, 414–416
Parque Timiza, 416
Parque Tunal, 416
Parque Virrey, 416

parks, national (parques nacionales), 442–445
Agroparque Los Soches, 442
Choachí, 442
Embalse del Tominé, 442

Páramo de Sumapaz, 443
Páramo Guacheneque, 442
Parque Nacional Chingaza, 444
Reserva Natural Chicaque, 444–445
Tequendama Falls, 445

pastelerías. See panaderías and pastelerías (Ver panaderías y pastelerías)

pharmacies (farmacias), 382, 383

phone numbers, emergency (teléfonos de emergencia), 10

phones (teléfonos), 16, 17

polo, 425

produce (frutas y vegetales), 256
20 de Julio, 256
Corabastos, 256
La Plaza de Mercado de Paloquemao, 256

pubs and breweries (pubs y cervecerías), 362
Beer Lounge, The, 362
Beer Station, 362
Bogotá Beer Company, 362
Brittania, 362
Casa de la Cerveza, 362
Chelarte, 362
Eight Bells, The, 362
Full Pint, The, 362
Guerrilla Bar, The, 362
Irish Pub, 362
London Calling, 362
Mr. Beers, 362
Pub Bar, The, 362
Red Lion, The, 362
Restaurante Wingz Bogota, 362
Rock Garden, 362
Whiskey House, The, 362

puppets (títeres), 397

Q

quality of life (calidad de vida), 126–131

R

regions (regiones), 432–441
Anapoima, 432
Chia, 432
Chiquinquirá, 432
Cota, 432
Giradot, 432
Guasca, 432–434
Guatavita, 434
Iguaque, 434–436
La Calera, 436
Nemocon, 436
Nimaima, 436
Ráquira, 436
Sopo, 436
Suesca, 436
Tabio, 436–438
Tobia, 438
Tocaima, 438
Tunja, 438–440
Ubaté, 440
Villa de Leyva, 440
Villavicencio, 440
Zipaquira, 440

retirement housing (hogares de retiro), 66

retiring (jubilarse), 64–67

rock climbing (escalada de roca), 428

roller derby, 428

S

schools (escuelas), 68–70. See also universities (Ver también universidades)

security (seguridad), 18, 19

shopping centers (centros comerciales), 334–335
Andino, 334
Atlantis Plaza, 334
Bulevar Niza, 334
Cedritos 151, 334

Centro Ejecutivo 85, 334
Centro Mayor, 334
El Retiro, 334
Galerías, 335
Gran Estación, 335
Hacienda Santa Bárbara, 335
Metropolis Ciudela Comercial, 335
Outlet Bima, 335
Palatino, 335
Plaza Imperial, 335
Portal 80, 335
Salitre Plaza, 335
San Rafael, 335
Santa Ana, 335
Santafe, 335
Tintal Plaza, 335
Titan Plaza, 335
Unicentro, 335
Unicentro del Occidente, 335
Unilago, 335

sightseeing (turismo), 74–77

skateboarding, 428

smoking (fumar), 10, 11

soccer (fútbol), 425–426

sopas and cremas (sopas y cremas), 235, 236
ahuyama, 236, 237
ajiaquito, 235, 236
arroz, 235, 236
avena, 236, 237
cuchuco, 236, 237
esparragos, 236, 237
espinaca, 236, 237
menudencias, 236, 237
mondongo, 236, 237
plátano, 236, 237
puchero, 236, 237
tomate, 236, 237

Spanish language (idioma español), 136–139

spas, 389–390

spiritual and philosophical sites (sitios espirituales y filosóficos), 108–110

Abou Bakr Alsiddiq Mezquita de Bogotá, 109
Alianza Cultural Vrindavan, 110
Asociación Islamic de Bogotá, 109
Asociación Urantia de Bogotá, 110
Baha'i, 108
Buddhist, 108
Budismo camino del diamante, 108
Casa Lubavitch Bogotá, 110
Catedral de Lourdes (Lourdes Cathedral), 109
Catedral Episcopal (Episcopalian Cathedral), 109
Catedral Primaria (National Cathedral), 108
Catholic, 108
Centro Budista de Bogota, 108
Centro de Meditación Budista Yamantaka, 108
Centro Israelita de Bogotá, 110
Christian, 108–109
Christian Science, 109
Church of Latter Day Saints, 109
Comunidad Hebrea Sefardi, 110
Comunidad Soto Zen de Colombia, 108
Congregación Adath Israel, 110
El Centro de Kabbalah, 110
Episcopalian, 109
Harekrishna Bogotá, 110
Islam, 109
Jewish, 110
Krishna, 110
Mezquita de Bogotá, 109
Mezquita Estambul (Istanbul Mosque), 109
Mormon, 109
Nueva Acropolis, 110

474 Index

Orden Rosacruz –
Centro Cultural
Nuevo Mundo, 109
OSHO, 110
philosophy, 110
Rosicrucian, 109
Scientology, 110
Sede Nacional Baha'i,
108
Sinagoga Asociación
Israelita Montefiore,
110
United Church, 109
Urantia, 110
Varsana Jardines
Ecologicos, 110
Wicca, 110

sports (deportes),
418–429
about (sobre), 420–
423
aquatics (acuáticos),
424
car racing
(automovilismo), 424
cycling (ciclismo), 425
for disabled people
(para personas
discapacitadas), 429
equestrian (ecuestre),
425
facilities and venues
(instalaciones y
estadios), 424–429
golf, 426
hang gliding (ala
delta), 426
hockey, 427
horse racing (carreras
de caballos), 425
ice skating, 427
inline skating (patinaje
en línea), 427
motorcycling
(motociclismo), 427
paintball, 427
paragliding
(parapente), 427
polo, 425
rock climbing
(escalada de roca),
428
roller derby, 428
skateboarding, 428
soccer (fútbol),
425–426

tejo, 428–429
tennis (tenis), 428

T
tejo, 428–429
tennis, 428
theater (teatro), 212–
219
about (sobre), 212–
215
companies and
venues (compañías y
locales), 218–219
history (historia),
214–217
kids (niños), 398

theater companies and
venues (compañías
de teatro y espacios
de representación),
218–219
Asociación Cultural
Teatro y Marionetas
Nestór Machecha,
218
Barraca Teatro, 218
Casa Ensamble, 218
Compañia Teatro
Minuto Dios, 218
DECA Teatro, 218
Fundación Rafael
Pombo, 218
Gimnasio Moderno,
218
Los Funámbulos, 218
Sala Seki Sano, 218
Teatro Colón, 218
Teatro de Garaje, 218
Teatro Experimental
La Mama, 219
Teatro La Barranda,
219
Teatro La Candelaria,
219
Teatro Libélula
Dorada, 219
Teatro Libre, 219
Teatro Municipal Jorge
Eliecer Gaitán, 219
Teatro Nacional Fanny
Mikey, 219
Teatro Petra, 219
Teatro Quimera, 219
theme parks (parques
temáticos), 398–399

time (hora), 18–21
timeline, historical
(cronología histórica),
58–61
tipping (propinas), 8–11
tours, 106–107
Bogota Graffiti Tours,
106
Caminantes de
Retorno, 106
TurisBOG, 106
transportation
(transporte), 112–125
airlines, major
(principales
aerolíneas), 114
airports (aeropuertos),
114–116
biking (ciclismo), 116
Bogotravel Tours, 116
bus terminal
(terminales de bus),
124
car rentals (alquiler de
autos), 124
CATAM – Colombian
Airforce Base, 114
Colectivos, 120
El Dorado
International Airport,
114
grid (red callejera),
112, 113
Guaymaral Airport
(aeropuerto de
Guaymaral), 114,
115
Metro/Underground,
124,
private car services
(servicio de vehículos
privados), 124, 125
public transportation
(transporte público),
116–121
Puente Aéreo, 114
taxis, 120–124
TransMilenio, 116–120

U
universities
(universidades), 72,
463. See also schools

V

visas, 20–23

voltage (voltaje), 22, 25

W

walks (caminatas),
100–107

Centro Internacional
and Macarena,
100–102
La Candelaria, 102
Parque 93, 104
Rosales, 102–104
Usaquén, 104
Zona G, 104–106

water (agua), 22, 25

weather (clima), 5, 24,
25

weights and measures
(peso y medidas), 24,
25

women's shops (tiendas
para mujeres, 330–332

AlterEgo, 330
Bettina Spitz, 330
Botas Arizona, 330
Boucherel, 330
Cheviot, 330
Chiros Elegantes, 330
Colombian Bags, 330
Constanza Franco, 330
Diseños Elizabeth
Piñeda, 330
d'Lois, 330
Elizabeth Acosta, 330
EQIUITANA and
RONNER, 330–331
Façonnable, 331
Gino Pascalli, 331
Giovanna Maroso, 331
Hernán Zajar, 331
Johanna Rubiano, 331
Louis Vuitton, 331

Matura, 331
Ochosesenta, 331
Olga Piedrahita, 331
Ondade de mar, 331
Peletería Garavito, 331
Poema, 332
Privee Shoes, 332
Rosé Pistol, 332
Salvatore Ferragamo,
332
Sulay Rodriguez, 332
Sylvia Tcherassi, 332
Valentina Bolsos y
Accesorios, 332

Y

yoga studios (estudios de
yoga), 391

Z

zoos (zoológicos),
402–403

Accommodations
Alojamiento

Hostels (Hostales), 349–351

Abadia Colonial, 349
ABC Hostería Frayles, 349
Albergue La Maloka, 349
Alpes Bogotá Casa Hotel, 349
Andino Hostal, 349
B & B Chorro de Quevedo, 349
Bed & Breakfast, 349
Casa de Huéspedes Quintaparedes, 350
Casa del Turista, 350
Casa Familiar en Bogotá, 350
Casa Hostal Avenida Chile, 350
Casa Hotel Arte y Café, 350
Casa Hotel Mirador de Andalucía, 350
Casa Hotel Monserrat, 350
Casa Hotel Salitre, 350
Casa Hotel Shalom, 350
Casa Loranzo Hotel, 350
ChezMoi Casa-Hotel, 350
Cranky Croc, 350
Destino Nómada, 350
El Cafecito Café Hostal, 350
Hospedaje Casa Arana, 350
Hospedaje Las Palmeras de la 97, 350
Hospedaje Meridian, 350
Hospedaje México Central, 350
Hostai Orquidea, 351
Hostal Arias, 350
Hostal Avenida Chile, 350

Hostal Baluarte La Candelaria, 350
Hostal Buena Vida, 350
Hostal Campobello, 350
Hostal de Bogotá, 350
Hostal de Federman, 350
Hostal Familiar La Alborada, 350
Hostal Fontanar Prado, 350
Hostal La Qiuinta, 351
Hostal Paraiso Azul, 351
Hostal Turístico Internacional Gran América, 351
Hostal Villa del Mar, 351
La Candelaria, 351
La Casona del Patio Amarillo, 351
La Playa Hostal, 351
Las Palmas, 351
Las Pinta, 351
Masaya, 351
Musicology Party Hostal, 351
Picasso Inn, 351
Royal Suite Hostal Fontibón, 351
Villa Candelaria Hostal, 351

Hotels (Hoteles), 340–348

101 Park House, 340
104 Art Suites, 340
116 Hotel, 340
Aparta Class, 340
Belle Epoque Suites Boutique 94, 340
Best Western Plus, 340
bh Hotels, 341
Bioxury, 341
Blue Suites Hotel, 342
BOG Hotel, 341
Bogotá Marriott Hotel, 342

Bogotá Plaza Summit Hotel, 342
Bogotá Royal Hotel, 342
Bosque Alto, 342
Casa Deco, 342
Casa Gaitán Corté, 342
Casa Real Bogotá, 342
Casa Rústica Bogotá, 342
Casablanca Hotel, 342
Casanovas Hotel Boutique, 342
Cité Hotel, 342
Cosmos 100, 342
Crowne Plaza Hotel Tequendama, 343
Dann Carlton Bogotá, 343
Embassy Suites Rosales, 343
Estelar Hotels, 343
Habitel Hotel, 343
Hamilton Court, 343
Hilton Bogotá, 343
Hotel Ambala, 344
Hotel Andes Plaza, 344
Hotel Avia, 344
Hotel B3 Virrey, 343
Hotel Bogotá Norte, 344
Hotel Boutique Emaus, 344
Hotel Capital, 344
Hotel Casa de la Botica, 344
Hotel Casona del Patio, 344
Hotel Centro Internacional, 344
Hotel Charleston, 344
Hotel Charleston Casa Medina, 344
Hotel Dann Colonial, 344
Hotel de la Ópera, 345
Hotel de la Ville, 345
Hotel del Parque Clásico, 346

Hotel Del Parque Superior, 345

Hotel Egina Bogotá, 344

Hotel El Campín, 345

Hotel El Virrey, 345

Hotel Le Manoir, 346

Hotel L'Etoile, 345

Hotel Lourdes, 345

Hotel Monserrat and Spa, 345

Hotel Nación, 345

Hotel Parque 97 Suites, 346

Hotel Porton Bogota, 345–346

Hotel Presidente, 346

Hotel Quinta de Bolivar, 346

Hotel San Sebastián, 346

Hotel Santa Mónica, 346

Hotel Suites Grand House, 346

Hotel Teusaqillo, 346

Hotel Windsor House, 343

Hoteles América, 344

ibis hotel, 346

Jazz Apartments, 346

JW Marriott Bogotá, 346

Lancaster House Suites, 346–347

Lloyd's Apartasuites, 347

Lugano Imperial Suites, 347

Morrison Hotels, 347

Neuchatel Hotel, 347

Nico, 347

Nuevo Hotel Rincón de Santa Bárbara, 347

Plaza 36 Hotel, 347

Ramada Park, 347

Residencias Tequendama, 347

Retire 84 Apartasuites, 347

Rosales Plaza, 347

Royal Hotels, 348

Santafé Boutique Hotel, 348

Sheraton Bogotá, 348

Sofitel Bogotá Victoria Regia, 348

Suites 108, 348

Suites Real 97, 348

Viaggio Virrey, 348

Von Humboldt Grand Hotel, 348

W Hotel, 348

Zuetana Casa Hoteles, 348

Restaurants
Restaurantes

A

Argentine (argentinos), 280
  Aires Argentinos, 280
  Cachafaz, 280
  Casa Fuego, 280
  El Boliche, 280
  El día que me quieras, 280
  La Pampa Gaucha, 280
  Mi Viejo, 280
  Solomillo, 280

B

Belgian (belgas), 280
  Klass, 280
Brazilian (brasileros), 280
  Alo Brasil, 280
  Bar Rodizio Restaurant Viva Brasil, 280
  El Rodizio, 280
  Rio d'Enero Restaurante Bar, 280
  Viva Brasil, 280
breads (panes), 79
  Pan Pa'Ya, 79
British (ingleses), 280–281
  Britannia, 280–281
  El Inglés Gastro Pub, 281
  London Calling, 281
  Monkey House, The, 281
brunch places (lugares para brunch), 262–263
  Abasto, 262
  Bagatelle, 262
  Club Colombia, 262
  Cónclave Bistro y Pub, 262
  Crepes & Waffles, 262
  Criterion, 262
  Daniel, 262
  Divino, 262
  GiGi's, 262
  Grazia, 263

JW Marriott, 263
La Herencia, 263
Lula Pastelería, 263
Masa, 263
Myriam Camhi, 263

C

cafés and salons de thé (cafés y salones de té), 263–270
  Alice's Cherries, 263
  Andante Pan y Café, 263
  ArtTé, 263
  ázimos, 263
  Bagatelle, 263
  Brot, 263
  Bubble Tea Bar, The, 263
  Café & Crepes, 263
  Café de la Peña - Pastelería Francesa, 264
  Café de Las Letras, 264
  Café Etniko, 264
  Café Pasaje, 264
  Café Quindío, 264
  Café Sabío, 264
  Café Samba, 264
  Café San Moritz, 264
  Camino del Café, 264
  Casa 53*76, 264
  Casa de Letras y Café, 264
  Casa Rosa, 264
  Castellana 104, 79, 264–265
  Ceylon Tea Room, 265
  Chez Jacques, 265
  Devachan, 265
  Devotion Café, 265
  Dilleto's at Authors Bookstore, 265
  Doña Dicha, 265
  Dulcina, 265
  E&D Cafes, 265–266
  El Cafecito, 266
  El Deseo Café, 266
  El Gato Gris, 266

El Kiosco, 266
Gaira Café, 266
Germinario, 266
Grazía, 266
Hobany Velasco Patisserie and School, 266
Il Pomeriggio, 266
IXCACAU, 266
Juan Valdez, 266
Kaldivia Café, 266
Kapríchos, 266
La Austriana, 266
La Baguette du Chef, 266
La Florida, 267
La Madeleine, 267
La Marsellesa, 267
La Tarta, 267
La Tarteria, 267
Lalocalidad, 266
Lina's, 267
Lula Pastelería, 267
Luziernaga, 267
Madamia Pasteleria Café, 267
Magisterio Librería, 267
Masa, 267
Maxli, 267
Mercado Jonas - Bakery Cafe, 268
Michel Patisserie, 268
Mini-mal café, 268
Mitho Café, 268
Museo del Siglo XIX, 268
Myriam Camhi, 268
Nicolukas, 268
Oma, 268
Pan Pa'Ya!, 268
Philipe Pastelería Light, 268
Salvo Patria, 268
San Fermin, 79, 268
San Francisco Café, 268–269
San Marcos, 269
Sanalejo, 269
Sharmei, 269

Síuka, 269
Stragos, 269
Sucre Patisserie, 269
Taller de Té, 269
Tea House, The, 270
Teatopia, 269–270
Teoria, 269
Tery-Ly, 270
Tienda de Café, 270
Trementina, artes y libros, 270
Urania, 270
Yakary, 270

Caribbean (caribeños), 281

Carmen de Bolívar, 281
Chambaku, 281
El Rey del Mar, 281
Gostinos, 281
Kosta Mar Sea Food, 281
La Bonga del Sinu, 281
Lemaitre Terraza, 281
Leo Cocina y Cava, 281
Mamadasi Comida Caribeña, 281
Nueve 99 Restaurante Lounge, 281
Puerto Colombia Café Caribe, 281
Restaurante La Vitualla, 281
Ricuras Marinas, 281

casual dining (comida casual), 79

Crepes & Waffles, 79
La Hamburguesería, 79

Chilean (chilenos), 281

Panadería PinPonPan, 281
Sabor Chileno, 281
Zaza, 281

Chinese (chinos), 281–282

Alice's Chinese Restaurant, 281
Bong Kong, 281
Casa China, 281
Cooking Taichi, 281
Gran China Restaurante, 281
KONG, 281

Mr. Lee, 281–282
P.F. Changs, 282
Republik Asian Food, 282
Restaurante Casa Cocina China, 282
Restaurante Chung Wa, 282
Sr. Choo, 282
Toy Wan, 282
WOK, 282
Zhang, 282

chocolate shops (chocolaterías), 270–272

Ázimos, 270
Blue Moon, 270
Bocada Dulce, 270
Café de la Peña - Pastelería Francesa, 270
Canela Bakery, 270
Dulce Galette, 270
Fantasías en Chocolate, 270
Felipan, 270
Grazia, 270
Hobany Velasco, 270
IXCACAU, 270
La Chocolatera, 270
La Marsellesa, 270
La Tarta, 270
Le Bon Bon, 271
Leonidas Café Chocolaterie, 271
Luisa Brun, 271
Maxli, 271
Naza, 271
San Fermin, 79, 271
Serge Thirry, 271
Tarantella, 271
Tropical Passion, 271
Truffelinos, 271
Xoco puro chocolate, 271
Yanuba, 271–272

Colombian – contemporary (colombianos contempóraneos), 282–283

Abasto, 282
Fusionario, 282
Germinario, 282

La Herencia, 78, 282
La Leo, cocina mestiza, 282
La Perla, 283
Leo Cocina y Cava, 283
Local, 283
Mini-mal, 283
Puerta Colombia, 283
Salvo Patria, 283
Santo Pecado, 283
Sr. Casao, 283

Colombian – traditional (colombianos tradicionales), 283–288

Accento, 283
Andrés Carne de Res, 78, 283
Andrés Carne de Res D.C., 78, 283–284
Aquí Lechonería Flandes, 284
Arcanos Mayores, 284
Barichara Restaurante, 284
Belalcazar, 284
Brasas & Carnes El Campeón, 284
Café Espresso, 284
Caldo Parao, 284
Canela Bakery, 284
Carbon de Palo, 284
Casa Country, 284
Casa Martinez, 284
Casa Santa Clara, 284
Casa Vieja, 284
Castellana 104, 79, 284
Club Colombia, 284
Comida Típica Antigua Santa Fe, 284
Criolla, 284
Criollas, 284
Doña Elvira, 285
Donde Yiya Sazón y Amor, 285
Donostia, 285
El Consulado Paisa, 285
El Fhorno de las Carnes, 285
El Gran Musiu Santandereana, 285
El Mercadito, 285

El Portal de la Antigua, 285
El Sabor Valluna, 285
El Son de los Grillos, 285
El Viejo Rancho Tolimense, 285
Entrepues, 285
Fulanitos, 285
Gaira Café, 285
Hacienda la Margarita, 285
La Bonga del Sinu, 285
La Cancillería Paisa Restaurante Bar, 285
La Carbonera, 285
La Corbata Parrilla Bar, 286
La Gran Llanera, 286
La Gustosita Lechonería Tolimense, 286
La Mansión, 286
La Puerta Falsa, 286
La Puerta Real, 286
La Sociedad, 286
Las Acacias, 78, 286
Las Bandejitas, 286
Las Cazuelas de la Abuela Rosa, 286
Las Ojonas, 286
Lechonería La Especial de Tolima, 286
Leña y Fuego, 286
M & M, 286
Mango Charanga, 286
María Mulata, 286
Monte & Mar, 286
Pastelería Florida, 286
Patria, 286
Piqueteadero Donde Manuel, 286
Recinto Caverne, 286
Restaurante Ajiaco Company, 286
Restaurante La Quinta, 286
Restaurante Virrey Gourmet, 286–287
Rico, 287
Rosita Restaurante, 287
S & B, 287
Sabor Barranquilla, 287

Salto del Ángel, 287
Sanalejo, 287
Santa Costilla, 287
Santo Pecado, 287
Sopas & Brasa's, 287
Sopas de mamá y Postres de la abuela, 287
Terraza Parrilla, 287
Tienda de café, 287
Tinaja y Tizón, 287
Tomatillos, 287, 288
Yanuba, 288

creperies, 272–273
Bonaparte, 272
Café & Crepes, 272
Café Etniko, 272
Café para dos, 272
Cavacalabaza, 272
Crepes & Waffles, 272
Devechan Café Mágico, 272
El Gato Gris, 272
Itzel Postres, 272
La Baguette du Chef, 272
La Chabatta, 272
La Crepe, 272
La Tartería, 272
L'Atelier Gourmand, 272
Le Voltaire, 273
Les Crepes, 272
L'Etoile, 272
Madame Marie, 273
Muffins & Crepes, 273
Pompelmo, 273
Sanalejo Café Restaurante, 273
Sofi Creps, 273
Una Crepería, 273

Cuban (cubanos), 288
Babalao, 288
Bodegón Cubano, 288
Comida y Tertulia Cubano Express, 288
Cuban Jazz Café, 288
El Bembe, 288
Habana Caribe, 288
Habana Mamas, 288
Ilhé Habana, 288
La Cuba Mía, 288
Moros y Cristianos, 288

Otoño Cubano, 288
Sanduchón Cubano, 288
Varadero, 288

D
diabetic and gluten-free (sin gluten y para diabéticos), 273
Fondant Cakes, 273
Frambuesa Restaurants, 273
Naza Food Concepts, 273
Nirvana Vegetariano, 273
Philipe le Pätissier, 273
dinner shows (cena shows), 273–274
Bar Rodizio Restaurant Viva Brasil, 273
Cabalgatas Carpasos, 273
Cabaret, 274
Che Bandoneón, 274
El Árabe, 274
Gaira Café, 274
Hacienda La Margarita, 274
La Barraca Restaurante Show, 274
La Paloma, 274
La Pampa Gaucha, 274
Las Acacias, 274
Sansai, 274

F
French (franceses), 288–291
Azerty, 288
Bagatelle, 288
Baguette & Tradition, 288
Balzac, 288–289
Barandas del Nogal, 289
Basilic, 289
Bistro, 289
Bistronomy Usaquén, 289
Bistronomy Zona G, 289
Bonaparte, 289

Café Chamois, 289
Casa San Isidro, 289
Chez Jack, 289
Chez Jacques, 289
Chez Pascal, 289
Chez Pierre, 289
Cities, 289
Criterion, 289
Donde Gilles, 289
El Bandido Bistro, 289–290
El Bistro de la Catedral, 290
Flores German, 290
La Baguette du Chef, 290
La Brasserie, 290
La Cigale, 290
La Crepe, 290
La Gloria, 290
La Petite Alsace, 290
La Poularde, 290
La Table de Michel, 290
La Tartería, 290
La Tartine, 290
L'Atelier Gourmand, 290
L'Avenue Restaurante, 290
Le Grillon, 290
Le Marais, 290
Le Voltaire, 290
Liberty, 291
Madame Marie, 291
María Tomasa, 291
Michellennia, 291
Monet Brasserie, 291
Mr. Simon, 291
Paseo de Cantores, 291
Refugio Alpino, 291
Restaurante Châteaubriand, 291
Saint Just Traiteur, 291
A Seis Manos, 288

French patisseries (patisseries francesas), 291–293
Bagatelle, 291
Baguette & Tradition, 291
Café de la Peña - Pastelería Francesa, 291
Chez Jacques, 291
Dulce Galette, 291
Grazia, 291–292
Hobany Velasco, 292
La Baguette du Chef, 292
La Folie, 292
La Madeleine, 292
La Marsellesa, 292
La Tarta, 292
La Tartería, 292
L'Atelier Gourmand Caterer, 292
Masa, 292
Mi amigo El Pastelero!, 292
Michel Pastelería, 292
Panettiere!!!, 292
Pastelería Rincón Francés, 292
Pâtisserie Française Pèche Mignon, 292
Petits-fours, 292
Philipe le Pâtissier, 292
Pimienta & Café, 292
Serge Thirry, 292
Sucre Pâttiserie, 293

G
German (alemanes), 293
Die Glocke, 293
Doner Kebab Euro-Snack, 293
Edelweiss, 293
Imbiss & Kaffe Bei Ulns, 293
Intermezzo, 293
Marrionito Ferquel, 293
Restaurante Alemán Harald, 293
Salchichas Típicas Alemanas, 293
Zuhause, 293

Greek (griegos), 293
OPA! Gyros, 293
Teo Estiatorio, 293

I
Indian (indios), 293
Dhaba, 293
Flor de Loto, 293
India Gourmet, 293

Little India Superstar, 293
Monkey House, The, 293–294
Taj Mahal, 294

international (internacional), 294–296
7:16, 294
95DC Cocina & Bar, 294
Andante Ma non Tropo, 294
Armadillo, 294
Arroces de Colombia y el Mundo, 294
Café de las Letras, 294
Café Renault, 294
Casa, 294
Casa 53*76, 294
Cazuelitas de Suramérica, 294
Ciboulette, 294
Cocina Europea, 294
Cónclave Bistro & Pub, 294
Da Portare, 294
Daniel, 294
Diana García, 294–295
El Patio, 295
fornalla gourmet, 295
Fusión Bogotá, 295
Fusionario, 295
GiGi's Restaurant and Wine Market, 295
Gretta, 295
Harry Sasson, 295
Indigo Restaurante, 295
Kottbullar, 295
La Galerie, 295
Lina's, 295
Magnolio, 295
Marmara, 296
N.N., 296
Panthalassa, 296
Plaka, 296
SOCO, 296
Stragos, 296
Upper Side, 296
Yakary, 296

Iranian (iraníes), 296
Café Sharzad, 296

Irish (irlandeses), 296
  Pub Usaquén, The, 296
  Pub Zona T, The, 296
Israeli (israelíes), 296
  L'Jaim, 296
Italian (italianos), 296–298
  4D Food Store, 296
  Andante Pan y Café, 296
  Bellini, 296
  Boca, 296
  Brandoletti Restaurante, 296
  Da Vinci Il Ristorante, 297
  Di Luca, 297
  Dolce Amaro, 297
  Dolcezza, 297
  El Boliche, 297
  El Pozetto, 297
  Enoteca, 297
  Giordanelli, 297
  Giuseppe Verdi, 297
  Il Filetto Gourmet, 297
  Il Pomeriggio, 297
  Il Pomodoro, 297
  Il Ristorante Trattoria Da Vinci, 297
  Il Tinello, 297
  Julia, 297
  La Chabatta, 297
  La Famiglia, 297
  La Monferrina, 297
  La Pasteria, 297
  La querica, 297
  Luna, 297
  Mauros de la casa del Florero Rialto, 297
  Piatto, 297
  Piccolo Caffé, 297
  Pietra, 297
  Pontevecchio Trattoria Toscana, 298
  Ragazzi, 298
  Restaurante La Piazzetta, 298
  Restaurante ProntÍtalia, 298
  Rialto Delikatessen, 298
  Ristorante Tipico Italiano, 298
  San Giorgio, 298

San Lorenzo Express, 298
San Marcos, 298
Spoleto Gelato, 298
Trento Centro Internacional, 298
Villa Delle Delizie, 298

J

Japanese (japoneses), 298–299
  Arigato, 298
  Cocina Japonesa Shiro, 298
  Danzashi, 298
  Hajimari, 298
  Hatsuhana, 298
  Izakaya, 298
  Koi, 298
  Kosina Japonesa Samurai-Ya, 298
  Kyoto Oriental Groceries, 298
  Maki Roll, 298
  Motomashi, 298
  Muji, 298
  Nobu, 298
  Nori Sushi, 298
  Osaki, 298
  Republik Asian Food, 298
  Sansai, 298–299
  Satsuma sushi lounge, 299
  Sushi Bar Restaurante, 299
  Sushi Rail, 299
  Sushigozen Restaurante Japonés, 299
  Sushisan, 299
  Teriyaki, 299
  Togarashi, 299
  Wa fu, 299
  Wabisabi, 299
  Wasabi, 299
  Watakushi, 299
  WOK, 299
  Yakiniko, 299
  Yummi Teppanyaki, 299

K

Korean (koreanos), 299
  Arirang, 299
  Biwon, 299
  Casa de Corea, 299

Donde la Mama Koreana, 299
Maki Roll, 299
Restaurante & Cafetería El Mana, 299
Restaurante Korea House, 299

M

Mexican (mexicanos), 300–301
  Agave Azul, 300
  Cantina las Luches, 300
  Carnitas y Arepitas Mexicanas, 300
  Casa Mexicana Restaurante, 300
  Distrito Federal, 300
  Dos Gatos y Simone, 300
  El Carnal, 300
  El Rancho Mexicano, 300
  El Techo, 300
  Enchiladas Cocina Mexicana, 300
  Frida, 300
  Icaro Café, 300
  La Barra Mexicana, 300
  La Frontera Cocina Mexicana, 300
  La Taquería, 300
  La Vecindad, 300
  Mezcal, 300
  Mi Calle México, 300
  Mi Tenampa Restaurante Show, 300
  Museo de Tequila Restaurante Bar, 300
  Noches de Garibaldi, 300
  Picante Comida Mexicana, 300–301
  Pico e Gallo, 301
  Plaza Garibaldi, 301
  Rancho Garibaldi, 301
  Restaurante Amarillo, 301
  Restaurante Merotacos, 301
  Restaurante San Lorenzo, 301
  Restaurante Sara's, 301
  Sipote, 301
  Tacos, 301
  Teotihuacan, 301
  Tu Taco, 301

Middle Eastern (del Medio Oriente), 301–303

Abdullah, 301

Aja Camello, 301

Akle Capital, 301

Al Rawabi, 301

Al Wadi, 301

Árabe Panificadora Libanesa, 301

Balcón de Los Arcángels, 301

Beirut, 301

Café Sharzad, 301–302

Chami Gyros, 302

Chocombiano, 302

Delicias de Los Cedros, 302

El Árabe, 302

El Beduino, 302

El Edificio Café, 302

El Khalifa, 302

El Ravel, 302

Fakih Ahmad Omar, 302

Gyros y Kebab, 302

Kabab al Carbon, 302

Kalamata, 302

Kebab Express, 302

Kebab Station, 302

La Casa Oriental al Azhar, 302

Omri Garbanzo y Falafel Bar, 302

Restaurante Alwali, 302

Restaurante Baraka, 302

Restaurante el Chawuarma, 302

Restaurante el Ravel, 302

Restaurante Pescadería Katinni, 302

Sahara, 302

Sairouz, 302

Saleh Ambra Maher Hassan, 302

Shawarma Khalifa, 302

SOCO, 303

Zatar, 303

P

Peruvian (peruanos), 303–304

14 inkas, 303

Astrid & Gastón, 303

Chulucanas Restaurante Peruano, 303

Cooks, 303

El Galeón Peruana, 303

Estampa del Chalán, 303

Gocta Gourmet, 303

Jaime Cocina Peruana, 303

Karal, 303

La Mar, 303

La Peria, 303

La Rosa Náutica, 303

Lima Canton, 303

Lima Gourmet, 303

Mancura, 303

Mi Perú, 303

Pescadería Jaime, 303

Rafael Restaurante, 303

Sipan Cocina Peruana, 303

Villa Peruana, 303

Warike, 303–304

pizza, 274–275

and/y, 275

Archie's, 274

Buenos Muchachos, 274

FX Pizza Gourmet, 274

GÜD Pizza, 274

Julia, 274

Karen's Pizza, 275

Mikele, 275

Oliveto, 275

Piatto, 275

Piola, 275

Stromboli, 275

S

seafood (frutos del mar), 275–277

59 Mares, 275

80 Sillas, 275

Acuamares, 275

Ancla y Viento Fish Place, 275

Central, 275–276

Chambaku, 276

Coctel del Mar Restaurant, 276

Darius, 276

El Buque, 276

El Camarón Rojo, 276

El Caracol Rojo, 276

Exxus Oyster Bar – Un Mar de Arte, 276

Fish Bar, 276

Fish Market Carrera 9, 276

Fish Market La Fragata, 276

Gostinos, 276

Hipermar, 276

Isia del Mar, 276

La Esquina, 276

La Fragata Giratoria, 276–277

La Gloria, 277

La Orilla, 277

La Trucha, 277

Los Almendros Restaurant and Market, 277

Los Cabos, 277

Mamadasi Comida Caribeña, 277

Mar de La Candelaria, 277

Matiz, 277

Océanos Pescadería Gourmet, 277

Pasadena Mar, 277

Pescadería Alférez la Soledad, 277

Pescadero Isla del Mar, 277

Pescadero La Subienda, 277

Pesquera Jaramillo, 277

Restaurante Rincón de Teusaca, 277

Restaurante San Gabriel, 277

Varadero, 277

Serbian (serbios), 304

Beograd, 304

Spanish (españoles), 304–305

Abalos Paellas y Fideua, 304

Abanilla de España, 304

Andrés Paella, 304

Autentica Paellisina Española, 304

Babieca, 304

Barra Arnold, 304

Barra de la Paella, 304

Bruto, 304
Casa de España, 304
Casa Gallega, 304
Chef Julián, 304
Delicias Catalanas, 304
El Mercado de San
Miguel, 304
Félix, 304
Gaudí, 304
Goya, 304
Ispania Arroces y
Tapas, 304
Jaquevi, 304
La Barra, 304
La Bodega de Ibaí, 304
La Casa de la Paella,
304
La Española 100, 304
La Paella de La
Candelaria, 304
La Puerta de Alcalá, 305
La Puerta Grande, 304
La Tasca de Sevilla,
304
La Vasca, 305
Las Cazuelas de la 28,
305
Las Cuatro Estaciones,
305
Marca Ibérica Sandwich
Gourmet, 305
Museo Taurino y
Restaurante, 305
Paella Burquet, 305
Paella Cazuelas &
Tapas, 305
Paradis Barcelona, 305
Restaurante Aquí
España, 305
Restaurante Rincón
Casa Paella, 305
Sepulveda, 305
Taberna La Vasca, 305
Tapas Macarena, 305
Tomaquet, 305
Vasquez y Cebollas, 305

Swiss (suizos), 305–306

CC Niza, 306
Chalet Suizo, 305
Divino Restaurante
Swiss House, 305
La Berna Suiza, 305
La Cuisine Suisse, 305
La Raclette, 305

Panesi Swiss Bakery,
305
Refugio Alpino, 305
Restaurante Chalet
Suizo, 305
Swizly, 306

T

Thai (tailandeses), 306

Makithai, 306
Miniburi, 306
Oishi Cocina Oriental,
306
Pattaya, 306
Republik, 306
Subarashii, 306
Thai & Sushi Express,
306
Woshi, 306
Zona Thai, 306

Turkish (turcos), 306

Bosforo Doner Kebab,
306
Turkuaz, 306

U

United States
(estadounidenses),
306–307

American Pie, 306
Bagel Time, 306
Bogota Diner, 306
Bourbon Bistro, 306
Conclave Bistro Pub,
306
Diner, 307
Hard Rock Café, 307
Hooters, 307
La Fama BBQ, 307
Mister Ribs, 307
Red Wings, 307
Restaurante Dixie's El
Auténtico Bar-B-Q,
307
Restaurante Wingz
Bogota, 307
TGI Friday's, 307
Tony Roma's, 307
Upper Side, 307
Ventura Soup & Salad,
307

V

vegetarian
(vegetarianos),
277–279

Ajonjoli, 277
Bhakti, 277
Boulevard Sésamo,
277
CC Pasadena, 278
Chatul, 277
Chez Pierre, 278
Común y Silvestre, 278
El Tomate Frito, 278
Felipan, 278
Flor de Liz, 278
Fractales, 278
Gengibre, 278
Govindas, 278
IMAYMANA, 278
Itzel Postres, 278
La Ecotienda, 278
La Esquina
Vegetariana, 278
La Flor de la Vida,
278
La querica, 278
Lotoazul: Restaurante
Vegetariano y Centro
Cultural, 278–279
Loving Hut, 279
Luna Dorada, 279
MAHA, 279
MAU, 279
Nirvana Vegetariano,
279
Novilunio, 279
Pan Vivo, 279
Plazoleta Chorro de
Quevedo, 279
Qiuinua y Amaranto,
279
Restaurant Vegetariano
Ajonjoli, 279
Restaurante Casa
Quevedo, 279
Restaurante Horizonte,
279
Restaurante Liz, 279
Revolución de la
Cuchara, 279
Suati, 279
Trópicos, 279
Uva, 279
Zukini, 279

Venezuelan
(venezolanos), 307

Budare's, 307
La Areperia
Venezolana, 307